U0849973

國家古籍整理出版專項經費資助項目

清·傅山 著
尹協理 主編

傅山全書

第二十册

山西出版傳媒集團
山西人民出版社

石道人真山者還陽真人之弟子也父離垢先生母貞髦君孕十二月而生道人先是道人從叔某托朝海比邱造栴檀香佛佛至所費過贏中悔離垢先生告貞髦君貞髦君出所積簪珥貲百金請事佛即夢佛指一臞老修為比邱曰以是子汝及生道人時見所指比邱來俄而龍起所居屋極雷電大雨道人生而雨止生復不啼離垢先生出卜遇瞽比邱告之故瞽比邱言但向彼道既來何必不啼如所言果啼三歲時離垢先生偶誦心經句問道人道人不覺應聲誦其下句六歲見離垢先生買黃精云服之不死輒出入取噉不肯復穀食强之乃復穀食七歲使就小學凡所授書傾注如宿通者十五補太青先生小試博士弟子員因小病取讀

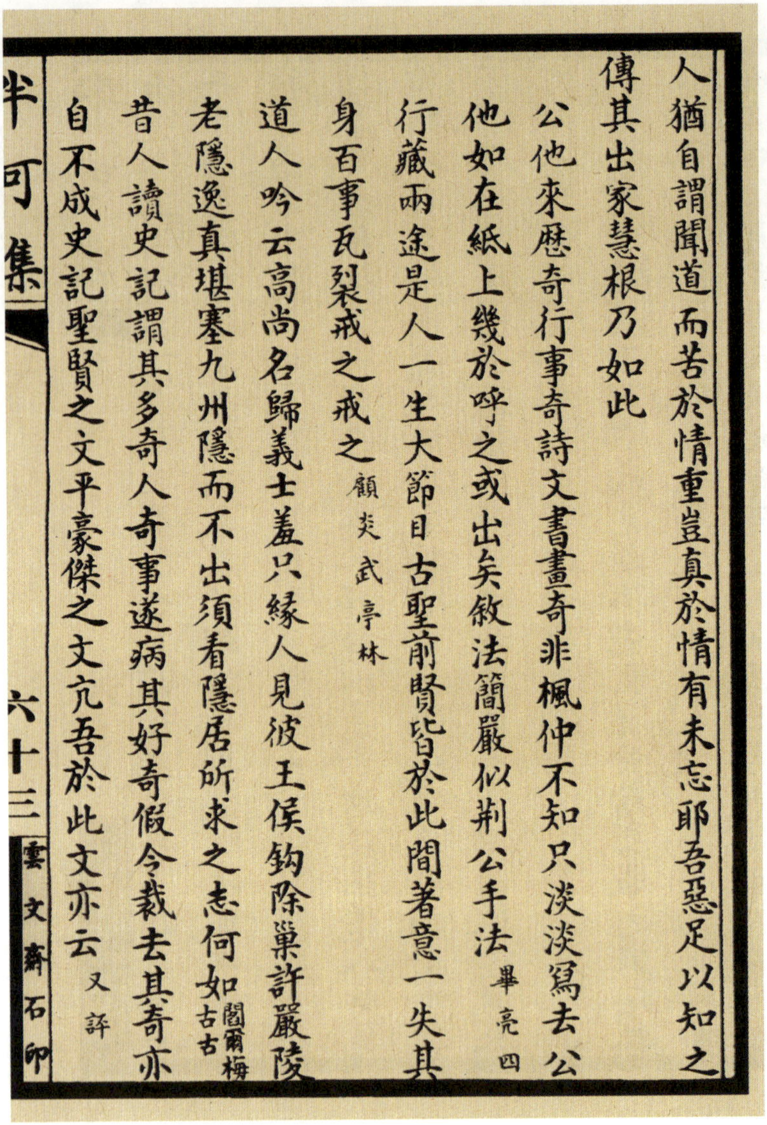
人猶自謂聞道而苦於情重豈真於情有未忘耶吾惡足以知之傳其出家慧根乃如此

公他來歷奇行事奇詩文書畫奇非楓仲不知只淡淡寫去公他如在紙上幾於呼之或出矣敘法簡嚴似荊公手法 畢亮四

行藏兩途是人一生大節目古聖前賢皆於此關著意一失其身百事瓦裂戒之戒之 顧炎武亭林

道人吟云高尚名歸義士羞只緣人見彼王侯鈎除巢許嚴陵老隱逸真堪塞九州隱而不出須看隱居所求之志何如古古 閻爾梅

昔人讀史記謂其多奇人奇事遂病其好奇假令裁去其奇亦自不成史記聖賢之文平豪傑之文亢吾於此文亦云 又評

半可集 六十三

雲文齋石印

戴廷栻石道人別傳末畢亮四、顧炎武、閻爾梅的題識（載半可集）

第二十册　目錄

附錄四　傳略……三七

附録五　序跋

附錄三　贈輓祭文

鐵城寄傅青主附札二首

袁繼咸

獨子同憂患，於今乃別離。乾坤留古道，生死見心知。貫械還餘草，傳燈不以詩。悠悠千載業，努力慰相思。

江州求死不得，至今只得爲其從容者。聞黄冠入山養母，甚善甚善。此時不可一步出山也。有詩一册，付曲沃錫珽。〔二〕屬致門下藏之山中矣。可到未？乙酉冬季。

前詩到未？若未到，門下不可往取，可屬西河曹孝廉碩公緩頰取之，必藏之門下。所目今著經觀、史觀二書，經觀薄就矣，史觀尚未竟，不知能終竟此業否？晉士惟門下知我甚深，不遠蓋棺，斷不敢負門下之知，使異日羞稱袁繼咸爲友生也。丙戌秋初。

經傅公佗先生丹崖舊居

戴廷栻

昨從河上去，今從河上還。家童笑相語，又過裂石山。大山小山松柏齊，千聲萬聲鳥雀啼。攬衣起舞夕露下，三更月出丹崖西。

〔二〕劉、丁本注：「劉霏曰：錫珽即衞周祚。」

獄中和青主

張天斗

自入并州獄，何曾窺夜天。徒憐秋色好，忍負月華圓。夢遠驚魂斷，更長飲恨偏。勞勞人不寐，囚火對愁眠。

喜青主出獄

李中馥

浩氣如虹貫碧空，一從家破走西東。離鄉不欲干親友，到處相逢可主翁。自勘已無半字活，廷平猶有幾分公。只今留得英雄骨，早晚持箠學伴鐘。

呈傅青主〔一〕

王介石

世人慕先生，區區求墨迹。先生忠孝人，豈徒工手澤？蔡邕附權奸，鍾繇臣魏逆。衛瓘不知幾，趙頫羞史册。獨有顏魯公，精誠光竹帛。迄今八百年，直奪眞卿席。才奇節更奇，〔二〕時易志不易。位非秀夫尊，心並天祥赤。黃冠四十秋，垂老猶疇昔。從容辭詔徵，無惡且無射。何如周黨輩，終來范士責。隱逸比陶潛，度越猶什伯。乾坤如許寬，形單影自隻。

〔一〕此篇據山西博物院藏傅蓮蘇抄本整理，曹玉琪重校。詩末署：「王介石草呈。」又批：「此榆次毛匪詩，好。」

〔二〕「更」，手稿又作「亦」。

謁傅公他先生歸賦此就正〔一〕

范　翼

傳云險絕處，高士隱其中。斷峽愁飛鳥，梵堂愛老翁。畏人甚畏虎，常色亦常空。不意桃源路，偶然爲我通。先生居東山古廟。

道人介于石，石則不同流。口飲一天露，身披百結裘。兒孫貧以命，城市疾如仇。須解黄冠意，初非學許由。

于今數十歲，歲歲忘編年。刹内僅餘地，世間何處天？裁詩惟喜死，出廟便成瘨。久矣心之苦，無人可與傳。

讀史心如噎，檢書忠孝方。觸處血猶血，老來狂更狂。頻行又謂我，好去奉高堂。

聞有訪公他先生者先生辭以疾

客來病即發，非感六淫生。山裏我君父，局中誰弟兄？林泉骨雖老，黑白眼方清。閉戶讀雲笈，夢思朋友情。先生讀雲笈時有廣姥夢。

杖藜古柏下，慣看清江流。拜跪吾難强，性情只自由。寧隨牧豎話，不逐囂塵遊。壯志繫金柅，老來總未休。〔二〕

〔一〕此篇與下篇録自范鄗鼎五經堂詩集附范翼敬天齋詩稿，康熙五十三年刊本。

〔二〕刊本詩末注：「傅公他曰：有佳句。」

寄問傅處士土堂山中〔二〕

顧炎武

向平嘗讀易，亦復愛名山。早跨青牛出，昏騎白鹿還。太行之西一遺老，楚國兩龔秦四皓。春來洞口見桃花，儻許相隨拾芝草。

與傅青主二丈〔三〕

閻若璩

昨座上客有云：「關壯繆生於靈帝戊午，日月時並同。」案通鑑目錄，此年五月己卯朔，無戊午日。

又與傅青主二丈

向在太原日，先生曾以「褚師聲子韤而登席，公怒」下問云：「古人既脱屨，復脱韤乎？雖杜註『古者見君解韤』，然書傳中僅此一見，無别證，何也？」晚不敢對。蓋先生博極羣書而復精析入毫芒，晚何人敢知先生之所未逮乎！謹識之不敢忘。越四載，讀陳祥道用之禮書，始釋然。今報禮書謂「漢魏以後，朝祭皆跣韤」，又謂「梁天監間，尚書參議，案禮跣韤，事由燕坐。今極恭之所，莫不皆跣。清廟崇嚴，既絶常禮，凡有履行者，應皆跣韤。」蓋方是時，有不跣韤者，故議者

〔二〕　此篇録自顧炎武亭林詩集卷五。注云作於閼逢攝提格，卽康熙十三年（一六七四年）甲寅。

〔三〕　此篇與下篇録自閻若璩潛邱劄記卷五。

及之。可見六朝時猶然。而尤妙者在「案禮跣韤，事由燕坐」二語。古祭不跣，所以主敬；朝不脫履，以非坐故；唯登坐於燕飲，始有跣爲歡。後則以跣示敬，此亦古今各不同處。因怪杜註「見君解韤」「見君」字不確，要須易爲「古者燕飲解韤」耳。

又考得漢哀帝紀「中山王賜食於前，後飽；起下，韤係解」。此賜食也，非燕飲比，故韤尚存。

訪傅青主於松莊〔一〕青主諱山。忻州處士。

閻爾梅

龕結紅霜第一層，陰陰花犬吠茅橧。碁閒枰内猶存譜，書亂牀頭欲捆繩。西眺王宮成厠廄，南鄰佛閣絕香燈。桐江梅市前人易，生在如今決不能。霜紅龕，青主齋名。

狼孟溝南大鹵平，〔二〕汾川直掃太原城。〔三〕山中有客能逃世，海内無人敢好名。金石編年藏綠甌，漁樵約伴采黃精。〔四〕晉祠松栝秋深老，秃筆勞君畫幾莖。狼孟一作狼盂，在太原北，俗名黃頭寨。青主爲余畫歲寒古松甚佳。〔五〕

〔一〕此篇錄自閻爾梅閻古古全集卷五白耷山人詩山西集。
〔二〕「溝」，張本、丁本作「西」。
〔三〕「掃」，張本、丁本作「逼」。
〔四〕「約」，張本、丁本作「結」。
〔五〕張、丁本無小注。

贈傅公他〔一〕

寶玉之人尋古物，飛雲鴻鴈兩相撲。茫茫四海似無聲，且把長歌代痛哭。百萬峰頭一聲嘯，西風吹動黄花籔。小五臺邊望松莊，處士行藏難可料。

太原秋望〔二〕

彤霞閣上罨晴暉，萬里遥空隻雁飛。崞谷沙藏金鼠嫩，嵐川冰冞石魚肥。山蒸綠雨開叢象，林染紅霜繡崛圍。心喜樵夫能放擔，南村沽酒挂錢歸。彤霞樓在太原府西汾水上。叢象山在定襄東南。崛圍山在太原府西北四十里。

并州分野氣蒼涼，一再驅車過晉陽。鐘板蕭條崇善寺，圖書煨燼寶賢堂。〔三〕凌晨朱棠銜烝米，旁午青眉語畫梁。最好緣山尋菊去，如今栗里是松莊。〔四〕古晉陽在汾水西岸，卽智伯攻趙襄子處。崇善寺在太原府城内。寶賢堂在晉王府内。朱棠、青眉皆晉中鳥名。

〔一〕此篇録自戴廷栻半可集卷三遊崇善寺記，白奄山人詩未收。
〔二〕此篇録自閻爾梅閻古古全集卷五白奄山人詩山西集。
〔三〕戴廷栻半可集卷三遊崇善寺記録此二句爲「禪磬蕭條崇善寺，法書煨燼寶賢堂。」
〔四〕戴廷栻遊崇善寺記録此二句爲「正好緣山尋菊去，如今栗里是松莊。」

雙塔寺雅集詩〔二〕

潘耒

出太原郡城東南行可七八里，有寺曰永祚，雙塔巍然，捎雲礙日，見之四十里外，浮浮若旌幢焉。其下爲松莊，傅隱君青主所居也。隱君蘊質含章，知白守黑，遯世無悶，與天爲徒。太守延津計百周君標拔塵之概，結人外之契，歲之初吉，率子若聓屏騶，從挈壺觴，躬造於廬，爰眺爰遊，來集精舍。維時晴雪停岡，寒冰承霤，相與圍爐命酒，講論道德，元本山川，攀軌依風，不知日之既夕。夫潛龍以不見成德，居士以高尚著節，然鑿壞踰垣，君子以爲過峻。夫惟通人，貞不絕俗，隱君之謂矣。若乃親詘干旌，以信韋布，斯禮也不絕如綫，賴使君存之。弗書弗詠，後將何觀？爰述短章，用志良覿：

黄農世已遙，上士潛巖谷。滓蔑非我區，蟬蜕身不辱。王侯尚其風，就見紆軫轂。豈爲衡茅榮，于焉激積俗。蜉蝣競朝光，世路傷局促。軒裳各自媚，誰遑問幽獨。渺矣中州彦，振衣步高蠋。降此五馬尊，巾車造白屋。彼美肥遯賢，孤霞不可掬。感激禮意勤，欣然裹巾幞。是節春始萌，雲氣漲林麓。寺門風泠泠，浮圖欝雙矗。茗酒淨松筠，鬚眉照冰玉。俯仰同所懷，斟酌幽趣足。僕本丘園人，澤雉隨飲啄。欣逢式廬美，未覺塵網束。汾水清粼粼，可以飲黄犢。何當卜南鄰，休駕從所欲。

〔二〕 此篇録自潘耒遂初堂詩集卷一少遊草上。

懷太原傅青主〔一〕

申涵光

曾約溪村訪釣竿，數年設榻待君歡。亂離苦憶良朋少，衰病應愁遠道難。晉國山川容白髮，中原天地此黃冠。幸將卷帙傳高跡，日向晴窗展畫看。

懷傅青主〔二〕

曹溶

分作三年別，歸禽乃倦飛。敝廬違朔雪，舉眼盼林扉。飲酒無年少，藏山屬布衣。俠腸今在否，大德本知希。

送傅青主恭謁孔林

筮日辭三晉，初無劍佩裝。北穿河柳細，東眺岱雲長。身隱非縫掖，心儀特瓣香。此生歸聖域，我道本康莊。講席潢流外，絃歌戍館傍。琮璜尊禮器，竹漆麗天章。閱世猶嗚鐸，懸圖豈閉房。麟文開五色，檜質飽千霜。拜起秋方靜，徘徊鬢已蒼。山川留著述，龍蠖悟行藏。獨聽珠琴響，深沾俎豆光。伊余曾薦藻，不學愧升堂。擬獲相知素，粗傳避俗方。客途重判袂，愁緒轉茫茫。

〔一〕此篇錄自申涵光聰山詩選卷五。

〔二〕此篇與以下三篇錄自曹溶靜惕堂詩集卷二十二、二十八、三十四、三十六，雍正三年刊本。

留別傅青主

擬扣松莊日一巵，斷笳哀角已如斯。九州不乏悲秋士，萬古當傳送別詩。石泐塞前留淚遠，鷗香江杪入犁遲。許攜梵册淩塵去，鵲尾爐煙對汝時。青主以所書金剛經贈我。

懷傅青主

西河阻絕雁悠悠，頗訝蒲輪入帝州。仙仗一辭丹鳳闕，歸裝兼藉赤松遊。身依五藥常多病，世愛三蒼轉自愁。寄語龍池簪筆者，特書須表擊奸秋。傅于崇禎中以諸生爲學使袁繼咸訟冤，張孫振因而罷職。

贈傅青主〔一〕

朱之俊

雲客不慣城市步，要入千峰萬峰住。嘯聲散作滿林風，鶴語時墮青山路。〔二〕乘興偶來汾山側，〔三〕挈壺懷刺人爭識。一見開襟勝所聞，〔四〕樽前頓長青松色。星冠鶴氅何歲始，云經離亂才爾爾。書著一部晉春秋，詩記三年新甲子。滿腔肝膽不盡吐，霜夕哦成月卓午。兒問題詩贈阿誰，太原高士傅青主。

〔一〕此篇録自陽曲縣志，康熙二十一年編，卷十四上詩歌。題首署「國朝學士朱之俊，汾陽人。」

〔二〕「山路」，張本、丁本作「天露」。

〔三〕「山」，丁本作「水」。

〔四〕「襟」，張本、丁本作「懷」。

歲寒三友圖贊〔二〕

王　岱

楚楚孤松，直立不附。材非棟梁，匠石不顧。唯此天年，以保貞素。維彼君子，歡然道故。不忮不求，亦趨亦步。其心則虛，其節則固。同氣相求，同德相傳。更有伊人，空山歲暮。晚節愈香，道明德具。芳流既遠，聞聲相慕。庶幾三友，不媿玄圃。

楓仲先生命畫歲三友，且曰：「君如孤松高峙，予則修竹相依，更爲詩紀之。」余意先生生平唯心折青主傅先生，此外則余。余之不材天年，固如松。楓老虛心勁節，固如竹。其如梅者，冰霜不懼，空谷傳香，苟欲和羹，實堪鼎鼐，所謂體用舍藏皆能不匱，唯青主足以當之。楓仲命意，或在是歟？因更爲圖，貽楓仲存之，以爲異時晤對。潭洲同學弟石史王岱識於燕山邸次。

得傅徵君信〔三〕

李因篤

河汾文獻未全空，蠱上乾初有是公。不卜同舟瞻郭泰，徒知中論擬王通。芳期虛訊春來鳥，劇飲猶傳雪後鴻。他日華門相候處，下車應拜採桑翁。

〔二〕此篇據山西博物院藏手蹟整理，由曹玉琪重校。
〔三〕此篇與以下八篇録自李因篤受祺堂詩集卷五、七、八、九、十八、二十六、二十七，康熙三十八年刊本。

同傳徵君公他劉明經輿甫米侍御輔之陳公子端伯家刺史舅飲崇善寺十首

亂後到幷州，林泉過卽休。故人逃別墅，長日快同遊。背市炎飆靜，回溪碧樹幽。近來躭古蹟，多自上方求。

白日流雲脚，青山挂雨痕。褰裳高士傳，避馬故王門。國雅樞榆冷，宮牆采繪昏。登臨情未愜，底用劇開罇。

意不關城市，來兼避鬱蒸。落花行處得，空翠坐來增。嘯咏俱宜寺，招尋況有朋。參禪揮玉麈，畢景傍寒冰。

地僻渾無夏，簷深遂卻風。名香浮几席，美蔭藉梧桐。酒出藩侯署，（時王方伯餽酒饌。）苔霑御史驄。不知嵇阮後，歡讌復誰雄。

木發隔年溜，谿吹何徑烟。崩雷干午景，急雨就空天。燭燼丹垂蕚，顏醺白漾蓮。曾無賓主位，坐臥各隨緣。

失謁承珪地，悲瞻識錫鄉。歲時通野老，功德本前王。閱世丹青積，（時有吳道子畫。）憑霄檜柏長。徘徊持半偈，俯仰獨沾裳。□□如志。

傳老躭高尚，臨池早入微。憎麈盈翰墨，壁粉有光輝。帝夢還能否？仙源諒不違。輿移杯物遽，原圃竟先歸。

遠蹠巖廊篆，高探雪嶺圖。薜蘿薰石磴，羽葆肅金鋪。夜閟羣眞合，壇澄萬象符。藉非因舊邸，焉覩此規模。

塔響攸然至，樽醪一再行。少微聯四國，高會紀孤城。返照涵虛白，餘霑傍座明。絺衣披醉後，共覺晚涼輕。

抵暮欲誰適，爲歡知幾何。無心窺象魏，竟日寓悲歌。月帶歸輪上，風隨戍角過。會當出懸甕，同泛晉源波。

傳徵君書至知六茹先生在太原卽遣相迎

忽有勞人信，并州已歲除。傳魚春不達，立馬意何如。作客關山迥，臨邊節序疎。眼穿圖好晤，歧路莫躊躇。

席上呈傅徵君

江海英風老漸疎，菊松高枕送居諸。野航慣載看山屐，春帖曾無乞米書。燦燦紫芝存古調，番番黃髮長明車。兔爰中谷遙迴首，蝴蝶莊生各有初。

寄傅大壽髦

孺仲辭漢詔，躬耕北山廬。披髮臥蓬戶，淡然無他娛。一朝故人子，車馬盈前途。卸裝致殷勤，容服驕且都。兒曹起迎客，釋耒生漸沮。恩深忽自失，夙尚終何如。傅子曠代才，遭逢悲崎嶇。將父歸故林，一心著潛夫。登堂竭甘脆，出門多苦荼。直窮朔漠源，時覽瀟湘圖。齊桓昔未遇，旅販淹夷吾。伏波待南陽，權爲牧與芻。高車輕松僑，立馬野踟躕。子方行絛桑，顔色正敷愉。語客詣家君，傾筐來徐徐。西鄰過濁酒，小圃摘華蔬。斟酒親持客，客言使吏胥。諸吏盡珠玳，野人遑寧居。披膺論當世，述古及唐虞。縱橫百家言，究返箕潁初。吾亦拂衣入，賃舂歷邊隅。永懷版築巖，將與白雲俱。

尚友齋咏梅是傅徵君所植者

莫莫高山樹，移盆入畫圖。白雲皆自得。□豹一相呼。濯雪心恆苦，懷春興不孤。無言酬令德，一氣慰潛夫。

答戴二楓仲見懷兼申別緒五首之一

爲訪南州逸，深憐北地翁，鄧攸沾老淚，阮籍失同風。夏樹微休馬，河陰捷轉蓬。相期啃幽壑，金石慰途窮。傅徵君有猶子仁之戚。

春懷八首之一

太原城西古晉祠，叢柏半作虬龍枝。魚多不驕湧水穴，水故平曲流千卮。石洞舒榻臥便穩，松莊老人來何時？安能終日坐巖下，醉弄白雲閒賦詩。祠内多傅公它先生題字。

存歿口號一百二首之一　太□門古瞻新

通籍深知阮仲容，哭兒兼折鄭司農。傅處士眉，青主先生子。眉卒，先生哭之慟，亦亡。

楔，傅説星沈念故松。

周郡丞令樹遷太原守詩以送之兼懷傅處士山〔二〕　朱彝尊

五馬西歸日，銅符領晉陽。川臨潦涫近，山轉崛㠑長。童子爭驂篠，邦人尚詠棠。憑君尋傅叟，暇即過松莊。

將至太原有懷傅青主先生〔三〕　劉體仁

驅車谿路曛，曲折近青雲。恐採遙峰藥，鸞聲不可聞。黄冠酬歲月，朱鳥薦芳芬。末俗生何晚，能無幸識君。

松村訪傅青主先生

城外好風日，騎驢投谷口。雙塔出深松，歷村翻在後。既涉石子溪，乃望巖間牖。柴門過樵牧，

〔二〕此篇録自朱彝尊曝書亭集卷八。作於重光大淵獻，即康熙十年（一六七一年）辛亥。

〔三〕此下六篇録自劉體仁七頌堂集，同治九年刊本。

試問在家否。野色照鬚眉，下堦笑執手。生平良内愧，出言猶色忸。淚睫述家門，呼兒具杯酒。汎愛答夙心，所言皆師友。移情縱談諧，遂忘風塵久。日暮徒依依，中心亦何有。

其二

朱鳳在丹霄，網羅安所施。鷙鳥可憐蟲，擊搏遭縶羈。既作藕上養，低摧復何辭。劍翮霜風高，側腦望丹霄。

其三

成童承家學，裁狂復裁狷。鄉里稱長者，白頭足永歎。中年一結綬，歸來歲未半。卜居鄰嘯臺，躬耕蠲憂患。仕籍禁流寓，跡逐伐檀散。鹿車還入門，薄俗安可玩。男兒一失路，此身付運轉。不憂身後名，所憂慧命斷。

其四

入隊託詭時，口腹還累人。乞米擇仁租，就我平生親。攬綬增遠興，草木近蕭晨。所不負行役，傾懷拜逸民。

其五

庭階似太古，鳥雀靜不喧。眷此臺上酌，更延邱中言。皋橋濳著書，於今無一存。歲月亦何駛，編摩寄所敦。微雨侵秋光，煙火靄前原。傾壺還別去，悵望掩柴門。

遊金粟園逢耕方位思青主先生繼至

香臺聳城阿，被砌多芳草。策杖淩飛梯，懷抱使人好。君自金閨彦，如何事幽討。勝地治隱淪，遊眺出飛鳥。逍遥霞外踪，刹那塵緣掃。

季通青主位思小陸約遊吉祥寺

路轉何年寺，松杉壓雁堂。犬迎繫馬客，憎炷午鐘香。野日明殘碣，饑烏瞰寶牀。幽期來近遠，敷座獨相羊。時予先至。

其二

高臥松花落，依然獨往心。聯翩集短褐，登眺起長吟。世外藏名晚，杯中弔古深。半酣顧童子，更爲取囊琴。

其三

鐘鼓嚴城接，劫灰如未經。引泉山半圃，甃石栝閒亭。畫黯菩提壁，有元人畫大士像。米分舍利瓶。舍利如黍粒，貯玻璃瓶，昔止五，今化爲八。不因遊汗漫，深殿妙香扃。

其四

今日一尊酒，□人許共持。探奇存好事，步屧見襟期。老眼空燕筑，長鑱託晉祠。放歌愁不樂，渺渺動予思。

其五

亭午聞山響，牆頭螺髻重。僧雛行牧牯，樵子報分蜂。艾衲沿莎擷，胡麻就石供。宗雷匡阜後，何地養疎慵。

太原九日

異鄉九日登臨懶，獨酌難勝金叵羅。照眼茱萸邊郡少，驚心風雨故園多。崛山招隱攢紅樹，汾水懷人冷白波。秋好衹今疎酒伴，霜花寂寞對琴歌。

贈傅壽毛

逢君賣藥暇，趺宕此丘樊。何日挾瓢笠，相隨比弟昆。秋陰生菌閣，黄葉下清樽。歎息歲華晚，狂言時復吞。

與傅青主書〔二〕

儲方慶

僕非俗吏也，然其所爲甚有似於俗吏。蓋處斯世者，皆有不得已之心，故不敢不以俗吏自居。而當世之高人偉士，或鄙而遠之，格於其形也。形不相接，則無以自明。豈惟高人偉士鄙僕乎？僕亦疑天下無高人偉士矣。如僕之渡河入晉也，未嘗一日忘天下之高人偉士，然爲官守所限，無由自致於高人偉士前，而耳目間交接者，又皆碌碌無奇之人，竊謂秦無人矣。繼於人牆戶間，見光生書法，深歎其精妙，即詢先生之爲人，俱云先生隱君子也，通六書，曉算數，善醫藥，官於并州者莫不知先生之名，先生夷然不屑也。又有云先生自革運以來，絕意於功名，淡然無求者三十年於茲矣。僕誠有向往之意而形不相接，尚未知先生爲何如人也。如先生以高名邀天下之貴顯，則縣令之卑不足當先生之一盼，僕將唯唯退矣。雖然僕未知先生爲何如人，先生又知僕爲何如人哉！僕之詩數章亦可以見僕之志也，先生試覽之。儻不以俗吏視僕，則僕與先生豈形之所能格乎？某白。

門人牛兆捷曰：丁巳冬十一月，捷奉師命走陽曲，訪傅先生。先生居荒村敗屋中，初擁瓦爐作頹老狀，授書畢，輾然曰：「此海内駿才也。」一啓封决矣。因侍先生入清源署，縱談三日夜乃辭去。

〔二〕此篇録自儲方慶遯菴文集卷一。

贈傅青主〔一〕

烈風發沙磧，吹入雁門關。晨起望冰雪，雪滿五臺山。晉地苦寒早，八月凋芳顏，灼灼桃與李，猗猗蘭與蕳。非不沐光澤，零落委時艱。冶容象所懽，保眞神自閒。瞻彼千尺松，浩氣薄兩間。

別傅青主〔二〕

一春風雨話連牀，三伏驅車下太行。梁宋倦遊纔入覲，燕齊多怪且求方。天涯羇旅悲浮梗，上國徵書戒處囊。獨羨高蹤閉巖壑，不隨羣彥到明光。

柬傅青主〔三〕

先生伏枕近何如？試宰陶潛問起居。薛荔可能忘舊業，參苓應不著新書。秋來況味當風落，春去商量憶雨餘。珍重一時千載事，白雲黃紙兩躊躇。

〔一〕此篇錄自儲方慶遯菴文集，卷十二丁巳歲存詩二十首。
〔二〕此篇錄自儲方慶遯菴文集，卷十二戊午歲存詩九十四首。
〔三〕此篇錄自儲方慶遯菴文集，卷十二戊午歲存詩九十四首。

太原傅先生病臥燕京其友戴君不遠千里來視之余高戴君之義亦知先生能擇友也賦詩紀其事〔二〕

千里慰良友，多君扶杖來。修期何善病，次仲自懷才。佛寺藏身穩，金門獻策乖。果然方外樂，結契少嫌猜。

傅青主徵君寫荷竹見寄奉答兼懷戴楓仲〔三〕　王士禎

眼中突見篔簹谷，露壓煙啼萬竿竹。下有亭亭菡萏花，大似淩波倦膏沐。煙墨淋漓元氣足，老筆縱横破邊幅。臥遊眞對兩詩翁，晉祠水流如碧玉。

詩奉傅青主先生　戴夢熊

聖代求賢側席勞，安車禮秩並詞曹。七徵勉自趨丹陛，八法何人鬭彩毫？藜閣攤書卿月爛，桐江放艇客星高。君身自昔充仙骨，誰復營心數二豪？

〔二〕此篇錄自劉霏咸豐四年刊仙儒外紀卷八。
〔三〕此篇錄自王士禎漁洋續詩集卷十三庚申稿。

寄呈青翁先生兼博郢和丙辰三月

杜樾

論交白首幾津梁，天半霞紅古晉陽。詭到衣冠庸愛癖，杯于歌笑任疑狂。啄非鸚鷟不爲鳳，和止鶴陰俱鷇凰。閒氣古今誰目我，良嗣壽毛。傳家露布是文章。

奉贈青翁先生兼博郢和己未三月

有懷逾廿載，俠骨竟何如？鸞嘯峰頭近，料書病榻餘。修蒲從道路，小草詎扶疎。祇看宮雲裏，經年掩佛廬。

幾日柴車發，頗遭官長欺。名成辭翰藻，品著易嶔崎。豈有黃州耗，而來白足疑。西僧傳異耗來看。金鞭塡鳳闕，爭怪覛支頤。

奉贈徵君傅青主先生二首

馮溥

僧廬高臥穩，令節客情孤。祝噎遲鳩杖，乞言尚帝都。寢興惟子問，湯藥倩人扶。慙愧平津閣，留賓事有無。

大隱樂林泉，鶴鳴徹九天。上庠虞氏典，稽古漢庭賢。孤潔留高義，淒涼動世憐。哀遲吾未去，惆悵詠斯篇。

奉送徵君傅青主先生還里二首

函谷青牛得藝無，徒瞻紫氣滿皇都。雍中篚業遲更老，殿上夔龍問楷模。誰識承匡仍絳縣，多應金粟待文殊。于今好倩丹青筆，爲寫淵明栗里圖。

病緣豈籍世情醫，高詠難堪繼五噫。歲儉欲留香積供，文成不讓漆園奇。星能犯座還稱客，雲可怡人自有詩。驢背春風歸去穩，外臣箕潁拜恩時。

秋日同葉九來徐勝力馮圃芝訪傅青主先生〔二〕　吳雯

秉彝有同好，言尋高世士。騎驢出國門，語笑斜陽裹。郭外風景殊，蘆花冒秋水。竟到野僧家，喜值於陵子。吟呻驚老病，語弱不勝齒。聞言頷耆舊，拭目辨鄉里。竹竈藥火温，梧井菊泉駛。庭前虛一琴，牀下閑雙履。羔雁空招邀，兒孫看坐起。太息各無言，歸途暮煙紫。

過大鹵訪傅青主先生時已移居緬然有懷卽書此寄意四首〔三〕

松莊煙樹十年餘，寺路相逢笑下驢。今日重來渾不見，白雲深處又移居。

發願文成道力該，檀波羅密興悠哉。人間始見瑯琊筆，爭買蕺山扇子來。先生近發願以筆墨作檀施之

〔二〕此篇錄自吳雯蓮洋集卷二。
〔三〕此篇錄自吳雯蓮洋集卷九。

助，人爭取之。

伎倆當時豈蠹魚，閒情燈火夜窗虛。年來萬事如流水，不復潛夫更著書。先生小記云：向猶復蠹魚伎倆，不一句忘一字之奇，今惟朝夕作金粟園觀相耳。

京洛無端迫客塵，也知瓔珞是前身。幾時得遂東林約，金粟園中兩道人。

戊午暮秋呈徵君傅老先生

葉奕苞

一代崇名節，全家學隱淪。無求冥寵辱，達識任亨屯。原憲曾非病，顏淵竟樂貧。韋編嚴筆削，版築蘊經綸。生人襄陽傳，居同潁水濱。早宜束帛賁，爭上薦剡陳。公府能敦迫，朝廷合討論。令懸優老禮，榮遺乞歸人。〔一〕時中堂學士諸生皆以先生爲念。何事羈方朔，猶遲放季眞。麈揮祇樹月，扇幛鳳城塵。畫卷勤攤背，用龔明之事。含飴笑露斷。蘧廬空世網，逆旅敍天倫。市滿韓康藥，秋殘張翰蓴。許誰牀下拜，拂我座中春。去應前星客，來偕率土臣。不才慙附驥，既見憶山榛。

己未暮春再酬徵君傅老先生〔二〕

不緣公欲去，吾意決塵淪。鬢向名場改，心知骨相屯。本難趨俗好，何必歎家貧！來豈貪紆綬，歸惟把釣綸。避喧非小築，祓禊遠陽濱。愁入張衡賦，情違令伯陳。乾坤容客放，風雨幷誰論？躑躅淹經歲，棲遲邁至人。鬢眉還太古，譚笑總天眞。歌豔春初雪，衣緇陌上塵。觀空門限

〔一〕「榮」，丁本空缺，據張刻乙本墨批補。

〔二〕「己未」，各本均作「乙未」，審詩意，當爲己未春於京師作。

足，祝噎飯沾斷。縱壑悠然逝，時部議上，皇上許公同杜公樾引疾。沖霄自絕倫。乍聞脂革轄，轉令憶鱸蓴。道路榮歸客，鶯花綣暮春。聖朝全一老，公論得羣臣。無以酬佳句，重歌山有榛。

寄傅青主隱君

趙　堪

高致聞吾友，山中自結廬。看雲移短杖，醉月抱奇書。白髮閒相得，黄冠老自如。塵纓慚未浣，肯許近階除。

四憶詩并序四首之一

四憶之作，懷賢也。人豪間出，雖進退不同，各有眞氣，以光垂裳之化。宜君、太原、富平，皆舊遊，惟蔚州未識耳。四君子文章事業，孤忠讜論，皆足炳耀一朝，輝映千古。余客紫琅，雨窗漫興，用誌敘仰云。

隻箭飛書古仲連，違時王屋臥寒煙。山中自煉長生藥，闕下誰登啓事箋。白刃蹈胸臣節苦，黄冠歸里主恩全。松莊霜月千秋白，雙眼乾坤願執鞭。傅聘君山。

賦贈青主先生

李大春

海嶽尊所聞，吾師鄭廣文。黄農徵道合，律歷取材分。鶴徑盤高步，松窗鑠夕曛。客情愁未達，迢遞晉陽雲。

細軟憐新草，暄和戀野晴。偶從麋鹿侶，頓暢薜蘿情。布被容山叟，牛衣接上卿。自然成獨往，愁絕世人名。
迷路從誰問，高蹤歎不勝。心同春水汎，愁逐亂雲增。暖腹須山粟，扶身杖老藤。還符衰颯病，一叩佛圖澄。

己未二月初謁青翁先生

李瑞徵

西方有眞人，耳食亦云久。靈蘭揀素書，浩蕩掃二酉。至道本無名，於君亦奚有。五運有終窮，萬物爲芻狗。未能了太乙，何以度陽九。泛然見時流，爭名在記醜。區區冀傳薪，無乃類敝帚。此義持贈人，笑者已掩口。信心不自堅，洪鐘叩傅叟。

送傅青主先生歸里〔一〕附誌

三韓　孫　川〔二〕

先生晉陽人也，聲譽著海内，與余家有世好。戊午，六科李宗孔、劉沛先諸公薦舉博學弘詞，召入都，稱病不應試。旋歸里，余送至都門外。臨别執手哽咽，有「此去脱然無累矣」之語，余亦愴然不忍言别，賦此誌感。

春色皇都盛，蕭然物外身。難禁雙眼淚，不染一絲塵。側席勞明主，還山老逸民。蒲輪從此去，書札莫辭頻。

〔一〕此篇據張本，丁本序文有删節。
〔二〕「三韓」二字，傅山全書初版本脱，據霜紅龕集丁本補。

小詩奉賀傅徵君　錢悅民

西村主人世莫偶，門栽松菊延好友。桂子蘭孫個個奇，稱觴戲彩相趨走。問君樂賓何所有？香醪百甕君知否？共趁春風醉黄耇。

謁傅青主先生　王方穀

我聞青主翁，千仞青谿主。偶爾城市遊，如狎海鷗伍。竭來返舊林，日出遂幽尋。怡顏對松菊，斗酒愜狐斟。量腹進芝术，何心辨鴻乙。遠比榮啓期，同符作者亡。我行叩茅齋，籬邊秋色佳。願言展良觀，知君有好懷。

與比憐孫侍御懷傅隱君青主〔一〕　陳廷敬

西山出屋角，峯色共東家。牆上頻過酒，籬邊數見花。嶺雲連歲晚，鄉樹極天涯。汾水相思處，殘陽幾度斜。

〔一〕此篇録自陳廷敬午亭文編卷九，康熙四十七年刻板，乾隆四十三年重印。

丁亥南安江上偶懷青主先生作〔一〕

武承謨

太原有異人，黃冠衲衣被，本是舊諸生，遁蹟如自棄。昔聞救袁山，憤切不顧累，太史馬君章，作傳贊高義。甲申乙酉間，縱恣雜優戲。貴宦臨其門，疾走踰垣避。遷徙無常家，山水足所寄。浩蕩乾坤懷，傲倪江海意。聱牙喜異書，放筆寫奇字。顛多何足草，諸體皆極致。跳躍龍虎手，萬夫已辟易。不與蚓蛇較，自謂此小智。幽居想活人，肘後千金備。神奇到處傳，扁鵲蒼公至。素、難以來書，精妙窮厥秘。醫聖至今稱，孰窺其心事？脫略時輩人，茫茫都下視。朝擊磬一聲，暮枕劍一睡。激渤詩與文，奔騰走騏驥。或詠圯橋履，或賦淮陰幟。或吊汨羅魂，或洒少陵淚。歌罷鬼神泣，筆落風雨肆。馳騁翰墨場，學士罕並轡。知交慘寥落，有子能養志。經營勞瘁中，有作亦奇氣。以茲聲名揚，三晉傳有二。往者徵召時，行程迫於吏。嘗與吾祖書，疾病豈堪試。兒孫扶輿往，懼死京師地。浩然得歸來，遂初心乃慰。老翁八十餘，昊天對不愧。蓋棺事已矣，榮枯非所計。我生晚親炙，形容晚夢寐。韓愈不復生，誰爲作傳記？恆嶽邈蒼茫，太行聳鬱翠。河汾蕩壯夫，杳杳青冥逝。嘆息吟高風，留語千百世。

祭傅青主先生文〔二〕

魏象樞等

康熙二十四年乙丑三月辛酉朔，魏象樞、陳廷敬、蔣宏道、田喜霱、馮雲驌、王公維、梁欽構、

〔一〕此篇錄自拾遺本。劉霏編仙儒外紀卷八錄此詩，有題注云：「錄奉長房詞丈」。

〔二〕此篇錄自丁刊霜紅龕集附錄一，拾遺本題爲「康熙二十四年乙丑三月辛酉朔通省紳縉魏象樞等二十二人祭文」。

任之琦、楊嘉、李振藻、張茂生、龐太椷、白靜修、韓銓、高聯璧、狄蔚起、趙驄、李若沆、周世俊、□學誠、李旭昇謹以清酌庶饈香楮之儀致奠於青翁傅老先生之靈曰：〔一〕

慨古風之綿邈兮，競縈志於風塵。幽谷闃其無人兮，孰避世而全眞？惟先生振其芳躅兮，追往古之逸民。穎質秉自童年兮，邁終賈而稱神。長則博通羣籍兮，悉瑯環宛委之遺文。不矜才任俠而自雄兮，祗束修無玷佩幽蘭以自紉。入棘闈而應制兮，未嘗不志在乎經綸。奈封侯之無骨兮，兼奇語之驚人。主司目迷五色兮，逢夜光寶璐而生嗔。遂寄情於米芾雲山、李冰篆籀，甘晦跡而自淪。視軒冕如錙銖兮，席道德爲可珍。雄臯比而談經兮，〔二〕若象山之論道於鹿洞，文中之講學於龍門。至聖朝張八綱以求賢兮，下徵聘之蒲輪。伏北闕而獻賦兮，皆海内文學之彬彬。先生獨高尚其志兮，結巢許以爲鄰。叩九閽而入兮，稱疾高臥於荒闉。詔許歸山兮，惟徜徉於姑射之嶺、大河之瀕。研精味道兮，煥霜筆於秋雯。旁通於竺書、道笈兮，要以闡正學而息羣紛。教養子孫欣欣於谷口兮，幾忘食其糲而衣其鶉。謂仁德之必壽兮，延修齡於大椿。詎意月犯少微兮，竟傅巖之逢屯。儒林慟失其師表兮，四方聞訃而含顰。古來富貴磨滅兮，惟三立爲不湮中郎，椽筆碑無慙於有道，光祿鴻章誅克稱於徵君。嗟金石之可泐，惟茲清風峻節，閲千載其常。新樞等誼，關桑梓情切親仁。藉白茅而陳席兮，〔三〕薦絮酒之微忱。歌楚些而招魂兮，冀靈其降鑒而來臨尚饗。

〔一〕此上文，拾遺本無。「李旭昇」及其以上文，張耀先刻霜紅龕集作「刑部尚書魏象樞等」「奠」字上，張本有「祭」字。
〔二〕「雄」，拾遺本作「擁」。
〔三〕「兮」，張本，丁本無，據拾遺本補。

祭文〔二〕

郭鋐

青主先生從都門放歸而卒，大陵郭鋐弔之以文曰：

嗚呼！先生其氣高矣。方明祚已燼，興朝鼎新，當日之縉紳大夫，咸思攀龍附鳳，以希一日之榮。而先生以布衣重節義如丘山，輕富貴若弁髦。豈非縉紳大夫之所不能爲者，而先生獨能之耶？如松如筠，爲明徵士；不冠不履，爲清逸民。首陽之薇可與同食，商雒之芝可與共採。隱居樂道，追高尚於劉因；甘死守貞，希慷慨於枋得。故天可爲帷，地可爲席，先生居也。蹇可以策，琴可以携，先生遊也。山美可採，水鮮可釣，先生食也。澗流可掬，晨露可摘，先生飲也。嶺上白雲，山間明月，先生友也。學追姚姒，文逮莊、騷，先生業也。上貫日星，下凌河嶽，先生德也。氣塞千古，風流百世，先生壽也。使揚雄讀先生書，則美新之文可以不作；使馮道聞先生風，則長樂之慶可以自羞。明代養士二百七十餘年，獨留先生以砥柱中流，是大有功於名教也。若僅以石隱目之，不過漢陰、楚狂，豈知先生者哉！

附：祭傅青主先生文〔三〕

郭鋐

青主先生從都門放歸而卒，大陵郭鋐弔之以文曰：

〔二〕此篇錄自拾遺本。

〔三〕此篇錄自丁刊霜紅龕集附錄一，因與拾遺本文多異，故附錄之備考。

嗚呼！先生豈山林之人哉！方明社既屋，興朝之鼎新也，當日縉紳咸思攀龍附鳳以邀一日之榮，而先生以布衣重節義如丘山，輕富貴若浮雲，獨託身方外，避世以全其眞。如松如筠，爲清徵士；不冠不履，爲明逸民。首陽之薇可並採，商山之芝可偕吟。取義舍生，希慷慨於枋得，鄭崑璜曰：先生的是謝疊山後生。安貧樂道，勝徵聘於劉因。故雲籬山屏，天帷地席，先生宅也，携琴策蹇，揮塵杖鳩，先生遊也；晨露摘花，澗泉啜茗，先生飲也；山美採盤，水鮮釣饌，先生飯也；清風入帷，明月在牖，先生友也；學追姚姒，文逮莊列，先生業也；義薄雲霄，忠貫月日，先生德也；氣塞天地，名滿宇宙，先生壽也。嗚呼！誰敍長樂老，誰構美新文？明代養士三百餘載，獨先生爲中流砥柱，庶名教藉以常伸。僅目爲楚國狂士，漢陰丈人，未免擬不於其倫。

輓青翁先生偕子壽毛居士

釋圓璧

駕鶴驂龍路不迷，青羊石榻半塗泥。錦箋碧字連春草，玉箸黄花蝕夏霓。客省車旋人歎息，上方夜臥月清凄。卽令冷落西村道，拭淚招魂賦楚兮。

四十年來風雨期，濡毫粱淚共淋漓。閉門省對青雲客，策杖曾賡白雪詩。不夜庵更傷昔日，濁翁字易感今時。文章父子同班馬，青史誰將姓氏遺？青主一號濁堂主人。

附：輓青翁先生偕子壽毛居士（拾遺本）〔二〕

白鶴松巢去不歸，青羊僧榻半塗泥。錦箋碧字迷春草，玉著黃花蝕夏霓。客省車旋徒嘆息，主方夜臥漫思維。即今冷落西村道，痛哭吾人誰與依。

四十年來風雨期，題詩代哭墨淋漓。閉門祇是深羞客，策杖無非為問雞。不夜菴更思昔日，濁翁字易厭今時。文章父子同班馬，青史誰將姓氏遺？

哭青主先生〔三〕

高拱宿

經年輕別疊兇殘，長嘯乾坤淚未乾。流水送人綠綺廢，太行頹老白雲酸。一腰不鬬淵明米，九死貞還文信冠。四十餘年完被衲。孤腔猶覺走雙丸。

仙書猶憶合飛丹，醫篤君臣日月丸。越世指南留出處，黃河以北砥狂瀾。不羞公信多饑餓，敢與嚴陵較易難。回首長歌詩酒客，經年此去路漫漫。

朱衣道士矗青霞，古佛談經雨散花。文字獨燒丹竈訣，綱常全載白牛車。波崙有痛成公案，老子非常莫世家。聞道香風貞體化，氤氳一氣滿天涯。

〔二〕此篇錄自拾遺本，因與丁本文字歧異較多，故附錄。

〔三〕此篇錄自拾遺本，第三首丁本收錄。

輓青主傅徵君兼悼壽毛處士二律

魏象樞

勉報徵書未受官，籃輿歸去病將殘。消磨歲月詩千首，寄託身名藥一丸。學術竟埋眞太史，銘旌還寫老儒冠。少微星隕今無憾，疎草糢糊不忍看。余曾疎其老病狀，上聞焚草。

著書芸閣渺難窺，況失孫郎帳下兒。八十年光含淚老，二三孫子應門癡。晨昏無計供饘粥，風雨何人校闕疑？副在名山終不朽，太原高士有遺碑。青主著作甚富，長子壽毛先亡，二孫尚幼，慮失遺稿，故次篇及之。

輓石道人

魏一鼇

義俠當年髮指冠，龍髯難挽壯心寒。爛衣清節郭文舉，皂帽高風管幼安。甲子詩編雙眼白，坎離鼎練寸心丹。歸時好憶來時路，認取龍華舊講壇。

輓石道人二首

陳　禧

石室文星落，吾曹失羽儀。道心眞隱士，俠氣烈男兒。謂昔年救白袁學道寃。穴井應藏史，呼天不憗遺。姑蘇流寓友，好結九京知。謂顧寧人。

滚滚皆清要，惟公固採榮。百年誰不死，千載爾猶生。調度方山峻，風流晉水清。太原有遺老，今日始成名。

輓公佗先生

甄　昭

撤手蒼龍背上行，刦灰獨辨女媧靈。先生已去同孤竹，不羡遼陽化鶴丁。

哭青翁先生

管有度

十載聞聲未識韓，鬚眉猶幸炙長安。扶鳩莫挽雙龍□，揮麈時騰孤鳳韓。天地有情容白髮，山河無福駐黄冠。祇餘石室遺文在，萬卷凄涼不忍看。

哭青主先生

王　贄

翠碧丹崖處士宫，龍蛇歲厭竟相逢。大還自了幽棲志，片語猶分造化功。天設山河供冷眼，人從樵牧識高風。西來莫訝無佳氣，踏破煙霞少此翁。

請入鄉賢三立〔一〕

傅徵君諱山字青主者，始籍嶺後，家聲起自明經；繼隸晉陽，世業開成甲第。種德有自，家學有源。身生於離垢嚴君，繞膝已見珪璋之器；名成於太青學憲，脱穎卽昭雲漢之章。自少而入黌宫，揮古文於時藝；及壯而甘泌水，闡道學於儒宗。遭闖逆而棄青衿，節堪勵俗；鼓盆變而不娶，

〔一〕此篇錄自拾遺本。

義可維風。羞曳裾於侯門，樂逍遥於蓬戶。憂父疾而禱靈藥，至孝通於神明；痛弟逝而撫遺孤，仁義存於族黨。剖内經以靖衆，工繪事而怡情。書法駕二王，遺有嗇廬、陰隲等帖。道法承三聖，著有經史辨釋諸條。白袁公之寃，以致羣英驚佩；辭靈臺之薦，奉有諭旨褒嘉云云。今據士民公舉，情殷不敢隱，其賢哲所宜，亟請崇祀鄉賢，並列三立，長歆俎豆，永樹楷模。

府縣儒學結　紳衿結　里民結　合省諸生結（不錄）

請建傅青主先生祠堂文〔一〕

郭象昇

窃陽曲傅青主先生者，運際滄桑，心堅金石。黃冠妖夢，已作東海頑民；白水眞人，尚望南陽宗子。終以稽天之浸，難效捧土之功。三木囊頭，千夫奪魄，雖亢龍其有悔，卒履虎而無傷。亡命江湖，人識駱丞之詩句；悲歌松柏，世疑翟義之死生。遂乃土室潛踪，藥囊餬口。扁公變技，特工帶下之醫；陸相集方，姑耗鑾中之日。又以夙精八法，雅擅三長，揮珠玉於毫端，鬻蒲葵於市上。屠沽可侶，醉人推罵而無妨；名實兩空，善者藏機而不露。强測文章於豹管，恐納滄海於牛蹄。已而束帛蒲輪，大徵處士，空山蕙帳，半誦移文。起亡國之遺黎，被舍人之新命。綬加身而屢卻，貞同楚國大夫；牀著膝以皆穿，節比遼東歸客。恐後世以劉因賢我，當道莫不動容；任目前之鄧禹笑人，名流亦爲失步。百年養士，一介完貞。窮當益堅，無長鋏歸來之嘆；日西方暮，有禮堂寫定之書，可謂志潔行芳，仁至義盡者矣。昔者南州孺子，實有祠堂；大澤釣徒，亦留廟貌。雖功施之未著，固觀感之所資。布衣可尊，鐵案具在。夷考道光中葉，京師建亭林之專祠；同治季年，衡陽

〔一〕此篇錄自郭允叔文鈔一九二〇年文蔚閣版卷下。

立船山之書院；先生博聞等於顧氏，貞隱亞於王君，而霜紅之龕不存，粲白之供無所。揆諸情理，毋乃參差。竊查海子邊第一樓地址，舊屬商務局管理，後歸實業會居住，事既簡稀，屋漸荒廢，如移其地作傅先生祠堂，則風潭百頃，眞神靈翔泊之鄉；廣厦千間，亦士人瞻依之地。於以扶樹名義，激揚懦頑，誠盛舉也。我巡按使模楷人倫，範圍品庶，識幽民之情狀，嚴俎豆之馨香，風教攸關，維持定功。如蒙允准，卽祈咨部立案，以昭永久，庶故蹟之常存，作此邦之名勝。

石道人別傳〔一〕

戴廷栻

石道人眞山者，還陽眞人之弟子也。父離垢先生。母貞髦君，〔二〕孕十二月而生道人。先是，道人從叔某托朝海比邱造栴檀香佛，佛至，所費過嬴，中悔，離垢先生告貞髦君。貞髦君出所積簪珥貲百金，請事佛，卽夢佛指一矐老修爲比邱曰：「以是子汝。」及生道人時，見所指比邱來，俄而龍起所居屋極，雷電大雨，道人生而雨止。生復不啼，離垢先生出卜，遇瞽比邱，告之故。瞽比邱言：「但向彼道：旣來何必不啼！」如所言，果啼。三歲時，離垢先生偶誦心經句，問道人，道人不覺應聲誦其下句。六歲見離垢先生買黃精，云服之不死，輒出入取噉，不肯復穀食，强之，乃復穀食。七歲使就小學，凡所授書，傾注如宿通者。十五補太青先生小試博士弟子員。因小病，取讀神僧傳，慨然神通非難致事。二十試高等，廩餼。以舉子業不足習，遂讀十三經，讀諸子，諸史至宋史而止，因肆力諸方外書。

會袁山袁公提晉學，見道人藝，以爲是子忠孝人，置第一，延於三立書院。時晉國士三百餘人，以道人爲祭酒，面道人讀方外書如故。袁公坐某御史誣逮，道人伏闕疎辨，以奇計出公，終不告公

〔一〕此篇錄自戴廷栻半可集卷一，咸豐三年劉霦刊本。

〔二〕「貞」，傅山全書初版本誤作「眞」，據半可集改。下同。

故。馬太史君常爲作義士傳，比之裴瑜、魏邵。袁公補官泰州，約道人遊，道人方服柏葉辟穀，不答公書。撫軍蔡公怡雲修三立書院故事，復以道人爲祭酒。道人雖期集，不肯衣紳衣講學，書院人怪道人。道人善病，受道還陽眞人。眞人蓋神宗朝雨師，賜以印劍紫衣者，其神異見高邑趙忠毅公傳。

歲壬午，道人夢上帝議刦，給道人單，字不可識，單尾識「高尚」字，且賜黃冠衲頭。心知無功名分，遂製冠衲如夢中賜者。放榜罷，百三十歲長壽比邱賀道人。道人曰：「比邱誣矣。吾不中式。」比邱曰：「不中故賀。」道人頷之，取所製冠衲服之。甲申之變，竟服之不脫，爲眞道士。道人傳姓，字仁仲，一字公他，一字青主，今年六十七歲矣。

戴廷栻曰：道人世家子，時潔時穢以逃於人，而畏人稱其家世。人或以節義稱道人，道人不受，曰：「我方外人，不知節義。」道人習舉子業，則讀方外書，及爲道人，乃復乙儒書而讀之。道人喜遊，每遊諸山水勝刹，至其門不肯入，顰眉謂同遊者，是有閣有廊有池，及花樹是左右向，果閣廊池花樹左右向如所度，蓋近於宿命通矣。道人猶自謂聞道而苦於情重，豈眞於情有未忘耶？吾惡足以知之。傳其出家慧根乃如此。

公他來歷奇，行事奇，詩文書畫奇，非楓仲不知。只淡淡寫去，公他如在紙上，幾於呼之或出矣。敍法簡嚴，似荆公手法。畢亮四。

行藏兩途是人一生大節目，古聖前賢皆於此間著意，一失其身，百事瓦裂，戒之戒之。顧亭林。

道人吟云：「高尚名歸義士羞，只緣人見彼王侯。鈎除巢、許、嚴陵老，隱逸眞堪塞九州。」隱而不出，須看隱居所求之志何如。閻古古。

昔人讀史記，謂其多奇人奇事，遂病其好奇。假令裁去其奇，亦自不成史記。聖賢之文平，豪傑之文亢，吾於此文亦云。又評。

先生與傅徵君同時，交最契。徵君傳甚多，存此一篇足矣。張古娛。

道家龍門派以「道、德、通、元、靜、眞、常、守、太、清」四十字爲號，還陽名靜中，萬曆時從遊常、守已有人。「眞」字虛一座，徵君至，始屬之，故稱眞山。霖記。

傅徵君傳〔一〕

戴夢熊

徵君傅山，字青主，一字公他，別號石道人，世爲山西之忻州人。祖霖，登明嘉靖壬戌科進士，歷官少參。父之謨，以明經碩彥，衣被學徒。山，其仲子也。少參通籍後寓居太原，因隸籍陽曲云。山生而穎異，讀書十行並下，過目輒成誦，少參極鍾愛。迨長，學益該博，凡古今典籍，諸子百家，靡不淹貫。工詩賦，善古文詞。臨池神似二王，晉之人重焉。且精繪事，每搦管寫意，各極其妙。又以餘力學岐黃術，擅醫之名徧山右，罔弗知者。

方山年十四，即受知於文太青先生。十六餼於庠，爲督學袁袁山先生深所器重。時先生檄取晉士數十人，俾讀書三立書院，山與焉。後袁爲直指誣奏下詔獄，山以諸生詣闕訟冤，海內因是無不知有傅山其人矣。迨袁誣既白，出督九江，屢遣使召山，山終不往。甲申歲，賊李自成犯闕，懷宗殉國，山遂棄置青衿爲黃冠侶，時而遨遊平定、祁、汾之間，不則坐深山閱釋典，戶外事弗問也。性至孝，居母貞髦君喪，臥苫枕凷、飲粥不茹蔬者百日。友愛諸季，先人遺產爲其弟蕩費殆盡，無

〔一〕此篇錄自陽曲縣志卷十四下列傳，康熙二十一年編印本。

怒也。及弟殁，遺孤尚幼，山撫之不翅己子。年三十餘失偶，絃不再續。康熙戊午，舉博學宏詞，屢辭弗獲，扺都門，復以老病懇辭，未就試乃歸，後授中書職銜。山不欲違厥初志，避居遠村，惟以醫術活人，登門求方者戶常滿，貴賤一視之，從不見有倦容。里黨姻戚有緩急，視其力而竭其心。與人言依於忠孝，謀事要於誠義。雖足跡不入城市，而達官士夫、騷人墨客，欽其名者率紆道求見，冀得一面以爲榮焉。所著有性史、十三經字區等書行於世。

戴子曰：余始至幷州，即聞有石道人云，後詢之其人，乃知即爲青主先生。夫先生豈今世之士哉！當其懇辭徵辟，余具藍輿欵段，力爲勸駕。先生黽勉就道，而終以疾辭。尚志高風，介然如石，石道人之名，信然乎！信然乎！在昔周黨、王霸、劉茂、王烈，名垂漢史，今先生似之，太原何高士之多也！況其託迹山林，俗吏罕識其面，而顧獨不鄙夷。余憶應召之後，以長箋見寄，纍纍數百言，慮其衰老不復能把握也。惓惓之意，溢於言表。亦何幸哉！蓋先生之品，固不待文而傳，抑余雖不文，其待先生而傳也耶！

憐才豪舉〔一〕

李中馥

妓有名秀雲者，晉府樂長也，聲容冠一時。工小楷，善畫蘭。操琴愛漢宮秋，稱絕調；又能以琵琶彈普唵咒，與琴入化。性喜清雅，凡宗藩臣賈，紈絝子弟，皆不留意。文人學士多與游，字之曰明霞。卒爲輕薄子所紿，傾囊相委，久知其負己也，抑鬱而逝。淹殯積歲，傅青主聞而憐之，言：「名妓失路，與名士落魄，齎志沒齒無異也，吾何惜埋香一坏土乎？」於是設旛旐，陳冥器，

〔一〕　此篇與下篇錄自李中馥原李耳載，中華書局一九八七年版。傅山全書初版本未收。

張鼓樂，召僧尼導引郊外，與所知詞客數輩酹之酒而葬之。更作頂針詩十四首，前後相承，其全不能記。首章云：「芳魂栩栩自仙遊，走馬章臺滿目愁。疎雨細風清夜永，可憐一曲漢宮秋。」二：「漢宮秋是古琴文，幾個知音坐上聞。流水不逢鍾子輩，當壚誰識卓文君？」八：「小樓塵土暗窗紗，不見樓頭解語花。碁冷文楸香冷篆，牀頭横着舊琵琶。」九：「琵琶掩抑不堪聽，司馬江頭涕淚零。老大只教癯骨在，何須粉白與螺青。」末收云「止教騷客吊芳魂」。晉人多傳誦之，無不歎青主憐才，不下古人買駿也。

註經掩略

李中馥

傅青主山，性孤高，不染塵習，因闖亂失家，僑寓榆關。河南獲奸細，扳山西有朱衣道人傅姓，咨行晉撫，密遣司李王秉乘率兵執青主，下之獄。青主容色自若，供係太原府諸生，食餼有年，以失家避荒，侍養老母，頗知醫藥。兩訊茹嚴刑，語言不亂。覆核所扳日期，即臬司經歷魏一鰲爲父疾求方於汾州日也。撫軍陳公憐其寃，具疏請釋，羈獄以候。青主手錄金剛、法華二經註之。一年後如接形聲，種種惡業，現諸變相。一日，司李省囚，語青主曰：「君高行動天，不日昭雪也。」青主遂將獄中幽魂慘慼情狀訴之，乞拾棄骼埋郊外義塚，司李頷之。適太守邊公夜夢獄中諸厲哀鳴於前，次日司李以青主所言請，邊驚嘆曰：「怪哉！夢寐之靈也。」即捐俸買地，多備席藁，撿瘞如法，仍勒石禁侵擾。有吏父，夢三婦人披髮藍縷哭言：「恩出宰官，權在公子。今獨遺某三人黑獄，何時出耶？」一夕三夢之。明以語其子，果於牆之僻處掘得三婦屍，兩屍無姓氏，一屍於瓦上書姓氏，交城人也，裹而埋之。由是囹圄不爲蒿里矣。此青主註金剛、法華之所感也。

傅山〔一〕　　陽曲縣志

傅山字青主，霖之□之□之子□□□□□後陽曲寓久因□□焉。山生而穎異，讀書十行並下，過目不忘。古今典籍，諸子百家，靡不淹貫，詩歌古文詞及字學尤其所長，兼工繢事，邃脈理。年十四遊泮，十六餼於庠，督學袁公甚器之。後袁爲直指誣奏下詔獄，山感其知己，詣闕申寃。迨袁事得白，督九江，屢遣使召之，終不往。甲申闖逆犯闕，山遂棄置功名，絶意進取。性至孝，居母貞髦君喪，寢苫枕塊、飲粥不茹蔬者百日。又友愛諸季，先人遺產爲其弟蕩費，毫無怨言。弟没，撫遺孤過於己子。年三十餘失偶，永不再娶。康熙戊午舉博學弘詞，以老病辭，未就試，遂歸，後授中書職銜。日惟專醫救人，登門求方者戶常滿，貴賤一視之，接無惓容，藉以回生者不可勝數。里黨姻戚有緩急，視其力而竭其心。與人言依於忠孝，謀事要於誠義。雖居遠郊，不入城市，凡貴官墨客，欽其名，咸紆道而往，冀得一面爲榮。所著有性史、十三經字區等書行世。子眉博聞强識，如其父，亦以書作爲時推重。

明生員傅先生山傳〔二〕　　嵇曾筠

傅先生名山，字青主，一字公他，陽曲人。祖霖，官山東遼海參議。父之謨，明經授徒，號離

〔一〕　此篇録自陽曲縣志卷十二隱逸，康熙二十一年編印本。

〔二〕　此篇録自劉梅補輯三立祠傳卷二，乾隆三十年刊本。

垢先生。山生而穎異，讀書十行並下，過目輒能成誦。年十四，督學文太青拔入庠。繼文者，袁臨侯先生繼咸也。一見深器之，准食餼，檄取讀書三立書院，時時以道學相期許，山益發憤下帷。袁每云：「山文誠佳，恨未脫山林氣耳。」崇禎丙子，繼咸爲直指張孫振誣詆下獄，山徒步走千里外伏闕訟冤。孫振怒，大索山。山敝衣藍縷，轉徙自匿，百折不回，繼咸冤得白。當是時，山義聲聞天下。後繼咸官南方，數召山，山終不往。國朝定鼎，自九江執繼咸北上，山乃潛入都，密候繼咸起居。繼咸見殺，山收其遺藁而歸。

山性至孝，父之謨病篤，朝夕稽顙於神，願以身代，旬日父愈，人謂孝通神明，不異黔婁云。執親喪哀毀特甚，苫塊米飯，不茹蔬果。友愛諸季，先人遺產，弟蕩費强半，終身無怨色。弟歿，撫遺孤過於己子。失偶時年二十七，子眉甫五齡，旁無妾媵，誓不復娶。於里黨婣戚，竭力賙其緩急。爲人分別有讓，恭儉下人，與人言依於忠孝，謀事要於誠實，蓋其敦厚彝倫，根本自然，非有强也。

自李自成犯京師，明莊烈皇帝殉國，山遂絕意進取，棄青衿爲黃冠，號石道人，擇衣草履，時遨遊於平定、祁、汾間，所至有墨痕筆跡。工詩賦，善古文詞，臨池得二王神理。該博古今典籍，百家諸子，靡不淹貫。大叩大鳴，小叩小鳴。復自託繪事，寫意曲盡其妙。精岐黃術，邃於脈理，而時通以儒義，不拘拘於叔和、丹溪之言。踵門求醫者戶常滿，貴賤一視之。家故饒，至是漸益窶，安貧樂道，泊如也。屋舍田園多爲細人竊據，概置不問。康熙戊午，詔舉博學宏詞，廷臣交章薦山。山以老病辭。當事者立迫就道，道稱股病不能行，肩輿舁入都，臥旅邸不赴試。滿漢王公九卿賢士大夫下逮馬醫夏畦市井細民莫不重山行義，就見者羅溢其門，子眉送迎常不及。山但敧倚榻上，言衰老不可爲禮，諸貴人益以此重山，弗之怪也。明年三月，吏部驗病入告，奉旨傅山文學素著，念其年邁，特授内閣中書，着地方官存問，遂得放歸。歸愈澹泊，自甘僻居遠郵，不入城府。然欽其名者益衆，率紆道往見，冀得一面爲榮。又六年卒，遠近會葬者數千百人。山所著有性史、十三經字區、周易偶釋、周禮音辨條、春秋人名韻、地名韻、兩漢人名韻等書。

稽禮齋曰：昔者嘗怪先生值堯舜之世篤志高尚，懇辭徵辟，何其果也？及讀漢史，見周黨、王霸之爲人，初不辱於新莽。建武復辟，連徵不起，乃知士各有志，先生蓋有道而隱者也。彼誠見夫有明末季，上下交征利，卒滅亡於寇盜之手，固已心寄夫長林豐草矣，寧復以青紫爲榮邪！至若義白知己之冤，其賢於世之平居師友相親慕，臨難背負不一引手捄，漠然若不相識者亦遠矣。古云民生於三，事之如一，惟其所在，則致死焉。先生眞無愧哉！

贊曰：於惟先生，得聖之清。訟冤奔計，蒙難不讋。辭榮卻聘，先民是程。功在名教，百世景行。

徵君傅先生傳〔一〕

郭鋐

徵君初名鼎臣，後改山，青主其字也。明季充太原諸生，食廩餼。累世仕宦，青主無膏粱習。奇才絶世，酷嗜學，博極羣書，時稱「學海」。爲文豪放，與時眼多不合。詩詞皆慷慨蒼涼之調，不作軟媚語。最善臨池，草楷篆隸，俱造絕頂，筆如鐵畫，不摹古，不逢時，隨筆所至，或正或側，或巨或細，或斷或續，無不蒼勁自異。畫更古雅絶倫。一生重氣節，以聖賢自命。其元配張氏早卒，終身不再婚。爲文宗袁公繼咸所深器重。繼咸被御史張孫振誣劾，青主出萬餘金糾通省諸生詣闕代

〔一〕此篇錄自陽曲縣志卷十五文徵上，道光二十三年編印本。原署名爲「大陵郭鋐著。」

白，卒脫繼咸，罪孫振。甲申之變，明沒，清朝鼎新，青主棄數千金腴產，令族分取，獨挈其子眉隱於城東松莊，棄員不應試出仕，[二]令眉亦勿習舉子業，肆力於古文詩歌，並古今法書，其學其書與阿父埒。青主戴道巾，衣朱衣，自名朱衣道人，師事還陽眞人，遨遊山水，任其所往。或劾其與南朝明赧帝通，下獄嚴訊。青主受刑不少屈，唯呼關夫子泣。勘官憐其義，代解，乃得出。嗣後康熙戊午年間，詔舉博學鴻詞，當事六科李宗孔、劉佩先諸公。以青主名薦，奉旨徵聘。青主辭不就，督撫遣吏迫就道。至都中，上欲授職，青主七日不食，復徉癲將絕，都諫魏象樞拜疏代懇，賜骸骨歸。尋卒，年八十歲。所著有晉人詩、兩漢人名韻、兩漢地名韻、左傳人名韻、地名韻、傳家帖、霜紅龕文集、諸傳奇，更著奇書，藏其稿於山中。

傅青主先生傳[三]

劉紹攽

先生姓傅氏，名山，字青主，山西太原人，爲明諸生。李自成亂，遁走山林，及賊平而明亡，遂謝人事，坐一室，左右圖書，徜徉其中，終年不出，亦不事生產。家素饒，以此中落。四方賢士大夫，足相錯於其門，或遺之錢，則怫然怒，必力絕之。雖疏水不繼，而嘯咏自如。

康熙十八年，詔舉博學鴻詞，大臣連章薦，辭不就。當事必欲致之，令邑長踵門促上道，不得已，行。比廷試有日，稱病臥牀蓐，不與試。例不授官，然上雅重先生，命賜秩。部擬正字，上薄之，特予內閣中書以歸。自大中丞以下，咸造廬請謁，握手言歡，而先生自稱曰「民」。冬夏著一

[二] 拾遺本乙掉「出仕」二字，並墨筆眉批：「棄員有脫字。」
[三] 此篇錄自劉紹攽九畹古文卷一。拾遺本與此文同，丁本與此文異。

布衣，帽以氈，或曰：「君非舍人乎？」不應也。好爲詩歌，行世者特其一二，尚有數十卷藏於家。善丹青，蕭散多古意。書法宗王右軍，得其神似，時人寶貴，得片紙爭相購。先生亦自愛惜，不易爲人寫。遭母喪，學使者致賻，拜受，乃作數行以謝。使者喜曰：「此一字千金也。吾求之三年矣。」其見重當世如此。

性厭紛華，交徧天下，而避居僻壤，時與村農野叟登東皋，坐樹下，話桑麻。或有疾病，稍出其技，輒應手效。一婦妬，惡夫有所昵，忽患腹痛，展轉地上，不可忍。其夫求先生，令持敝瓦釜，置婦牀前，擣千杵，服之立止。一老人痰湧喉間，氣不得出入，其家具棺待殮，先生胗之曰不死，令擣蒜汁灌之，吐痰數升而甦。凡有沉疴，遇先生，無不瘳。用藥不依方書，多意爲之。每以一二味取驗。有苦勞瘵者，教之運氣，不三月而可。年八十餘卒，無能傳其術，至今晉人稱先生，皆曰「仙醫。」

九畹子曰：先生以勝朝遺民，壯歲自放廢，或謂徑情傷物，抑知其有托而逃與？聞自成亂時，富平有諸生八人，遯跡終南，云效采薇，及賊平，出試，諺笑之曰「夷齊下首陽」。惜也，其未奉教先生哉？

繼信曰：先生大節在，不忘故國，醫其餘技耳。然余嘗過晉陽，老人嘖嘖道先生活人事不置。先生行二，皆稱「傅二爺」，不忘起疴之德，乃知九畹傳載醫案大有稱量，豈非史才？

傅徵君〔一〕

鈕 琇

傅徵君山，字青主，山西人。擅皇甫元晏之重名，秉司馬子徽之高節，兼以筆精墨妙，爲世所珍。康熙己未，詔求博學鴻儒，當事競爲推薦，青主以老病辭。强之再三，乃令其子執鞭，乘一驢車，至崇文門外，稱疾荒寺。八旗自王侯以下，及漢大臣之在朝者，屨滿其門，堅臥不起，朝廷遂聽其還鄉。是年應試中選者，俱授翰林院檢討，然其人各以文學自負，又復落拓不羈，與科第者前後相軋，疑謗旋生，多不能久於其位。數年以後，鴻儒掃迹於木天矣。天下莫不歎徵君貞志邁俗，而有先見之明也。

傅徵君事實〔二〕

傅蓮蘇

徵君諱山，字青主，一字公它，世爲山西大同人，六世祖天錫，以春秋明經爲臨泉王府教授，始徙居太原忻州。曾祖朝宣，寧化王府儀賓、承務郎，正德十五年寓居太原。祖霖，登明嘉靖壬戌科進士，歷官朝議大夫，遂籍陽曲。父之謨，明經。徵君年十四，受知督學文太清先生。先生諱翔鳳，陝西三水縣人，官至光祿卿。十六食餼，爲督學袁臨侯先生器重，檄取讀書三立書院。甲申，遭闖亂，棄青衿，號石道人。康熙戊午春，六科給事公薦博學鴻詞，道人以老病懇辭。己未春，部議上賜內閣

〔一〕此篇錄自鈕琇觚賸續編卷二人觚。

〔二〕此篇據太原晉祠博物館藏傅蓮蘇手稿整理。

中書，學者稱文貞先生。享壽八十歲，二十三年甲子夏卒。〔一〕

徵君性至孝，天啓甲子，父離垢先生病劇，醫藥罔效，徵君躬禱順城關文昌廟，蒙帝君賜藥，紅黑十粒，灌之即愈。載徵君祈藥靈應記，仇猶史生紹唐梓行。順治辛丑，居母貞髦君喪，臥苫寢塊，飲粥不茹疏者百日，及葬，四方來會送數千餘人。

徵君友愛諸昆弟，先人遺產，爲弟某蕩費殆盡，徵君無怨色。及弟歿，遺諸孤尚幼，仍撫之若己子，爲畢婚。

徵君年二十九歲失偶張，子某年甫五歲，即終身不再娶。

徵君幼秉異質，過目成誦，十行並下。迨長，學益該博，凡古今典籍，諸子百家，靡不淹貫。工詩賦，善古文詞，臨池神似二王，且精繪事，爲世推重。

崇禎丙子，督學袁公諱繼咸被誣下詔獄，徵君以諸生徒步詣闕訟冤，傾產無悔。袁誣既白，出督九江，屢遣使召，徵君終不肯往，詳見馬文忠公諱世奇山右義士傳。武昌王孫某梓于楚。

徵君誦讀餘暇，精岐黄術，登門問病者絡繹不絶，貴賤一視之，從無倦容，診視如神，全活甚衆。

徵君康熙戊午年，吏科給事李公、諱宗孔，大同人，寄籍淮揚。兵科給事劉公、諱沛先，四川人。六科諸先生交章疏薦博學鴻詞，徵君以老辭，當事立逼就道。抵都門復以老病，具呈吏部懇辭，總憲魏公蔚州人，諱象樞。代題，吏部驗病免試。比歸，奉旨：「傅某文學素著，念其年邁，特授内閣中書，着懸扁優獎。」徵君益閉戶著書，終身不入城市。陽曲令到西村，奉部文懸扁「鳳閣蒲輪」四字，留而不懸起。

〔一〕道光陽曲縣志卷十五載徵君事實云：「康熙二十三年六月十二日卒，享壽七十九歲。」

徵君名重當世，士大夫經晉境者，率皆紆道求見，冀得一面爲榮。其事實載各志書，前任陽曲知縣戴公諱夢熊，浦口人。爲之立傳。既歿，朝野悲悼，各贈誄言輓章，私謚文貞□□。著有周易偶釋、周禮音辯條、春秋人名韻、春秋地名韻、國策人名韻、西漢人名韻、東漢人名韻、呂氏春秋韻、諸子注解、十三經字區、性史等書稿，藏於家。

青主先生〔一〕

徐昆

傳青主先生，太原人，學究天人，道兼僊釋，大節勿論，鄉里傳其細事數條附記：

先生精醫，晚年以醫見者見，不以醫見者不見也。某撫軍知其名，見之不得。先生偶扶藜郊外，撫軍相去約去半里許，一役報撫軍曰：「前扶藜者卽傅先生。」撫軍急令前騎追之，肩輿趨而至。先生行不加疾，亦不回顧，約十里許，相去仍如故。撫軍曰：「休矣，先生殆不吾見也。」一日，撫軍太夫人得疾，撫軍囑陽曲令邀先生。先生曰：「看疾可，吾不見貴人。」陽曲令曰：「諾。」撫軍敬避，囑令陪焉。診脈畢，怒曰：「如此年紀，何得如此病！」不立方，拂衣將去，令强留而婉叩之。初不言，繼曰：「相思病也，得諸昨日午間。」先生出，撫軍來叩令，令無以答。太夫人微聞，自内嘆曰：「神醫也！吾昨午翻箱籠，偶見若父履，遂得疾耳，當以實告。」令轉語先生，一帖而愈。

又一民婦，因夫好賭，相訴誶，夫掌擊之，遂成氣鼓。詢先生，先生偶捋草十餘把，謂民曰：「子持歸，在婦前漫火煎之，顔必和，聲必下。飲食親奉外，卽煎藥是務，日須十數次。不三日而

〔一〕此篇錄自徐昆柳崖外編卷五。

愈。」或問故，先生曰：「所得者淺，勿須藥餌。以草爲媒，平其心而和其氣足矣。」

又少年輩方土築，見先生過，曰：「盍粧病試之？」一少年躍而下，羣遮先生曰：「此病人，請視。」先生一望，曰：「死人也。」衆大笑。先生曰，「腸斷矣。」舁至家而死。

又公方在西山讀書，一幼婦步至求醫，先生診而執其手，持硯將擊之，曰：「何物妖狐，敢來嘗我！」狐跪曰：「妾實非人，江南某公子，妾將媚之，可否？」先生曰：「此亦有緣，然不應死，垂危時當令邀吾，吾救之。」狐諾而去。至江南與某生遇，初纏綿而消瘦，漸勞瘵而奄奄也。狐曰：「太原傅先生能生汝。」遂絕。其家素聞先生名，然去太原數千里，度病必不可待，相嚮而哭。門外報傅先生至，舉家大喜。數劑而起。

是行也，聞祁縣包子美，偕子往食之。食數日，無以償，館人索值甚急。先生曰：「取紙來，吾爲若揮翰，持向某街鬻之，料可償。」館人初不可，强之，乃如言，獲竟數倍。留先生曰：「公卽在此食包，我爲公賣字，何如？」先生笑而去。

安南國使者入覲，求書「安南國」三字，將鐫石於都門，輦千金購之，不可。聞先生與一僧善，以千金施僧，僞作佛事，僧乞先生書「國泰民安」四字、「南無佛」三字。使者得之，急馳去。

先生子名眉，先生知其不壽也，故字之曰壽髦。一日壽髦持己所臨先生書，贋欵置案頭。先生忘非己書，駭曰：「吾殆將死耶？是書何無生氣。」壽髦曰：「眞兒筆也。」先生遂大痛，不久而壽髦沒。

先生書流傳至今，片紙琅玕矣。余在陽城得先生及壽髦手卷一軸，仙品也。開首一書札云：老人家是甚不待動，書是兩三行，眵如膠矣。倒是那裏有唱三倒腔的，和村老漢都坐在板凳上，聽甚麽飛龍鬧勾欄，消遣時光，倒還使得。姚大哥說十九日請看唱，割肉二斤，燒餅煮茄，儘足受用，不知眞個請不請。若到跟前無動靜，便過紅土溝吃兩碗大鍋粥也好。

柳崖子曰：青主先生不勝贊，亦無庸後學贊。讀此札，即所謂大行不加、窮居不損也，豈止醫與字乎哉！

傅山〔一〕 忻州志

傅山字青主，別號石道人，霖之孫，明經之謨之子。幼穎異，讀書十行並下，古今典籍，諸子百家，靡不淹貫，尤長於詩古文詞，字法得二王之妙，兼工繪事，邃脈理，性至孝友。年十六爲諸生，受知於學使袁袁山先生，後袁爲直指誣奏，詔下獄，山乃赴闕伸冤，天下義之。甲申之變，遂棄青衿，遊行大江以南，數年而返。焚其著作，日以醫道活人，神奇變化，洩素問之秘。嘗習靜於州之文昌祠。迨康熙戊午，舉博學鴻詞，以老病懇辭，復授中書職銜，不受。海内士大夫至晉者咸慕其豐采，冀得一面以爲榮。有購得其書畫者，片紙隻字，珍若拱璧焉。從祀三立祠。子眉博聞强識，亦奇士也。

案先生世籍忻州，母貞髦君陳氏，娶亦陳氏，皆州之陳村名族。先生雖生於陽曲，而徜徉寄跡恆在於忻，不忘本也。昔王績本龍門人，其五世祖自太原往，至績則親族幾盡，而後之脩太原郡志者，猶錄東皋子傳，況忻爲先生桑梓往來之地，其田賦猶存乎！舊志偶遺，今急登諸人物以樹忠烈之望云。

〔一〕 此篇錄自忻州志卷四人物，乾隆十二年編印本。

陽曲傅先生事略〔一〕

全祖望

朱衣道人者，陽曲傅山先生也。初字青竹，尋改字青主，或別署曰公之它，亦曰石道人，又字嗇廬。家世以學行師表晉中。

先生六歲啖黄精，不樂穀食，強之，乃復飯。少讀書，上口數過即成誦。顧任俠，見天下且喪亂，諸號爲薦紳先生者多腐惡不足道，憤之，乃堅苦持氣節，不肯少與時媕婀。提學袁公繼咸爲巡按張孫振所誣，孫振故閹黨也，先生約其同學曹公良直等詣匭使三上書訟之，不得達，乃伏闕陳情。時撫軍吴公甡亦直袁，竟得雪，而先生以是名聞天下。馬文忠公世奇爲作傳，以爲裴瑜、魏劭復出。已而曹公任在兵科，貽之書曰：「諫官當言天下第一等事，以不負故人之期。」曹公瞿然，即疏劾首輔宜興及駱錦衣養性，直聲大震。

先生少長晉中，得其山川雄深之氣，思以濟世自見，而不屑爲空言。于是蔡忠襄公撫晉，時寇已亟，講學於三立書院，亦及軍政、軍器之屬。先生往聽之，曰：「迂哉！蔡公之言，非可以起而行者也。」甲申夢天帝賜之黄冠，乃衣朱衣，居土穴以養母。次年袁公自九江羈於燕邸，以難中詩貽先生，曰：「晉士惟門下知我最深。蓋棺不遠，斷不敢負知己，使異日羞稱友生也。」先生得書慟哭，曰：「公乎，吾亦安敢負公哉！」甲午以連染遭刑戮，抗詞不屈，絶粒九日，幾死。門人有以奇計救之者，得免。然先生深自咤恨，以爲不如速死之爲愈。而其仰視天、俛畫地者，竝未嘗一日止。凡如是者二十年。

〔一〕此篇錄自全祖望鮚埼亭集卷二十六。

天下大定，自是始以黃冠自放，稍稍出土穴與客接，然閒有問學者，則告之曰：「老夫學莊、列者也，於此間諸仁義事實羞道之，卽強言之亦不工。」又雅不喜歐公以後之文，曰是所謂江南之文也。平定張際者，亦遺民也，以不謹得疾死，先生撫其尸哭之曰：「今世之醇酒婦人以求必死者，有幾人哉？嗚呼張生！是與沙場之痛等也。」又自歎曰：「彎强躍駿之骨而以佔畢朽之，是則埋吾血千年而碧不可滅者矣。」或強以宋諸儒之學問，則曰：「必不得已，吾取同甫先生。」工書，自大小篆隸以下無不精。兼工畫。嘗自論其書，曰：「弱冠學晉唐人楷法，皆不能肖，及得松雪香山墨蹟，愛其員轉流麗，稍臨之，則遂亂眞矣。」已而乃媿之曰：「是如學正人君子者，每覺其觚稜難近，降與匪人遊，不覺其日親者。松雪曷嘗不學右軍，而結果淺俗至類駒王之無骨，心術壞而手隨之也。」於是復學顏太師。因語人學書之法：「寧拙毋巧，寧醜毋媚，寧支離毋輕滑，寧眞率毋安排。」君子以爲先生非止言書也。先生既絕世事，而家傳故有禁方，乃資以自活。

其子曰眉，字壽髦，能養志。每日樵於山中，置書擔上，休擔則取書讀之。中州有吏部郎者，故名士，訪先生。既見，問曰：「郎君安往？」先生答曰：「少需之，且至矣。」俄而有負薪而歸者，先生呼曰：「孺子來前肅客！」吏部頗驚。抵暮，先生令伴客寢，則與敍中州之文獻，滔滔不盡，吏部或不能盡答也。詰朝，謝先生曰：「吾甚慙於郎君。」先生故喜苦酒，自稱「老蘗禪」，眉乃自稱曰「小蘗禪」。或出遊，眉與子共輓車。暮宿逆旅，仍篝燈課讀經、史、騷、選諸書，詰旦必成誦始行，否則予杖。故先生之家學，大河以北莫能窺其藩者。嘗批歐公集古錄曰：「吾今乃知此老眞不讀書也。」

戊午，天子有大科之命，給事中李宗孔、劉沛先以先生薦。時先生年七十有四，而眉以病先卒。固辭，有司不可。先生稱疾，有司乃令役夫舁其牀以行，二孫侍。既至京師三十里，以死拒不入城，於是益都馮公首過之，公卿畢至，先生臥牀，不具迎送禮。蔚州魏公乃以其老病上聞，詔免試，許放還山。時徵士中報罷而年老者恩賜以官，益部密請以先生與杜徵君紫峰雖皆未豫試，然人望也，於是亦特加中書舍人以寵之。益都乃詣先生曰：「恩命出自格外，雖病其爲我強入一謝。」先生不可。益都令其賓客百輩說之，遂稱疾篤，乃使人舁以入。望見午門，淚涔涔下，益都強掖之，使謝，則仆於地。蔚州進曰：「止，止，是卽謝矣。」次日遽歸，大學士以下皆出城送之，先生歎曰：「自今以還，其脫然無累哉！」既而又曰：「使後世或妄以劉因輩賢我，且死不瞑目矣。」聞者咋舌。及卒，以朱衣黃冠殮。著述之僅傳者，曰霜紅龕集十二卷，眉之詩亦附焉，眉詩名我詩集，同邑人張君刻之宜興。

先生嘗走平定山中爲人視疾，失足墮崩崖，僕夫驚哭曰：「死矣。」先生旁皇四顧，見有風峪甚深，中通天光，一百二十六石柱林立，則高齊所書佛經也。摩挲視之，終日而出，欣然忘食，蓋其嗜奇如此。惟顧亭林之稱先生，曰「蕭然物外，自得天機」，予則以爲是特先生晚年之踪跡，而尚非其眞性所在。卓爾堪曰「青主蓋時時懷翟義之志者」，可謂知先生者矣。吾友周君景柱守太原，以先生之行述請，乃作事略一篇致之，使上之史館。予固知先生之不以靜修自屈者，其文當不爲先生之所唾，但所媿者，未免爲江南之文爾。

傅山詩話〔一〕

沈濤

國初太原傅青主徵君山，隸體奇古，與鄭谷口齊名，詩亦雄傑可喜。所傳霜紅龕詩鈔，頗近白

〔一〕此篇錄自沈濤匏廬詩話卷下，道光二十年刊本。

奎山人。尤愛其病征一首云：「青外響孤鴿，綠中哀亂蟬。秋心滿天地，病骨澹山川。開眼見村店，支頤問水泉。若能來野化，眞足飽烏鳶。」義心苦調，擲地猶作金石聲也。

傅山子眉〔一〕

錢林

傅山初字青竹，改字青主，一字公之他，亦曰石道人，又字嗇廬，陽曲人。母夢老比邱而生，生復不啼，一瞽僧忽至門云：「既來何必不啼！」乃啼。六歲啖黃精，不樂穀食，强之食，乃復食。讀十三經、諸史如宿通者。所居名松莊，在太原郡城東南可七八里，太守延津周計百，歲初挈壺觴造焉。竹垞有詩云：「憑君尋傅叟，暇即過松莊。」

崇禎中，袁繼咸督學山西，爲巡按御史張孫振誣劾被逮，山橐饘左右，伏闕上書，白其冤，馬世奇作義士傳，比之裴瑜，魏劭。次年，繼咸自九江羈於燕邸，以難中詩貽山，曰：「晉士惟門下知我深。蓋棺不遠，繼不敢負知己，使異日羞稱友生也。」山得書慟哭，曰：「公乎，我亦安敢負公乎！」有問學者，則曰：「老夫學莊、列者也，仁義事實羞道之，卽强言之亦不工。」或强以宋儒問，則曰：「必不得已，吾取陳同甫。」雅不喜歐陽以後之文，曰是所謂江南之文也。亂後夢天帝賜以黃冠、衲衣，遂爲道士。頗習醫。嘗走平定山中爲人視疾，失足墮崖中，僕夫驚哭，山徬徨四顧，見有風峪，中通天光，石柱林立，數之得一百二十六，則高齊時佛經也。摩挲視之，終日而出，欣然忘食，其嗜奇如此。有司以醫見則見，不然不見也。康熙十七年以博學鴻詞徵，時年七十四，固辭不可，又稱疾，有司使役夫舁牀以行，二孫從焉。既至京三十里，不肯入城。益都相國馮

〔一〕此篇錄自錢林輯、王藻編文獻徵存錄卷四。

溥先詣之，山稱疾篤，不具迎送禮。蔚州相國魏裔介乃以老病上聞，詔免試，以中書舍人放還山。溥猶强之入謝，舁至外朝，望見午門，溥掖之使下，忽仆於地，不能起，乃舁以出。次日遽放歸。

山工分隸及金石篆刻，畫入逸品。初學晉唐人楷法，不相似。及摩趙松雪墨蹟，便能亂眞。已乃愧之曰：「是如學正人君子者，鋒稜難近；降與匪人遊，不覺其日親者。松雪曷嘗不學右軍，而圓媚淺俗，至類駒王之無骨，心術壞而手隨之也。」於是復學顏太師。因語人學書之法：「任拙毋巧，任醜毋媚，任支離毋輕滑，任眞率毋安排。」人曰先生非止言書也。平定有張際者，遺民也，以不謹得疾死，山撫其尸哭之曰：「今世之醇酒婦人以求必死者，有幾人哉？嗚呼張生！是與沙場之痛等也。」又自歎曰：「彎强壓駿之骨而以佔畢朽之，是則埋吾血千年而碧不可滅者矣。」

子眉，字壽毛，亦工畫，作古賦數十篇。每日樵於山中，置書擔上，休則讀書。中州有吏部郎某，山之友也，訪山，問曰：「郎君安否？」山曰：「卽至矣。」俄有負薪歸者，山呼：「孺子來前肅客！」吏部驚。至夕，山令伴客宿，則與敍中州文獻，滔滔不盡，吏部不能盡答也。朝起，謝山曰：「吾甚慙於郎君。」山常賣藥四方，與眉共輓一車，暮抵逆旅，篝燈課讀經史騷選，詰旦成誦乃行，否卽予杖矣。父山喜苦酒，自稱「老蘗禪」，乃自稱曰「小蘗禪」。先山卒。

及山卒，以朱衣黃冠殮。有霜紅龕集十二卷，子眉之詩曰我詩集附焉。全祖望曰：「顧亭林之稱先生，曰蕭然物外，自得天機，予以爲是特先生晚年之蹤跡，尚非其眞性之所在矣。」

傅山〔一〕

清史列傳

傅山字青主，山西太原人。少與孫傳庭共學，過目成誦。憤明季諸搢紳腐惡，乃堅苦持氣節。袁繼咸爲張孫振所誣，山約曹良直等三上書訟之，不得達，後乃伏闕陳情，袁竟得雪。馬士奇作傳以謂裴瑜、魏劭復出。既曹良直任兵科，山貽書曰：「諫官當言天下第一等事。」曹戄然，即疏劾周延儒、駱養性，直聲振一時。甲申後，居土穴養母。給事中李宗孔、劉沛先薦應博學鴻儒科，時年七十四矣，固辭不獲。至京師疾甚，大學士馮溥首過之，臥牀不能具禮。蔚州魏象樞以山老病上聞，免試，特授內閣中書放還。

山工分隸及金石篆刻，畫入逸品，趙執信推山書爲國朝第一。嘗失足墮崩巖，見風峪甚深，石柱林立，則高齊所書佛經也，摩挲終日乃出，其嗜奇如此。精醫，晚年頗資以自給。二十二年卒，年八十二。

子眉，能養志，每日樵山中，置書擔上，休擔則取書讀。山時出遊，眉與子共輓鹿車，暮宿逆旅，山課讀經史騷、選諸書，詰旦必成誦乃行。所著有霜紅龕十二卷，眉詩附焉。

傅山〔二〕

徐鼒

傅山，字青主，號嗇廬，別署朱衣道人，亦曰公之它，亦曰石道人，山西陽曲人也。少受知於

〔一〕此篇錄自清史列傳卷七十一。
〔二〕此篇錄自小腆紀傳卷五十三。

提學袁繼咸。繼咸爲巡按張孫振所誣，被逮，山職納橐饘，約其同學曹良直等詣匭使三上書訟之，不得達，遂自伏闕陳情。時巡撫吳甡亦直袁，竟得雪，以是名聞天下。馬世奇爲作傳，以爲裴瑜、魏劭復出。已而良直任兵科，山貽以書曰：「諫官當言天下第一等事，以不負故人之期。」良直瞿然，即疏劾首輔周延儒及錦衣駱養性，直聲大震。山見天下喪亂，思以濟世自見，不屑爲空言。晉撫蔡懋德講學於三立書院，因寇亟論及軍政，往聽之，歸曰：「迂哉，公言非可以起行者也。」甲申，夢天帝賜之黃冠，乃衣朱衣，居土穴以養母。次年，繼咸爲左夢庚挾至燕邸，難中寄書曰：「晉士惟門下知我深，蓋棺不遠，斷不敢負知己，使異日羞稱友生也。」山得書慟哭曰：「公乎，吾亦安敢負公哉！」甲午，以連染遭刑戮，抗詞不屈，絕粒九日，幾死，門人有以奇計救之者，始得免。自恨以爲不如速死之爲愈，戚戚於故國，思有爲者凡二十年。

天下大定，始以黃冠自放，稍稍出土穴與客接。間有問學者，則告之曰：「老夫學莊、列者，於此間諸仁義事，實羞道之，即強言之，亦不工。」又雅不喜歐公以後之文，是所謂江南之文也。平定張際，亦遺民也，以不謹得疾死，撫其屍哭之曰：「今世之醇酒婦人以求必死者，有幾何哉？嗚呼張生！是與沙場之痛等也。」又自歎曰：「彎強躍駿之骨，而以佔畢朽之，是則埋吾血千年而碧不可滅者矣！」素工書，自大小篆、隸以下無不精，兼工畫。嘗自論其書曰：「弱冠學晉、唐人楷法，皆不能肖；及得松雪香光墨蹟，〔二〕愛其員轉流麗，稍臨之，則已亂眞。已乃愧之，曰：『是如學正人君子者，每覺其觚稜難近；降與匪人遊，不覺其日親。此心術壞而手隨之也。』棄去，復學顏。曰：『學書之法，寧拙毋巧，寧醜毋媚，寧支離毋輕滑，寧眞率毋安排。』」君子以爲山非僅言

〔二〕「光」當爲「山」之誤。

書也。山既絕世事，而家傳故有禁方，乃資以自活。

子眉，字壽髦，能養志。每入山樵采，置書擔頭，休擔，則取讀。中州有吏部郎者，故名士，訪之，問：「郎君安在？」曰：「少需。」俄有負薪者歸，山呼曰：「孺子來前肅客！」吏部頗驚。抵暮，令之伴客寢，則與敍中州文獻，滔滔不盡，吏部或不能盡答。詰朝，謝曰：「吾甚慙於郎君也。」山故喜苦酒，自稱老蘗禪，眉亦自稱曰小蘗禪。或出遊，眉與子共挽車，暮宿逆旅，仍篝燈課讀經史騷、選諸書。詰旦，必成誦始行，否則予杖。故其家學爲大河以北所莫能及。

康熙戊午，召試博學鴻詞，天子有大科之命。時年七十有四，當事薦之，山固辭稱疾，有司舁其牀以行。時眉已先卒，二孫侍。既至京師三十里，以死拒，不入城。於是廷臣自大學士益都馮溥以下，公卿畢至，山臥牀不具禮，遂以老病上聞，詔免試，許放還山，特授中書舍人。馮強之入謝，稱疾篤，以竹榻舁之入，望見午門，淚涔涔下，執政者掖之使謝，則仆於地。次日遽歸，歎曰：「自今以還，其脫然無累哉！」既又曰：「使後世或妄以劉因輩賢我，且死不瞑目矣。」聞者咋舌。

及卒，以朱衣黃冠殮。著述之僅傳者曰霜紅龕集十二卷，眉之詩亦附焉。

傅青主先生事略〔二〕

李元度

陽曲傅先生山，字青竹，改字青主，別署公之它，亦曰朱衣道人，又字嗇廬。六歲啖黃精，不樂穀食，強之，乃復飯。少與孫公傳庭共學讀書，過目成誦。明季，天下將亂，諸號爲搢紳先生者，多腐惡不足道。憤之，乃堅苦持氣節，不少媕婀。提學袁公繼咸爲巡按張孫振所誣，孫振閹黨也，

〔二〕此篇錄自李元度國朝先正事略卷四十六。

先生約同學曹良直等，詣通政使，三上書訟之，不得達，乃伏闕陳情，時巡撫吴公甡亦直袁，竟得雪。先生以此名聞天下，馬文忠世奇爲作傳，以謂裴瑜、魏劭復出。既曹公任兵科，先生貽書曰：諫官當言天下第一等事，以不負故人之期。曹公㦬然，即疏劾首輔周延儒、錦衣衛駱養性，直聲震一時。先生家世以學行師表晉中，得其山川雄深之氣，思見諸實用。時蔡忠襄懋德撫晉，寇已亟，講學三立書院，亦及軍政、軍器之屬，先生往聽之，曰：「迂哉！公言非可起而行者也。」

甲申國變，夢天帝錫之黄冠，乃衣朱衣，居土穴養母。明年，袁公自九江羈燕邸，以難中詩遺先生，曰：「不敢愧友生也。」先生省書，慟哭曰：「嗚呼！吾亦安敢負公哉！」甲午以牽連被逮，抗詞不屈，絶粒九日，幾死。門人有以奇計救之者，得免。然先生深自咤恨，謂不若速死爲安。而其仰視天、俯畫地者，未嘗一日止，如是者二十年。天下大定，始以黄冠自放，稍稍出土穴，與客接。有問學者，則告之曰：「老夫學莊、列者也，仁義禮樂即强言之，亦不工。」又雅不喜歐公以後之文，曰：「是所謂江南之文也。」平定張濟者，亦遺民，以不謹得疾死，先生撫其尸哭之曰：「今世之醇酒婦人以求必死者，有幾人哉？嗚呼！張生，是與沙場之痛等也。」又自歎曰：「彎彊躍駿之骨，而以佔畢朽之，是則埋吾血千年而碧不可滅者矣。」或强以宋諸儒之學，則曰：「必不得已，吾取同甫先生。」工篆隸書畫，弱冠學晉唐人，不能肖，得松雪墨蹟，稍習之，遂亂眞矣。已乃愧之，曰：「是如學正人君子，輒苦其難近，降與匪人遊，不覺日親。」於是復學顔太師，謂書寧拙毋巧，寧醜毋媚，寧支離毋輕滑，寧眞率毋安排。君子謂先生非止言書也。趙秋谷推先生書爲本朝第一。顧深自愛惜，不輕爲人寫。母喪，貴官致賻，作數行謝之。貴者喜曰：「此一字千金也，吾求之三年矣。」先生旣絶世事，而家傳故有禁方，乃資以自活。

子曰眉，字壽髦，能養志。每日樵山中，置書擔上，休擔則取書讀之。中州有吏部郎者，故名士，訪先生，問郎君安在，先生曰：「少需之，且至矣。」俄有負薪歸者，先生呼曰：「孺子來前肅客！」吏部頗驚。抵暮，先生令伴客寢，則與敍中州文獻，滔滔不盡，吏部或不能盡答也。詰朝，謝先生曰：「吾甚慚於郎君。」先生喜苦酒，自稱「老蘖禪」，眉乃自稱「小蘖禪」。或時出遊，眉與子共挽車，暮宿逆旅，仍篝鐙課讀經史騷、選諸書。詰旦，必成誦乃行，否則予杖。故先生家學，大河以北，莫有窺其籓者。嘗批集古錄曰：「吾今乃知此老眞不讀書也。」

康熙戊午，詔舉博學鴻儒，給事中李宗孔以先生薦，時年七十有四矣，眉已前卒。固辭不可，乃稱疾，有司令役夫舁其牀以行，二孫侍。將至京師三十里，以死拒不入城。於是馮相國溥首過之，公卿畢至，先生臥牀，不具迎送禮。魏公象樞乃以其老病上聞。詔免試，放還山。先生與杜徵君越尤篤老，命各加中書舍人以寵之。馮公乃詣先生曰：「恩命逾常格，其強入一謝。」先生不可，馮公令賓客百輩說之，遂稱疾篤，乃使人舁以入。望見午門，淚涔涔下。馮公強掖之使謝，則仆於地。魏公進曰：「止止，是卽謝矣。」翼日歸，相國以下皆出城送之。先生歎曰：「今而後，其脫然無累哉！」既而曰：「使後世或妄以劉因輩賢我，且死不瞑目矣。」聞者咋舌。自京師歸，大吏咸造廬請謁。先生自稱曰「民」，冬夏著一布衣，帽以氈。或曰：「君非舍人乎？」不應也。及卒，以朱衣黃冠殮。所著霜紅龕集十二卷，眉詩附焉。

先生嘗走平定山中，爲人視疾，失足墮崩巖，僕大驚，哭曰：「死矣。」先生旁皇四顧，見有風峪甚深，中通天光，百二十六石柱林立，則高齊所書佛經也。摩挲終日出，欣然忘食。其嗜奇如此。顧甯人嘗曰：「蕭然物外，自得天機，吾不如傅青主。」

傅山〔一〕　陽曲縣志

傅徵君山，字青主，一字公佗。祖霖，山東遼海參議。父之謨，明經授徒，稱離垢先生。山其仲子也，生而穎異，讀書十行並下。善詩古文辭，尤工書畫。年十四，補博士弟子員，十六餼於庠，督學袁公深器之，命讀書三立書院，時時以道學相期許。後袁被誣下獄，山徒步千里，伏闕訟寃，由是海内無不知傅山其人者。迨袁誣既白，出督九江，屢遣使召山，山不往。李自成亂，山遂棄弟子籍，遨遊平定、祁、汾間，或坐深山閲釋典，戶外事弗問也。康熙戊午舉博學宏詞科，屢辭勿獲，抵都門，復以老病辭，授内閣中書銜放歸。越六年卒。山居母喪，臥苫枕凷、食粥不茹蔬者百日。先人遺產爲其弟蕩費殆盡，無怨色。及弟歿，遺孤尚幼，山撫之不啻己出。其天性如此。及卒，四方會葬者數百人。所著有性史、十三經字區、周易音釋、周禮音辨條、春秋人名韻、地名韻、兩漢人名韻若干卷。子眉。

傅山〔二〕　李垣

傅徵君山，字青主，山西人，擅皇甫元晏之重名，秉司馬子微之高節，兼以筆精墨妙，爲世所珍。康熙己未，詔求博學鴻儒，當事競爲推薦，青主以老病辭。强之再三，乃令其孫執鞭，乘一驢

〔一〕此篇錄自陽曲縣志卷十三人物列傳，道光二十三年編印本。
〔二〕此篇錄自李垣編國朝耆獻類徵初編卷四百七十三，光緒十年刊本。

車至崇文門外，稱疾荒寺。八旗自王侯以下及漢大臣之在朝者履滿其門，堅臥不起。朝廷遂聽其還鄉。是年應試中選者俱授翰林院檢討，然其人各以文學自負，又復拓落不羈，與科第進者前後相軋，疑謗旋生，多不能久於其位。數年以後，鴻儒掃跡於木天矣。天下莫不歎徵君貞志邁俗而有先見之明也。吳翔鳳人史。

傅山輯略[一]

震鈞

字青主，又字青竹，號公之它，亦曰朱衣道人，太原陽曲人。康熙戊午，以鴻博薦，以病固辭，詔加中書銜，遂歸老於鄉里。

生而穎異，讀書十行並下，過目輒能成誦。年十四，文太青拔入庠。繼文者，袁臨侯繼咸也，一見深器之，準食餼，檄取讀書三立書院，時時以道學相期許，山益發奮下幃。袁每云：「山文誠佳，恨未脫山林氣耳。」崇禎丙子，繼咸爲直指張孫振誣詆下獄，山徒步千里外伏闕訟冤。孫振怒，大索山。山敝衣藍縷，轉徙自匿。繼咸冤得白。當是時，山義聲聞天下。後繼咸官南方，數召山，山終不往。山性至孝，父之謨病篤，朝夕稽顙於神，願以身代，旬日父愈，人謂孝通神明，不異黔婁云。嵇曾筠傅徵君傳。

嘗擕衣草履遨遊於平定、祁、汾間，所至有墨痕筆跡。工詩賦，善古文辭。臨池得二王神理。該博古今典籍，百家諸子靡不淹貫。大叩大鳴，小叩小鳴。復自託繪事，寫意曲盡其妙。精岐黃術，邃於脈理，而時通以儒義。同上。

[一] 此篇錄自震鈞輯國朝書人輯略卷一，光緒三十四年刊本。

詔舉博學鴻詞，廷臣交薦山。山以老病辭，不得入都，臥病旅邸。滿漢王公九卿賢士大夫逮馬醫夏畦市井細民莫不重山行義，就見者羅溢其門，子眉送迎常不及。山但欹倚榻上，言衰老不可爲禮。諸貴人益以此重山，弗之怪也。同上。

先生工書，自大小篆隸以下無不精，兼工畫。嘗自論其書曰：「弱冠學晉唐人楷法，皆不能效，及得松雪香山墨迹，愛其員轉流麗，稍臨之，則遂亂眞矣。已而乃媿之，曰是如學正人君子者，每覺觚稜難進，降與匪人游，不覺其日親者。松雪曷嘗不學右軍，而結果淺俗至類駒王之無骨，心術壞而手隨之也。於是復學顏太師。因語人學書之法，甯拙毋巧，甯醜毋媚，甯支離毋輕滑，甯眞率毋安排。君子以爲先生非止言書也。鮚埼亭集。

康熙初，山西有隱君子傅山，書法晉、魏、正、行、草、大小悉佳，曾見其卷幅册頁，絕無氈裘氣。大瓢偶筆。

趙秋谷先生推先生書爲本朝第一。顧深自愛惜，不輕爲人寫。先正事略。

索居無筆，偶折柳枝作書，輒成奇字。詩曰：「腕拙臨池不會柔，鋒枝秃硬獨相求。公權骨力生來足，張緒風流老漸收。隸餓嚴家郤蕭散，樹枯冬月突顛甹。插花舞女當嫌醜，乞米顏公青許留。」霜紅龕集。

先生隸體奇古，與鄭谷口齊名。沈濤瓠廬詩話。

先生學問志節爲國初第一流人物。世爭重其分隸，然行草生氣鬱勃，更爲殊觀。嘗見其論書一帖，云「老董止是一箇『秀』字」，知先生於書，未嘗不自負，特不欲以自名耳。郭尚先芳堅館題跋。

崇禎中，袁臨侯繼咸督學山西，爲巡按御史張孫振誣劾被逮，山橐饘左右，伏闕上書，白其冤。馬君常世奇作義士傳，比之裴瑜、魏劭。池北偶談。

後夢天帝賜以黄冠衲衣，遂爲道士裝。醫術入神，有司以醫見則見，不然不見也。工分隸及金石篆刻。同上。

太原古晉陽城中有傅先生賣藥處。「衛生堂藥餌」五字，乃先生書也。茶餘客話。

傅青主云，少習榮祿書，致三十年洗除俗氣不盡，欲醫俗書，惟仙壇記耳。東洲草堂詩注。

傅山〔二〕工書畫

竇鎮

傅山字青主，號嗇廬，山西太原人。甲申國變，夢天帝錫以黄冠，乃衣朱衣，居土穴養母，因自號朱衣道人。工書法，篆隸亦精。嘗謂書甯拙毋巧，甯醜毋媚，寧支離毋輕滑，寧眞率毋安排。趙秋谷推其書爲本朝第一。顧深自愛惜，不輕爲人寫。母喪，貴官致賻，作數行謝之。貴者喜曰：「此一字千金也。吾求之三年矣。」兼工山水，皴擦不多，邱壑磊落，以骨氣勝。間寫墨竹，卓然塵表，不落恆蹊。

傅山傳〔三〕

清史稿

傅山字青主，陽曲人。六歲啖黄精，不穀食，强之乃飯。讀書過目成誦。明季天下將亂，諸號爲搢紳先生者，多迂腐不足道，憤之，乃堅苦持氣節，不少媕婀。提學袁繼咸爲巡按張孫振所誣，

〔二〕此篇錄自寶鎮輯國朝書畫家筆錄卷一，宣統三年八月刊本。
〔三〕此篇錄自清史稿卷五百一。

孫振閹黨也，山約同學曹良直等詣通政使，三上書訟之，巡撫吳甡亦直袁，遂得雪。山以此名聞天下。甲申後，山改黄冠裝，衣朱衣，居土穴以養母。繼咸自九江執歸燕邸，以難中詩遺山，且曰：「不敢媿友生也！」山省書，慟哭，曰：「嗚呼！吾亦安敢負公哉！」順治十一年，以河南獄牽連被逮，抗詞不屈，絶粒九日，幾死。門人中有以奇計救之，得免。然山深自咤恨，謂不若速死爲安，而其仰視天、俯視地者，未嘗一日止。比天下大定，始出與人接。康熙十七年，詔舉鴻博，給事中李宗孔薦，固辭。有司强迫，至令役夫舁其牀以行。至京師二十里，誓死不入。大學士馮溥首過之，公卿畢至，山臥牀不具迎送禮。魏象樞以老病上聞，詔免試，加内閣中書以寵之。馮溥强其入謝，使人舁以入，望見大清門，淚涔涔下，仆於地。魏象樞進曰：「止，止，是卽謝矣！」翼日歸，溥以下皆出城送之。山歎曰：「今而後其脱然無累哉！」既而曰：「使後世或妄以許衡、劉因輩賢我，且死不瞑目矣！」聞者咋舌。至家，大吏咸造廬請謁。山冬夏著一布衣，自稱曰「民」。或曰：「君非舍人乎？」不應也。卒，以朱衣、黄冠斂。

山工書畫，謂書寧拙毋巧，寧醜毋媚，寧支離毋輕滑，寧眞率毋安排。人謂此言非止言書也。詩文初學韓昌黎，崛强自喜，後信筆抒寫，俳調俗語，皆入筆端，不願以此名家矣。著有霜紅龕集十二卷。子眉，先卒，詩亦附焉。

眉，字壽髦。每日出樵，置書擔上，休則把讀。山常賣藥四方，與眉共挽一車，暮抵逆旅，篝燈課經，力學，繼父志。與客談中州文獻，滔滔不盡。山喜苦酒，自稱老糵禪，眉乃稱小糵禪。

傅山象傳〔二〕

葉綽恭

傅山字青竹，改字青主，別署公之它，亦曰朱衣道人，又字嗇廬，山西陽曲人。六歲啖黄精，不樂穀食，强之乃飯。少與孫公傳庭共學，讀書過目成誦。明季天下將亂，乃堅苦持氣節，不少婞婀。提學袁公繼咸爲巡按張孫振所誣，孫振閹黨也，先生約同學曹良直等詣通政使三上書訟之，不得達，乃伏闕陳情。時巡撫吴公甡亦直袁，竟得雪。先生以此名聞天下。既曹公任兵科，先生貽書曰：「諫官當言天下第一等事，以不負故人之期。」曹公慺然，既疏劾首輔周延儒、錦衣衛駱養性，直聲振一時。先生家世以學行，師表晉中，得其山川雄深之氣，思見諸實用。甲申國變，夢天帝錫之黄冠，乃衣朱衣，居土穴養母。明年，袁公自九江羈燕邸，以難中詩遺先生，曰：「不敢愧友生也。」未幾，以牽連被逮，抗詞不屈，絶粒九日，幾死。門人有以奇計救之者，得免。在土穴二十年，母喪後，天下大定，始以黄冠出土穴，稍稍與客接。

先生工篆隸書畫，不輕爲人寫。母喪，有貴官致賻，作數行卻謝之，貴官喜曰：「此一字千金也，吾求之三年矣！」先生既絶世事，而家中故有禁方，乃資以自活。

子曰眉，字壽髦，能養志，每日樵山中，置書擔上，休擔則取書讀之。性喜苦酒，自稱老蘖禪，眉乃自稱小蘖禪。或時出遊，眉與子共挽車，暮宿逆旅，仍篝燈課讀，詰旦必成誦乃行。

康熙十八年，詔舉博學鴻詞，給事中李宗孔以先生薦，時年七十有四矣，眉已前卒。先生固辭，不可，乃稱疾。有司令役夫舁其牀以行，二孫侍。將至京師三十里，以死拒不入城。於是馮文毅公

〔二〕此篇録自葉綽恭清代學者象傳卷一，民國十七年刊本。

首過之，公卿畢至。先生臥牀不爲禮。魏敏果公以其老病上聞，詔免試，放還山，加中書舍人銜以寵之。自京師歸，大吏咸造廬請謁。先生自稱曰「民」，冬夏著一布衣，帽以毡。或曰：「君非舍人乎？」不應也。及卒，以朱衣黄冠殮。所著有霜紅龕集十二卷，眉詩附焉。

傅青主逸事〔一〕

鄧之誠

傅母貞髦陳太君墓誌銘爲吾鄉孫徵君奇逢手著，文既高簡而木刻字畫亦端嚴，酷似顏魯公家廟碑。余至太原得之，藏於笥。（傅名山，字青主，一字公佗。）

傅道人高節孤標，人皆知之。其逸事云：袁學憲繼咸被誣下獄，時傅與同人申救，裹糧入都上書，而納言不爲達。傅無如何，乃日於長安市投揭，亦無爲上聞者。衆客久資盡，傅咨於一鄉先達。適座有酒糾，聞其説，乃曰：「此義事，無難處。」出其纏頭金帛，值二百以進。且歷至王公戚畹府第，從容白其冤。未幾，有中官取揭以入，而袁事得雪。此妓近俠，士夫所不知。惜其姓氏不傳，傅亦不爲表，何也？意傅且逃名，而於此仗劍之紅裙，亦欲其跡匿聲銷，不欲塵世得而窺識耶？余於晉陽遇傅道人孫蓮甦，爲述此。時年已七十餘，猶手錄其祖之詩文以遺余，終日不倦，貌古甚，傅先生家風，故未墜云。太原張生耀先曰：酒糾名吳妹，救袁尚有西河諸生薛宗周。錫山馬公世奇作山右二義士傳以美之，擬爲漢之裴瑜、魏紹云。

張生又云：傅先生生而穎異，三水文公翔鳳提舉晉學，拔茂才第一，入府庠。文公古文辭稱奇澁，他人讀之不能句，傅朗朗誦如常語，文公奇之，時年十一也。又戊辰會試卷出，其兄庚爲選五

〔一〕此篇節錄自鄧之誠骨董瑣記全編卷五朱衣道人案，三聯書店一九五五年版。傅山全書初版本未收。

十三首授讀，歷卯辰，皆上口不爽一字，時人讐爲神。先生娶同邑光祿卿張公泮女名靜君，生子眉，早卒，先生時年二十有四，卽鰥居終身不娶。甲申春闖賊將逼晉，先生易黃冠奉母入山避亂。定家已破矣，遂以黃冠終，不復易，人見其黃冠也。又其曾祖父朝宣尚明寧化王郡主爲儀賓。先生性好奇博學，通釋、道典，師郭還陽眞人學導引術，別號朱衣，蓋取道書「黃庭中人衣朱衣」句也。忌之者誣爲志欲復明祚，於順治甲午夏收禁太原獄，並禁其子眉。時金陵紀伯子參撫幕，與孫公子併力救之。孫公子者，方伯孫茂蘭之子也。先生故善醫，嘗遇公子於古寺，時公子無恙，先生視其神色，謂曰：「長公來年當大病失血，宜早治之。」公子不謂然，屆期果病幾殆，迎先生療之得愈，感先生德，故營救甚力。紀又求解于總憲龔公芝麓，龔爲平反之，始獲釋。方獄嚴時，先生九日不得食，而先生意氣自若。交遊袁小陸、楊爾楨乞爲通食，郡守邊公大綬聽之，得不死。及事解，先生益放浪山水間，肆力爲詩古辭，奧衍幽僻，人無解者，獨其子眉知之。書法清峭然自異，爲畫絕去古今人蹊徑，似任意而實有法度，出於縱横離奇之外。康熙庚午開明史館，訪前朝悉故實者，因並及先生名。科臣李宗孔、劉沛光等合疏薦，嗣有博學鴻詞之選。詔有司資送入都，時先生年已七十三，堅不欲就。有司迫遣之，子眉扶掖以行。就道瘍發于股，輒自錐破血不止，而股爲之枯。至都，假館崇文門外之圓覺寺，臥不肯起。一時王公鉅卿往訪之，門如市。或爲乞醫藥，逾歲不痊。都御史魏公象樞代奏，得旨傅山文學素著，人品清高，著授中書舍人職銜，歸籍地方官優奬。時已未五月也。歸五年而子眉卒，先生哭之慟，不食數日亦卒。然余在晉聞傅之禍緣於晉臬某（失其名）爲求書母壽序，傅不可。親求之，傅延入與語，嫌其過俗，旋起入舍，久不出，某令吏偵之，則傅由舍後出，解衣磅礴林間。某大怒徑去，伺閒爲飛語中之，而張生未之詳。不知確否？

太原古晉陽，城中有傅先生賣藥處，豎牌「衛生堂藥餌」五字，爲先生筆，字大如斗，端方圓正，逼眞魯公書。余佐鹾河東，以公赴省，必過之，徘徊車中不忍去。世傳先生善醫而不耐俗士，病家多不能致。然喜看花，必置病者于有花之寺中，令善先生者誘致之，一聞病人呻吟，僧輒言羸旅貧無力延醫耳，先生卽爲治，無不應手愈也。其技神而性癖如此。

張生又曰：「明運將革，先生教子眉以經世學，孫子、管子諸書皆熟講而切究之，兼令習技勇。又買馬邊塞而於江廣市之，習知其道里險易，復善走負重，往來四百里不知倦。閣部史公可法常訪先生于邑之西村，眉侍談論。史公歎曰：眞命世才也。」及李建泰督師剿賊，薦智略士十餘人參軍幕，先生與焉。先生謁之於上谷，次日卽辭歸，蓋知其必敗也。

傅先生著書有老、莊、管子各註，楞嚴、華嚴、金剛三經註，春秋左傳姓名韻、地名韻，兩漢書姓名韻，漢書補註，十三經字區，傅史。書多失傳，惟兩漢書姓名韻藏張生家，字區亦存十數條。詩文爲聞喜張質夫亦堪收藏頗多，後失之。張生搜求十數年，始爲刻霜紅龕集。霜紅龕者，傅所隱陽曲之崛嵎山也，初名七松庵，又名青羊菴，最後易今名。蓋霜後紅葉滿山，傅愛之。然張生貧士，能搜隱剔微而刻先生集，亦古之君子矣。

傅山〔二〕

蔡冠洛

傅山，初字青竹，尋改字青主，或別署曰公之它，亦曰石道人，又字嗇廬，陽曲人。家世以學行師表晉中。六歲，啖黃精，不樂穀食，强之，乃復飯。少讀書，上口數過卽成誦。顧任俠，見天下且喪亂，諸號爲薦紳先生者多腐惡不足道，憤之，乃堅苦持氣節，不肯少與時媕婀。提學袁繼咸

〔二〕此篇錄自清代七百名人傳第五編藝术金石書畫。

爲巡按張孫振所誣，孫振故閹黨也，山約其同學曹良直等，詣匭使三上書訟之，不得達，乃伏闕陳情。時撫軍吴甡亦直袁，竟得雪。孫振怒，大索山，山敝衣襤褸，走匿山谷間，以是名聞天下。馬世奇爲作傳，以爲裴瑜、魏劭復出。已而曹任在兵科，貽之書曰：「諫官當言天下第一等事，以不負故人之期。」曹瞿然，即疏劾首輔宜興及駱錦衣養性，直聲大振。山少長晉中，得其山川雄深之氣，思以濟世自見，而不屑爲空言。於是蔡忠襄撫晉時，已寇亟，講學於三立書院，亦及軍政、軍器之屬。山往聽之，曰：「迂哉，蔡公之言，非可以起而行者也。」甲申，夢天帝賜之黃冠，乃衣朱衣，居土穴以養母。次年，袁繼咸自九江羈於燕邸，以難中詩貽山曰：「晉士惟門下知我最深，蓋棺不遠，斷不敢負知己，使異日羞稱友生也。」山得書慟哭曰：「公乎，我亦安敢負公哉！」甲午以連染遭刑戮，抗詞不屈，絶粒九日，幾死，門人有以奇計救之者，得免。然山深自咤恨，以爲不如速死之爲愈。而其仰視天、俛畫地者，竝未嘗一日止。凡如是者二十年。

天下大定，自是始以黃冠自放，稍稍出土穴與客接。然間有問學者，則告之曰：「老夫學莊、列者也，於此間諸仁義事，實羞道之，即强言之，亦不公。」又雅不喜歐公以後之文，曰：「是所謂江南之文也。」平定張際者，亦遺民也，以不謹得疾死，山撫其尸哭之曰：「今世之醇酒婦人以求必死者，有幾人哉？嗚呼張生！是與沙場之痛等也。」又自嘆曰：「彎强躍駿之骨，而以佔畢朽之，是時埋吾血千年而碧不可滅者矣。」或强以宋諸儒之學問，則曰：「必不得已，吾取同甫。」工書，自大小篆隸以下無不精，兼工畫。嘗自論其書曰：「弱冠學唐、晉人楷法，皆不能肖；及得松雪香山墨蹟，愛其員轉流麗，稍臨之，則遂亂眞矣。已而乃媿之，曰：「是如學正人君子者，每覺其觚稜難近；降與匪人遊，不覺其日親者。松雪曷嘗不學右軍，而結果淺俗，至類駒王之無骨，心術壞而手隨之也。於是復學顏太師。因語人學書之法：「寧拙毋巧，寧醜毋媚，寧支離毋輕滑，寧眞率毋安排。」既絕世事，家傳故有禁方，遂精其術，而不拘拘於叔和、丹溪之言。踵門求醫者戶常滿，貴賤一以視之。

其子曰眉，字壽髦，能養志。每日樵於山中，置書擔上，休擔，則取書讀之。中州有吏部郎者，故名士，訪山。既見，問曰：「郎君安往？」山答曰：「少需之，且至矣。」俄而有負薪而歸者，呼曰：「孺子來前肅客！」吏部頗驚。抵暮，令伴客寢，則與敍中州之文獻，滔滔不盡，吏部或不能盡答也。詰朝，謝山曰：「吾甚慚於郎君。」山故喜苦酒，自稱老蘗禪，眉乃自稱曰小蘗禪。或出遊，眉與子共輓車，暮宿逆旅，仍篝燈課讀經史騷、選諸書。詰旦，必成誦始行，否則予杖。故其家學，大河以北莫能窺其藩者。嘗批歐公集古錄，曰：「吾今乃知此老眞不讀書也。」

戊午，有大科之命，給事中李宗孔、劉沛先以山薦，時山年七十有四，而眉以病先卒，固辭。有司不可，山稱疾，有司乃令役夫舁其牀以行，二孫侍。既至京師三十里，以死拒不入城。於是公卿畢至，山臥牀不具迎送禮，乃以其老病上聞，詔免試，許放還山。時徵士中報罷，而年老者恩賜以官，特加中書舍人以寵之。或諷以强入一謝，山不可，遂稱疾篤，乃使人舁以入，望見午門，淚涔涔下；强掖之使謝，則仆於地。次日遽歸，大學士以下皆出城送之。山歎曰：「自今以還，其脫然無累哉！」既而又曰：「使後世或妄以劉因輩賢我，且死不瞑目矣。」聞者咋舌。及卒，以朱衣黃冠殮。著述之僅傳者，曰霜紅龕集十二卷，眉之詩亦附焉。

山嘗走平定山中，爲人視疾，失足墮崩崖，僕夫驚哭曰死矣。山旁皇四顧，見有風峪甚深，中通天光，一百二十六石柱林立，則高齊所書佛經也。摩挲視之，終日而出，欣然忘食，蓋其嗜奇如此。顧亭林嘗稱之曰：「蕭然物外，自得天機。」

仙儒外紀摘録〔一〕

劉霦

李又絳傳：一夕端坐，弟子問長生術，以手指心而沒。外傳：或問長生久視之術。道人曰：「大丈夫不能效力君父，長生久視徒猪狗活耳。」或謂道人精漢魏古詩賦。道人曰：「此乃驢鳴狗吠，何益於國家？」

畫徵録：傅山善畫山水，皴擦不多，邱壑磊砂，以骨勝，墨竹亦有氣。子眉亦工畫。時有牛樞者，字孝標，順天人，品行清高。有柴門竹深圖，漁洋山人紀以詩。畫徵録作牛樞暐，此從丹楓閣本録。

茶餘客話：太原古晉陽城中，有傅先生賣藥處，立牌「衛生堂藥餌」五字，乃先生筆也。先生善醫，而不耐俗，病家多不能致。然素喜看花，置病者於花木寺觀中，令善先生者誘致之，聞病人呻吟，僧言：「羈旅無力延醫耳。」先生即爲治劑，無不應手而愈。

按：藥鋪爲「衛生館」，匾題「目華心遯」。壽毛書柱聯：「以儒學爲醫學，物我一體；借市居作山居，動靜常貞。」

原李耳載：妓有名秀雲者，晉府樂長也。聲容冠一時，工小楷，善畫蘭，操琴愛漢宮秋，稱絕調。又能以琵琶彈普唵呪，與琴入化。性喜清雅，凡宗藩巨賈、紈袴子弟，皆不留意。文人學士多與遊，字之曰「明霞」。卒爲輕薄子所紿，傾囊相委，久知其負己也，抑鬱而逝。淹殯積歲，傅青主聞而憐之，言「名妓失路，與名士落魄齎志沒齒無異」。於是設旛旐，陳冥器，張鼓樂，召僧尼導引郊外，與所知詞客數輩酹之酒而葬之。更作頂針詩十四首，前後相承，其全不能記。首章云：

〔一〕此篇摘録自劉霦編仙儒外紀，原署「道光丁酉年鐫，壽陽五峰山藏版。」傅山全書初版本未收。

「芳魂栩栩自仙遊，走馬章臺滿目愁。疎風細雨清夜永，可憐一曲漢宮秋。」二：「漢宮秋是古琴文，幾個知音坐上聞？流水不逢鍾子輩，當壚誰識卓文君？」八：「小樓塵土暗窗紗，不見樓頭解語花。碁冷文楸香冷篆，牀頭横着舊琵琶。」九：「琵琶掩抑不堪聽，司馬江頭涕淚零。老大只教癯骨在，何須粉白與螺青？」末收云：「止教騷客吊芳魂。」晉人多傳誦之，無不嘆青主憐才，不下古人買駿也。

原李耳載：傅青主性孤高，不染塵習。因闖亂失家，僑寓榆關。河南獲奸細，扳山西有朱衣道人傅姓。咨行晉撫，密遣司理王秉乘率兵執青主，下之獄。青主容色自若，兩訊茹嚴刑，語言不亂。撫軍陳公憐其冤，具疏請釋，羈獄以候。太原囹圄舊爲蒿里，青主手錄金剛、法華二經註之。歲餘，如接形聲，種種惡業，現諸變相。一日，司理省囚，語青主曰：「君高行動天，不日昭雪也。」青主遂將獄中幽魂慘戚情狀訴之，乞拾棄骼，埋郊外義塚，司理領之。適太守邊公夜夢獄中諸厲哀鳴於前，次日司理以青主所言請，邊驚嘆，卽捐俸買地，多備席藁，撿瘞如法，仍勒石禁侵擾。有吏父夢三婦人披髮藍縷，哭言：「恩出宰官，權在公子。何獨遺某三耶？」明以語其子，果於牆之僻處掘得三婦屍，裹而埋之。此青主註經之所感也。

太谷新志：胡衍虞字恪山，學問淹博，工詩、古文詞。性至孝，母病，徒步數百里外求醫。青主覽其著作，有「郡南第一才人」之目。

明崇正間，汾灤有草自生，土人不能識。青主見之，流涕曰：「煙也。中國之亡徵見矣。」按煙名淡巴菰、相思草、淡肉菓，始惟閩廣服，約起明季，詳張會卿藥錄。曲沃志：崇正末，宮掖、民閒無不嗜好，等家常食物，非是。

賊闖敗歸，屠戮明宗支幾盡，或脅之西行。亂後，晉世子猶存，青主徒步訪之，已前卒矣。青主明紀編年云：三殿下歿於西安，藁葬西安。按明史，晉王求桂脅入北京，不知所終，無謚。子一。玆胡云三子。陽曲志謚裕，子審烜嗣。賊脅此審烜。抑審烜子殆不可考。

盂縣藏山縣崖，千仞枯木倒，出青主題「山石岩前古木枯，此木成柴。」句後，盂尹趙公用雲梯鑱數字於上。北有龍洞，石作龍形盤立，澄潭數尺。青主仇猶三友，此其一，次文廟聖槐、李賓山穉松。聖槐嘉慶癸酉風折，盂乘稱脫殼數層，螺髻旋繞，糾結成龍紋，活枝嫩綠可愛。

晉藩宗室新增字抑甫，讀書勵志，工詩畫，與王鶴浦、錢虛舟、楊定一、李以仁輩友善。青主跋其山水小幅，謂「詩勝於畫」。甲申兩子被殺，抑甫亦病死。

太原城破，明宗生赤城投元通觀井死，粘帖井欄曰：「朱霞死此。」青主悼詩云：「落落憶朱霞，天空芳草涯。少年知赴國，勇死痛遺家。清洌琳宮井，深沈玉樹花。衰翁將病母，誰與濟兵笳？」八月，賊大屠宗室。霞父愼鉦年邁，將釋之，大呼曰：「奈何不殺我！」延頸受刃。

萋芳小集，西河伯渾王孫著。王孫一字木公，嘗與白孕彩伴青主獄中。楊爾楨送飯，一時義之。喜讀書，工時文，小楷逼曹娥碑，時出入乎魯公，詩復靜好。戴楓仲序曰：「春草兮萋萋，王孫遊兮不歸。王孫遊兮將歸，春草兮萋萋。詩在於此，王孫有之。」

青主友霍翁者避地徙盂。青主密訪，每經村落，僕欲問，輒止之。至牛羅灣，笑曰：「霍翁止此矣。」問之，果然。霍精堪輿，嘗卜牛眠於滹北。臨阡，疾作，囑子見石止阡。及半，忽報霍死。子驚，反，工人啟石，有羣鴿飛噪，白氣衝穴出。霍甦，嘆曰：「過此，饘粥亦僅給，但無甚厚福命也。」今後裔頗繁衍，皆業農，石置墓側。

邑西鄗董家莊有古墳，名歧道，底穴場窄狹，下段卻宏敞，傳董森葬親地。森家貧業牧，數見道士往來憩此。徐問故，道士熟視良久，既而曰：「汝有天幸，此乃金牛富穴也。」爲董阡之，囑龍運一周，遄移下段，用灰炭誌其穴。問姓氏、里居，不答。問何之，曰：「晤傅青主。」森暴富卒，祔葬焉。歷三十餘載，家事蹇鬱，子孫始議下遷，尋灰炭痕不得，遂寢。未幾，果敗。或言道士郎史守乾，青主偶過祖塋，望墓，欷歔曰：「此間如何產牡丹？」呼子弟啟壙，果有數朵，旖旎可愛。盡刈之，曰：「不翦此，吾宗將有爲皇后者。」耳載：「傅氏祖壙產蓮花三枝，取出供之祠，遂萎。後多名士，而科第不繼。」

商明月墓在平定州城南，青主題碣曰：「若生元祐年間，其安民流亞歟？」末有細字云：「商公，我明隱於石者，太原傅青主先生友，作古人近二十載」。丁巳，先生寓石艾，囑子興立石，使後之知公者。興之立石也，青主親酹其墓，嘆曰：「如此穴場，而豎此尖小石，將來出畫工止矣。」興請更之，青主曰：「無庸數也。」後商氏果以丹青著名。

平定張三謨日葵，明大理寺卿。我清特旨起用原官。將應之，既而曰：「何以見青主？」遂止。臨終，托作墓言。青主使以「皇清首聘名臣」題其碣。知州滕衝霄立石。

忠孝傳家卷：「青主爲日葵子麟石書，麟石讀禮時，出其尊人甲申辭聘疏、廬墓與梁廣文書索書。」青主曰：「先生忠孝之學傳在人間，不單以此二篇著，孝符但欲藏此蹟於家耳。」故題以「忠孝傳家」。集遺。

艾城西有日葵別業，闖賊敗歸，縱火將焚之，忽雷雨大作，賊退。青主曰：「天留也。」遂名爲「天留園」。

晉撫白如梅，前明故臣，有惠政。去之日，民立生祠，求題額。青主不應，使書「二天一柱」今額尚存。

盂縣尹某亦明舊臣。青主至盂，尹請謁，再拜不答，問言不對。適與座客談廬山東林社事，言笑自如。尹慙而退。

青主宗人有髫齡應試者，青主不禁。或嘲之，青主曰：「彼非明人。」

太原府鼓樓高數尋，懸「聲聞四達」匾，躍躍空際，如奇鬼搏人。傳「達」字初缺一點，青主以絮濡墨，束矢射之，恰中其處。今燬。

晉俗，春節，門懸方尺紙四，謂「鬧街」。太谷資福寺僧以書名，上元投楮鱗次，適青主至寺，盡爲書「十五觀燈，觀燈十五」。緇流有愠色，衆聞爭取之。是歲，遂少鬧街者。

芝角王氏藏青主九雀屏，陰雨輒飛噪室中。有童子排闥入，驚散。唯一止於屏後，伺之寂然。烏河道人攜綾索畫，青主礱墨升許，用帚横刷，止，類木炭形。道人不懌，擲別室。一夕，有火星亂撲。

青主偶憩壽邑大樹烟鎮，以指甲畫兔於石隨。有兔殘害禾苗，鄉民患之。青主復過，令尋舊石，擦去。兔不見。

甲申夏五，青主過黄玉，其師賈生淑誼枕簟臥樓外。青主戲曰：「是謂晒師。」賈以「師」「尸」同音，遽起不臥。青主曰：「嗚呼，此何時也，而諱死耶？」吟詩曰：「日夕直聆死，涕零弔屈時。哥舒誅既晚，魏勝起何其？枕簟高樓敞，河山決眥窺。此生無可用，偃仰曬吾尸。」黄玉宗姓，陽曲人，家多藏書。集遺。

太原諸生梁檀字大廛，工繪事，有清標，築廬水次，號「蘆鷲齋」。壁間琴上有燕子結巢焦尾，青主作燕巢琴賦記之。亂後避居西山，詩畫不令人見。戴楓仲刻其集及王子堅、張中宿、文正之、錢文蔚詩，名晉詩遺。

朝音圖，青主爲某僧作。僧朝南海閉關數年，遇老人問徑。老人曰：「南海徧大千世界。」忽不見。倏有紫竹叢生，白鸜鵒翔舞，其中詢所至，乃「白衣洞」。歸，請青主圖其狀。青主曰：「和尚見道人，不見道人意，不如和尚目。」聞五臺山亦有「白衣洞」，往偕禱。時月光如晝，即見白鸜鵒翔舞，竹林如昔狀。繪圖以紀曰：「南海在茲。」

青主遊崛嵋山，道遇老媪，鬻食甚精，首戴麯，雙刀旋舞如飛。嘆曰：「神乎，技矣！」媪曰：「亦如傅青主寫字，手熟爲能。」青主嘿然回顧，忽失所在。

平遥温卜，明地理家，言：「自闢陽基，開九門，按九宮方位。」青主曰：「善哉！但離宮帶煞，太歲刑冲，恐劫於火。」次年即遭回禄。一日，青主止其家，云：「將之江南。」信宿而去。未幾，訃至，計其期，即卒之日也。

金川之亂，太原甲乙二人應募。兵敗迷路，至山谷中，有草龕，見道士倚榻上，童子侍。二人告之故，且言飢。道士命童子作食米一撮，水一勺，薪數枝而已。二人有愠色。腹已果，釜如故。心訝之，問道士何處人，道士曰：「吾亦家太原，某寺碑題名即我也。汝二人何往？」甲曰：「吾欲歸大營，以圖效力。」道士頷之。乙曰：「吾欲乘閒竄歸。」道士曰：「此去大營不遠，可隨吾燈光所照，光盡處則至矣。若逃竄，待東方既明。」甲出門徑去，回顧燈光灼灼，在山壑間，約數里許，忽不見，斗覺前途壁立，黑氣漫漫耳。更鼓聲甚邇，遂匍伏。既而日出，雙塔巍然，西山嵐翠，如拭徑途，似熟識者。低徊久之，乃太原府城南也，驚喜而入。日問乙消息，不得數月，乙敝衣藍縷至，言甲去後，小憩堦前，及覺，在孔道旁。問王師，已凱旋，遂乞食歸。乃共詣某寺觀碑，碑末題：「僑黄老人傅山書」。

白居實移居測魚村，訪明宗室，得之，愈養愈癡。嘆曰：「天不欲興復明祚也。」潦倒自廢，日依竇學周爲醉鄉。青主醉白堂記云：「竇生讀書之堂，顔以『醉白』者，醉白生居實也。」竇亦高士，青主數寓其家，嘗爲製健脾丸，方特神妙，後太原衛生館取去。嘉慶初，竇氏有扶乩者，問：「大仙爲誰？」乩曰：「百十餘年重到此，不傳姓字合家香。」竇長跪復問，乩曰：「東君請起，昔日健脾丸方猶在乎？」竇默然，始悟爲青主也。

太原府俗，夭亡者刻移於外。有少婦臨盆斃，扶柩出。青主見之，呼曰：「生人奈何置死地？」啟棺，針中腕，扶歸甦，卽分娩。或問故，青主曰：「柩有血迹鮮潤，知爲生人。兒握母心，故悶絕。小兒手必有刺痕。」詢之良然。

孝子某負母求診，疾已不可爲，止旅舍。思食鷄卵，適主人有鷄，三上未彀，方彀而斃，卵具金碧色，烹以獻母。翼日途中，渴甚，索水不得，憩柳陰下，見天靈蓋浸雨水，蚯蚓蠕蠕然，母不能忍，持飲之，抵里霍然愈。奔告青主，青主曰：「異哉！此症非鳳凰卵、九龍腦不能痊，人間何以得此？」孝子憶所歷，青主曰：「是也，汝至孝所致。」

醫經：痘出腎經者凶。長房出花，遇此症。青主憂之。會弟子餽蓮花數枝，半萎，虔供佛前。次早，花盛開，痘變心經，故名蓮蘇。詳青主手書妙法蓮花經跋。

晉祠有羅達夫詩碣，詞云：「懸甕山前一泒清，龍蟠虎覆隱眞明。水飄火劫山移步，五十年來帝母臨。」初，康熙間，有丐者鶉衣百結，行吟於此。青主過，與揖，略敍寒喧。衆異之，青主曰：「此羅公洪先也。」丐前行，徑取瓜皮，横書殿壁。衆追覓，不復見矣。太原知縣郜煥元摹勒上石。

圓炤樓成，雙塔寺僧邀賞月。青主赴約，日暮抵南城，扶筇安步，有荷擔過者，曰：「老人加步，門將閉。」青主曰：「徐行得出，疾行不得出。」其人掩口而趨，忽石蹶，擔墜於地。方收拾間，青主出，而門閉矣。

太原府東門王氏，製皮起家，衆將榮以額。青主題「闌玻」二字予之，衆不解。乃東門王皮耳。

青主前明時吟什僅見，近得李鳳石詩稾，崇禎庚午闈撤，有懷卷自縊於奎光樓者，青主弔以詩，云：「生平羞墮淚，爲爾不禁流。白眼甘長夜，青蠅弔暮秋。懸梁生有志，懷璧死難休。魂冷欄杆裏，依希王粲樓。」詞調輕圓，不似後日聱牙詰屈難讀。集遺。

青主臨終，寄魏環溪諸公書，睠睠以兩孫失依，羣凌遝至爲憂。竊疑先生過慮。今見長房覆魏環溪書稾，略云：「蒙不遐棄，念及蘇輩。日用薄田數畝，儘可充餒。無如惡里凌侮，恨不一步即離，欲棄不能，守之不得，種種苦況，難以盡陳。第因殯事未襄，不獲已暫與虎狼同居。正思求高明請教，但重服不便遠遊。適值見招安，敢方命，少俟春和，卽當匍伏台堦，百拜展私。」青主行二，至今婦孺稱「傅二爺」，不置而當日遇人不淑，如此亦屬異事。

有張楂者，人稱爲「張怪」，以厠中糞杓熾火，爇髮成禿而爲僧。嘗訪青主不遇，望壽毛出，呼曰：「汝父何往？」壽毛素不識見，其狀貌粗俗，不答而還。箕踞居門外，青主至，延入，指壽毛曰：「汝怪伯父也？」酒間乞書，曰：「將以度日。」青主曰：「怪兄非劣於此者。」曰：「我家雞，汝野雉。」遂逼書數紙，攜之去。其墨蹟署「三峯石松」。

仇猶張洎，字雪九，明季諸生甲申後易僧衣。青主酬詩云「紇利陀耶痛轉蓬，未應陡說見諸空。師兄靜矣語來輭，道弟茫然觸處叢。波崙想佛牛頭夢，夜夢開士焚牛頭爲旃檀。畢鉢尊耆象背中。疲骨得無鷹馬喻，尚能青眼動支公。」雪九載盂縣舊志，舊志青主事蹟交遊頗詳，新志盡削。集遺。

雪峯字明逸，工詩，青主謂在皎然、齊己輩上。書法摹青主，有集青主雜體書碑。養母拙庵，庵舊名藏拙，白居實題曰：「拙不必藏，藏則不拙。」和尚不飲酒，母老，能少飲。庵中蓄名釀，以承顏，不藏其和尚而蓄酒也。和尚喜讀經史，學小詩，或者疑其逃墨歸儒也。寒山、拾得乃復有詩之，謂「何贈和尚」？詩曰：「出家何必廢田盧，無學仍看子史書。和尚有親將佛事，耆婆偕子入山居」。即以此說偈，願和尚始終拙而不藏也。雪峯嘗修永祚寺雙塔，後卓錫壽陽聖佛山，屋壁俱鐫傳字。山燬，僅存青羊庵詩碣。青羊庵在崛崓山，即霜紅龕別名，後更名不夜，又名七松庵。

雪林張姓，陽曲人，明諸生，與朱霞友善，亂後爲僧。青主贈詩云：「獨我憐和尚，全渾酒共茶。安居看左傳，閣淚誦南華。者箇誰疼痛，終然勝木麻。赤城評得是，益覺此人佳。」又喜故人白生兄弟出家得戒詩，有「對此懷雪林」句，概稱其有托而逃，與贈答雪峯諸詩不同。雖三復雪峯書言：「此意雪林極解。」乃引用語，即指雪峯也。山右詩話輯略合爲一人，未審是否。

石生岸伯名峋，盂縣回溝人，明諸生，家貧，博學。遊晉水，有犁娃者，見而悅之，信宿定盟，卒從以歸。娃語人曰：「妾無所愛，單愛窮板子秀才。」生素方正，諸老腐多非笑之，獨青主首肯。一日娃病，生爲延醫，娃曰：「妾要傅道士來診，道士是信妾者。」邀青主至，不下簾，娃坐牀上，亦不矜持。一帖而愈。後生出小册子索書，青主因爲題，犁娃從石生序。且曰：「窮不銅臭，板有廉隅，眞奇號也。」顔其居曰「窮板軒」。序後有壽毛記。序、記，集俱逸。岸伯或作岸白。

顧亭林五十九歲未有繼嗣，青主診脈可得子，勸令買妾。張稷若謂「非大雅君子所爲」，詳亭林規友人納寵書。愚謂青主終身鰥居，何故況納妾乎？枯楊生梯，精三禮者胡未聞之。

青主交滿天下，平定人尤多，張日葵、白居實、范垂雲、張君吉、任元仲、竇學周、商明月。其最著者，嘗寓張植峪里園、朱花史不窺園。帽花廚子傳爲李台徵大垣作，顔李作梅居曰「無愛龕」。又有張福全、康文玠、甄綜、趙經邦、董梅諸人，載青主榆關馮學師壽序後。題墓亦多，州乘僅紀張青雲尚略。

張際字維遇，青主誌墓。今譌稱河漏賦，謂即張孝符廬墓。卷中張際雲，非是。卷列石艾名士二十餘人，有李可賓者，舊令南陽，與居實契。明亡，隱潘家峪以終。癸未，有人刻青主遺詩，自傅氏得，多登臨感慨之作，有「違時隱逸心殊苦，失意遨游興轉賒」。疎狂有志終難展，高尚虚名亦足羞。自悔習醫爲役賤，受貧因字作書傭」句，然詩不甚精。壬辰歲暮，詩云：「五十七臨貟覺老」。與年譜不符，疑青主宗人所作。〔一〕

高士傅壽毛行狀〔二〕

戴廷栻

故人傅壽毛既亡之二年，其子蓮甦請余狀生平行事，以余老友也，且又相知，因含淚捉筆。追憶其爲人，紫面、虯髯、長頸，精神滿腹，議論風生，古今治亂、人才消長及用兵成敗之際，言之鑿鑿。常以荀彧、荀攸、馬周、房喬、杜如晦之倫自比，自謂經濟才幹，機鑒膽識，籌畫權變，上馬草檄，握槊賦詩，決勝兩陣之間，敏捷不讓此輩，但人際會有幸不幸耳。世多庸人，聽其言驚且怖也。

壽毛奇士，其生亦有異。忻州張光祿泮之女，孕十四月而生壽毛。五歲失恃，祖母陳太君撫養之，隨父讀書如成人。七歲作小詩小賦。河東名士郭九子新見之，歎曰：「何六朝才也。」讀左氏傳，公他日試一題，爲詠史五言一首。十二歲詩賦日麗，十五歲頗通經史事。畢湖目公許之弘詞科，壽毛亦期以科名繼先志。取公、穀、唐宋大家文三百篇，益以王、唐、歸、胡制義，誦讀摹擬，一日成十六藝，宿儒遜謝弗及。十七歲遭國變，盡廢舉子業，從父避榆關、仇猶、秀容、仁岩之間，

〔一〕尹案：此爲傅蓮蘇詩。
〔二〕此篇録自戴廷栻半可集卷一，咸豐三年劉霈刊本。

轉移無定，如冥鴻然。

壽毛學類從横，自擬措注作用，多出於管子。歎世無知兵者，復取孫、吳、穰苴、尉繚、武侯、藥師諸書，隱括五六百言，曰不多篇。又能騎臨，善長鎗，有垂功名於竹帛之志。辛卯僑西河，夢上帝召，造訓狐之謠，又夢小紅天者，從大后行，前導二幡，有簪珥衣冠之對，於是自負益大。遍歷九邊，覽其形勝，以所如不合歸，沈淪卑賤，賣藥太原市，代父治家，養祖母以天年終。伯父庚遺孤子曰仁，慧而惰，壽毛督責，勤學臨帖有令名，娶妻生子矣。子與仁皆亡，既葬，復嫁其二女，如己出。葬諸從季父昺弟十餘人，皆成禮。家無餘財，周人之急，惟恐不及。友子某之婦，其所爲娶也。五十外，見所期諸事無成，發願累劫修行，先爲王霸，一了生平，然後爲佛。卜之佛，佛許之。自此遂以生死爲一體。每見文士談文，云當如何如何，即大笑之曰：「使我若當國，當定此等文士。」見道學爭朱陸之學者，曰：「我若當國時，當定此異同。」見道學亂言經濟者，曰：「我若當國時，當以經濟試此輩。」以至於醫學者，亦曰：「我若當國時，當考此等醫。」同文、同軌、同倫之義，夢寐擬之，如風狂，如道尋常語，下士聞之，有狂笑而走者。平日疾惡太嚴，好面折人過，爲君子所重，小人所忌。甲申三月，京師失守，壽毛題詩於山寺云：「率士心齊死，皇天乃不仁。先代曾□□，曾孫肯□□。」其志可見矣。

惜未竟其用，以其餘緒發而爲詩賦書畫。著有我子、我詩、我賦，變化日新，不蹈襲前人一字。書法，篆則李斯玉箸，隸則孔宙、梁鵠、宗聖侯、鍾繇，楷、草、急就則張芝、索靖、二王、歐、褚、李北海、魯公，無所不臨。畫則北宋，時放筆顛險，層巒瀑布，可喜可驚。圖章同漢人，尤妙於銅者，大得八分璽法之意。壽毛天性近於禪宗，讀釋典如舊熟，每以老莊與佛書參同。史自司馬以下，細細評之，至宋而止。梁書新事抄、我詩已行世。公他既集傳史，壽毛即效班氏爲傳氏九等表附之。遊京師，海內才人畢集，約爲詩會，司寇龔芝麓簡紀伯紫諸友曰：「須辦三日精神，乃可對壘。此子未易敵也。」其爲名公所推如此。

壽毛敦行好古，負經世之才，悒悒不得志以終，甲子二月九日也。逆數戊辰正月，年五十有七。嗚呼，余見壽毛之弱冠以迨於壯而老死，又見二子之讀書勵志，克有成立，葬其祖父，則余之閲世已久矣。迴思四十年事，話言嬉遊，學問相長，憂患與共，歷歷如在目前，不少年良朋，取次凋謝，有人琴之感。而余衰遲慵惰，老而多忘，不自知我非昔人，爲尤可悲也。

壽毛諱眉，一字須男，别號糜道人。裔出版築，家世忻州。高祖諱某，以王親移家太原。曾祖諱霖，遼陽道，戰功載實録。祖諱之謨，明經，博學能文，好善樂施。父卽黄冠公他先生山。平定故錦衣指揮千戶朱某之女，其元配也。二子，曰蓮甦，曰赤驥，能守家訓，書法尤有祖父風。

壽毛眞奇才，楓仲眞友情，尺幅中雨見之，悲痛深至，當令風雨颯然，草木欲泣。王貽上。

傅壽毛先生傳[一]

瞿源洙

傅壽毛先生名眉，陽曲人，徵君山之子也。其先世居戚里中。先生七歲能小詩小賢，讀左氏傳，日試一題，爲咏史五言一首。十一二歲時爲大賦大詩，日工麗。十七歲，値甲申之變，徵君冠黄冠，稱道人，棄諸生業，業醫，賣藥市上，轉徙無常家。先生隨侍，承父志，日提藥囊，出入闤闠，中夜則父子講誦達旦，以爲常。

甲午歲，徵君以飛語繫太原郡獄，先生亦羈陽曲縣倉。金陵紀伯紫、合淝尚書龔公救之力，事

[一] 此篇録自瞿源洙笠洲文集卷之七，乾隆十九年刊本。道光二十三年陽曲縣志收録，稱「譔名失考」。

白得釋。先生詣合淝之門，譔紫芝賦以贈之。合淝公收召才雋，知名士滿堂。先生喜議論，與人辨駮，前無強敵。一日諸名人品評禰正平鸚鵡賦，先生曰：「此小兒乞憐語，漁陽摻撾，氣盡索矣，不足道也。」雲中王埍知其才，曰：「何不作後鸚鵡賦？」先生於是振筆一書，橫肆數百言，捷如風雨，奇氣欻崛，盡掃正平之詞，一座傳觀大驚。伯紫更誦紫芝賦，曰：「是不從人間來。」先生曰：「我賦纔出盧次楩上耳。」徵君急呼之歸，曰：「無持布鼓於雷門。」徵君常集傳史，先生卽效班氏爲傳氏九等表附之。作古詩近體數百首，不事吟風弄月之致，橫騖別驅，令人不可方物。凡詩文皆以「我」字署集，言不苟同於人也。書法絕工，與徵君相埒，兼工篆隸。圖章精絕一時。又善畫，放筆顛險，層巒、瀑布，風濤從天而下。

於書無所不觀，少時好讀管子、商子，曰「縱橫不如富強」。旣而喜讀孫、吳、穰苴、尉繚書，習兵家言，每以古今成敗倚伏要害一日之徵長自喻，遂習技勇於汾州之古寺。寺僧續宗爲劉鎮帥部將，鎮帥歿，隱跡爲僧。先生從之遊，學手搏之技，握拳擊鐘，響立應。縱躍山坡，上下如飛。橫槊舞劍，挽勁弩左右射。山右故多武勇士，以騎射擊刺名者，一時皆出先生下，咸以周盤龍擬之。

先生嘗鬻藥塞外，出雁門，過雲中，歷野狐嶺，〔二〕走灤陽、榆關，經樂浪、上谷以歸。又嘗鬻藥南方，過豫適楚，流連江漢間。所至輒詢其土風、人物，及山川阨塞、堡障險隘、古英豪戰守處，皆默識之。

先生有子二人。父子祖孫相師友，還相代爲僕侍。徵君足跡幾半天下，先生偕其子輓車行，暮宿逆旅，輒篝燈課子讀經史騷、選諸書。詰旦，成誦乃行，否則予杖。年過五十始棄置一切，惟讀

〔二〕「狐」，笠洲文集作「孤」，誤，據陽曲縣志改。

釋典，自號「小蘗禪」，〔一〕發願力累劫修行，先爲王霸，然後爲佛，卜之佛，佛許之。

康熙己未歲，舉博學鴻辭科，或以徵君應詔，徵君以老病辭，有司逼遣之，以木版載徵君，兩孫舁之，先生掖以行，至平子門，偃息僧寺。是時海内名士雲集，高徵君名，進謁者駢塡戶外。徵君臥牀蓐不起，先生出應客，遍以情告。蔚州魏敏果公知不可屈，爲言之朝，遂得免歸，時先生年五十二矣。閣四年而卒。病革時，不能執筆，猶口授絕命詞，呼兩兒書之。徵君哭之慟，作詩數十首哀之。未幾，徵君亦卒。

贊曰：予少時讀外祖清源公我詩集序，知陽曲有壽毛先生，而不得其詳，今歲遇張君思孝，備述其爲人，不覺爲之歎息泣下也。者潛溪宋公爲秦士錄，鼓勇跳盪，辟易萬夫而胸藏四庫書，雖老儒宿學，不能罄其囊底物，然卒無所遇以死，何其與先生相肖也。天既生之，仍無所用之，而世又無潛溪公之爲太史者一表其生平，嗚呼！其亦可哀也已。

傅眉〔二〕

陽曲縣志

傅眉字壽髦，公佗山之子也，別號小蘗禪。五歲失母，祖母貞髦君撫養之。七歲能小詩賦，十五通經史，能文章，十七遭亂，東西馳逐，十年無家。甲午，父以蜚語縲太原獄中，眉鬻陽曲倉，一夕夢鐵藕開花一枝，事尋解。辛卯僑西河。客有知其才者令續鸚鵡賦，眉援筆立草四百餘言，奇氣橫溢，文未竟，客曰：止，止。擲筆而罷，亦不收拾終篇也。眉父行戴楓仲稱其學類縱橫家。自

〔一〕「蘗」，笠洲文集作「午」，誤，據陽曲縣志改。
〔二〕此篇錄自陽曲縣志卷十三人物列傳，道光二十三年編印本。

儗措注作用，時命不偶，遂轉地道賣生藥，與父歷遊燕、趙、齊、楚、秦、豫間，手挽小車，載行李以爲常。嘗估於維揚，有估客樂四言樂府。一日公佗論及某饑寒，眉曰：「此輩並非饑寒累了我，正是我累了饑寒。」公佗曰：「此語大可讀。」書法眞、行、草眞追魏晉，漢隸尤所獨步，公佗自謂不及也。兼工繪事，精璽法，讀釋典如舊識，史自宋以下不讀也。著有我詩集，不摹古，不襲時，膽識超乎衆慮，體法創所未有，故曰「我詩」。先是，楓仲嘗梓公佗、白居實、胡季子暨壽髦作，題曰「晉四人詩」。四人者，心同，學同，膽識同，時命同，各有序例，稍見品絃。妻朱，平定諸生女，先眉歿，眉誌其墓云：「此糟糠結髮朱子之隴也。今之誌婦人之隴者，焉有不稱其賢，吾恥之，誌之以情。」年五十六先公佗卒，公佗哭之哀。子蓮蘇、赤驥，皆以才名。

傅眉輯略〔二〕

傅眉字壽髦，山西陽曲人，青主子。

王椒畦嘗述傅青主徵君一事。徵君偶於醉後作草書而臥，其子眉亦能書，見而效之，潛以己書易置几上。徵君醒而起，見几上書，愀然不樂。眉請其故，徵君歎曰：「我昨醉後偶書，今起視之，中氣已絕，殆將死矣。」眉驚愕，跽白易書事。徵君曰：「然則汝不食麥矣。」後果如言。鷗陂漁話。

〔二〕此篇錄自國朝書人輯略卷二，光緒三十四年刊本。

傅仲壽元小傳〔一〕

戴廷栻

傅生壽元長逝忽忽七年。辛酉初秋，余將北征，開書帙，檢所遺亡，因見破邪論，復見宋元繪蹟，代余所書畫記，後又得往來手札，不忍再視，焚之，次序所聞見事爲小傳。

壽元，明茂才傅庚字子由之中子也。子由先娶於韓，生襄，才而蚤夭。又娶於李，生仁，骨幹修削，黄髮火色，性僻潔，五歲而孤。公他先生憐其幼，使就外傅，不甚督責，然所授書，一再過輒上口。善病，不肯用力，先生白貞髦君曰：「吾兄止此一兒，但調護以延宗祀，不忍過嚴也。」遂任其驕懶。

壽元喜爲書，纔習公他先生眞行，便得其形似。尤長於作魯公體，間爲先生代作，外人莫能辨也。常謂人曰：「家兄篆隸吾何敢言，楷則不讓。」其自矜貴如此。壽元有幹局，先生雅知其不能淡薄，使治生，供貞髦君甘脆。甲午先生中飛語下獄，並繫壽毛，壽元内則寬慰大母，外則朝夕入獄，問訊阿叔，且薪水無缺。先生漸老，杖履所經，壽元必侍之。癸卯遊百泉，乙巳遊華岳，壽元裹糧左右，不減壯僕。性俊快，讀史册涉獵大義卽明，嬉笑戲謔，狎侮座客，不問貴賤。每於醉後謂人曰：「吾傅家子弟，不甘受俗人氣。」及名士畏友前，則執禮甚恭。先生喻以齊物之旨，弗能改也。先生僑松莊，壽元聊復賣藥城市，暇則賦詩臨帖。先生猶懼其廢學，作櫱肆詩示戒，有「公然市井郎」之句，蓋不欲以心計責難。

壬子，余入省，壽元見余，無故有感遇憂生之意，至於精神寂寞。余勸之曰：「沈憂能傷人。

〔一〕此篇錄自戴廷栻半可集卷一，咸豐三年劉雨霈刊本。

子不自愛，其如宗祀何！」壽元泣下曰：「極知此卻不自解，我何善傷感也。」人事漸廢，日飲醇酒。年三十九歲，中寒竟不起。側室生一子，名醴，娶有婦矣，相繼早夭，乃竟不能延子由之嗣也，天道誠不可問矣。憶丙申夏，壽元作古詩書扇寄余，祇記「姜家布被香」一句，復記「老樹帶霜響，藻豔發心肝」十字，然亦不憶爲何題也。今失之矣，所存僅明妃篇三章，其詞云：「春姿逢秋末，霜容難其情。豈無傾國色，賤妾應遠行。衆人雖悼別，亦幸寵無爭。傷哉生麗顔，脈脈死王庭。長安郊郭外，佳人何曾看。蕭蕭殘葉落，悠悠道路艱。但顧途終遠，倏已雁門關。停車再難貯，含淚不能乾。停貯未許久，俛首各天涯。初離誰不怨，懊儂別漢家。情來復何語，意緒撫琵琶。彈歇無定曲，斷續隨怨嗟。」惜哉！人言故家無此佳子弟也。卽此數語，足以見其秀慧矣。

初娶白秃居實女，女殘疾人，壽元不棄其殘，以二年而沒。又八年而娶錢，生無疆姪。錢女才而勤，壽元好酒，愛言褻事，習先世精雋，貧不能豐矣。錢能省而佐其壺觴，每飲，不時有所藏，肴呼卽得，掃地焚香，小院種花，伉儷之得無比。壽元卒，不再適，期同穴。後年餘，錢亦中寒。其病中譫語，每曰：「吾許過合葬，鄭重不釋。」以至於死，竟如所願。

戴廷栻曰：凡人事所無可奈何者皆數，凡生死之無可奈何者皆情。如子由先生，忠厚謙謹，在傅氏兄弟輩，無踏拖恣肆之習，卽先無後，是數之所無可奈何者。伯子才而蚤夭，婦李仰藥同日死，仲子仁慧潔而又不壽，婦錢矢同穴，後年餘亦死，是情之所無可奈何者。數耶？情耶？死者長已生，存者其何以堪？嗚呼，悲哉！

不用一字修飾，眞切沈痛，讀之歔欷，凄惻不能自止，情至之文也。王貽上。

附錄五　序跋

敍晉四人詩

戴廷栻

丙申春，與公它先生徘徊崇蘭老柏下，惓念晉之文人才士凋謝殆盡，幸先生與居實先生在，今壽毛、季子繼起，皆一時高才，而淹留草野。欲稍梓篇章，以各備晉人一種。商之先生，先生不可，第曰：「我非詩人。」自知甚審，且聲色堅絕，不敢固請。余亦知學道身隱者之無事雕蟲也。而於四人之詩，自不能已。積三年，所先梓壽毛、居實、季子之詩，皆僅僅得之者。復請諸先生，先生不可如前。遂不謀之先生，遠近有藏先生之詩者，搆錄授梓。集成，名之曰「晉四人詩」，蓋余所知晉之四人之詩也。卽四人之詩，余亦未之盡見。大約四人者，心同學同，瞻識議論同，時命同，其詩則不必其同，才力厚薄，分定故耳。詩各有敍例，稍見品竝，不覼縷也。回視老柏下語，又六年矣。昭餘戴廷栻書於補巖居。

晉四人詩敍

朱之俊

昔人論詩，窮愁乃工，餘竊疑之。詩固有窮愁未必工，不窮愁未必不工者，安在其窮愁乃工也？或者才士落魄，慮遠憂深，動忍之餘，發爲歌詠，往往徹天地而泣鬼神，卽謂之窮愁始工也可。余今讀晉四人詩，而益信夫公它尚矣。鴻羽儀世，林宗再生，從遊之侶，正如鷦鷯遇希有鳥，但能躍躍，何能口口！繼公它而起者，鶴鳴子和，則有壽髦；聲應氣求，則有居實、季子。四人安貧樂道，具有同心，隻字片詞，珍爲麟角，所謂逃名而名我隨者耶！楓仲一一表章，實爲快心之舉。因想夫子以清濁分纓足，當時特爲水計耳；使水自爲計，應不如是。若以陶元亮、朱桃椎與中庸伴食輩臨流共濯，我恐卿相之纓臭不如隱士之足香也。余生平酷愛隱者詩，每存乎見少。楓仲才大誼高，搜奇標異，若四人外，更將古今隱倫吟什彙爲一編，以大著山右之間氣，以益深吾黨之性情，則有裨風教，亦足以豪矣。汾人朱之俊題。

晉四人詩凡例

戴廷栻

一、晉人之詩，不止於四，余所知者，適此四人，故謂之爲「晉四人詩」，蓋以爲此晉之四人耳，非敢以四人限晉也。

一、四人之詩，不止於此，而余所得見者，僅此數篇，故不復去取，亦不敢以此限四人也。

一、四人雖共事吟詠，而皆不自重其篇章，隨得隨棄，家無藏藁。且會心有地，造適無時，或書之於崖石木葉之間，人旣難見，見亦不辨。間有好事者錄而藏之，復多賢形進盡之譌。是以搜集甚難。及搆得一章兩章，問之四人，而四人者政復不記爲誰作，又奚問其時與地耶！故不以年次，但以類從。

一、四人之詩，不加圈點，當使讀者自遇。雖然彼亦一是非，此亦一是非，忍而丘蓋，何莫非鳳將雛之空侯也耶！復於例内略爲折衷，以見觀場一節。

一、公它先生之詩，磅礴萬物，往而不返，不獘獘焉，蘄乎詩人之似杜機杜權，僅而後見，而又況夫太冲莫朕，吾又惡乎知之！

一、居實先生詩，鮮如朝花，潤如泫露，明知新月，薄如春冰，瑩如玻璃，清苦如高蟬，性既坦率，語不求深，自是先生遠祖香山公問老嫗家法，蓋晉之曠人也。

一、季子之詩，飄渺纏綿，固其才之美者，孤生易感，失路少宜，不必其遇，每悲往悽來，而繚繞不歇，是晉人之畸而情者也。

一、壽毛一人之詩，而靜躁不倫。余細繹其故，凡音節靡平，辭調遒迫者，皆甲申二月至八月走不擇險、哀不擇聲之時之語，故慷慨以任氣，磊落以使才，蓋變風也。及乙酉以後，志在林棲，所求易足，以遠體遠神，而時出之以艷慧，不陶而陶，與時高下，故又一變也。

一、晉之薦紳先生，功業既著，文章亦傳，順風而呼，無事表彰，余但念夫晉之淹留林草荒蕪貧賤之詩人，不惟篇集失遺，抑亦姓名湮沒，行當搜梓，以各備晉人一種，此但以四人爲先驅耳。願晉人之同志者，有所秘藏，悉以誨我。

敍霜紅龕詩略

戴廷栻

余嘗問詩於公他先生，先生曰：「我非詩人。」余疑之。而竊讀其詩，支離神勝，而不得其解，缺然太息，先生豈欺我哉？先生非詩人也？無何，而復聞先生之言曰：「詩無才則不高，不博則不典；無氣則不厚，無力則不雄，不藻綵則不豔；不老則不淡，不淡則不遠；無性則不眞，無情則不風流；無理則倍，重理則腐；無格則野，變化則神，神非内非外，非離非合。」余聞之，疑固在也。急取先生之詩讀之，橫口之所言，時高時典，時雄時厚，時老時豔，時淡時遠；至性至情，純乎風流而未嘗無格；遇使我得，過使我失；晦明之間，雲蒸龍變，美人滿堂，而目成者，知其神之所在，先生殆欺我哉！先生眞非詩人耶？遂私信其詩，取其所得見者若干篇，梓而藏之，以爲晉人之詩。先生聞之曰：「我非詩人也，何戴晉人之不怏然也？」余聞之疑猶在也。

順治丙申秋七月，昭餘戴廷栻楓仲氏書於崇蘭老柏下。〔二〕

跋霜紅龕詩略敘〔三〕

劉贄

往予晤陽曲張思孝先生，叩以所藏霜紅龕詩。蹙然曰：「青主詩無手稿，閻喜家直甫蒐羅彙輯幾備而未及梓，客遊江右，卒於旅邸，遂復散失。予嘗於山龕石室、藥囊梵篋、黃冠之廬，見其殘編剩幅，卽手錄之不遺。丙寅客海陵，力梓之，以公世。板垂成，而同事者多所猜忌，遂燬其板。青主詩文之不傳，或有不知其所以然者耶，予亦深爲惋惜。質以予所見青主之詩，特人人之所及見者耳。」迨予刻是選既成，思孝復言：「順治間，戴楓仲先生刻有晉四人詩。四人者，青主與其子壽毛、胡季子庭、白居實孕彩也。青主詩僅數十首耳。今其板亦不可得矣，而其序與例僅存其草。凡例一條云：「四人雖共事吟詠，而皆不自重其篇章，隨得隨棄，家無藏稿。且會心有地，造適無時，或書之於崖石木葉之間，人既難見，見亦不辨。間有好事者錄而藏之，復多賢形進盡之謡，是以搜集甚難。及搆得一章兩章，問之四人，而四人者政復不記爲誰作，又奚問其時與地耶？故不以

〔二〕「順治丙申」句，戴本作「後學戴廷栻題」，茲據劉贄刊霜紅龕詩鈔本改。案劉贄所得此敘，當爲戴廷栻丙申手稿，戴氏刊刻晉四人詩，在此敘寫就六年後，意其爲避免敘與刊刻時間之矛盾，故刪去「順治丙申」句，而改爲「後學」句。

〔三〕此篇錄自霜紅龕詩鈔，乾隆三十二年劉贄刊本。

年次，但以類從」云云。夫楓仲與青主生同時，而其刻青主詩尚苦其搜集之難，況軼亡至再，今又百餘年後耶！予以其序與例可脩霜紅龕詩話一則，故附錄而跋之如此。

乾隆丁亥重九前五日，東敬劉贄書。

張耀先刊本霜紅龕集序〔一〕

瞿源洙

霜紅龕，陽曲傅青主先生之所居也。先生著詩古文辭不下數千首，兵燹之餘，多散軼，十無一存，聞喜張直甫蒐羅彙輯，〔二〕幾於大備，貯之一囊，攜以自隨，坐卧不釋。將付之梓人而未逮也，一日客遊江右，卒於旅邸，或探其囊，先生詩文遂復散失。張君思孝，其肄業弟也，每言及之，輒深致歎惜。因復勤爲搜訪，凡山龕、石室、藥囊、梵篋、黄冠之廬，見其殘編剩幅，即手錄之不遺，亦以一囊自隨，十數年，略得其十之六七。丙寅歲，客居海陵，欲開雕以公諸世，曰：「聞喜先生已一失矣，吾不可以再失。」而君友祁邑梁尊先亟寄資斧以助之，〔三〕遂得刊其詩歌九卷，騷賦一卷，雜文二卷，總顔曰：「霜紅龕集。」又刊我詩集六卷，則其長君壽髦先生所作也。竊惟傅先生以黄冠服賣藥市中而名聞天下，其書法圖畫皆超絕古今，世人咸寶貴之，獨詩古文辭尚爲名山之藏，訖六七十年無發其扃者。予嘗客山右，訪霜紅故居，已荒落不可復識，而遇人談及傅先生，輒皆肅然起敬。又聞先生卒後數月，或遇之於太行山頂，扶杖遊行，與人相問答如平生。蓋先生蹣跚世外，

〔一〕此篇瞿氏笠洲文集未收。

〔二〕「聞喜張直甫」，張耀先刊本一本作「平陽張直甫」，下同。

〔三〕「而君友」句，張耀先刊本一本作「維揚司馬李公亟爲籌資斧以助之」。

通於神仙解脱之術，〔二〕故其詩文亦古奥奇詭，如雷書鳥跡，不易測識，而林棲谷寓，家室飄摇，其爲煙埋雨泐，朽蠹於山砠磵壑之間者，何可勝道！聞喜先生將梓行之而不果，今思孝克繼其志，傅集始顯。蓋凡好學深思、心知其意者，莫不幸其猶存，而惜其不存者尚多也。然文章苟可壽世，卒不磨滅，類如斯矣。思孝師事予舅氏晝山先生，嘗遵遺命爲編刊其存研樓文集，神疲力耗弗恤也。今復繼聞喜之志，克成此書，蓋其篤師友之友誼，不以死生易志者如此，不特爲傅氏之功臣已也。

乾隆十二年丁卯春三月上巳日，〔三〕陽羡後學瞿源洙謹序。

張耀先刊本霜紅龕集序

李　果

霜紅龕集十二卷，我詩集六卷，爲太原傅青主先生及其子壽髦作也。

先生六葉傳經，皆以文學著稱。先生當滄桑之變，深隱不出，即患難奔走，無處無時不讀書。其詩古奥，文出入於諸子，蓋蓄經史百家之腴而爲之，意在沈鬱，絶去枝蔓，不爲膚媚輭弱，往往造語精深，孤行獨詣，無所依傍。其交友皆氣節士，同縣朱赤城、王古弦、文玄錫、胡崑彝、汾陽曹良直、平定白居實、崑山顧寧人、僧雪林。歲甲申，赤城投井死。雪林本諸生，張姓，棄爲僧。而良直則以兵科疏請閱九邊要塞，劾首輔周延儒，先卒。先生避地入盂縣，又善行楷，嘗言楷書不自篆隸入，則奴態不足觀。初學趙松雪書，薄其人，後乃學顔魯公書。索居無筆，偶折柳枝作書，輒成奇字，好事者爭乞之。愛長榆河南崖之古松，輒跨馬吟詠其下。雅好作山水、松柏、蘭竹，其

〔二〕「解脱」，張耀先刊本一本作「變化」。

〔三〕「上巳日」，張耀先刊本一本作「清明日」。

畫無法可法，以意爲之，天機灑然。先生又明於醫，間客游，壽髦驅車從。壽髦賣藥市上。其幼歲嘗隸左傳事，爲詠史詩，十八爲文賦，有奇氣。遭鼎革，東西馳逐。先生以飛語下太原獄，壽髦亦羈陽曲倉，念其大母病，夢時時歸省，既又夢鐵蓮開花，而先生事解。壽髦讀春秋左傳、管、商、孫、吳、穰苴、尉繚子，明古今成敗、倚伏利害。與人辨論，如對强敵，稠人中操筆，數百言立就。亦能作書，爲章草。寫懸崖、曲澗、花木、魚鳥、獅子，特大如丈許者。他篆刻、金石、文字皆能之。先生卒年七十八，壽髦則以病先卒，年五十六，先生傷之甚。有孫曰蓮蘇，承家學。

先生同縣張君思孝搜輯其父子詩文遺稾，來江南出貲刻之，間有助之者，書以成。先是康熙戊午詔舉博學宏詞，科臣合疏以先生應，州縣敦促就道，至京，而魏敏果公爲代奏，遂賜歸。予又聞先生弱冠讀文選三都兩京賦，三過卽成誦，其客馬生偶抽架上戊辰會試卷五十三篇以試，先生櫛沐畢讀至食頃，則背誦不遺一字。凡書秩皆如之，不多讀也，而其著作遂以名。浮山錢氏謂作文於聖賢之理、古今得失之數，無所獨見，惟依傍經傳，規橅前人，其理與法僅無悖於常說，卽海内負盛名，要不足傳。先生詩古文直攄己見，不必求合古人，而神自高逸，若離若合，獨持所是，自足不朽也。思孝工文亦謹，飭淹雅士，嘗修山西通志，又編刻其師宜興儲編修六雅文集，皆積累館穀資爲之。先生有管子及老莊列解、漢書補注、春秋漢書地名姓名韻。方俟謀刻，遂書之以爲序。

張耀先刊本霜紅龕集序

朱星渚

陽曲傅青主先生山，前代遺民也，節義著闕庭，文章播宇縣，麟麟炳炳，在人耳目間。入國朝，諱姓名，爲黃冠，令其子壽髦牽一車，過都歷塊，賣藥於市以自給，不隨不激，翛然方外也。康熙十七年詔舉博學宏詞之士，合六科諸公以先生薦，固辭不赴，有司尅日促上道，不得已，一至京師。值司寇魏公代奏懇款，得俞旨放還。則先生志節皦然，不渝終始，在遯之六五，固且貞矣。先生工篆隸諸書，往往見碑版且喜。畫山水、古松、蘭竹以自寓。獨詩古文辭最妙，而散佚不多存者。

後聞喜張君直甫好事蒐輯，將以成集而旋歿客邸，槀復失，徵文者每多遺憾。歷數十年至今，乃得先生同縣張君思孝，不忍其文之湮沒，重爲搜訪焉。思孝尚義輕資，不惜煩費，凡山嶺、水涯、僧廬、道院，有寸縑片石，必手摹力購而後已。得於傅氏後裔之僅存者悉搜之。久之，得詩歌、騷賦、雜文共十二卷，顏之曰「霜紅龕集」。龕乃先生讀書處，故卽以名之並集。先生令子壽髦所著我詩六卷，附於後。悉傾頻年館穀，走吳門，覓善手鐫諸梨棗，以行遠而傳後焉。嗚呼！此一舉也，爲人之所不爲，而存鄉邦文獻之遺，篤吾道師承之誼，豈不偉歟！百世而後，先生之文章傳，則先生之節義并傳，可謂曠世知己！而慕效者於斯，興起者於斯，正人心，貞風教，所關非細，當不僅有功作者已也，於是贅數語於簡端。

時乾隆十二年歲在丁卯三月既望，桐鄉九十老人朱星渚手識。

霜紅龕詩鈔序〔一〕

蘇爾詒

歲己未，予客上黨，卽聞陽曲青主傅徵君名，其詩文未之見也。丙戌冬初，復作太原之遊，得與稼莊廣文爲莫逆交。賞奇之下，始悉徵君少以道學自勵，其學問淵深淹洽，不可涯涘。嘗應鴻博之薦，抵京，抱病不能赴試，公卿入告，特授内閣中書歸里，蓋一時人望也。生平著作甚富，惜散

〔一〕　此篇錄自霜紅龕詩鈔，乾隆三十二年劉贊刊本。

軼不可多得。今搜獲霜紅龕詩稿若干，遂相與採而輯之。徵君詩之爲詩，不必襲前人之迹，而自有所以爲詩者也。葩經、四言，温厚和平；離騷、九章，愴惻濃至；東西二京，神奇渾樸；建安諸子，雄偉高華；六朝排偶，靡綺精工；三唐律調，清圓朗秀。徵君兼裒總挈，集厥大成，詣絕窮微，超乎彼岸，以自成一家言。驟讀之，覺光怪陸離，令人魂驚魄動，然究非好僻以乖正軌也。爲審其宗旨，觀其體裁，諷其音節，洵足使好學深思者別有會心焉。且徵君於老年，超然世外，兼尚仙釋，以故詩古文詞，吐雲光霞彩於篇章，寄棒影喝聲於硯管，不啻五城十二樓縹緲虛中，亦不啻象王尊嚴高踞獅座，要其義理，究與聖賢纖毫不爽，然後歎眞道學斯有此眞風雅矣。倘因其鳥篆龍紋不易測識，別生議論，則何惑乎「孝經不經，爾雅不雅」之有所謂也耶！是爲序。

乾隆三十二年前七月七夕，池州石埭蘇爾詒薇谷撰。

霜紅龕詩鈔凡例〔一〕

徵君志識高遠，學問淵深，晚年涉心仙釋，而見地精微，自能不爲所障。所著性史等書，散佚無存。書法高古，得其手蹟者莫不視爲拱璧，故其詩每於人家絹素得之，間有藏其手稿數張，亦蠹蛀不完，向來以艱於搜輯鏤板爲難，是以知其詩者甚少。茲選得詩無多，僅以所及見者亟授之梓。

前輩云讀詩者涵泳浸漬，則意味自出，不宜自立意見，如好晨風而慈父感悟，講鹿鳴而兄弟同食，此卽董子「詩無達詁」之意也。況古人之詩，或事跡已亡，或典故難考，更不能强爲詮解。徵君才大學博，不可涯涘，何敢以意爲評點？然自存所見，以致景仰，其不能窺及者，仍俟高明自得

〔一〕此篇錄自霜紅龕詩鈔，乾隆三十二年劉贄刻本。

之，或亦一說也。

朱子云楚詞不是怨君，被人多説成怨君。水月鏡花多成粘皮帶骨，亦何取耶？夫人以楚詞爲怨君者，亦謂三閭適際其時耳。徵君至性純篤，家計蕭條，養母崛嵎山中，兄弟子姪相繼云亡，其愁苦有非人所能堪者，故詩中每多悲悼之詞，而性地空明，無所滯礙，自時爲皇露，愈不得以粘皮帶骨之見讀之。

徵君晚年喪母後，卽放情肆志於山水之間，雖深山無人之境，足跡亦無所不至。故詩中所用故實多不可解，而古韻古字亦爲人所不經見，讀者會其意可也。

徵君詩隨得隨錄，不能詳其年月先後。且既分體類，編其年月更難備註，故原詩間有註年月者，亦以體例去之，觀者諒諸。

絹素手蹟，點畫間有殘缺，則魚魯亥豕之訛不能保其必無，博雅君子當必有不吝教正者，又幸甚也。

東敬後學劉贄識。

霜紅龕手蹟輯錄例言〔二〕

張廷鑑

一、鑑初輯是編，止鈔文，繼乃鈔詩，後讀徵君遺訓，有無論長篇短作，單詞片語，皆一生學問得力所在之語。以後但遇手蹟，始盡鈔錄，集成六册，有前編已刻而復鈔者，因手書與刻本互異，當並存之，以備參考。

〔二〕此篇錄自拾遺本。

一、五臺徐廣軒先生，學宗陸王，復精禪理，平生私淑徵君。壬午開館太原，見此編，以爲語錄比詩文尤精要，凡先儒講學聚訟，及闡發未透者，一一剖抉精當，專鈔語錄一編，逐段評注。今并附鈔，以請正海内之精於此學者。

一、凡題跋、書柬、雜文應入文集者，仍依類編入文集。若有與語錄論議相備者，即仿陽明集傳習錄之例，附入語錄。又有止書古人成語、子史原文未加論斷者，亦仿潛邱劄記之例，以類附錄。

一、語錄之名，昉自宋人，記錄師弟子一時講學問答，本非自著，不無失實。茲編皆出手書，無異自著，又不皆講學語，故不用語錄之名，但題曰手蹟輯錄，以存其實。

以上先兄内翰手編。〔二〕

徐廣軒曰：徵君詩文而外，書法、畫法、醫藥之屬，皆造神品。他人絶技，技進乎道，徵君則由道以及于技，故其所論技藝之言，動關道妙。陸子云：「道外無事，事外無道。」故集中凡論説技藝之言，一并收入，非重先生之技，乃重先生之道耳。

又曰：不必托于言語、著于簡册，而後謂之文。但自一身接于萬事，凡其語默動静，人所可得而見者，無所適而非文也。

傅青主語言拾遺序〔三〕

徐潤第

太原張靜生舍人慕青主先生之爲人，搜羅人家所藏青主墨蹟，片語單詞罔不存錄，積之既久，

〔二〕此句與下二段爲張廷銓書。

〔三〕此篇錄自咳唾珠玉，光緒三十二年王晉榮刊本。

竟成五卷。予擇其尤愛者鈔錄如左。其言或莊或諧，或雅或俗，而無淺非深，無常不驚，唾落九天，都成珠玉，眞足寶也。鈔訖記此，一以志區區欽仰之意，一以存靜生搜錄之功。

道光二年歲在壬午二月十九日，廣軒徐潤第記。

霜紅龕集備存小引

劉霈

古書無所爲梓本也，士人束髮受書，以繕寫爲先務。後唐長興三年，始校正九經刻板印賣。嗣是，充棟汗牛，鬻書幾與衣物等。著述之家，非是無以傳後，未聞置成編弗用，仍事抄謄之苦者。間有重其人，錄其書，久之亦歸散佚。士人得書之易，由此寒士無力爲剞劂氏償，抱一編以沒世者亦由此也。

傅青主先生足跡半天下，詩文隨筆隨擲，家無藏稿，亦無定稿。甚有執所著以問先生，而先生已忘爲己作。雖臨終以收拾遺文勗孫蓮蘇，然散之數十年，徵諸一方，亦非易致之事也。雖欲付梓，烏乎可？戴楓仲刻霜紅龕集，不可得矣。陽曲張思孝搜輯十二卷，又輯先生子壽髦居士我詩集六卷，昭餘梁尊甫助貲刻於宜興。同事多所猜忌，遂燬其板。同邑張靜生收原刻未載者六卷，謂之拾遺。惜眞草雜沓，未及付梓而卒。其弟古娛遵其志，與余共爲羅訪。四十年來所得愈多，篋而藏之。每一流覽，撫然興歎。壬子冬，余督子弟輩按部眞謄，以圖付梓，爲目十有五，卷四十，我詩集卷十有一。顏曰「備存」，以所得虞有誤，或傳抄不能無訛舛也。

嗟乎！世不乏有力之家，惟娛耳目炫流俗者是務，古蹟所存，關人心世道，輒鄙夷爲迂闊，且阻抑使不得行。余奉茲編久矣，邑人王子仁庵者，特慨然不以爲非，損槖無德色，爭先睹之爲快，謂非加人一等者歟？洵梁子遵甫之嗣音也。獨是思孝去先生不遠，迄今又二百餘載，所得反大倍於昔，誠如瞿公云：「幸其猶存而惜其不存者，尚多也。」過此以往，倘有與余輩同志者，踵而增焉，使名山之藏盡得其傳，豈非集古之快事耶！因誌其緣起如此。

大清咸豐三年正月望日，壽陽劉霦雪崖氏題於閻家長之則畫軒。

霜紅龕集備存例言

劉霦

霜紅龕詩文集，戴楓仲梓而藏之，見者絕少。張思孝刻板亦無存。先生五世孫履巽順庵取其家所有者，抄十余本，靜生拾遺得此爲多。嗣後皆古娛與予所輯。故原刻外，卽書「補」字，不著拾遺名目。

五台徐潤第廣軒曾館靜生家，其敦艮齋遺書收先生語，皆在拾遺中。獨「孟子道性善，也是平地裏起骨堆」句不見。或別有本歟？評語頗略。今所錄者，半出敦艮齋遺書。

崞縣張震唐林亦館靜生家，有音注辨訛，只就字書某音、某解、某貌釋之，及得手蹟一二，又多仍作本字。今略爲採錄。其有與張刻互異者，多存之以備參。

戴楓仲刻詩文集外，又有諸子注解、元釋兩藏精義續編、杜遇、（楓仲編杜詩，青主評點。）唐詩評點、李詩評點。嵇傳：「著有性史、十三經字區、周易偶釋、周禮音條辨、春秋人名韻地名韻、兩漢人名韻。」楓仲與張爾公書：「青主易解多前人所未道。」潛邱劄記：「著左錦一書，秘不示人。」沈樹德傳：「鄉國聞見錄可補正史之缺。」性史前明已軼，餘俱無考。張刻俟補者，有囊道人傳、汾二子傳、李御史傳、榆關馮老師壽序、李賓山松樹歌、仙帳歌。今惟仙帳歌、囊道人傳未得。又聞有十三經評、十七史評、韻會小補評、老子莊子評、幼科丹經、女科丹經、蟬雪罨言序、我師還陽子帖、王生延善傳、白鶴觀碑文、大小丈夫傳、夫如何賦、遊台日記敍，亦可存其目以俟補。諸評亦有壽髦筆。

壽毛著作亦富。池北偶談：「作古賦數十篇。」結鄰尺牘：「紫芝賦似不從人間得來。」盂縣志：「著我子七篇。」張刻俟補者：紫芝山賦、仙槐賦、蒼巖賦、遊石龍洞賦。今惟得仙槐賦，餘俟再考。

戴楓仲晉四人詩例云：「四人雖共事吟詠，而皆不自重其篇章，隨得隨棄，家無藏稿，且會心有地，造適無時，或書之於崖石木葉之間，人既難見，見亦不辨，閒有好事者錄而藏之，復多賢形進盡之謁，是以搜集甚難。及搆得一章兩章，問之四人，而四人者政復不記爲誰作。」四人者，先生與其子壽毛、胡季子庭、白居實孕彩也。夫楓仲與先生同時，猶不免訛舛如此，矧迄今又二百餘年耶！其殘毀者，旁注缺字。書法離奇不能識者，遵張刻例作「□」以俟補。

錄雜記語自靜生始，徐廣軒以爲比詩文尤精，要凡先儒講學聚訟及闡發未透者，一一剖抉精當。惜拾遺以外，廣軒未之見也。歷見先生所書冊頁皆是，倘從事於斯，採之不盡，同志曷諸。

張刻南郭寺是杜詩，題畫五絕是庾子山詩，今俱削去。天龍燒香、壽毛雪中過淮泗，或云誤入，未詳所出，姑存之以俟考。殘編斷簡，必有書古人成詩、成語而未加論斷者，即仿潛邱劄記例，概爲收錄。詩文年月不甚的確，其有注者存之。雜記隨得隨錄，更無前後次序。「蕁」字解云「釋之大有快處」，「同父容晦翁」條云「前章及之」，今其語俱不可得，以俟詳考。

先生與壽毛韻語多不甚對，然如向臺於雷電，奮芩於頹暮，慷慨於離騷，非不對也，此類不可枚舉。字書、韻書有不合者，必有所本，非畫傳抄之誤。

張刻壽毛詩，晉四人詩外寥寥不多見。順庵本益缺略。今於手蹟石刻中搜得若干首，氣味似與少年有別。

先生不駁二氏，廣軒辨晰最詳。茲設外編者，特以便觀覽耳。

文後自記低一格寫。諸評語低二格以別之。

張刻、拾遺、唐林互有異同，茲多遵順庵本，不能一一注明。

張刻後附贈輓諸詩，行實未及，余輯仙儒外紀十卷較詳，茲特錄先生與壽毛傳各一篇。

傳奇亦多，世傳驕其妻妾，八仙慶壽諸曲，穿吃醋止傳序文，又有紅羅夢，語少含蓄，古娛一見卽投諸火。詩文有類此者，概不收錄。

雪崖識。

重印霜紅龕集備存弁言

馬作賓

霜紅龕集備存自劉雪崖付梓後，迄今又六十年。其板向存陽曲學署，吾友王志昂入學讀書時嘗檢而保存之。後王子入仕，守者不愼，多遺失，邑之人又無有存其書者。光緒丁未，楚江羅襄假印於省師範學校，於原板殘缺之處以鉛印活字補之。時余任高等小學校長，事因石子映樞得其書與其板而藏諸庫，思欲搜得壽毛我詩集並爲鏤補，惜有志未逮也。今年壬子，共和告成，士之慕先生高義者爭欲一覩先生之書爲快。余不敏，慮無以傳先生，因與路子登瀛議先補刻先生之集以問當世。計鳩匠從事，閱三月而板成，行將付印矣，余因爲詞以識之。

嗚呼！先生當明季鼎革之時，懷翟義之志，以布衣走天下，其著書立說，非其心也。乃壽毛不壽，既先先生之身而逝，而壽毛之書又不得同先生之集相與俱傳，此豈數之所在，非人力之所能爭耶？雖然，而余以爲壽毛之書今固猶在人間也。倘有藏古之家出而見惠，俾名山之藏得盡其傳，此則不負雪崖當日之苦心，而亦鄙人私心之所竊望者也。謹識。

中華民國元年十二月，陽曲後學馬作賓識於高等小學校。

重印霜紅龕備存弁言

曾廣鈞

陽曲傅青主先生，明室遺老，平生尚氣節，敦孝行，明醫善書，著述淵博。鼎革，隱於醫，深入民間，立起沉痾。抗節不屈，振導民族，老而彌篤。德澤遍閭閻，聲聞震朝野，世之論者多以爲神，蓋至人也。余任晉，念餘載，此心嚮往久矣。民國二十四年春，由長治調署陽曲，公餘，究心地方文物掌故，得先生所著霜紅龕備存一書，其畢生志節學問，息深達亹，躍然紙上。降至辛亥革命，晉省倡舉義旗，不崇朝，光復舊物，追本溯源，有自昉矣。書爲壽陽劉雪崖手訂，付梓行世，板儲縣屬第一高小校，完整無缺。顧久未印刷，流傳綦尠，仰先生之風者，每以不得斯書爲憾。余不揣譾陋，倡率邑人，集貲重印，並嵌遺像於篇首，庶後之讀者見先生氣節之嶙峋，精神之卓越，聞風興起，礪我民族，完我山河，其亦救國之一助乎！是爲序。

許昌曾廣欽謹誌於陽曲官廨。中華民國二十五年八月朔日。

霜紅龕集鈔序

劉　霦

古之作者必好名。白樂天寫其集送江州二林寺、洛城香山聖壽寺。青蓮臨終，以其集付李陽冰。

傅文貞先生自號僑人，詩文隨筆隨擲，家無藏稿，亦無定稿，存之者重其書法，甚至秘不示人，故流傳絶少。陽曲張思孝暨同邑張靜生古娱兄弟及余前後共爲搜輯得若干首，究不過千百什一也。其中闡揚釋典之作居多，不得不審而存之。畢堅毅公謂近日山右文章，公他與楓仲第一。公他高潔，掃除百年蕪穢靡敝，一意孤行，不居龍門之下。今就所得者觀之，體格創古今未有，古奥樸拙，正山林方外之文也。

壽陽後學劉霏雪崖識。

霜紅龕佚存抄本跋〔一〕

傅廔

右傅徵君喬梓手蹟，計六册，向藏交城某氏。以家計故，鬻而寄諸賈。曩予次弟謂予曰：「蔭南弟處，有賈置帖五，蓋傅氏書也，盍觀乎！」予聞而亟索之。歸而視之，蓋徵君札記零稿，均劉君雪崖未見者。署窗多暇，略加排比，以代學字而録成册。其中考訂經史，甄討藝文，而詩文賦之不見刻本及與刻本異同者凍幷録焉。噫！予向得張本霜紅集，以爲徵君諸作略備矣。及得劉本，則又以爲未足矣。至是，而愈以爲未足。乃懼其輾轉而就湮也，録諸册，以藏諸篋。其補遺二紙，係索諸書賈者，内有「茵蒜山房」章，致殊佳。徵君章確是僞作。幷門劉氏蔚文章，未悉爲藏主否也。傅廔記。

〔一〕此篇録自傅廔編霜紅龕佚存抄本，藏北京市圖書館。

重刻霜紅龕詩序

王晉榮

最後得文貞先生詩。先生之詩，亦先生之言也。先生之言，卽先生之書也。又先生名山，字青主。先生之爲人足重矣，特世之重先生者，往往珍藏其字畫而不珍藏其書，往往搜羅其醫書而淡然於醫書以外之書。究其所以珍藏字畫者，謂其多值錢也，利之心也，而於仁人一言其利溥之義，不知也；所以搜羅醫書者，欲藉是以療病，希圖得脈金也，利之心也，而於書抵萬金之義，不知也。嗚呼，天下豈概無知之者乎？後世豈一無知之者乎？況先生之醫書不過能治人之疾，而男女兩科每疑其如出兩手，醫書以外之書，善乎能治人之心，的非塵根穢質所得假託於萬一。左文襄公云：「天下事未嘗不可爲，祇是人心不平無藥可醫。」予謂醫人之心者，莫書若也。

傅文貞先生之書，始見知於戴楓仲，再見知於張思孝與蘇薇谷、劉稼莊，道光初廣軒、靜生之知知以正，雪崖之知知以奇，皆知先生之書者也。迄今又將百年矣，其誰知之哉！陳榕門相國曰：「滇中年來所發各書，約千部以外。自知蠻煙瘴雨之鄉，難以驟語貫通，而以此爲傳世之物，庶後起者知世間有此種書，得所稽考，此至迂至拙之婆心也。」予刊先生詩，猶是心也。先生詩多矣，劉君雪崖所訂本止此耳。儻後有獻璞者當不止此，今所得見者止此耳。

光緒丁未冬月，山右王晉榮小亭識。

重刻霜紅龕詩跋

王晉榮

論先生者曰「字不如詩」，黃石齋評書法「晉唐後首推公佗」，詩何待言！先生以前明逸老爲後學遺型，性情識力迴異凡庸，置之杜陵集中，雖識者亦難辨。近又得先生題畫册詩十二章，與看水仙詩、極知詩、問渡詩，皆舊刻本所未有，已覶縷補入。夫詩帖可廢也，古音古節何可廢也？雖當日林棲谷寓，家室飄搖，詩爲煙埋雨渤朽蠹於山岨磵壑之間固屬不少，而人之求遺珠拾零星者綿綿不絕，則又何故？可知壽世之作，若有神差鬼使，卒不使之磨滅，如天之福先生之靈。凡未刻本俾予得見，續刻不難也。小亭謹跋。

重刻霜紅龕文序

王晉榮

人無性癖，一事難成。晉杜預有左傳癖，每懷古人，自知不足，因歉生愧，亦愧極奮生爾。來索傅先生文章，已近兩載，幾於逢人輒問，問遍各省書肆，庸詎知有心求之者往往無心得之。邑孝廉羅君子亨與余有舊交，去歲冬，出所藏刻本示余，余乙是書而讀之，正而葩，奇而法，的是青主所自出無疑矣，擬重刻於吾陶，公諸五洲同好。增者六，去者二，去者去其所已有，增者增其所未有。昔張鳳翔謂劉雪崖有傅癖，非俗人也，余敢自詡有傅癖？且俗塵三斗，撲去卽生，尚須以竹醫之。雖然，後之視今亦猶今之視昔，讀先生之文者，其亦有羨乎余癖者哉？

大清光緒三十三年歲次丁未燈節後三日，平遙王晉榮子仁甫謹序。

霜紅龕文凡例七則

王晉榮

一、原本無「文」字，余益之。以霜紅龕詩集久已行於世，故加「文」字以別之。

一、原本係三十八篇，今將寄示周書及仙儒外紀原册中之家書一篇入書札，又從墨蹟增入六篇，通共成四十二篇之數。

一、原本分爲三卷，今訂爲四卷，以篇數較前增多故也。

一、原本於傳、記、敘、跋、解、說等未曾分類，今略爲類列，長槍與短兵相間，仍非夾雜。

一、原本首卷多名人傳，語多激昂，今擇其和平而易解者爲首卷，略寓引人入勝之意。

一、原本古字甚多，有已改者，有未改者，兼以梓人催迫，皇皇粗具，不暇酌之方家，閱者諒之。

一、原本校刊姓氏雖多，而錯字仍復累累，鄙人學薄才疏，不足以測高深，尤願積學純儒指一切迷誤。

霜紅龕文補遺小引

王晉榮

補遺五卷，因得霜紅龕集僅存而續焉者也。是集版片被水所傷幾三十年，殘缺者幾二百頁，晉人士從未有過而問之者。丙午春，寇逸琴處士自楚履晉，搜羅遺編，覓得雪崖翁刻本，而鈔其殘缺者，又慨然以所鈔頁並排印頁先後寄余。余與寇子素不識面，乃兩地相契如此，此卽青主先生所謂「眞可與交，不見面亦交」者歟？今年秋有書客來，余亦購得原本，既幸此本之不孤，尤幸重刻續刻之確有所據，憾昔日之殘缺，覩後來之完善，豈獨余與寇子幸哉！

大清宣統元年己酉仲秋節前四日，平遥王晉榮小亭題。

嗇廬雜著小引

王晉榮

青主先生別號嗇廬。道德經有云：「治人事天莫若嗇。」焦竑莊子翼大宗師篇有云：「嗇精於內，發神於外。」先生之號嗇廬，殆有取於是乎！先生爲袁袁山訟冤，謙言「因人成事」，故撰因人私記。記中言在京有喻都小賦之作，故賦以類從焉。先生生有寒骨，故有冰燈詩。子眉先先生卒，故有哭子詩。先生好讀杜詩，故有杜遇餘論。先生爲傅說後，故甲申後首撰傅史。平時道義之交相贈答，故有書札。且好遊歷寺觀道院，聯句皆自作自書，故有對聯。夫處爲名士者出爲名臣，故撰名臣像贊。三代而下，講武與修文並重，故撰雲臺將贊。爲將之道，老子、墨子言之最詳，故老子解、墨子解在焉。惜乎！解墨子者衹一篇耳，豈亦猶是嗇之義耶？吾不得而知也。

大清宣統元年立冬後三日，山右王晉榮子仁謹序。

嗇廬別集小引

王晉榮

仙儒外紀云先生有嗇廬帖行於世，然得見先生之書法者多，得見先生之詩文者少，茲於詩集、文集外，又名之曰「別集」，要皆讀諸子之書而不能已於言者，不獨淮南存雋爲足珍也。爲文不在多，卽此兩卷，可卜其與嗇廬帖並壽矣。古陶王晉榮小亭題。

新刻咳唾珠玉序

王晉榮

顧寧人先生述其庭訓曰：「著書不如抄書。」即袁簡齋太史詩話，亦有「著書翻恨古人多」之句。蓋經史子集，久已堆如山、浩如海矣。居今日而言著書，正諺所誚「蛣蜣入炭，不顯一點黑」也。著書云乎哉，鈔書可矣。夫古人立言，多有獨開生面而爲己意想所不到者，亦間有與己意隱合者，隨看隨筆，久而久之，應事處世，有定識，自有定力耳。惟是荆山之寶雜於燕石，孰辨其爲美玉與碔砆？冀北之馬，黄白成羣，孰辨其爲騏驥與駑駘？日月精華，流於碧苔，孰辨其爲瑞芝與凡草哉！程子曰：「心通乎道，然後能辨是非，如持權衡以較輕重。」抄書亦豈易？自非眞積力久，日新月異，不能向簡編問津，與古人識面也。太原張靜生先生拾青主先生遺言，集成五卷。西席徐廣軒先生擇其尤愛者，共爲一卷。殆所謂通道者歟？訪之同人，祇有抄本，從無刻本。余以爲鄉先生有此佳言不能廣爲流布，甚是憾事，謹錄一百九十一則，分爲十章，以五章爲一卷，猥參一二瞽說，不敢自附於抄書者之亞也，敢與著書者較量如不如耶！今將付攻木氏，公諸同學，取廣軒先生一辭之贊，顔曰「咳唾珠玉」。覽斯編者，本青主先生之言，以立身處事，庶幾其寡過矣乎？是則區區之苦衷也夫！

光緒三十二年丙午端陽月，山右王晉榮子仁謹序。

新刻咳唾珠玉凡例八則

王晉榮

一、晉時已有傅子一卷。青主品學不減傅玄，當在百家諸子中獨樹一幟。

一、是編較原本多增十餘則，從敦艮齋遺書添入者八九，從他本添入者三四，滄海慮有遺珠，並非戟外生枝。

一、原本無「傅子曰」三字，今補之，以先生狂解篇中已自稱之。

一、案語或考其異同，或辨其差誤，或闕所疑，或述所知，率皆引用成語，不敢多參臆說，以背先正。

一、是編有原案者加「廣軒」二字以別之，有原注者加「原注」二字以別之。

一、廣軒案語低一格，妄抒拙見者低二格以別之。

一、是書原名語言拾遺，以命名不甚響亮，故易之，非竊取先儒嘉言別標篇目。

一、私刊專集，國初有禁，防妄作也。恪守臥碑數十年矣。此書之成，蓋恐傅文貞先生婆心苦口，久而湮沒耳，與私刻專集者迥乎不同。

咳唾珠玉跋

王晉榮

青主先生本不降伯夷之志，傳時懷翟義之心，水激風鳴，何嘗有意？曾滌生太傅詩有「爲文不求傳」之句是也。傳矣，譬之翡翠，五色俱備，奚待丹青耶！今刻此書，動高漸離一時技癢，效顧虎頭頰上添毫，撫衷自問，眞成嚼蠟。使先生有靈，必罵余爲淺陋不堪，爲沽名，爲多事。余固笑而受之，以其罵中也。然余決不因先生之罵，遂不刻此書也。宋儒陸象山曰：「唐虞之際，道在皋陶；殷周之際，道在箕子。」余則曰：明清之際，道在傅青主。例諸楊黼諸老，〔二〕則誠過之，人不

〔二〕「楊黼」，原本作「楊黻」，誤。

得與隱逸者流相提並論。先生以醫傳，以字傳，以詩畫傳者，已三百年。聞其名者，雖婦孺亦知景仰，況粗識幾字者乎！景仰之心，結於中而不能已，則莫不欲聞其言，爭以先得爲快。先生亦既有言矣，不付剞劂，焉能播諸久遠？世有博學之君子，以余言爲不類，爲不足存，直抒所見，語妙斡旋。余日望之，豈必欲雜瓦石於珠玉，甘貽擬不於倫之誚哉！抑又聞之，木託華山，不能高者高矣；蠅附驥尾，不能遠者遠矣。夫人亦孰不欲高遠哉？而顧安於卑近，正先生所謂「死狗扶不上牆」者也。有志者，其共勉之。晉榮妄語。

霜紅龕筆記引

王晉榮

霜紅龕筆記者，本靜生所輯之，五卷。廣軒擇其尤愛者，共爲一卷。余分爲上下兩卷，並補遺一卷，卽所謂咳唾珠玉是。其餘壹百陸拾貳條，分爲三卷，總名之曰「筆記」。有增入者，罔非雪崖刻本所無，實爲快事。其中考據最多，亦最精，眞不朽之作也。

大清宣統元年七月初八日，平遥王晉榮子仁題。

霜紅龕集序

丁寶銓

傅青主先生別字嗇廬，學者稱之爲嗇廬先生，山西太原人也。不忘故國蒙難，堅貞箕子、胥餘之遯遁、鄭氏思肖之淒苦，始足喻其高節。凡所遺著，三四刻矣，年久零落，湮鬱不彰，今爲整齊，網羅放逸，都四十卷，再板傳世。

國初儒者，如孫夏峯、胡石莊、黃梨洲、陸桴亭、顧亭林、李土室、李中孚自署「二曲上室病夫」。王船山及傅嗇廬氏，皆遺老之魁碩，後學之津逮。躡漢企宋，究委窮源，性情出處雖殊，而學必實用，動爲世法，率八人而如一也。其餘則羽翼而已。嗇廬年次孫氏而長於胡、黃，故巍然爲河北大師者垂數十年。論者以聲震天下，伏闕爲師，義難及矣，然孫夏峯之設匭徵金营救左、魏，黃梨洲之袖錐對簿告祭忠端，則與嗇廬同其奮激也。至於飛語下繫，備極慘狀，痛亦深矣，然顧亭林之濟南逆案，赴鞫歸獄，則與嗇廬同其慷慨也。又以世家舊族賣醫爲活，哀亦甚矣，然王船山之竄身徭峒，課蒙自給，則與嗇廬同其骯髒也。觚棱在望，仆地涕零，老彌篤矣，然李士室之都會昇行，拔刀自刺，則與嗇廬同其倔彊也。若夫蕭然物外，自得天機，亭林論嗇廬語。貞不亢矣，然胡石莊之不出庭戶，陸桴亭之謝絕賓客，則與嗇廬同其澹定也。

蓋行誼卓絕，頡頏羣儒，若語學術，亦度越於人人而自爲宗派。潛邱劄記謂嗇廬長於金石遺文，嘗謂此學足以正經史之譌而補其缺，厥功甚大。約原文。按本朝莊氏、葆琛。吳氏，荷屋。爲用金文證經之鉅子；畢氏、秋颿。阮氏，文達公。爲用石文考史之大宗，其源乃開於嗇廬。由是以言，金石文證釋經史，傅學也。全謝山撰嗇廬事略曰：「或强以宋儒之學，嗇廬原文「先生」二字。曰：必不得已，吾取陳同甫。」嗇廬雜記云：「同甫容得晦翁，而晦翁不能容同甫。」此亦嗇廬尊揚同甫之一證。按顏習齋爲近今鉅儒，張文襄公謂其別爲宗派。乃極稱同甫，見所著習齋記餘者四。卷三云：「陳可進之韓、范一例。」卷六云：「宋、明兩代之不競，一言盡之曰兩朝是文墨世界。」同卷又一條論「宋儒主胡文昭，而以陳氏次之。」又一條謂「陳氏學行雖不免雜霸，而三代蒼生或少有幸」云云。傅、顏論議，先後一轍，由是以言，顏氏學風，嗇廬所漸漬者也。嗇廬與戴楓仲書云：「漢書整俊，但細領會，約原文。尢沓之瘕不覺盡消。」又云：「班書終無釋手之日。」兩漢書人姓名韻序。按本朝古文，方望溪氏出，始講義法，謂之正宗，不百年而法弊；曾文正起而補救，略橅漢書，遂以跨越一代。由是以言，曾氏文派，爲嗇廬宿所主張者也。國初鉅儒，學宗漢、宋，旁及地志、算術而已，究心子部者少，況乃二氏？嗇廬生際其時，嶽嶽兀兀，昌言子學，過精二藏，乾嘉以後遂成風氣，治子名其家者有人，如汪、畢諸著述。通釋入於儒者有人，如羅臺山諸人。中西大通，益抉其樊，諸子道釋，一以貫之，名曰哲學，其大無外，其細無閒。由是以言，近日之哲學，實嗇廬氏之支流與其餘裔也。綜是而論，一二緒餘，精誼所結，演繹成家，此余所謂嗇廬之學斷非博士文人拘儒所能畧窺其津涯者也。詩文見志，推測如此，君子觀覽，尚論定焉。

近者西學內訌，東隅外蹙，作此無益，玩愒時日，縱成善本，亦奚裨益？然石莊繹志，譚氏訪求於海壖擾攘之時，船山遺書，曾公雕刻在江皖糜爛之日，儒書講習，卒贊中興。嗇廬貞諒，迥異弔詭，儻承學之士聞風興起，則人心世道之已蕩決者，或迴瀾於學術之流行，亦未可知。江陰繆炎之京卿、荃孫。上虞羅叔言參事、振玉。江夏羅微之太守襄。熟於編槧，往復商訂，共成此業，例並書焉。

宣統三年歲次辛亥孟夏，山陽丁寶銓序於太原節署。

傅青主先生兩漢書姓名韻序

閻錫山

余往歲建傅先生祠成，嘗欲羅致先生生平著述，闢室藏庋，以久其傳。有熟知先生者，謂先生治學不諱二氏，兼通小學，精書法，擅歧黃，並喜爲掌故之學，有所謂東西漢姓名韻者，卷帙甚繁，爲先生手輯，付之其子眉與其猶子仁所手鈔，代遠年湮，恐已散佚無存矣，遂因置之。今年春，山西書局經理趙君法貞蒐集先生遺墨，欲影印霜紅龕墨寶以爲書範，乃無意中獲東漢姓名韻稿於平遙王君晉榮嗣。因人之介，又獲西漢姓名韻稿於青島丁君柏岩。嗚乎！三百年來之著述，嚮求之而不可得者，今三數月間先後發見，斯亦奇矣，亦云幸焉。

茲付梓行世，欲求一言以弁其首。余取而讀之，依聲分部，比韻排名，並附略傳，蓋亦尋常之作，大抵不離於便稽考利記憶者近是。然余於此，重有所感焉：溯自科舉制興，爲學者爲科考取科名之計，每廣裒資料，或爲人物，或爲掌故，以成考試利器。即以有清一代而論，爲此者蓋不知凡幾，其性質亦如先生此書之類，然常於蟲魚敗簏中見之，一任其灰沉煙滅焉耳，誰復知愛重加以保存，使傳之至於今日者？是知尋常著述，其傳與不傳，不必在其著述之可傳與不可傳，而在著述者之品行學問，爲人尊崇敬慕與不尊崇敬慕耳。苟是其人，雖斷簡殘篇，皆可傳之千秋，相率以爲至寶；苟非其人，縱鴻編鉅製，亦終於澌盡泯滅，甚或擯斥之以爲不足道。吁！可畏已。挽近士風不振，道義淪亡，爲學者往往昧於根本之學，不知自礪以底於成德，乃動欲躋於著述之林，以冀傳久而行遠，豈不惑歟！今以趙君之請，因書所重感於心者於簡端，以爲世勸，是爲序。

民國二十五年八月，五臺閻錫山謹序。

傅青主先生兩漢書姓名韻序

趙戴文

予少年業師田丹臣先生，爲松龕公門下高足。松龕父廣軒公學問品格悉奉公它爲瓣香，故予少時得聞青主軼事甚多，知霜紅龕集外尚有兩漢書姓名韻一種。青主學術集儒、釋、道三教之大成，於道專崇老莊，於釋特尊般若，於儒則至孟子爲止，對唐、宋、元、明諸儒，皆目之爲奴，殆以孔子所謂小人儒者視之耳。

吾中華文化，在二帝三王極盛時，朝野上下，其言行醇乎其醇。迨周秦諸子出，醇駁羼已，然皆眞而不僞。儒者如孟子之徒，各以師説傳播四方，其學可謂眞矣。此外楊學有揚子之眞，墨學有墨子之眞，兵家如孫、吳、尉繚等有兵學之眞，法家如申、韓、商君等有法學之眞，農家如李克、白圭等有農學之眞，醫家如和、緩、秦越人等亦有醫學之眞。下逮雜流末技，不言學則已，言則未有不眞者。漢承秦弊，焚坑之後，一時文人學士所獻高文典册，僞者誠所難免，自明眼人視之，其眞焉者之存乎其中者，要亦不在少數。故考究中國文化，兩漢實存亡絶續之交，而亦樞機之紐鍵。青主重兩漢人姓名，即所以重兩漢學術暨掌故也。纂之以韻字，是欲由洪武之韻，遞元宋而上之，以追唐之廣韻也；並欲由唐韻而上稽漢魏，以遞溯周代十七部之古韻也。若此者，胥可於公它言外得之。

抑尤有述者：予當十四五歲兩年内，僑居定邑之百佛堂，此寺多藏方外書籍，予向書叢中檢出邱長春眞人語録及西遊記等册，又得張石舟著蒙古游牧記一册，又得兩漢書姓名韻僅數紙，盡屬鈔本，予意以爲皆未鋟梓，遂藏巾笥，喜不自禁焉。及弱冠留學幷垣，則見長春語録與游牧、西遊二記俱有刻本，獨兩漢書姓名韻經百計蒐求，卒不可得。今趙子法眞在山西書局仿宋字排印是編，徵序於予，予獲完全讀之，生平渴慕是書之心於以大快，爰舉予讀書往事，及青主未言之旨趣，振筆録出，以弁卷首云。

中華民國二十五年夏歷丙子秋七月望，後學趙戴文謹識。

傅青主先生兩漢書姓名韻序

徐永昌

民國二十三年，余主省政，整理山西書局，以趙君法眞董其事。徵文考獻，於先賢遺著蒐輯綦勤，而傅先生青主文字所得爲多，顧皆斷簡殘編，不足以饜余意。去歲得先生手註金剛經，私竊以爲厚幸。今年春，法眞抱兩漢書姓名韻來謁，爲述蒐獲始末甚詳。蓋東漢書假諸平遙王君子仁，西漢書則爲丹徒丁君收藏，書中附著長跋，名傳靖者也，丁君已物故，嗣子柏岩允以原值歸焉。晦而顯，離而合，僅閱時兩月有奇，全書三十巨册，確爲傅眉、傅仁抄本，與先生原序符合，精整完好，無隻字缺損，驚喜過望，至於詫絕。

先生當明亡後，貞晦艱苦，不求人知，所著之書，如周易偶釋、周禮音條辨、十三經字區、十七史評註、春秋人名韻、地名韻、國策人名韻及是書，類多湮沒散佚，不復可見，所行於世者，僅霜紅龕集及醫書耳。今去先生世益遠矣，搜求雖力，而書之存否與得之難易，絕非可預立一鵠以責其成功。乃心之所不敢期者，而竟於無意遇之；力之所不能致者，而一若有天全之。遂使故鼎之歸，如取諸外府；神劍之合，無間於方隅。豈非先生之英靈與是書之光氣能自發見而不可終閟歟！而法眞之能舉其職，王、丁二君之不私其有，抑又足多也已。爰爲之序，亟囑付印，俾廣流傳，而剞劂姑有焉。至是書裁節之精，屬比之密，足爲歸納史學者別啓津途，先生自序暨丁跋已具言之，茲不贅云。

中華民國二十五年四月，崞縣徐永昌次辰甫謹序。

西漢書姓名韻跋

丁傳靖

考稽曾筠傅青主傳，謂先生著有兩漢人名韻。又王召山詩禮堂雜纂載，傅先生著書有：老、莊、管子各注，楞嚴、華嚴、金剛三經註，春秋左傳姓名韻、地名韻，兩漢姓名韻，漢書補注，十三經字區。史書多失傳，惟兩漢書姓名韻藏太原張燿先家。書中原序見霜紅龕文集，序末多「壬午八月書」五字。序中謂「書成示眉抄之」，考全謝山傅先生傳，謂父子並習顔書，此本楷法古樸，饒具平原氣息。篇首復標明「子眉壽髦、姪仁壽元同抄較」，則爲壽髦手抄原本無疑。篇中間有標明「傅山曰」之處，字較大，且爲行書，或是先生之手批。此書徧檢各書目並質之藏書家，皆未見刊本，幸此原稿猶存天壤，且完整如新，人間恐無第二本矣。原書就班、范兩史，凡見本紀、列傳、志、表之人名，一律編韻，幷各繁簡註明其出處。明清以來乙部之書浩如烟海，從未有此纂輯。其用心之苦，編纂之勤，爲自來治史學者所不及。有功蘭臺，俾益後學，誠非尠淺。丙寅春得之山右故家，當是張氏舊藏。惜東漢一篇不知何時散佚，年來苦事搜尋，渺不可得。倘能延津劍合，幷付刊行，則誠藝林之盛事矣。

丙寅二月，丹徒丁傳靖識。

初印東漢書姓名韻序

王晉榮

清光緒丁未，余刻傅青主先生霜紅龕集，繼又刻傅壽髦先生我詩集，並附白居實孕彩、胡季子庭二君詩行世。時尚藏有青主先生東漢書姓名韻稿二十册，乃壽髦先生兄弟手寫本，首尾完整，擬付梓未遑也。乙亥秋初，山西書局經理趙君法眞專程見訪，乞假稿印行。余喜出非望，多年夙願，一旦獲償，即出全稿付之趙君。復以西漢書姓名韻稿見詢，余曰度亦當在晉人手中，然求之三十年未見也。越兩月，趙君來書云：「西漢書姓名韻稿十二册，已於青島丁君柏岩處購得之，書式一如東漢者，同爲壽髦先生兄弟手寫本，並載有青主先生兩漢書姓名韻原序。」嗟乎！文章有神交有道，詎不信歟！三百年來，節義文學足與顧亭林、李二曲、孫夏峯、陸桴亭、黄梨洲、王船山、胡石莊七子同爲天下之善士。不愧明代之逸民者，其惟青主先生乎！先生著述散在人間者夥頤，顧顯晦有時，尚未盡出，倘得好古有力者勤求而刻傳之，則此東漢書姓名韻之印行爲之嚆矢矣。校印既竣，因書其緣起如右。

丙子閏三月十七日，平遥七十一歲翁王晉榮子仁氏誌。

東漢書姓名韻跋

趙正楷

民國二十三年夏，余因事抵滬，得悉清末山陽丁寶銓氏撫晉時集資所刊之霜紅龕集原板已歸上海某書賈，迨返省擬議收回，未果。嗣與吾師忻縣陳芷莊先生、榆次常子襄先生、晉城郭可階先生言之，僉命博訪集外佚文，繼劉刻本而爲續編，且復助余蒐集殘篇斷簡，頗有所獲。

二十四年秋，復因瀋陽曾望生先生之介，得識陽城田玉汝先生，乃知東漢書姓名韻原稿尚在人間，爲平遥王子仁先生所藏。於是專程造謁，獲覩全豹。計二十册，首尾完整，篇首載「太原傅山公之它甫編輯，子眉壽髦、侄仁壽元同抄較」。子侄等字雙行並列。全書紙色黄黯，信爲歷盡三百年來之風霜者，此子仁先生之所由珍藏也。余愛不忍釋，得間請曰：「舉是編而翻印之，供諸同好，先生其有意乎？」先生曰：「是吾心也。」遂授余，乃得攜歸太原。欲影印，則費太鉅。若鉛印，則恐失眞。爲之躊躇者久之。二十五年春，吾師平陸張貫三先生謂余曰：「凡印先哲遺稿，不必強求美善，先保其不至散失可耳。世之得見是書者，自當有以補輯之。」余敬受教，爰請同學安邑胡景銓選三總司校印，高平袁紹英子俊、崞縣梁思成惠民、五台姚作樑鏡瑩、廣靈蘭廣思孝卿、趙城樊榮愷仲元、崞縣王耀豐厚卿、介休曹開泰階平分任校對，參以范書，凡三閱月而蕆事。時西漢書姓名韻原稿已由青島尋獲，書式一如東漢者，同爲壽髦先生兄弟手抄本，篇首並載有青主先生原敍，用卽賡續付印，俾成合璧。計兩越月，亦當成書，誠快事也。惟念諸師友指導協助，嘉惠實多，敬誌數語，示不敢忘。

二十五年八月一日，崞縣趙正楷法眞謹識於山西書局。

傅青主東漢書姓名韻手稿跋〔一〕

石生泉

右傅青主先生東漢書姓名韻，計書二十册，乃先生子眉、姪仁，用晉人法抄寫者也。全書經先生手批者共六十五處。其體例按洪武正韻排之，名字以韻尋者也，不關乎姓。先生自題謂東漢書姓名韻，其實爲人名韻者也。每册之書面題字皆爲先生親筆，計八分書題者三册，正書題者八册，行草書題者九册，而布套之原題籤並爲先生手筆。此籍原藏王丈子仁先生家，於民國三十年子仁丈授與余者也，囑咐珍重保之。

此書原係兩漢書人名韻，不知從何時分散。民國二十五年，山西書局經趙君法眞苦心蒐訪之，得東漢人名韻于平遙，得西漢人名韻於大連，珠聯璧合，乃有一定，眞奇巧也。山西書局得書以後，用石印出版。記得只印百部，酬謝子仁丈十部。每一全部裝爲三套，東漢裝兩套，西漢裝一套。大連所得者已存山西書局，在平遙得者原璧歸趙也。山西書局出版之人名韻，將青主先生各條之批語都加「傅山曰」三字。以予之見，其實不如影印爲佳。

〔一〕　此跋文附山西博物院藏傅山東漢書姓名韻手稿後，由曹玉琪釋文。傅山全書初版本未收。

青主先生讀書甚多，兩漢書用功更深，如注腦海者也，故作有詠史絕句、雲臺將贊等文。先生人品高尚，隱居不仕，所作之詩、之文、之醫、之書、之畫，皆足傳千古。故將先生此書珍重寶之。記此之時，正在伏日，藉此以消暑耳。

戊申六月二十七日，平遙石生泉敬題。

跋傅青主廣韻校注並杜甫詩句韻字歸部〔一〕

祁寯藻

廣韻凡五卷，青主先生分注杜詩句於韻之上下方。每卷皆有名印，並有傅眉印。別紙數條，亦有名印。霜紅龕集兩漢書人姓名韻序云：「編以洪武正韻，名下略綴一半句，便參考。示眉抄之。眉曰：『是吾家讀書一法也。』」此杜句分韻，亦同此例。殆先生課孫蓮蘇輩偶爾摘錄者。亦間有校正音義處。如三鍾，「炂」字注：「平定人謂被火煙槍者曰『火中』。其『炂』之同聲。」十六蒸，「稱」字注：「杜詩『峽内多雲雨』一篇中，有『丹沙冷舊秤』。『秤』即『稱』字。」二十三談，「痰」字注：「青箱雜記：蜀有痰市，間日一集，如痰瘧之發也。」五質，「莘」字注：「說文『畢』，不作『莘』也。」二十六緝，「瓡」字注：「漢武帝功臣侯表有瓡讘侯杆者，師古曰：『瓡，讀與狐同。』地里志北海郡瓡，師古曰：『即執字。』王子侯表瓡節侯，師古曰：『瓡，即瓠字，又音孤。』一字而三四音矣。」二十七合，「鞥」字注：「呂氏春秋有『鞥』字，無音，恐即從韋、從革少混云云。其餘尚有數條。」

至「莘」字，康熙間張氏士俊重刻宋本廣韻，已改作「畢」，與傅說合。顧亭林先生年譜（平

〔一〕此篇錄自中國國家圖書館藏傅山校注廣韻手稿，祁寯藻先生跋文在該書後。由韓琳釋文整理。傅山全書初版本未收。

定張石洲穆編、敍）：「康熙六年六月，陳祺公重刻廣韻於淮上。」注：「王山史山志：『李子德嘗得廣韻舊本。亭林言之陳祺公，託張力臣鋟本。』與張氏士俊後來重刻本多不同。潘次耕張本序云：「古本『公』字下列人姓名，多至千有餘言，近刻盡删去之。淮上所見，乃內府刊本，已經删削者。」朱竹垞亦云：「明內府版多删節。」傅氏所據，正是删本，故「莘」字未經改正。上聲弟三卷目錄，上刻李因篤語，當是亭林淮上所刻。亭林游太原，與青主交，或卽所贈。惜無敍次歲月可考耳。

介休白蘭嵒禮部得此本於吾鄉人，重裝見示。愚意壽毛所抄之漢書人姓名韻不傳，若仿其例，分韻抄之，便成杜詩摘句一書，可存傅氏讀書之法，亦可見先輩隨手錄記，悉有條理，後學所當則效。至手書細字，斜行多至數萬言，丹墨爛然，略無殘缺。希世之珍，蘭君其愼守之。

咸豐六年六月，壽陽後學祁寯藻謹跋於宣武城南之勤學齋。

紅羅鏡序

吳暖儂

吾晉先儒傅青主先生，文學氣節名滿天下。距今三百年，雖農工婦孺，皆崇敬而喜言其軼事。各種遺書，久已風行於世。其五世孫履巽抄輯傳奇，年久散失，僅存一本。張赤幟先生購得之，謀付諸剞。疏釋方言，較正錯字，出示於余，受而讀之。妙語解頤，救時諷世之心溢於言表，足以振禮教而砭愚頑，故脫簪助資，與衆共覩，庶使鄉先儒流風餘韻彌滿華夷，闔中人與有榮焉。

後學女子吳暖儂識於小星塢，歲次甲戌年中秋日。

傅青主女科敍

張鳳翔

青主先生於明季時，以諸生伏闕上書，訟袁臨侯寃事，尋得白，當時義聲動天下，馬文肅義士傳比之裴瑜〔一〕魏邵。國變後，隱居崛𡼖山中，四方仰望豐采。己未鴻詞之薦，先生堅臥不赴，有司敦促就道，先生卒守介節。聖祖仁皇帝鑒其誠，降旨傅山文學素著，念其年邁，從優加銜，以示恩榮，遂授内閣中書，聽其回籍。蓋其高尚之志，已久爲聖天子所心重矣。而世之稱者，乃盛傳其字學與醫術，不已細哉！字爲六藝之一，先生固嘗究心，若醫者，先生所以晦迹而逃名者也。而名即隨之，抑可奇矣。且夫醫亦何可易言？自後漢張仲景剏立方書以來，幾二千年，專門名家，罕有窮其奥者。先生以餘事及之，遽通乎神。余讀兼濟堂文集並觚賸諸書，記先生軼事，其診疾也微而臧，其用方也奇而法，有非東垣、丹溪諸人所能及者。昔人稱張仲景有神思而乏高韻，故以方術名。先生既擅高韻，又饒精思，賢者不可測如是耶？向聞先生有手著女科並産後書二册，未之見也。近得鈔本於友人處。乙酉，適世兄王奎章來省試，具道李子緝中賢。至丙戌冬，果寄貲命付剞劂，甚盛德事也。故樂爲敍而行之，並述先生生平大節，及聖朝廣大之典，不禁爲之掩卷而三歎也。

道光丁亥夏五月，丹崖張鳳翔題。

〔一〕「馬文肅」，傅山全書初版本誤作「馬文甬」，據刻本改。明末左庶子馬世奇，清初謚文肅。

傅青主女科序

祁爾誠

執成方而治病，古今之大患也。昔人云：「用古方治今病，如拆舊屋蓋新房，不經大匠之手經營，如何得宜？」誠哉是言。昔張仲景先生作傷寒論，立一百一十三方，言後世必有執其方以誤人者。甚矣，成方之不可執也。然則今之女科一書，何爲而刻乎？此書爲傅青主徵君手著，其居心與仲景同，而立方與仲景異，何言之？仲景傷寒論，雜症也，有五運六氣之殊，有中表傳裏之異。或太陽、太陰，不一其稟；或內傷、外感，不一其原；或陽極似陰、陰極似陽，不一其狀。非精心辨症，因病製方，斷不能易危就安，應手卽愈。此書則不然，其方專爲女科而設，其症則爲婦女所同，帶下、血崩、調經、種子，以及胎前、產後，人雖有虛、實、寒、熱之分，而方則極平易精詳之至。故用之當時而效，[一] 傳之後世，而無不效。非若傷寒雜病，必待臨症詳審，化裁通變，始無貽誤也。嘗慨後世方書，汗中充棟，然或偏攻、偏補，專於一家；主熱、主寒，堅執謬論。炫一己之才華，失古人之精奧。仲景而後，求其貫徹靈、素，能收十全之效者，不數數覯。讀徵君此書，談症不落古人窠臼，製方不失古人準繩，用藥純和，無一峻品，辨症詳明，一目了然。病重者，十劑奏功；病淺者，數服立愈。較仲景之傷寒論，方雖不同，而濟世之功則一也。此書晉省鈔本甚夥，然多秘而不傳，間有減去藥味，錯亂分量者，彼此參證，多不相符。茲不揣冒昧，詳校而重刊之，竊願家置一編，遇症翻檢，照方煎服，必能立起沈疴，並登壽域，或亦濟人利世之一端也夫。

道光十一年新正上元，同里後學祁爾誠謹序。

[一]「效」，傅山全書初版本誤作「後」，據刻本改。

傅青主女科跋

李纘唐

醫小技也，然非具大知識大願力者，不能窺其微。青主先生負絕人之姿，晚季尤躭養生術，所謂具大知識大願力者也。聞丹崖先生處得先生所著醫書二種，擇精語詳，無復遺藴。向無刊本，因梓而行之。爲弁數言於簡端。緝中氏李纘唐跋。

傅青主女科序

吳經采

婦有專科，舊矣。習其業者，於茫茫淵海中，剽竊疑似，持以索症。偶合，輒自詡謂盧、扁可再世也。迨服其劑而加劇且危甚，或阻遏生機，誤人宗嗣，則猶堅持所奉書，囂囂白衆，以爲命實難爲，匪醫之咎。噫！醫而言命，命何不幸而遇是醫哉！

晉陽傅青主先生，婦科中造命手也。其爲書簡易確當，無少含混。翻閱一過，足令昧者明、明者服。唯所施之無不立效，而特惜坊肆間少此傳本也。甲午，予自都門携歸，客歲付皖梓工竣出以公世。非謂作福閨闥，蓋將以醫夫盲而醫者。

道光二十五年乙巳歲百花生日，澧陽澹津吳經采萊庭氏序。

傅青主男科序

王道平

世傳先生字不如詩，詩不如畫，畫不如醫，醫不如人，先生之高遠，固不可以區區之醫見也。而先生有所著性史、十三經字區、周易偶釋、周禮音辨條、春秋人名韻地名韻、兩漢人名韻等書，不概見於世，雖欲言先生之高，莫之由也。今讀先生之傳，想先生之爲人，豈非所謂天子不得臣、諸侯不得友者歟！

先生有女科傳於世，平嘗遵治家人婦女，無一不效。嘗語人曰：「先生女科神乎神矣，惜未有男科傳焉。」或謂：「子不聞諺乎：『能治十男子，不治一女人。』女科難，男科易，故有傳有不傳耳。」似也，而心疑之。癸亥秋，有邦定羅公，持先生男科、小兒科以相示，平見而奇之。究其所從來，羅曰：「道光初年，余家刻印先生女科，是時平定州孫毓芝先生爲余家西席，由平定州攜至舍下，余抄之藏笥，已四十餘年矣。今有鄉人生產，胎衣不下，求方於余，余搜女科而得此，因子好女科，而特爲相示。」平受而讀之，讀而抄之，且欲板之，奈心餘力欠，〔一〕遲遲者久之。是冬十月，有寶翰羅公、正南王公、書銘安公、敦友羅公，亦善此書，於是各捐板資於親友，以共成其事，願仁人君子，勿視此爲易易。

先生此書，祇言病之形，不論病之脈，明白顯易，使人一望而即知其病，是寒是熱，屬實屬虛，眞深入顯出、似易而實難也，非深精脈理不能爲此。先生蓋精於岐黄，而通以儒義，不囿於叔和、丹溪之言，而獨有所見，探古人未探之本，傳古人未傳之妙，實大有益於人世，能救死於呼吸間也。

平本才疎學淺，見小識寡，不足爲先生序，且不敢爲先生序，而今竟序之者，蓋十一月二十三日，已詣平邑古陶書院，求序於松龕徐大人，而徐大人赴省公幹，梓人索序，而待觀者，又欲亟成其書，無奈序之，亦不過序其稿之所由來，板之所由成耳。世有能文之士，棄此而重爲之序，是所至禱。

〔一〕「奈」，傅山全書初版本誤作「奉」，據刻本改。

同治二年十二月，康衢王道平識。

傅青主男科序

石麓權

吾鄉傅青主先生，以節義聞當世，而後人乃盛傳其醫方。物以人傳，毋亦如魏文貞之笏耶？先生當明鼎革時，絕意仕進，以醫自晦。晚年有詔徵之，至京師，仍以老病放歸。聖朝之寬大，先生之亮節，視漢光之於子陵，明祖之於王冕，殆後先輝映。

爲是本始刻於道光初年，觀者先覩爲快，試其方輒效。繼而又有續刻之者，刷印雖廣，而欲之者衆，究未能家置一編。余旅居多暇，披閱方書，喜其簡切而適於用，足以爲濟世之津梁，思廣其傳，而安君鳴皋、閻君馥齊所見相同，因集資付梓人。又求崔惠人太史爲之序。

於戲！先生之節，千古不朽。此其節義文章之一端乎！後之人由是編以景仰先生之亮節焉，則有禆於世道人心，而非徒爲濟時之仁術也。是爲序。

光緒五年冬月，太原燿卿氏石麓權謹識。

傅青主男科序

崔國因

余家自曾祖以下，世以醫濟人。遭粵匪之亂，余竄江西，至以醫自給。通籍後，乃置之。嘗謂醫道自靈、素訖於仲景，如文之六經，昭然揭日月而行。以下諸大家，各抒所見，瑕不掩瑜，亦自成一家言。本朝黄元御、陳修園兩家，讜論辨才，其文之馳騁足以使文人降心，試之於用，則不切。則醫道之難言也。

吾鄉徽、歙之間，世出名醫，其學醫者自少即與老醫共起居，老醫視疾則侍側，審其望聞問切，證以病者之形狀，暇則讀醫書。習之或十年，或二十年，老醫許其道可行則行。其質魯者，至終身不能行道，雖强行之，亦不效。此又以見醫之難言矣。

蓋醫書自仲景以上，詳於辨證，而不詳於立名。顧其文簡而奥，粗心者不能會，或誤會焉。以下諸家，大抵詳於立名，而不詳於辨證，如沿流泝源，其勢本迂遠而難達，且展卷則瞭焉可循，臨證則茫然無據，由其所從入者歧也。

傅青主先生方書，余曾於鄂省見之。其辨證、立方，皆宜於今而不悖於古者。嘗論先生孤忠亮節，值革命之世，道既不顯，則晦於醫。當時賴之，故其方流傳於今，與其人共不朽。余友石子耀卿，以男科一編問序於余。余聞先生之風久矣，故樂得而序之云。

光緒五年冬月，仙源崔國因撰。

傅青主男科序

郭鍾岳

天倪子慨夫子輿氏之言曰：「窮則獨善其身，達則兼善天下。」古今有志之士，窮者千萬，達者十百，其有兼善天下之志，而無兼善天下之柄者，不知其凡幾矣。若夫無兼善天下之柄，而行兼善天下之志者，莫醫若也。醫之中有良醫焉，有庸醫焉。良醫者，紹先聖之心源，爲民命之主宰，其培養元氣，是猶良相之治國也。庸醫者，究義理而未精，向市廛而鬻術，其鬻害衆生，亦猶庸臣之誤國也。嗚呼！治國者寥寥，誤國者滔滔，此有心人所以痛心疾首者耳！

傅青主先生，具悲天憫人之懷，抱仁民愛物之念，生當喪亂，篤志隱淪，徒以醫傳於世，先生之遇，亦可悲矣！然先生兼善天下之志更可見矣。女科一書，久已流傳，同治間湖北崇文書局刊行雜證二卷，因女科之行，別曰男科，向聞之而未見也。今年春，枝江張正甫明經以舊刊本見示，天倪子受而讀之，覺條分縷晰，意簡言賅，不以脈理之深奧而晦目，不以證治之微茫而侈口，病立一案，案列一方，持此可以救世，可以傳世，誠良相之典型，治國之模範也。因校而刊之，願鄉國市里，戶藏一編，不使爲庸醫所誤，使吾民共登仁壽之域，爲先生廣其傳，爲先生行其志，是窮者而有達者之權也，不亦深快幸哉！

光緒七年歲在重光大荒落陽月，江都郭鐘岳序。

太原傅科序

王正國

昔范文正公少時嘗曰：「吾不能爲良相，必爲良醫。」誠以良醫之醫人與良相之醫國同，均之能濟人利物而已。我鄉傅青主先生，高才亮節，不克竟其大用，而託於醫以自晦。其所著男婦兩科曁兒科醫書，方與病相脗合，病與藥皆鍼對，施之病人，百發百中，其應如響，誠藝苑不祧之譜，而近世以來，不可多得之枕秘也。惟男科刻於京師，女科鐫於嶺南，板式不同，大小歧異。國得其南北兩刻，珍如雙璧。爰不惜重貲，亟付剞劂，名曰傅徵君男婦兒科醫書合刻。蓋非特重鄉先賢之絕藝，廣爲傳播，亦將使天下後世得先生之方以欲病延年，而共躋於仁壽之域也。若夫先生之節義文章，以及詩畫書法，則王、稽兩傳覼縷言之，茲不具論。有爲序。

光緒七年　月　日，欽加三品銜賞戴花翎卽用知府同里後學爕堂王正國謹識。

太原傅科序

顔宗儀

嘗謂鄉之先正宜敬鄉之先正；以節義文學著，則大宜敬；以節義文學著，而復出其餘技以濟世救人，則不但敬之，而大必廣播其書，以拯天下後世之疾苦，如王君燮堂之刊傅徵君醫書是已。昔唐陸忠宣公家居，留心於醫，聞有祕方，必手自鈔錄，曰：「此亦活人之一術也。」今燮堂念徵君男婦兩科南北鐫版不一，因捐貲彙刻，以爲醫家圭臬，此正忠宣公活人之心也。

夫民物胞與之懷，本人心中所固有。特人蔽於物欲，而自私其身家，以爲我非人也，人非我也，人之疾病於我何關哉？此自私者所以但知自利也。若能打通人我念頭，則人飢猶己飢也，人溺猶己溺也，人之疾病孰非我之疾病乎，愈人之疾病不猶是愈我之疾病乎！燮堂之心，蓋視人猶我而無人我隔閡之見者也。

吾知是書行，而天下後世皆得保身延年之法，以共躋於耄耋，則徵君壽世之功得燮堂而益彰，燮堂活人之心藉徵君而益顯。燮堂之爲善獲福，豈有量哉！如僅曰燮堂恭敬桑梓而鐫是書也，猶其顯焉者爾。因樂爲之序。

光緒七年歲次辛巳二月之吉，賜進士出身誥授資政大夫欽加二品銜廣東補用道前日講起居注官翰林院侍讀學士咸安宮總裁提督雲南學政海鹽顔宗儀拜序。

大小諸證方論序[一]

顧炎武

古之時，庸醫殺人。今之時，庸醫不殺人亦不活人，使其人在不死不活之間，其病日深，而卒至於死。夫藥有君臣，人有强弱；有君臣則用有多少，有强弱則劑有半倍；多則專，專則效速；倍則厚，厚則力深。今之用藥者，大抵雜泛而均停，既見之不明，而又治之不勇，病所以不能愈也。予友傅青主先生，學問淵博，精實純粹，而又隱於醫。手著女科一卷、小兒科一卷、男婦雜症一卷，繙閱其書，分門別類，無症不備，無方不全，治一病必發明受病之因，用一藥必指示用藥之故，曲折詳盡，誠衛生之善道，救死之良方也。昔陸宣公晚年居家，尤留心於醫，聞有秘方，必手自鈔録。范文正公嘗曰：「吾不能爲良相，必爲良醫。」夫二公爲一代名臣，豐功偉業，照人耳目，而於醫學皆三致意焉，則其心之切於救人可知矣。然求之後人，能如二公之存心者益寡。考唐書許允宗言：「古之上醫，惟是別脈；脈既精別，然後識病。夫病之與藥，有正相當者，惟須單用一味，直攻彼病，藥力既純，病即立愈。今人不能別脈，莫識病源，以情臆度，多安藥味，譬之於獵，未知兔所，多發人馬，空地遮圍，冀有一人獲之，術亦疎矣。假令一藥偶然當病，他味相制，氣勢不行，所以難差，[二]諒由於此。」是集精於方藥，理明詞簡，即令不知醫之人讀之，亦瞭如指掌，誠醫林不可不有之書。而先生著書之心，亦猶陸、范二公之心，其意之切於救人者，豈有異歟？是爲序。

康熙癸丑仲秋，東吳顧炎武拜序。

[一] 此篇據山西省圖書館藏鈔本釋文，由趙懷舟整理。傅山全書初版本未收。
[二] 「差」字係校閲者硃筆補出。

臨產須知初集序〔一〕

劉樸菴

昔范文正公少時嘗曰：「吾不能爲良相，必爲良醫。」陸宣公晚年居家，尤留心於醫，間有秘方，必手自抄錄。夫二公爲一代名臣，豐功偉績，照人耳目，而於醫學，皆三致意焉，則其心之切於救人可知矣。然求之後世，能如二公之存心者蓋寡。乙酉歲，予舘龍邑也園。適有羅君碩菴袖產門方論一册，將欲付梓，請敘於予。曰：「此吾西賓孫先生諱毓芝之所藏秘本也。蓋昔傅青主先生手著是編，未傳於世，孫先生不忍久湮，因出此書，命抄錄傳送，以圖發刻，今將體其志而成之也。」予覽其書，分門别類，無症不備，無方不全。治一病必發明受病之因，用一藥必指示用藥之故，曲折詳盡，誠衛生之善道，救死之良方也。以視夫范、陸二公，其心之切於救人，豈有異哉？則孫先生之欲發刊以公諸世也亦宜。且醫書浩繁，覲覽爲難，岐黃之家，尚艱博涉，文墨之士，奚暇旁搜？苟非篇章省約，詞義了然，則披閱不得其鮮，治療安所取裁？是書先明病症，次付藥方，理明詞簡，即令不知醫之人讀之，亦瞭如指掌，誠醫林不可不有之書。而羅君碩菴自山右携至龍邑，捐資發刊，廣爲傳播，其樂善之志亦有足嘉云。是爲序。

時道光乙酉歲孟秋月，仙塢劉樸菴書於也園西軒。

此愚孫先生諱毓芝所藏秘本也。先生山西平定州人氏，辛酉科舉人，秉性豪邁，存心施濟，與人言論好談因果。因出此書，令人抄出，以圖合力捐資，發刻公世。今幸賴諸同事之力，得以成先

〔一〕此篇據道光五年湖南龍陽縣彭永和刻字店本收錄。由趙懷舟、楊陽整理。傅山全書初版本未收。

生之志也。因畧述其所從來而付之於梓。

道光歲次乙酉孟秋月，羅碩菴書。

一、卷中有脱畧差錯處，未敢妄意增改，悉照原本抄出，以俟高明之斟酌也。

一、附集雜方亦係從原本抄來，惟救急良方是愚增入，餘不敢任意多增，以掩本來之面目。

一、是書之刻實由諸君子合力贊成，故將所捐銀數附于卷後，以見人有同善之志。

一、是書雖已發刻，然數百餘本，所傳有限。其有樂善君子，共相鼓舞，捐資刻送，廣爲傳布，則愚更有厚望焉。

産科全集序〔二〕

楊覲陽

産科全集一册，太原傅青主先生之遺編也。先生諱山，明末諸生。國初時隱居不仕，自放浪於山水間。其詩文書畫，人爭寶之。好以醫術活人，時以爲得長桑君之祕傳焉。

兹編蓋先生所手著，當時試之無不效。先生數往來於吾州中，與其士大夫游，所流傳詩古文詞以及書畫較他處尤夥，而是編亦在焉。然得之者，輙珍藏不以示人，又或爲醫家所秘，以爲媒利之資。故求之者多不可得。

余於讀書之暇，間及醫學，聞先生是編，心向往之。近偶得於戚黨邵公書篋中，如獲拱璧。〔三〕

〔二〕此篇與以下兩篇據同治七年戊辰京都篆雲齋范家刻字舖本收録。由趙懷舟釋文整理。傅山全書初版本未收。

〔三〕「璧」，原書作「壁」，據文意改。

觀其辨症列方，瞭如指掌，爲方不及五十，而產後各證備焉。余以試危急之疾，皆應手奏效，益嘆先生是編大有裨於世，而惜其傳之未遠，所濟不廣也。歲庚午，余館於靈石之兩渡村，與王君協萬、何君春園，談及是編，二君皆以獲覩之爲快，且捐貲付之剞劂氏，二君誠先得我心者。世之得是編者，按説而辨疾，因證而索方，卽使僻壤偏陬，倉卒之際，如遇名醫，於以廣好生之德，豈小補歟？至傳先生之高才逸姿，卓然有以勵時而傳後，茲不具述云！

嘉慶十五年歲次庚午孟夏之初，石艾後學楊覲陽圖南甫誌於靈石兩渡村扶秀書屋。

產科四十三症序

楊　溪

產科四十三症一書，相傳爲傅青主先生所著，然無確據。且抄襲相沿，率多錯誤。今年春，遇同邑王君協萬於京師，出此本相示云：得之石艾楊君圖南者，簡明確當，殊勝他本。會余方合刻信驗方、回生集二書，而又得是册，喜甚，遂附刻於後。昔陸宣公好集醫方，以爲是活人之一術。余之刻斯集也，亦竊比宣公集方之意，以期有益於活人而已。書之作於何人可弗論也。

嘉慶十有六年歲在重光協洽如月上澣，靈石楊溪序。

產科重刊序

顏札謙布彥泰

四十三症一卷，治產科百無一失。予携之新疆四十年，遇症依方施治，雖極危險者，無不應手全愈，誠前賢之良方也。因欲廣爲流傳，而原板無存，用特重付剞劂，以備同志者濟世活人之一助。於醫道不無小補云爾。長白顏札氏子謙布彥泰序。

同治七年歲次戊辰，知畏齋重刊。

我詩略敘

戴廷栻

我詩者，壽毛之詩。壽毛自「我」之也。詩耶非詩耶，不必詩人壽毛，而壽毛自有壽毛之詩、之人。壽毛學類從橫家，自擬措注作用，多出於管子。八歲能小詩小賦，郭九子見之曰：「何六朝才也！」即集中采蓮句是。十五歲頗通經史事，畢湖目先生許之弘詞科。壽毛亦自期以科名繼先志，而時命大謬，遂盡廢舉子業，甘沈淪卑賤，揚風扢雅，有類古放逐工於文詞者之所爲。間復遠遊，發胸臆經奇，凡觸物動心，皆我之於詩。詩不摹古人，不襲時賢，故曰我也。若夫率其中之所自得，一往而深，胆識超乎衆慮，體法創所未有，卓犖偏至，氣力駿雄，不及韜晦，光芒時露，見者駭之。又時出性悟，如古宿蒲團上語，是皆壽毛之詩之我之可摸索得者也。非詩也，其人也。人奇於詩，數奇於人，雖挾從横學術，不得與夷吾比功量力，以自表見，豈不惜哉！壽毛詩頗多，予先略百許首授梓，且直得詩人壽毛。天下有不謀壽毛之面，讀其詩而徑得壽毛之人者，則知予仍不詩人壽毛也。壽毛者，不夜庵先生之子也。年方壯，涉獵百家言，以陶鑄其我。補巖戴廷栻題。

我詩集原序〔一〕

儲方慶

嗚呼！余至於讀傳壽毛之詩而不能卒讀也。壽毛先世居戚里中，其尊人氏青主，故明時備弟子

〔一〕此篇錄自劉本我詩集，張本無此序。

員，已能尚氣節，徒步走京師白學使者冤。曾李自成亂，破晉陽城，傅氏受禍最烈。本朝革命後，與青主同時走京師，諸弟子皆登上第，官禁掖，爲天子重臣。青主獨棄其業，不就試，冠黄冠以老，自稱道人。家貧，賣藥晉陽市上，取資給人。或謂青主有異志，而致之於獄，幸得不死。壽毛承父志，於書無所不通曉，書法似古人，卒不應有司試。今壽毛有子二人，亦嶄然見頭角矣。青主尚在，平居祖孫父子相師友也，還相代爲僕，侍青主之老。若壽毛者，烏得無詩哉！青主今年七十有四，壽毛今年五十有二。計壽毛之年，在明季時猶及見家門貴盛。三十年來世事遷徙無常態，壽毛提藥囊出入市井中，見尊官大吏騎從赫奕者，逐逐於路不絕，甲第展轉屬他人不一姓，曩之歌臺舞榭，或淪沒於榛莽中，而汾河之水、太行之山，滔滔鬱鬱者尚如昨也。壽毛其何以堪此乎！此余所以讀壽毛之詩而不能卒讀者有以也。

予爲晉吏三年，心折者惟青主一人。青主與予同被徵，老不能行，有司逼載以木板，兩孫舁之，壽毛掖以行，幾死道中。青主卒不屈，免試歸。予素不喜干謁，羈京師不閱月，一無所事事，風雨霜雪，閉門擁鑪火，讀太史公貨殖傳，晴日則走平子門與壽毛論十洲三島事，用以遣消時日。因論次壽毛詩，爲之序云。

康熙己未年五月十五日，荆溪儲方慶廣期氏題。

重刻小傳我詩序

王晉榮

往讀斜川集，知東坡有子；讀笛漁小稾，知秀水亦有子。書香世家，豈偶然哉！余刊霜紅龕集，字幾四十萬，數年以來，無日不與梓人拾撷。工既竣，如積苦厭兵，不欲刊壽髦先生我詩矣。

而榆次常君子襄力慫慂之，謂寶塔合尖斯爲美。乃招攻木氏，復與作抬損事。二年業畢，將公之五大部州，俾讀是編者胥曉然於有兒如斯，不幾遠邁子瞻、近軼竹坨乎！茲述其緣起如此。

歲次癸丑立秋前三日，平遙王晉榮小亭謹敍。

傅青主先生年譜序

丁寶銓

余生長東南，習知東南文獻，如梨洲黄氏、亭林顔氏，最所服膺，尤嗜閲其年譜，舟車南北，攜以展誦爲樂。不惟論治論學闓益神智，即語出遊接友一二瑣事，亦風格不落凡猥，繫人寤思。比持節晉陽，竊歎太原傅青主先生碩學爣節，與黄、顧屹然鼎峙。近日譚復堂氏謂南人著述往往疏於西北。余謬莅此邦，求其文獻，久之，得張靜生氏所輯傅先生年譜，讀之，事實寥寥，未能與黄、顧兩譜同其縝密也。詢其原槧，僅存六板。心爲不懌，再考之山西通志經籍志上傳記類，著録同治時汾陽曹徵士樹穀撰傅徵君年譜一卷，諮問其舊，未見傳本。簿書餘暇，涉獵羣籍，見有關傅先生事實者，隨筆甄録，久遂成帙，按年分寫，釐爲一譜。學識疏闊，固未敢上比黄、顧兩譜，以較張氏原輯，稍覺詳審。竊維名人年譜之作，本春秋編年之別派，衍史記表年之小宗，細大不捐，言行並識，尚論君子，庶得其梗概，而有所取法焉。昔先生僑寓山陽，爲余生長之鄉，曾爲邑人滌寃，載在志乘，垂輝至今，茲余承乏太原，亦適爲先生誕育之區，硜硜撰此，奪以鞅掌，而不竟所學，頗爲先生玷也。世爣以爲傅氏學譜觀，則未始無戔戔之助，蓋亦考西北文獻之一種，或尚不虚余此行也。助余商推斠訂者，則爲江陰繆炎之京卿、荃孫。山陽段笏林廣文師、朝端。江夏羅微之太守、襄。上虞羅叔言參事，振玉。並書之以識他山之助。

宣統三年孟夏，山陽丁寶銓。

題傅青主先生年譜〔一〕

羅振玉

宣統辛亥二月，山陽丁衡甫中丞出繆藝風參議、段笏林廣文所撰青主先生年譜，屬爲增補。兩家所製殊簡略，因别撰此譜。青主先生大節略可見矣。戊午三月謹奉式之比部教正。上虞羅振玉記。

謝山先生所作傳記，所傳先生心事，然事實疏舛實甚，爲一一正之。雪堂又記。

冷雲齋冰鐙詩跋〔二〕

梁雲輝

今歲元宵夜，青主柬我曰：「夜有寒冰筵。」余往。琳珉青熒，鸜鵒眼與蜻蜓翅翏冷相射。於時啜酒，但如啜茗，胸膈間有「蕊淵夜曉，火宅晨涼」八字，瑩徹不去。顧謂青主曰：「玉樓銀海句，詠此方切，居此者應服玄冰丸久矣。」明日投小詩數章紀盛，覺無煩熱氣也。越數日，青主出冰燈諸體詩示讀之，寒光聳紫清而上，丹霞絳雪，結綠空青，無不錯落淋漓，視元夜倍熠人青晴也。〔三〕余强付之木，俾清奇之士遙入冷雲齋流睞焉。若曰此鏤冰巧爾，斯輩將以詩窮，吾將爲彼賦褦襶行。　社盟弟梁雲輝題并評。〔四〕

〔一〕此篇錄自章式之舊藏傅青主先生年譜封皮。年譜現藏北京市圖書館。

〔二〕此篇錄自霜紅龕集，以丁本爲底本。以下未注者與此篇同。

〔三〕「元」字據拾遺本補。

〔四〕此句丁本只有「梁雲輝」三字。

余贈青主詩，有「善題鸜鵒賦，能解鷫鷞裘」句，此特其一班耳。昔長吉貝宮夫人詩云：「高懸銀榜照青山，清涼堪老鏡中鸞。秋肌稍覺玉衣寒，空光帖妥水如天。」似咏冰燈詩，亦似咏青主詩。奇奇。又題。

傅青主甲申乙酉詩草跋〔二〕

王如金

往歲石道人寓盂山，陳子追隨焉。頃道人辱居西河，陳子又自盂山來從。道人講方術，慨然有行醫西河之意。將踰太行收藥餌，出册子索道人離亂諸體貯囊中。我謂不出戶而葠苓已在手矣。道人詩不肯輕示人，而獨於陳子不吝。陳子知道人，故不吝也。道人遊方外，陳子能不拘於方，陳子眞道人友哉！余幸而執鞭道人，又侍奕陳子，兩人不以褌虱眡我，謬徵拙跣，亦曰柴胡桔梗，籠中不可不備也云爾。

戊子初夏，右泫將提藥籠度太行，索青主道人近詩書册以隨，曰：「吾携此册，如從青主遊也。」余語右泫曰：「若是，則余與青主共朝夕，日以佳篇示我，何異不出戶庭而採得肉芝、石髓耶？」右泫一笑而別。

跋傅青主甲申集〔三〕

劉霦

以上甲申集詩，癸卯隨父署篆汾陽，從曹子宜敦册内抄來。贈武非弁詩，戊子作，玆誤編。稽

〔二〕此篇錄自拾遺本。

〔三〕此篇錄自劉霦刊霜紅龕集卷十八甲申集。

禮齋曰：「余於汾陽得傅徵君甲申乙酉詩草，讀之不能卒讀。徵君儒士耳，未嘗拜明之爵，食明之祿，而感慨激昂如此。昔人謂老杜一飯不能忘君，視此爲何如也！不禁掩卷太息者良久。」此疑是先生曾孫鼎安所抄。小注未必盡出先生手，觀孫起八注可知。霖記。

跋傅青主隸書冠山婆碣〔二〕

白居實

「字傳西漢古，文畏北山移。」此余贈公他句也，今於元仲所鐫漢隸遇之。漢隸維何毌山有。「昔婆山千古，婆亦千古」。但俗夫絕不曉這樣字法，又胡足與談這樣文法哉！趙儕鶴先生云：「昔人啖猴羹而甘，以其未嘗食也。若醢龍以進，彼亦必甘之矣，以其未嘗食也。」若然，則予仍囫圇含熱棗者耳。方外白孕彩。

跋家藏傅道翁三世墨蹟〔三〕

戴廷栻

嘗論文字比之古文，籀篆則典誥以及諸子，漢隸則史記、漢書，楷則晉唐文章耳。至於今之楷，今之時文也。此中變化出沒，途徑甚多，須專心致志，將歷代書法一一臨摹，得其精神，鈎指回腕皆優入古人法度中，然後縱横行止無不如意。若遊戲墨池，各是俗師，輕非往古，終難入晉唐之室也。

〔二〕此篇據潛蘇集貼整理。
〔三〕此篇與以下三篇錄自戴廷栻半可集卷三，咸豐四年劉霖刊本。

傅公他先生書法名天下，祖孫父子一堂授受，如右軍、大令，各臻其妙，神奇渾璞，時人必未盡知也。黄先生石齋與馬先生君常論書，晉唐後首推公他，次李燧臣，次王覺斯。燧臣者，武安李爾育也。董思白見燧臣書，大擊節稱善。余丹楓閣藏思白書東坡黄州、赤壁詞賦，燧臣跋其卷後如此。

公他有子曰眉，眉之子曰蓮甦。三世習書，俱自王出。眞行外，公他之急就，眉之小篆，遂成獨藝。蓮甦能世其業矣。漢隸一法，三世皆能造奥，每秘而不肯傳諸人，妙在人不知此法之醜拙古樸也。公他幼習唐隸，稍變其肥扁，又似蔡、李之類，後悔而改筆，一宗漢法。眉得蕩陰令梁鵠方勁法，蓮甦則獨得淳于長碑之妙，而參之以百石卒史〔一〕孔宙，雖帶森秀，其實無一筆唐氣雜之於中。二子高古矣，公他則入於化。公他道德文章之氣鬱鬱芊芊，發於筆墨之間者也。

題傅道翁喬梓畫册

慧業文人，邱壑至性，即丹青小技，一花一鳥，一木一石，莫非幽興。此公他先生橋梓小畫六葉。先生少年篤好書畫，古今圖籍無不博覽，得其用筆之妙。興之所到，聊一爲之，純以己意，不類前人，蓋乘急戒緩，不入流而一往來者耶！壽毛不學乃翁，時用古灋，猶小米之於老顛，雖有離合，正自家教。癸卯季夏，晤鳧盟太原寓中，縱談今古，流連參日，屬余購之。因出素藏者以贈，是十年前得之西河道蘧者。知鳧盟之不以爲蘭，即以爲馬。畫者，購者，贈者，指之非指，漆園之叟得之。

〔一〕「百石卒史」，傅山全書初版本誤作「百石史卒」，據文意與半可集改。

題傅公他畫壽楊猶龍〔一〕

那許靈芝茹，蒼生在大荒。玉山巍鉅陸，秀色起嚴廊。相業需元老，新詩看盛唐。乾坤收拾得，太史舊文章。

題石道人畫米家山色

漠漠平沙路，蒼茫隔遠天。如何華不注，驅向北窗前？

太原段帖俚言自序〔二〕

段　綷

予素愛字，而不能書。欲學書，而苦無帖。其愛欲字帖之心，未嘗一日少息也。稔聞版築橋梓，文超兩漢，字邁二王，雖然有意瞻韓，奚奈無由御李。甲寅歲，適奉周太守命，勉刻曹侍郎詩於晉祠，偶爲壽髦先生所物色，遂以李提之爲介紹，召收門下。從事數年，雖不能臨池搦管，而霎鈎撫勒，皆先生教而受之也。所獲眞筆，寶而藏之。癸亥春，丁艱家居，思鐫石，力未逮。親友義助，二載告成。不敢自私，公諸海内，今搨出，具眼者留神，默識以别夜光魚目如何？太原段綷叔玉撰書撫勒。

〔一〕此篇與下篇録自戴廷栻楓林一枝，康熙十九年刊本。
〔二〕此篇與下篇據拓本整理。

太原段帖序

王　鳦

初余當總角時，即聞山右有公他先生。稍長，學其書，讀其文若詩，雖未能索解，而心竊好之，蓋常以不得遊先生之門爲恨者數十年。歲癸亥，以假館魏榆，始受學於先生。

先生之門有段子叔玉者，博學多通，嘗集先生各體書，手自勒石。將公諸天下，先以示余。余學書雖不成，然常有管蠡之見於先生矣。曰：先生之以書名天下，非先生意也，先生尸祝天下久矣，何暇於書？且先生逃名者也，而猶執一藝以驫天下，是券外也，豈先生意耶？然則書何爲者？曰：有書之書，有不書之書，先生不書之書也。海水洞滑，山林窅寞，伯牙之琴也，不待撫桐操絲而知其工也。登高山，履危石，臨百仞之淵，伯昏之射也，不待破的貫革而知其善也。先生之於書也，亦若是則已矣。

先生之學，無所不闚，其中之所得，杳然難測。至其緒餘之出，則孚尹其采，玓瓅其光，先生亦不得祕焉。頃者道窮德隱，屏跡丘園，山靜日長，無所事事，不過借纖毫片楮以陶寫性情，銷磨歲月耳。乃其高風亮節，奇懷偉抱，出塵拔俗之標，遠寄冥搜之韻，自有露之筆端，透之紙背，不求工而工，不期善而善者。故其模楷端凝，則岳峙淵停也。其陳圖合變，則鵬翻鼇沒也。其神姿卓犖，則松竹之表秀干雲；其逸氣飛揚，則鸞鶴之騰天上漢也。若其規矩從心，疾徐應手，如工倕之指與物化，庖丁之官止神行，無法不該，無美不具。則學者披卷燦然，無俟更僕矣。雖然，向者一紙之貴，三傾五城，天下誰不學先生書者？亦復誰能學先生書者？其故可思也。不然，以書名天下，先生豈杓之人耶？清苑後學王鳦題。

題傅青主所贈鶴棲堂圖並產鶴三咏詩後〔一〕

尤侗

鶴立

偶來松下倦行游，日落亭亭影尚留。應戀故巢慵改步，豈緣鎩翮鶴低頭。凝神空復思三島，寄迹猶堪占一丘。自信支撑餘傲骨，一番心事付閑鷗。

鶴行

翩翩丰度出塵囂，謝卻金籠與錦縧。引頸有時來得得，掉頭隨意去陶陶。入山未覺尋踪遠，絕俗何妨舉趾高。踏月穿花幽事足，不教裹足老蓬蒿。

鶴唳

林木無端爲颯然，圓吭振響咽流泉。風高修頸猶垂地，露重清聲不到天。祇恐孤鳴傷寡和，幸餘同調最相憐。怪來不入尋常耳，祇說鶯簧巧更圓。

〔一〕此篇錄自中國書畫全書刊穰梨館過眼錄，由傅珉整理。傅山全書初版本未收。

鶴啄

儲糧誰與細經營，自向陂塘側頂行。笑爾本無食肉相，惜今徒有羡魚情。稻粱檢點身謀拙，烟火消除世念輕。長喙獨嫌多擾事，尚隨鷄鶩浪相爭。

鶴睡

忽聽孤雁叫秋旻，雙影褷褷黯共親。但得一枝棲自穩，尚嫌獨立倦難伸。仙踪夢落緱山遠，別浪驚同潦海頻。憐爾深宵還警露，寒窗亦有未眠人。

鶴飛

脱除羈絡忽同盤，贏得兒童仰面看。展翅不愁林木礙，摩空益覺海天寬。孤山有客歸須早，赤壁無人夢已寒。悵望蓬萊渺何許，彩雲無際月闌干。

寒窗岑寂，百感横生，適友人傅青主寄贈鶴棲草堂圖，卽爲余雙鶴而作，因伸紙作詩，聊借攄懷。至賦物之工，余謝不敏也。時壬戌十月之望。鶴棲老人尤侗。

附：吴歷跋文

吾友青主壬戌年爲西堂先生作鶴棲堂圖，以紀産鶴之異。己卯秋，余游吴門，訪西堂先生於南園鶴棲堂中，出是圖縱觀竟日，并乞余作圖。蓋園中岩石秀峭，老樹横空，與夫亭榭幽折，几榻位置，青主想象之所未到者，皆一一補爲之。余老矣，目眊腕僵，固不能追步青主，或得附驥尾以傳也。遂爲作此并識。墨井野老吳歷，時年六十八歲。

過介休郭有道祠見傅公他隸書中郎舊誄歎美不已紀以詩〔二〕

吳雯

繫馬古槐下，槐花石堂偏。誰書有道碑，古法蛟龍纏。其文中郎舊，書亦堪比肩。嗟哉濁堂老，縱横照秋煙。鴻都蹟久蕪，帷幕留殘鐫。夏承誰呵護，靈光猶巋然。巍巍九疑頌，託跡於神仙。此碑妙接武，絕響續千年。梁鵠鄙不爲，頡籀或後先。我來重歎息，典型欣目前。坐臥欲三日，苦被塵累牽。上馬再回首，孤鵬方高騫。

讀傅公他詩感書其後

苦節孤生行，哀絃寡女絲。感君迸淚處，是我斷腸時。不死翻成恨，多愁祇益悲。長飢忍薇蕨，高義北堂知。

讀陽曲傅青主先生霜紅龕集題後二首〔三〕

喬煌

大雅濃熏班馬香，弸中彪外日爭光。風開西北文瀾古，學貫天人浩氣長。一代詩宗聲藉甚，百年浪跡意徜徉。更問尸解遊仙去，我欲追隨入太行。

〔二〕此篇與下篇分別録自吳雯蓮洋集卷九、十二。
〔三〕此篇與下篇分别録自喬煌黄葉樓初集卷二與卷三，嘉慶十四年刊本。

此去脫然無累矣，先生舉鴻博稱病還山時語。先生不屈有斯言。孤山尚青弆林逋，蓨市難尋董相園。遺札南臺論首輔，先生悼古遺詩自跋云：「貧道有書遺曹子，諫官當言天下第一事，不月，曹子露章劾首輔周延儒罷相。」陳辭東闕辨奇冤。謂救白學使袁臨侯之誣也。千秋仰止欽三立，誰起霜紅向九原？

陽曲西山題傅青主先生霜紅故居

流水空山長道腴，獨貞苦節緬先儒。相臣特爲開賓閣，天子猶將賜鑑湖。身後嶺雲依佛火，霜紅故址，近已改佛寺。生前大雪罩丹爐。先生有寒骨，冬日積冰四壁，坐臥其中，有冰燈諸作及「大雪是吾天」之句。一龕紅葉無窮恨，季世功名付濫竽。嵇禮齋曰：「昔者嘗怪先生值堯舜之世，篤志高尚，懇辭徵辟，何其果也。及讀漢史，見周黨、王霸之爲人，初不辱於新莽，建武復辟，連徵不起，乃知士各有志。先生蓋有道而隱者也，彼誠見夫有明末季，上下交征利，卒滅亡於寇盜之手，固已心寄夫長林豐草矣，寧復以青紫爲榮耶！」至若義白知己之冤，其賢於世之平居師友相親慕，臨難背負不一引手捄、漠然若不相識者亦遠矣。古云：民生於三，事之如一，惟有其所在則致死焉。先生其無愧哉！

題傅青主先生讀書故址

失名

蕭寺蕭齋戶封扃，石頭聚處夜談經。照藜何獨漢劉向，揮鋤差同魏管寧。不有高標辭紫詔，馬能剩技寫黃庭。一聲長嘯人歸去，雲樹蒼蒼冷畫屏。

題傅青主爲閻古翁畫松

孫運錦

嗚呼鳳陵，四十萬樹悲一炬，冬青枝冷啼秋雨。一木難支大厦傾，三蘗空傷奈何許。列朝養士三百年，故國喬木餘蒼煙，是誰寫此猶龍照，支離貌古其天全。半死半生僵復起，眞氣淋漓猶滿紙。天荒地老不受大夫封，祇疑霜風謖謖清人耳。吁嗟乎！所南畫蘭長露根，清閟畫山不著人。是人是畫兩寫眞，乾坤正氣奕有神。水墨淡渲復重皴，中有淩寒不凋之勁節，歷劫不壞之金身。我今讀畫懷先民。

題傅青主畫册十幅〔二〕

屈　復

煙渺渺、樹青青，亭臺參差春水平。何處有此好湖山，我欲移家住西泠。

百年心、風轉燭，百年身、風落木。行盡江南千萬程，無數青山帶茅屋。偶窺清淨源，寒日照幽谷。

辛苦結茅不結隣，數株古木當柴門。日暮空山有風雨，天寒幽徑長蘭蓀。魂夢周旋天下士，至今寂寞無人至。斷壁萬仞高嵯峨，白雲青雲常滿地。

片石宿孤雲，叢竹深曉露。見此清暉冷人心，涼風更落瓊枝樹。

空中一點兩點山，門外東流西流水。但聽聲喧亂石高，不知家在深樹裏。此間習靜何沉沉，我欲從之天萬里。

東風吹雨香，心知紅塵外。靈境不易尋，苔痕相縈帶。記得霸橋煙水寒，蓮花遙壓終南山。一天春色浮空翠，雲樹蒼茫人未還。

風雨忽來天昏黑，柴扉松徑淡無跡，此時中有不眠客。神龍自逐雷電飛，誰能轉移南山石？

〔二〕此篇錄自屈復弱水草堂詩集卷十五，乾隆七年刊本。

花意欲明山欲春，春風吹水水成紋。遥看背山臨水處，兩箇茅亭兩幽人。問君何事淡如此，搔首空中鸞鶴羣。

山不必高萬仞，樹不必成深林。遥遥一嶺碧。落落幾株陰。聊足蔽風雨，茅亭猶至今。寸心清影應無改，高樓花發春誰待？

太行鬱爲天下脊，望見黄河導積石。蘆花飛雪晉祠邊，尚想銀河挂帆席。靈秀何年鍾太原，徵君一出乾坤闢。餘墨十幅落人間，萬裏山川歸咫尺。

書傅青主行書墨蹟後〔一〕

郭尚先

公之他先生學問志節爲國初第一流人物，世爭重其分隸，然行草生氣鬱勃，更爲殊觀也。嘗見其論書一帖云：「老董只是一箇秀字。」知先生於書未嘗不自負，特不欲以自名耳。

訪傅青主先生霜紅龕

張耀先

巉磴巉巗一徑攀，屐踪平處得松關。白雲秋老巖前臥，紅葉霜深檻外環。注就金經歸上界，名留石室表塵寰。撫松仰止人如在，風動寒濤韻滿山。

〔一〕此篇錄自郭尚先郭大理遺稿卷七，道光二十四年刊本。

傅徵君贊[一]

張廷鑑

讀徵君詩文，似有所會，述爲斯贊，以志景行。贊曰：非儒非俠，似仙似佛，亦狂亦狷，若隱若逸者，乃徵君蹟，非徵君眞。蹟介于石，眞温如春。或歎義高，或悲節苦。孰寄區中，而遊太古？爲人何在？在孝與忠。四端於我，皆擴而充。何者仁人，何者志士，不傍古賢，獨行其是。老飯紅玉，少賦冰燈。霜葉滿山，中蹲一亭。斷碣殘縑，婆心苦口。一棒一痕，汝知痛否？

跋百泉帖[二]

劉霦

員子錦標，好古士也，購募傅隱君遺墨甚多，此尤其寶貴者。孫鐘元先生理學名儒，隱君遊方之外，而相契若此。范妻山曰：「不假理學名色，確是理學正傳。」

自「楚地」帖下，疑壽毛或壽元臨。是行壽元實從之。並附刻于後。受川劉霦識。

跋百泉帖

員生榮

傅隱君與孫鐘元先生齊名，母貞髦君墓誌，鐘元先生撰。是役也緣乞誌來，旅舍篝燈草此。鐘元先生必見之，或有正定之言，惜無考。余生平酷嗜隱君書，得此尤爲神往，什襲已久。晤受川劉

[一] 此篇錄自拾遺本。
[二] 此篇與下篇錄自百泉帖拓本，道光年間鐫石。

君雪崖，囑其令嗣岳秀摹勒上石。不止書法高古，玩其辭旨，亦可以破從來儒障矣。古陽邑員生榮謹記。

跋傅青主書丹楓閣記〔一〕

劉霦

丹楓閣遺址在昭餘城中，枸杞山右，王幼華所謂『閣之前後花纖茸』是也。傅有詩記者二十餘人，傅隱君題匾云〔二〕：「丹讀書之心，字仲以楓；楓讀書之閣，因章以丹。仲適集一朝大聲精選，根塵映發，如坐高秋欇欇林也。」當日四方賓旅，從之如歸，而顧寄於夢，此與傅隱君因夢入道奚異？則入其夢者，隱君也。卽謂往來諸公俱入言夢也，亦宜。受川劉霦謹跋。

跋傅青主問過元仲石刻〔三〕

劉霦

世言傅隱君墨刻，晉以東任元仲鐫，西段叔玉，南王右弼，非也。太原淨業庵小碣，有元仲名，昭餘戴徵君祖父墓銘，亦勒元仲手，且隱君爲作任孝子傳，艾城鐫有四十石，俱散逸。余於平定孟去疵、王鏡文及元仲裔能任處，得濳厤集帖、還金記、陰符經、冠山婆碣與此帖，精妙在段、王諸刻上。惜搨工太劣，難以重摹。羅訪善本，卒未得。此帖覺較可，乃急爲霎鈎，以待後來居上。受川劉霦謹識。

〔一〕此篇據拓本整理。
〔二〕「匾」，傅山全書初版本誤作「扁」，據霜紅龕集劉本改。
〔三〕此篇錄自霜紅龕墨薈。

紀九圖吟跋後記〔一〕

劉霖

忻州張天斗中宿，少有用世志，無書不讀。明季癸未，見知關中孫司馬題校參謀，多所籌畫。未幾，引退。人以爲見幾。順治甲午，同青主繫獄，散家財，置義田，建生壙於忻之南。自題墓碣，白芬銘曰：「芒鞵踏破莽煙堆，崑崙頂上玉屑飛。葫蘆顛倒乾坤術，華表悠悠說令威。」著紫髯集、斗酒篇、客窗嘯象緯、成書、陽宅發微、地理六經、地理四書、塋元龜鑑奇筌、髓隱知來集、窺中集、渾僧三夢、十年底事、遊洪紀畧諸書。紀九圖吟，以天之九道，人之九脈，合九宮八卦成圖，示行氣法。蓋人有中極，猶天有黄道而奠位於中也。自冬至八十一日，以及驚蟄之後、春分之前，陽長陰消，卦擬大壯。卦起於復，而圖位始於坤者，乃中氣寄位於坤也。初九在中，道行虚無，其卦在坤，其象取始，從中之祖，氣生水，氣通乎腎。一九在腎，〔二〕道行任脈，其卦在坎，其象取基，坎水生木，氣通乎肝。三九在肝，道行督脈，其卦在震，其象取開，震木生火，氣通乎心。四九在心，道行衝脈，其卦在離，其象取明，離火生土，氣通乎脾。五九在脾，道行帶脈，其卦在艮，其象取比，艮土生金，氣通乎肺。六九在肺，道行陰蹻，其卦在兑，其象取貞，兑金少陰，反象合巽，氣通丹田。七九丹田，道行陽蹻，其卦在巽，其象取合，巽乃長女，位應乎乾，氣會於頭。八九在頭，道行陽維，其卦在乾，其象取會，乾濟坤而成泰，氣還於腹。九九在腹，道行陰維，其卦在坤，其象取元。九起於坤，而終反於坤。夫坤，乃藏之始，數起於一而窮於九，八十一數，九九盡矣。

〔一〕此篇原附於霜紅龕集中，今移至此。

〔二〕「一」，當爲「二」之誤。

艮乃藏之，終卦始復，初其變極，八六十四卦，八八終矣。自坤起，九而始復，一日一卦，兩時一爻，順序排成，七九得夬，六十三日，七九告終。再進六爻，八九之始，卦偏爻完，兆乾躋壯，陽出於地，雷欲鳴天。待九體全，赫臨震位。自八九之二日，又有守雷，候升之道焉。順序應機，以成大壯。氤氳景象，以達純乾。紀九煉神，凝神悟道，徧歷九宫，以圓行方，道自明矣。霦記。

跋傅青主敍靈感梓經〔二〕

劉霦

此傅隱君爲太原縣李中馥鳳石先生書也。先生有幹濟才，大節尤著。宋企郊拘辱山右縉紳，獨先生不屈，彼亦不敢無禮。姜瓖之變，晉邑多陷，而太原縣得全者，以有先生也。戴徵君楓仲贊曰：「始終孝廉，縉紳流風。」魏敏果公曰：「其氣力足以吐洩，其識見千古草野臣鵠。」茲緣妻病，禱大士愈，梓經，而隱君敍之如此。

竊謂近日士人好言小善，故施送一切善書與敬惜字紙、禁食牛肉文者相望於道，得之者習爲故常，甚至棄於土塵汙穢而不自惜。夫善在躬行，非以印造了事也。如云功德所存，何不減其資費而周諸窮厄者，何不刻缺毁之古書及寒士著書而無力自梓者，豈不勝於束之高閣、置之無用者乎？勿宰耕牛，禮言「埋狗理馬」即此義，非牛肉概不可食也。字紙宜敬惜，然讀書人亦罕有漠不關心者。吾人身之所值各有當盡，職業曠焉弗脩，而乃斤斤於此，視爲求福懺罪之端，亦惑之甚矣。

戊子，戴徵君六世孫子經先生遺余霜紅龕木刻十數，中有此卷。私喜古人先得我心，因勒石以爲好善者勸。而得之者重其書，庶不至棄於土塵汙穢焉，則幸矣。壽陽後學劉霦謹識。

〔二〕此篇録自潛蘇集帖。

傅山書還陽道師返眞碑陰記〔一〕

張映藜

大清道光六年季秋月徙建龍池。張映藜元忠先生返眞碑陰記。人物、山水、古今名勝，其或顯或晦，蓋亦有定數焉。眞山傅先生字學參鍾王，笥藏之者，寶若拱璧。其爲吾鄉五峰山還陽仙師立古篆碑，尤名貴不凡。仙師有仙術，且道高德重，爲傅先生所敬仰，故委蜕後鐫碑誌。其墟舊在安定橋北，雍正三年河水泛溢，漂沒幾及半，都人士扼腕嘆息者久之。幸仙師九世法裔史來晉，偕徒侄張復元、張復寶入山選佳石，訪家藏先生筆法者臨摹續斷碑，宛然全璧。是時故址忽自露石角，數日愈高，掘土得碑座，若有神符冥契。蓋非晦而復顯，天欲以彰仙師之德，而幷使傅先生筆法壽天壤哉！時□□此伏□也。道光丙戌仲秋，東敬後學張鳳翔書。

傅山書還陽道師返眞碑陰記〔二〕

劉霦

返眞碑緣起，張映藜先生語之詳矣。特與孔道□□□□壞，史道人補勒不全，考邑乘自知。道光二年增修龍池祠殿，收振廢書，得拓本，較爲完善，乃重摹上石，□□道人補筆，更建景賢祠右，庶免風雨剝蝕焉耳。受川後學劉霦記。

〔一〕此篇由葛敬生先生錄自史景怡主編三晉石刻大全晉中市壽陽縣卷龍池法帖返眞碑。此碑正面爲青主書：「雨師還陽先生返眞之墟。聞道下士眞山教題。」傅山全書初版本未收。

〔二〕此篇由葛敬生先生錄自史景怡主編三晉石刻大全晉中市壽陽縣卷龍池法帖返眞碑。傅山全書初版本未收。

跋傅徵君書册〔一〕

龔自珍

傅青主逸事甚多。有内閣老茶房，山西人。予癸未夏，夜直内閣，此茶房爲予煮粥，説傅青主至今不曾死也。爲言其嬸母入山爲尼，師傅青主云。俄王供事呼茶甚急，未竟其説。越十九歲，記於揚州絜園。

「石韞玉而山輝、水懷珠而川媚，養生之訣也；既因方而爲珪，亦遇圓而成璧，處世之方也。」忽見傅青主字，忽思此數言。羽琌山民贅字於絜園。

人活百六七十歲不奇，嵇康説之。又贅。

跋傅青主評八比文〔二〕

王晉榮

先生著有兩漢人名韻，未行於世。余搜得東漢人名韻抄本，自頭迄尾二十册，竊訾三百年來懷寶者之不仁。俟得西漢人名韻合爲完璧，庶不使後人復以不仁訾余。前此已登報紙，問徧晉省藏書家，終寂寂。儻後此而仍寂寂也，亦只可先印東漢者，爲引鐵之磁而已。記其中評公孫瓚云：起初也像個人，後來忽爾喪志。瑣兮尾兮，流離之子，瓚之謂矣。好文章不在鋪排局勢，眞美人不在巧梳妝，大丈夫定不學婦人擦脂粉。觀先生之論文，與先生之論人大略相同。晉榮記。

〔一〕此篇録自龔自珍全集第四輯。由傅珉收集整理。傅山全書初版本未收。

〔二〕此篇録自王晉榮刊霜紅龕文補遺卷五。

跋傅青主先生尺牘〔一〕

半濮山人

青主先生人品高潔，其爲世所景仰者，豈僅在筆墨間哉？予居晉省垣，曾於寶賢帖見其石刻，風流駘宕，眞今時所罕覯者，昨於肆市間購得墨跡數紙，皆係昔日手札，筆力迴不猶人，洵足珍也。雖不足以窺全豹，卽此亦可見一斑云。壬戌秋九，半濮山人謹跋。

傅青主三體書法題識

伯　英

己未初夏過敞肆，得青主殘册，或以爲無據也。螺江太保爲撿霜紅龕集，其所信爲「蕭瑟」一詩在焉。昔松禪老人亦以殘詩册爲青主書，滬上有影本詩，作齊魯間語，當非晉人，卽書體亦不類此書。霜紅眉宇湧現豪端，又無俟取集爲證耳。五月三日裝成題記，伯英。

跋傅青主三體書法

惇　暖

此三體書篇幅首尾多有脱落，然審其筆勢，必明人所作無疑。明人於篆實非擅長，兹不足論。「小楷」一則，大得鍾繇神理。樸拙中饒有疏宕氣，迴非凡手所爲。至後段草書，超逸變動，使轉縱横，深有驚蛇入草之勢。詩亦高澹秀峭，語多玄妙，確非傅青主不辦，雖屬臆斷，當必不誣。少溥先生以賤值得之。能不羡而生妒耶！聞此卷初在城西小肆中，多年無人過問，不遇精鑒，亦終爲

〔一〕　此篇與以下四篇據太原晉祠博物館藏手稿整理。

覆瓿已耳。然則物之顯晦，又正自有時也。己未七月，惇暖題。

跋傅青主三體書法

陳寶琛

朱明運盡見霜紅，心事孤中略許同。詩挾騷魂衷杜聖，腕憑義鬼證顏公。故知身隱文焉用，長覺聲銷意未窮。檢校佚篇頻展翫，夜牕疑有竟天虹。

卷中惟可信爲「蕭瑟」一詩，見刊本。蒐集之多遺佚可知。少溥仁兄以無意得之，異哉！己未八月，陳寶琛。

跋傅青主三體書法

郭曾炘

衡言不革方知革，此老元來介亦通。螺江太保所藏青主手蹟有此一段語。漢法偶傳三世遠，晉詩猶冠四家雄。客皆棘吻愁難字，誰與探懷搩苦衷？碎玉零金收不盡，寒牕掩卷起清風。少溥仁兄大人屬題。己未孟冬，郭曾炘。

跋傅青主白鶴觀碑墨蹟（一）[一]

樊增祥

三晉遺老，僅見此人。關中三李，不中作僕。祥。

三李自從天生爲最，雪木鈍漢耳，矯僞無耻。至二曲而極，不文不學，嗜名嗜利，與近日彭玉

[一] 此篇與下兩篇錄自中國嘉德國際拍賣公司二〇一〇年春季拍賣會圖錄。傅山全書初版本未收。

麔同。吾此言可謂駭俗，然眞有識者當深躂之。後學樊增祥題。

先生工草篆，嘗書老杜「飛鳥避轅門」五律一首，神妙無匹，惜爲他人所得。白鶴荒基委戰塵，穹碑撝護走羣眞。誰知野史亭中叟，見笑霜紅龕裏人。嘉。此文鈎摹上石，與爭坐位帖何異？最後隸書尤美。五月十三日夜又題。

跋傅青主白鶴觀碑墨蹟（二）

李茹鼎

傅青主先生霜紅龕逸藁，有傅仁、傅眉兩印，自是傳家之作。樊山先生爲陜藩時，以重價得之。前後四段題跋極其推崇。後歸姪孫世兄楚材，曾在案頭見之。茲飛鴻閣主一日持此屬題，爰誌數語于此。庚戌秋。大浩山人。

跋傅青主白鶴觀碑墨蹟（三）

章炳麟

青主文不多見。此碑句奇語重，多不可讀。蓋涉及建夷，不容不晦其辭也。書迹淳懿，與所作草篆頗殊。後人不容妄爲褒貶。卷首某甲所題，無端詆及二曲，宜削之。民國二十三年十月。章炳麟識。

跋傅青主先生眞蹟石印本〔一〕

祁寯藻

大字直逼山谷，小札信筆擲來，都成規矩。此老胸中常有恃，談笑可卻千熊羆，識者當共領之。道光丙申三月，壽陽祁寯藻拜幷識。

跋傅青主先生眞蹟石印本

張穆

青主既更滄桑，知事無可爲，遁而爲黃冠，以全其頂髮，而學問忠孝抑塞磥落之氣終不可奄，則一泄於書。其於書也，神明規矩，而又復不拘故常。如此冊，大字采元章，所謂刷書也。語皆信手而成，以臆測之，似爲吾州白居實先生而發。居實與先生同具揭爲袁臨侯訴冤，明亡，挈妻子入七壑，誡子孫不可讀書。先生時來訪之，則呼居實孺人曰：「大嫂爲我磨墨，我與大嫂留市棺貲。」此冊所謂「暫逃避，共小人，我捫腹，爾齊眉」者，殆謂是乎？

居實既殤，其孫鑾子爲人牧牛以養其祖母。壽髦贈以詩曰：「漁梁壓水杏花隈，煙雨濛濛野店灰。想到阿爺飲酒處，凄涼牛背淚齊來。」「石棱細草割長條，石上磨鐮束餓腰。累熬阿漊思戀苦，一籃菜飯倩人捎。」「百結鶉衣野草新，桃花斜插鬢邊春。兒家祖德如人問，試執詩壇牛耳人。」忘一句，「落日歸來牛亂鳴。只怕阿漊殷覬我，阿漊早已出紫荊。」「膏粱滿案不沾脣，猶道妻兒受苦辛。不念雙親饑欲死，而今竟有讀書人。」墨蹟藏州人郭櫎之家，我詩集不載。

〔一〕此篇與下篇錄自傅青主先生眞蹟，道光十六年石印本。

己酉二月，李君復以此册屬跋。廿六日，因亡室周年，至彰義門外三晉廟，枯坐無俚，適携此册，遂借禿筆爲拉襍書此。君復試歸來，示吾世丈劉雪崖先生，必掀須大笑也。肙齊居士張穆。

青主先生手評曹全碑跋〔一〕

張　穆

右曹全碑，無陰，碑中朱筆評注圈抹及前後題跋皆青主先生筆也，余於己酉七月得於京師敞肆中。魯川比部藏有碑陰舊搨本，因從乞得之，續裝於後，都爲一册。據先生自記云：「乙巳冬，郃陽范年家寄來。」先生生於萬歷三十四年丙午，至此乙巳爲康熙四年，年六十矣。濳丘徵君嘗述先生語云：「謝承後漢書余家有之，永樂間揚州刻本。初郃陽曹全碑出，曾以謝書考證，多所裨，大勝范書。以寇亂亡失矣。」吴山夫金石存亦引劄記此條。案碑出萬歷初，是此本之前先生尚有初得考證之本，當因寇亂一併亡失，故此本但論書法佳醜及小小文義，不復考證碑事也。

其論「遂訪故老商暈」「暈」字云：「暈字不解何聲義，以文義看來，即是商量之量字。」説文量字從日從重，曰從曏省聲。必於從曏，亦太迂遠無義，此從日從章，翻覺妙於從曏之省矣」云云。案此説非也。「商暈」是人名，老其秩也。先生從文義推之，當由未見碑陰故耳。碑陰第二列第一行云：「縣三老商暈伯祺五百。」即碑所云「故老商暈」也。「量」字從童不從章。從童亦不合。然則碑之作暈，當由書人偶省一筆，隸法多從便，遂不復改。其時正當鄉壁虚造之時，故不得執許君之例繩之矣。碑中「悉以薄官」朱書旁注：「簿。」案薄正字，簿俗字，經典簿字皆淺人妄改也。「咸蒙瘳悛」，朱筆旁注：「拔。」案悛是悛字，即後世之痊字也。老子「不知牝牡之合而朘作」。一本

〔一〕　此篇録自張穆肙齋文集卷四，咸豐八年刊本。

朘作全，是其證。隸體凡從夋之字，皆作夋，或作夋，此但中畫之上勢小作停頓，非有異也。宋振譽、牛空山釋作快，尤爲不詞。又「閔搢紳之徒不濟」，先生記云「不濟字，今俗常言，漢有之矣。」余嘗見先生手札謝爲人處方云「本領原不濟」，是先生用俗言，卽用此碑「不濟」字，以俗言爲雅言矣。

至翁覃溪學士論「咸曰君哉」「咸」字内口上一畫是彎曲倒折之筆，今石泐，而其傍二小直畫不可見，遂成二小横畫。余嘗臆其説迂謬，今以此國初搨本照之，亦分明是二小横畫，並無彎曲之痕。翁氏論書往往妄生葛籐，此亦一端也。並附著之處。暑前二日識。

跋傅青主評曹全碑〔一〕

舊鋏

此肎齋所藏傅徵君手勘本曹全碑。光緒戊申賈人携是碑求售，以價昂留玩閲月，終以不忍捨而購得之。漢碑中以秀潤具風神者，孔褒、曹全是也。萬九沙先生於此碑極致推崇，今觀徵君評此碑，則曰「娟秀饒態是其所長，二三奴催太不展樣，至於質拙處不事安排，唐碑必不能到。」又曰「漢碑安得皆佳，但因以見當時風流一二耳。」先生此論，輿九沙幾等陵淵。萬氏謂是碑書法秀美飛動，不束縛，不馳驟。二公皆清初分隸名家，而於是碑之評論不同如此，於以見徵君之學詣於漢魏分隸，獨有心得，故先生之書法能超凡脱俗，出神入化，而歸大巧若拙。此三本非於古籀篆隸有獨到之心得，曷克臻是？肎齋跋尾於是碑，考定精審，復經柞翰吟庵審定，重加題跋，後來藏之者能不彌加珍重云。　甲申冬仲，六十八年舊鋏題，命訒子録存。

〔一〕此篇與以下二篇據太原晉祠博物館藏手稿整理。

跋傅青主評曹全碑

常贊春

光緒戊申冬，聞是碑入坊間，索價過奢，屢詢未覩。今秋晤同年趙君鐵山，則是碑在焉，閣竟狂喜，亟假以歸。授課之餘，鉤摹成帙，並撿肙齋文集中是碑跋尾附錄於後，竊幸斯碑可讀矣。肙齋考訂，極見精核，惟於「不濟」云云，案之上下文句，蒙意未愜。頃授兒子鳳鑄讀爾雅，至「濟，益也」，合上文「舊姓及脩身之事官位不登」，下文「庶使學者各獲人爵之報」而讀之，訓「濟」爲「益」，似較採用俗言，文氣尤爲貫串。蓋曹君甄極毖緯，其開南寺門承望華嶽，若後世用堪輿術者，此又差足爲補正歟？以質鐵山，將謂爲何如也？至肙齋署籤，字體精整，近褚書孟法師碑，而時露遒拔之致。原跋謂得碑於己酉七月，肙齊卒於是歲之十一月，審爲最後之書，尤可寶。視若册末裝藏經紙三葉，知肙齋集之跋尾一篇，乃草而待書者也。

時宣統紀元距肙齋作跋六十年冬十月十四夜，欞村退士常贊春篝鐙試墨，拉雜識此於鴛鴦藤室。

跋傅青主評曹全碑

趙子言

是碑爲張石洲先生藏傅青主先生評校本，石洲先生曾有跋。已刻肙齋集中。跋語云：先生自記言「乙巳郃陽范年家寄」。按先生生于萬歷丙午，至此乙巳爲康熙四年，年已六十。閻潛邱徵君嘗述先生語云「謝承後漢書余家有之，永樂間揚州刻本，初郃陽曹全碑出，曾以書考證，大勝范書，以經亂亡失。」吳山本金石存亦引劄記此條。案碑出萬歷初，是此本之前，先生尚有初拓考證之本，因亂亡失，故此但論書法佳醜，不復考證碑事云云。跋語謂得碑於己酉七月至十一月，而先生卒，是知跋語固未及書於碑者。先君子購藏是碑於光緒戊申，常子襄年丈曾假以鈎摹幷附跋語於後，與肙齋原跋俱附入前所著柞翰吟庵金石談中。至肙齋跋語引翁潭溪學士考證，碑中「咸曰君哉」。「咸」字内口上一横原是彎曲倒折之筆，今石泐遂成二小横畫，謂是翁氏妄生葛藤，其說迂謬。此當是先生未見初拓之不斷本耳。後學趙子言謹書。

跋傅青主先生自書詩稿〔二〕

狄學耕

青主先生爲前朝逸民，詩畫皆奇絶，不落尋常窠臼，其踪跡在仙俠之間。崑山顧亭林北游常主其家。康熙朝開鴻博科，搜羅巖穴之士，當事者以先生名上達，不就，强致之，卒以病免。予有毘陵友人嘗賦詩云：「腐鼠功名山鬼笑，枯蟬心事夕陽知。」二語可以追贈。先生此册，乃所著詩稿數篇，裝池者有脱落錯誤處，惜未得霜紅龕稿本一證定之。字法超宕，有辟易萬人之概。鑒者珍之。壬申正月溧陽狄學耕誌。

昨得魯芝友太史由京寄來霜紅龕詩刻本，僅得八絶句，餘詩俱不載，無從校對。蓋緣門人輩撮殘編入梓，非全本也。辛巳八月。

跋傅青主書小楷千字文〔三〕

顔澤祺

松僑老人晚季作書極雄健奇倔，小字則不逾矩矱。此册無一字平凡，眞與魏晉人比肩，鬱勃之

〔二〕此篇録自上海有正書局石印本。
〔三〕此篇與以下七篇録自傅青主小楷千字文，山西書局一九三六年影印本。

氣流動豪素，眞名貴之至。　連平顔澤祺，戊午十二月。

跋傅青主書小楷千字文

瓢　叟

青主書以小楷爲難得，此千文書與戴楓仲者，純師鍾元常，無一筆唐人，何論宋元！余尚藏其自書甲申集小楷卷，皆國變後之作，未經刊刻者，尤爲可貴。曾録副一通，嗣爲玉虎葉兄携去，並記於此。　瓢叟。丁巳十月。

跋傅青主書小楷千字文

顔旨微

青主先生氣稟瑰瑋，書法如其人。此册舊藏寒木堂先兄捐館，秘笈多流散，此册猶在案頭。曾擬付重裝，二酉山房主人以册首錦似康熙仿製，後晉北茅紙襯裱，遠爲甲申前物，囑存樸雅。崔觀適游太原，主趙芷青家。芷青博雅好古，所藏舊籍甚多，於鄉賢手蹟尤所珍寶，見此册愛不忍釋，因慇懃持贈，願子子孫孫永寶之。　芷青先生鑒藏。庚午五月誌於鳴泉室，連縣顔旨微。

跋傅青主書小楷千字文

于右任

青主先生書小字千文一册，趙芷青兄所藏，留余案頭多日。余見青主先生大字多矣，愛其如生龍活虎，而小字乃温厚和平如此，乃知有道君子眞不易測也。　廿二年三月一日，于右任記于南京。

跋傅青主書小楷千字文

章炳麟

傅公自謂挽强壓駿，其草書正似之，小楷乃獨淳古，蓋學遠之後摧剛爲柔矣，可寶也。民國二十三年十月，章炳麟識。

跋傅青主書小楷千字文

趙昌燮

先生嘗謂「寫字無奇巧，祇有正拙，正極奇生，近于大巧若拙已矣。」又曰：「寫字只在不放肆，一筆一畫，平平穩穩，結構得去，有甚行不得。」年來于同人間書法及有志學先生書者，每舉是說以對。今觀此册，益信先生之說，不特金鍼度人，抑亦自下評語。後之以奇貌先生者，當可悟矣。趙君法眞從友人假得，將謀影印，以公諸世，屬余附識數言，洵嘉惠藝林之盛舉也。余尤以先睹爲快。　乙亥秋初，鐵山趙昌燮幷書于容我軒。

跋傅青主書小楷千字文

孫奂崙

青主先生自跋其作字示兒孫詩後有云：「貧道二十歲左右，於先世所傳晉唐楷書法帖，無所不臨，而不能略肖。」此蓋先生自謙之辭耳。今觀此册，結構、筆意純出鍾元常，無纖毫姸媚氣習，樸茂淵懿，置之唐人小楷中，殊恐未易多覯。法眞兄以此妙墨影印傳世，其嘉惠藝林之功，洵不可沒也。欣喜之餘，爲書數語如右。　乙亥十二月朔，庸齊孫奂崙。

跋傅青主書小楷千字文

樸齋

顧亭林先生嘗曰：「蕭然物外，自得天機，吾不如傅青主。」蓋就先生品格言也。今觀如書，雖面貌微肖元常，然細按之，獨往獨來，自出機軸，仍是先生自己之書，與尋常專摹古人、力求妙肖者不同，所謂「蕭然物外，自得天機」者，亦可移作此書之評語。先生有詩云：「作字先作人，人奇字自古。」近世何蝯叟先生亦云：「詩文字畫，成家要從做人起。」乃知古人誠不我欺也。是册藏芷青世丈家。法眞兄假得，擬付影印，用廣流傳，因識數語於簡末，以志墨緣，非敢評先生書也。丙子元旦瑞雪初晴，樸齋記。

跋傅青主書小楷樂毅論〔一〕

翁方綱

傅青主先生工書法如鳳芝龍朮，人間不可多覯。茲小楷樂毅論，書法遒勁可愛，眞得晉唐神髓。余今閱此本，因自誇眼福之廣也。北平翁方綱題幷識。

跋傅青主書小楷樂毅論

趙藩

傅先生此卷書法是從顏魯公以規鍾太傅。先生自謂少學松雪，棄之十年猶滌除不淨。此則滌淨時書與？款曰「眞山」，先生字也。癸丑五月，趙藩。

〔一〕此篇與以下四篇録自影印本。

跋傅青主書小楷樂毅論

袁奉穀

曩見青主草書，渴驥奮泉，怒猊抉石，眞有俯視一切之概。今觀此卷，近簪花格，能者洵不可測耶！　癸丑六月，袁奉穀。

自快雪堂褚書僞出，樂毅論眞相遂絕。翁蘇齋張叔未曾辨其微。先生此書，或所臨本爲眞相歟？先生論書云「甯拙勿巧，甯醜勿媚」，嗚乎，豈獨書法也哉！　七月一日惕自議會再題。

跋傅青主書小楷樂毅論

成多祿

眞山小楷世不多見，所見者半皆草書，且有贋本。惟此樂毅論筆法遒秀渾古，直逼晉唐，翁大興拟以鳳芝龍朮，信然。世運日新，毛筆漸廢，觀此不覺廢書一款。　甲寅七月，吉林成多祿識。

前朝遺老最佩先生，久于霜紅龕集中低徊往復，想見其爲人，蓋不獨以書重也。即以書論之，亦豈移世所能及耶？子琮道長賞鑒最精，宜乎篤守鄉賢拱璧視之也。次日晨起又記。

跋傅青主書小楷樂毅論

常贊春

我齋師藏傅書樂毅論，世間劇蹟，附以太谷趙氏心隱龕藏小傅臨本並段印行，允稱璧合。　己未初秋，榆次常贊春識。

跋傅青主書胡季子詩稿後〔一〕

常贊春

寧樸毋華，寧拙毋巧，寧支離毋諧媚。人謂傅隱君論書，其恉實不僅論書，持此更證胡季子先生書蹟，抑何與隱君同契耶！是册乃季子之書之詩，學長兄王君友琴舊藏，頃持示並屬贊爲識。贊曩時得祁縣戴楓仲刻晉四人詩，季子居其一。民國元年復印問世，其詩之品詣，楓仲小序具詳，非末學小生所能妄贊，今姑論其書，初何讓隱君父子特重於世乎。蓋自唐太宗晉祠之銘勒，而碑書嚴正之概爲之一變。及宋淳化閣帖之刻，士夫相競爲輕剽，雖以蘇黄之賢，猶不能矯其失而歸諸正。至元趙吴興益張其焰，而明董華亭承之，先民樸拙存者匱矣。幸吾晉僻處西北，雖人文之盛遠遜東南，然先民樸拙反存者似多，豈造物忌盛滿，故存此不盡於朽壞歟？抑亦其人品概高絜，不隨時俯仰，務華巧諧媚以娱俗，又得同心石友觀感漸濡，乃其心畫之流露，遂相與訢合而無間，是贊敢爲論列而不羼時賢論書之説也。册内小楷逼似隱君，尚遜其神化，若行草則幾於不辨矣。記汾陽賀氏刻隱君諸書末有季子題識，人謂似出隱君手，贊不敢信。今觀此手蹟，益私喜爾時之不信，得有實徵，謹莊書册末，尚祈友琴學長兄有以見教也。中華民國十年夏初，榆次常贊春識於幷垣忍冬盦。

跋傅青主批點楞嚴經〔二〕

常贊春

青主先生學識淹貫，讀書尤別具神思，不循故轍。讀先生詩云：「有我讀書苦殺我，無我讀書

〔一〕此篇據太原晉祠博物館藏手稿整理。

〔二〕此篇據山西博物院藏手稿整理，由曹玉琪重校。

喜殺書。褊心小膽自有分，公道終當屬老夫。」深味詩辭，不啻揭示吾人以讀書法也。是册爲釋迦言，而先生讀之，朱墨並用，知非隨意瀏覽，又間作評抹，與先生閱鑒諸書同致。媿余不解釋典，烏能爲識。以太原楊者亭先生向所珍藏，乃謹於末卷識數語。余何人斯，敢復妄爲喋喋哉！惟是書雖爲釋迦說法，而乃墮儒士高頭講章之面目，不循卷册之舊，或抑所謂祿利之迷惑溺沒，而亦昏蝕夫大圓鏡智耶！子俞屬爲識語，姑書此附末，又不免於口過已。甲戌嘉平月，儼俊常贊春並書。

傅青主先生評注金剛經序〔一〕

趙戴文

舊有金剛經五十三家註解，起自寶積菩薩，訖於劉蚪、陳雄，其中禪師如臨濟黃蘗、若訥，居士如王日休、李文會、張無盡諸作，最爲親切詳晰。此外坊間所刻註者，代不乏人，爲數不下千餘。諸家之註釋愈多，如來之心法愈晦，反爲讀誦者增其障礙，良可慨已！今得傅徵君評註之本，掃去浮詞，獨標眞諦，煙消日出，雲開月現，爲後世受持金剛者直指門庭，殊勝緣也。公它先生生平篤於佛學，大要以首楞嚴、指月錄爲根柢，更如小乘之四諦阿含，中乘之十二因緣，大乘之六波羅密，莫不潛心參究，不厭求深。由文字般若，入於觀照般若，廣大精微，本末賅貫，足爲三藏般若部中大放光明，了無疑矣。唐林趙法眞同志，自綰領山西書局以來，革故鼎新，徵文考獻，樂而忘疲，對於傅公佚文遺墨，尤能儘力蒐羅，成爲癖好。此次獲覩明帖，翻印經帙，不惟大有功於鄉哲文化，其種善根於金剛法界者，蓋有不可說，不可說，不可思議，不可思議者焉！ 中華民國二十五年夏歷丙子仲春望前，優婆塞戒覺元居士趙戴文謹識於幷門清涼山房之淨業室。

〔一〕此篇録自傅青主先生評注金剛經，山西書局一九三六年刊本。

跋傅青主金剛經注〔二〕

趙蹈仁

趙君法眞假得明拓金剛經帖一部，爲慧光和尚丐文衡山、王酉室諸名家分書者。帖之旁及頂，硃墨紛披評注殆遍，每段多有讚語，注明「太原傅山讚」。注此經者多矣，考青主先生於獄中卽研究此經，參以法華、楞嚴諸妙諦詞旨，超拔非凡夫所能道。不可不傳。因照錄一通，更正訛誤，排次於本句之下及眉端。病中帀月而畢，法眞以之付梓印造。經文爲陰騭之一端，況青主先生評注者乎！　乙亥淸和月，淞南趙意空識。

跋傅青主書小楷金剛經〔三〕

常贊春

青主先生滄桑後遯蹟黃冠，兼修白業。於金剛經，既爲評注，而手書經文，世尚傳第十二本者。是本以淸光緒甲午購自太谷，其題首分書及鈐章皆出孟石夫氏，以原紙未能割棄也。先生書此經在晉祠，今祠之雲陶尚存遺蹟，而以十二月風雪沍寒中，猶復心手調諧，作此精楷，謂非世之劇蹟耶！

頃趙君法眞假以影印，顧緣「甲」下僅存直畫，蓋甲申則國變倉皇，距能爲此？若甲午，則六月先生被逮，明年七月始釋。殆甲辰。「辰」字磨損歟？以五十八歲翁又寒天而作此，尤所謂難

〔二〕　此篇錄自傅青主先生評注金剛經，山西書局一九三六年三月刊本。

〔三〕　此篇與以下三篇錄自霜紅龕墨寶第一集一，山西書局一九三六年影印本。

能而可貴者已。

影印既成，爰爲識後。　時丙子歲季春月，子襄常贊春並書於柞閈龡盦。

跋傅青主書小楷金剛經

姜思熹

余不知書，素亦愛字。乾隆二十三年秋八月中旬遊靈巖寺，西院明然和尚煮茗相邀，出此見贈。心仰之甚，用製成帖，匪敢云臨池嶲法，亦時於渾厚堅卓、蒼老秀潔中想見青主先生之爲人也。浩州赤和尚姜思熹。

跋傅青主書小楷金剛經

張　煒

傅徵君眞蹟流傳不少，而間爲模本所淆。此册藏介休閻薇卿家，筆意高古，精神充足，純是漢魏人風格。己酉秋獲觀於京邸，宗石翁一見定爲眞跡無疑，薇卿其寶而藏之。　八月四日，昞堂張煒幷識。

跋傅青主書小楷金剛經

常贊春

傅徵君小楷心經，爲己未歲同年李君體乾所贈者。李君爾時六十正壽，屬余製序介觴，持此爲報。隱君書法力爭上遊，至爲可貴。張月齊丈識語出自晚書，尤可珍。餘二跋則借晰此册流轉收藏，亦可存也。今夏以舊藏古錦付工重裝，八月初旬工竣，因識語於末云。　癸酉秋，儼傻常贊春鐙下作字。

跋傅青主篆書妙法蓮華經普門品〔二〕

滄海粟

普門品，山右傅青主先生爲其母陳氏書，用秦詛楚文篆法，眞蹟無疑。予向藏先生蠅頭楷三官經，乃鍾太傅筆意，若能并收，可稱雙絕。己卯九月，滄海粟識。

青主作書好用淡墨，每書必滌研易水，手自磨之，莊坐敬書，迴腕正鋒。晚年不輕操筆，偶一爲之，一毫不苟，純用漢晉法，唐以後不學也。粟又識。

跋傅青主篆楷二體蓮華經普門品〔三〕

常贊春

青主先生妙法蓮華經二種，其篆書杭州許文懿公藏，末署「乙未二月」，先生尚繫獄也。册尾識語故是通人，僅鈐「季茝」一章，與後識殆出一手，然均未知誰何矣。楷書則朱復初氏所藏，先生七十六歲所書。茲爲合影成册，以成兩美。

趙君法眞特重先哲之遺而廣貽同好者耳。先生楷書不落唐人範圍，世有定論。若古篆，則彼時僅有郭恕先氏汗簡，至餘鐘鼎字原等，清代小學金石盛行，率詆爲失眞矣。然在先生時，烏能執彼爲說也！先生患難之中爲母資福固足欽仰，若垂暮之齒猶作楷書，其精勤又豈可企乎！

附識所由，藉爲補空。丙子夏初，風霾竟日，鐙次作此遺興。子襄常贊春並書於葱宧。

〔二〕　此篇錄自霜紅龕墨寶第一集一，山西書局一九三六年影印本。跋文末鈐「季茝」印二枚。

〔三〕　此篇錄自霜紅龕墨寶第一集一，山西書局一九三六年影印本。

跋傅青主書小楷移書讓太常博士〔一〕

常贊春

自今文學家著書詆斥古文，子駿移書重爲世病，先生乃既錄其文，復爲識語，所云「以千百年後之人欲與千百年前之人作敵」，批駁可謂愚矣，旁注「察士無淩誶之事則不樂，又進而淩誶無言之古人」。今更蔑古成風，先生當之，又不知作何慨想也。又云「大抵儒先祇許闡微盡性，不勞論文章」。今之羣號通方者，闡微盡性既深鄙迂疏，卽文章亦相率奴服外人，且詡爲識當世之務矣。時世遷流，何所底止耶？至先生作書，堅蒼渾穆，直造潁川、臨沂之扃，又有目者共賞已。丙子夏初，常贊春識末。

跋傅青主書小楷曾子問〔二〕

孫奐崙

今正趙君法眞影印青主先生小楷千文，與去冬商務印書館所印之金剛經，同爲乙未年先生四十九歲書。千文余已跋誌數語矣，頃法眞又以先生楷書曾子問付印乞跋。此册據先生題記，爲癸巳年書，則先於前二册者兩年，正先生四十七歲時所書也。先生自述，二十歲左右，於家藏晉唐楷帖無不臨寫，中曾一度習松雪，既而惡其輭美，遂專意魯公。其訓子姪文中有云：「小楷須大力，拄筆著紙，如以千金杖拄地。若謂小字無須重力，可以飄忽點綴而就，便是說夢」云云。今觀此册，結

〔一〕此篇錄自霜紅龕墨寶第一集一，山西書局一九三六年影印本。
〔二〕此篇與下篇錄自霜紅龕墨寶第一集二，山西書局一九三六年影印本。

構精嚴，筆力遒古，其靜穆似黄庭，其樸厚又酷似麻姑仙壇記，用筆直似運千鈞之弩，持滿始發，無一絲怠懈，無一毫牽就，雖以一芥子之微，而具有尋丈之勢，於此道眞歎觀止。昔人論晉唐後書家，首推徵君，良非誣也。先生書傳世者無多，小楷尤尠，今不三月而有三本印行於世，誠藝林之盛事也。欣幸之餘，敬書數語如右。　丙子中春下澣，孫奂崙敬識于幷門寄廬。

跋傅青主書小楷曾子問

樸　齋

青主先生眞蹟傳世而習見者，以行草兩種爲最多，楷書已不經見，何論小楷。今春兩三月來，以法眞兄勤事蒐集，遂因已得拜觀多種。此册尤静逸精妙，古意盎然，爲諸種冠。用識數語，以矜眼福而誌墨緣。　丙子三月中澣九日，樸齋記。

跋傅青主小楷佩觿集〔一〕

常贊春

郭恕先氏著汗簡、佩觿二書，均功資小學。朱竹垞以佩觿世有刻本，特屬汪氏刻汗簡行世。蓋爾時古文字學尚在萌芽，宜乎朱氏之重視，抑知佩觿亦烏容輕視也。是本爲傅青主先生手錄，忻縣陳君芷莊珍藏者。愚故有澤存堂張氏本，遺失，不克互校。若錢警石太夫子所稱羅臺山翁、覃溪丁厚民、桂未谷諸家校本，均無從問矣。然先生以褊心小膽示讀書公道，既經精楷錄存，且書三卷，亦合囊篇，自非隨意作書者比。則以信先生者信此書，其足珍視，非僅書蹟一端而已也。法眞趙君

〔一〕此篇錄自霜紅龕墨寶第一集二，山西書局一九三六年影印本。

將爲影印，屬愚爲識。向見德清傅氏，既解輯刻干祿字書、俗書正誤，顧未及此書，傳本之稀，已可概見。趙君之印此册，雖未敢與浙中名輩抗衡，然則珍本流傳，俾三科十段者復顯於世，其抑與傅氏刻書並重藝林無疑矣。　中華民國二十五年仲春月，榆次常贊春識並書。

傅青主先生小楷玄天上帝垂誡文垂訓文序〔二〕

趙戴文

玄天上帝者，卽大嶽太和山所奉之眞武祖師也。元揭傒斯記云：世祖初營燕都，龜蛇見於高粱河，後見於均州之武當山。相傳黃帝時，元武以三月三日降於此山，趙子昂記謂武當山在西南方，巍然高且大，元武神依焉。余少時讀五帝本紀贊，太史公曰：百家言黃帝，其文不雅馴，薦紳先生難言之。孔子之學，怪力亂神皆所不語。史公創史記，析爲本紀、世家、傳、表諸體，其所取材料，擇言尤雅者錄之，而涉及怪力亂神者，不少見封禪一書，後人非之者多矣。然所紀者多大嶽之神奇，獨武當山無聞焉。吾晉傅公它習儒學而兼二氏，晚年專志内典，於宇宙全體萬有罔不研求。中年好道家言，卽能運精神離形骸。易云：觀天文察地理，故知幽明；原始反終，故知死生。精氣爲物，遊魂爲變，故知鬼神情狀。其殆實證諸己，不徒託諸空言也。孔子不云乎：甚矣！吾衰，久不復夢見周公。由是以觀其在盛時必常夢見周公矣。推之見堯於羹，見舜於牆，見文王於琴，蓋皆精誠所結合者。孟子云：聖而不可知之謂神。神也者，妙萬物而爲言者也。蘇子亦曰：在天爲星辰，在地爲河嶽。幽則爲鬼神，明則復爲人。言天與人之相爲循環耳。青主先生楷書玄天上帝垂誡垂訓文，世儒或疑其好奇，殊不知青主人而神者也。神似乎奇，而變爲星辰日月衆生，則最爲平澹，又

〔二〕此篇錄自山西書局一九三六年影印本。

何不可書此，借楷法以啓發後人耶？

近年趙法眞君搜求傅公遺墨極夥，得此本更爲大快。此餘所以願綴以言也夫。中華民國二十五年夏歷丙子五月望前，趙戴文識於晉陽清涼山房。

傅青主先生小楷玄天上帝垂誡文垂訓文跋〔二〕

常贊春

青主先生於滄桑後涸蹟緇黄二氏經卷，往往寫録，復多作精楷，所見刻石非止一通，蓋藝彌工實志彌苦已。是玄帝垂誡文一册，爲祁縣孫氏羅青館舊藏，其書法之上溯鍾、王，下通魯公，信是先生五十後造道大適時作品，雖歲時未署，然望而可知也。惟末行署名乃加「臣」字，先生超然物外，烏取斯稱，蓋故君之思，懼觸時忌。而道流奉玄帝像散髮跣足，明烈皇殉國，隱然與合，卽清末鄉老傳言優人演劇尚以烈皇當玄帝，知此而先生稱「臣」及「恪書」者，殆其故乎。法眞趙君頃付工影印，持以見示，屬爲識詞，略述所知，或當先生之隱也夫。丙子季春月下澣，鐙次試筆。榆次常贊春子襄識於閈齡盦。

傅青主先生小楷玄天上帝垂誡文垂訓文跋

崔廷獻

青主先生書法一秉奇氣，字如其人。此册以鍾、王局度，間以魯公筆力，尤屬小楷精品。餘所見先生書釋道經訓，款多署「弟子」，而此又稱「臣」。蓋先生當國變後，民族心理之所寄，固別有

〔二〕此篇與以下四篇録自山西書局一九三六年影印本。

在也。法眞趙君搜印傅書不遺餘力，頃復以此册付印屬題。昔吾邑劉雪崖孝廉亦嘗走訪傅書，得卽上石，方山、龍泉等處石刻尤夥。祁文端公稱之爲傅氏功臣，餘於趙君亦云。丙子孟夏，壽陽崔廷獻文徵謹識。

傅青主先生小楷玄天上帝垂誡文垂訓文跋

趙昌燮

青主先生書法，上自古文籀篆，下逮唐宋以後書家書，無所不習。在家垂爲家學，在世成爲一代宗派，至今吾晉農夫野老猶有「傅山先生寫字，手熟爲能」之諺。邇來遺墨流傳日尠，而知尊尚者日衆。顧眞知先生書，學而得其門、評而得其當者蓋寡。諛者謂跨駕二王外，則貌爲奇怪。唯先生自言：「所恃者中氣，所持者敬謹。」學者於此四字求之，庶可識其旨趣雅然。敬謹，易知也，容可學而能。若中氣，豈第不可學而能，卽知亦匪易也。藉曰能知，亦猶夫人之中氣究非先生之中氣。先生抱蕭然物外之懷，運躍駿彎强之力，心神兩定，内外交養，其爲氣也，乃克偁中解，此方足以語先生之書法。丙子首夏月朔二日，趙昌燮鐵山敬識于靜觀室。

傅青主先生小楷玄天上帝垂誡文垂訓文跋

趙蹈仁

法眞宗兄近年搜羅傅青主先生遺墨甚夥，所書佛典道經尤爲工飭。先生固隱於道流而又精深佛典者，其楷法愈老愈工。此册融治二王、平原筆法於一鑪，而得其神髓，令人歎爲觀止。二氏之學，愚素乏研求。眞武何神，未敢妄談，惟於傷寒論注中解眞武爲北方司水之神，故後漢醫家假其名以鎭水，意者昉自漢代講求黄老時乎？遠在李唐尊老聃爲玄元皇帝，追封莊列爲眞人以前矣。丙子小暑後五日，淞南趙蹈仁敬識。時年六十有九。

傅青主先生小楷玄天上帝垂誡文垂訓文跋

孫奐崙

徵君此書，子襄先生謂爲五十後造道大適時作品，余以爲當是四十以後書。蓋徵君所書已經印行之金剛經、千文，均爲四十七作。細看兩本筆態，均不及此册之犀利，目光炯炯，爐火純青，其爲在此兩本以前所書，似無疑也。至於署名上加「臣」字，則子襄先生所見獨超，引證亦切而有據，是迨眞能知徵君之心理者已。敬服，敬服。　丙子秋日，奐崙誌。

跋霜紅龕三世墨蹟合册〔一〕

常贊春

青主先生胸襟高曠，故讀書札記及文、詩、字、畫無不超軼絕塵，宜乎尺素寸縑，珍之者零金瓴玉等視也。茲遺墨十六番，爲襍錄詩篇，或論書字者。霜紅龕集有收入或未收者，要是眞蹟，且筆墨調治，指腕舒適，毫無槎枒疏懈諸弊，雖不免脱軼不辭，確爲佳品無疑也。今山西書局方廣徵先生集外遺著，儻可借使錄存乎。然則發先生幽光，卽眞蹟藏某處，識諸簡末，抑且附驥以彰矣。審玩之餘，就硯墨隨爲贅語云。　乙亥秋分後七日，榆次常贊春謹書於柞閈韵盦。

〔一〕　此篇錄自影印本。

跋傅青主先生撰書李御史暨汾二子傳眞蹟〔二〕

馬駿

老友董君子安博雅好古，丙子冬月以余膺蒐集文獻之責，出所藏傅青主先生撰書李御史振聲及汾二子兩傳墨跡示余，字體謹嚴，文勢峭逸，確如先生之爲人。蓋先生遭逢國變，滿腔熱血無地可洒，不得已姑藉文字以稍洩其憤，前傳自謂遊方之外，尚有微辭，後則直以不死自愧，慨乎言之矣。裨益世道實非淺鮮，豈僅書法名貴耶！餘故商之董君亟付影印，以彰先賢，且以勵處于今之天下者。馬駿識並書。

書傅青主李御史暨汾二子傳後〔三〕

趙戴文

「挽狂瀾於既倒，闡潛德之幽光。」古人斯語，洵足爲仁人君子主公道、持正義者之圭臬矣。孟子生平願學孔子，卽是信孔子論世知人，能發人所未發，如微子之去、箕子之奴、比干之死，皆作史者不敢驟評，而孔子獨以「三仁」美之。宜孟子以生民未有尊之也。此外如伊尹、伯夷、柳下惠亦屢屢稱道不置。夫伊尹治亦進，亂亦進，視天下之民匹夫匹婦有不被堯舜之澤者若己，推而納之溝中，其勇於負責如此。孟子許其爲聖之任宜已。若伯夷則不願與流俗同居，柳下惠則不拒袒裼裸裎於我側，安見其負責任耶？而孟子均許以爲百世師，何歟？予今而知之矣。伊尹者，養民之身

〔二〕此篇録自山西書局一九三七年影印本。

〔三〕此篇録自山西書局一九三七年影印本。

與心者也。伯夷、柳下惠雖不能堯舜其君民，而一世鄙薄頑懦靦顔無恥之流，皆可使其激發氣志、砥礪天下於廉隅，其功詎可謂尠哉？

傅青主先生當明季，目擊李賊之亂，一時士大夫貪生畏死，依附僞朝，齷齪闒茸，希圖祿位者無地蔑有，人心滔滔如江河日下，砥柱中流者其誰？即有文文山其人，而劉夢炎輩亦必盛其蜚語流訛，以摧滅死節者之正氣，潛德湮沒，而激濁揚清者又其誰？惠世揚之詆李御史，奸人叵測大抵如斯，非有陳生親證之言以取信於當時，非有青主翔實之文以表彰於後世，則李御史之幽光亦何得昭如日月乎！汾之薛、王二子，其事蹟磊落大類御史，綴諸李傳之後，砭頑磨鈍，殊足後先輝映云。雖然，予於青主之撰論乃重有所感焉。清兵之入中國也，燕北、江南兩政府以及江淮間據城抗敵，或武人，或文士，或鄉里自好之義勇，戰敗而後闔宅滿城殉難者指不勝屈。青主於李傳之末擇其落落巨子大書特書，而揭櫫之曰某某公死、某某公死，其在李賊之際，殆逆料其速亡，不忍以一時之生而貽萬世附賊之羞。而在滿清初代，文臣如洪承疇，武將如吳三桂等，皆改節事異姓，弋取人間富貴以苟圖衣食，且可獲短期之虛榮。然李、倪、馬、孟、曹、黃、金、袁諸公俱不忍偷生苟活，其中爲明高官者死之固當，而不出鄉黨之端人正士亦多侃侃不屈死，斯其標榜正義，扶持公道，與伯夷、柳下惠之足爲人師又何異哉？嗚呼，噫嘻！有諸公之死可以彰人道，有青主之文可以樹風聲，其信矣。

夫又青主之爲人，婦孺皆知。此本且爲青主墨蹟，童穉得之，必更欣喜。適四月四日爲兒童節，方君彥光請予跋，印用作獎品，尤足徵青主之精神不死，上下與天地同流也。中華民國二十六年初夏，趙戴文識於并門清涼山房。

跋傅青主雜記手卷〔一〕

黄賓虹

霜紅龕博極羣書，無不融會貫通，照曜千古。此其讀書隨筆，妙理名言，雖零楮碎墨，皆足寶也。丁亥，八十四叟賓虹。

跋傅青主撰書晉公千古一快四條屏

郭沫若

傅青主書豪邁不羈。脱略蹊徑。晚歲作此。眞可謂志在千里。一九六一年春，郭沫若。

爲傅青主詩稿雜録册與董壽平書〔二〕

康　生

董壽平同志：

謝謝你的畫，好得很。今春在中國書店偶見傅青主書詩稿及雜録二册，〔三〕寫得甚好，其中章草尤好。詩稿中有榆次王介石頌青主書法一首，詩意甚好，且有史料價值，惜不知其人爲誰。青主各詩不知曾刊行否？此是晉省珍貴文獻，應由晉人保存爲宜，且可作傅青主之研究史料。兄晉人，且爲畫家，因以相贈，並請考出。

〔一〕此篇與下篇據太原晉祠博物館藏手稿整理。

〔二〕此篇據山西博物院藏手稿整理，曹玉琪重校。

〔三〕「書」，傅山全書初版本脱，據手稿補。

近安！

康生。一九六一年十一月十一日。

跋傅青主詩稿雜録册〔一〕

董壽平

康生同志得此册于中國書店，知壽平爲先生鄉人，遂以見詒。康老惠我良深，愧無以報，因念賢者手澤何如公諸人民大衆之爲愈，並康老手書合裝一册，獻諸山西博物館永珍藏之。一九六二年一月，董壽平識于北京〔二〕。

傅青主臨諸體帖跋〔三〕

徐邦達

公子它書，常見其狂草縱逸，至爲連綿，若作符咒者甚或厭之。其實此公浸湛深耽晉唐正行草書，如此卷分段學各種古帖，又自具風格，精妙孰能與比！一時如王覺斯雖差足並肩，均出董玄宰門閥之外，往往不能更在其上也。二零零零年之春，北地友人攜示屬題，輒爲識之於贉尾。時居京華客舍，東海徐邦達，年九十歲矣。

〔一〕此篇據山西博物院藏手稿整理，曹玉琪重校。
〔二〕落款十二字，傅山全書初版本脫，據手稿補。
〔三〕此篇録自西泠印社二〇〇八年春末藝術品拍賣會拍賣圖録中之傅山臨諸體帖，由葛敬生釋文整理。傅山全書初版本未收。

傅青主壽毛父子手批莊子翼跋〔一〕

吳庚年（豐培）

青主先生碩學讜論，博洽古今，百家典籍，靡不淹貫。窮研莊老，兼及釋家，而高節不仕，久爲世人所景仰。子壽毛亦肆力古文詩歌，學與父埒。

戴廷栻高士傳有壽毛行狀，云：「壽毛諱眉，一字須男，別號糜道人，七歲作小詩小賦。」「十五歲頗通經史。十七歲遭國變，盡廢舉子業，從父避榆關、仇猶、秀容、仁巖之間，轉移無定，如冥鴻然。壽毛學類縱橫，自擬措注作用多出於管子。嘆世無知兵者，復取孫、吳、穰苴、尉繚、武侯、藥師諸書，檃括五六百言，曰不多篇。又能騎射，善長鎗。有垂功名於竹帛之志。」「惜未竟其用。以其遺緒發爲詩賦書畫。」與父同隱不仕，樵讀山中，可謂善於養志者矣。

茲見其喬梓手批明本莊子翼一書，遍滿書眉，硃墨兼用。前有徐繼畬丙辰二月跋云：「莊子翼，明焦竑弱侯所篡，刊於萬歷年間。傅青主先生讀而批點之，丹墨狼籍，蓋寢饋於其中者久矣。內間有壽毛所批，然出之青主者，十之九也。書舊藏崞縣北社村李氏家，蓋其先人聲池太史桐溪僉憲所遺。咸豐乙卯，余自上黨歸里，李氏後人以此書歸余。年久紙脆，著手卽碎。令裱工以蒲紙裱之，乃得完好。青主先生於二氏之學皆入三昧，批語之超越，字蹟之精妙，均可寶也。」

考繼畬字松龕，山西五臺人，道光六年進士，選庶吉士，授編修，官至閩浙總督，以吏議罷，歸主平遙書院。著有奏疏二卷、文集四卷、詩集二卷、兩漢幽幷涼三州今地考略一卷、附漢志沿邊十郡考略一卷、瀛寰志略等書。其事蹟詳見清史稿本傳。其父潤弟治陸王之學，繼畬承其教，博覽

〔一〕此篇錄自山西董風雜誌創刊號，一九四三年十月出版，由吳豐培先生之子吳錫祺先生提供。傅山全書初版本未收。

通時事，故於其鄉賢之手澤，備加珍視，宜其什襲而寶藏也。

先生霜紅龕集卷二十四，有讀莊子多則，均於前人注釋之文有所申駁。其文云：

「故其與萬物接也，至無而供其求，時騁而要其宿，大小、長短、修遠。」注「大小」六字，則云「皆恣而任之，會其所極而已。」愚謂六字中長、修、遠三字意複。略爲疏之，從上文看來，則當云「大者小之」，老子「合抱之木，生於毫末」是也。「長者短之」，老子「千里之行，始於足下」是也。但修遠二字，又不與大小、長短同，又少括翻上義。修以遠之，爲積功累行，任重道遠耶？

「苟有其實，人與之名而不受，再受其殃。」注：「有實，故不以毁譽經心也。一毁一譽，若受之於心，則名實俱累，斯所以再受其殃也。」注義非不高，愚看來本文不爾。如士成綺既謂爲不仁之矣，我卽受其不仁之名，不爲强辨。若有不仁之實，而又不欲受其名，鬼神將禍之矣。故曰「再受其殃」。

「出怒不怒」，猶云人有怒氣，若發出了，則裏面遂無怒氣可見。怒以不怒中生出也。「出爲無爲」，謂人有所欲爲，既爲後，則裏面仍是無爲之心，空空然耳。可見其以無爲中生出也，所以下文說「欲靜則平氣，欲神則順心。有爲也，欲當則緣於不得已。」平其氣，自然無怒。緣不得已，自然有爲也。皆當卒鉼文子「有怒出於不怒」二句。

今讀是本批語，均與集中所載不同。而讜言偉論，尤足以啓發後學。玆錄其二則，以見一斑：

批應帝王第七：朱衣道人曰：〔二〕應帝王一篇，可以不著。求之於前，義已備矣。微季咸一則，

〔二〕「朱衣道人」，董風雜誌原文誤爲「外衣道人」，據青主批點手稿改。

則餘皆莊生類語耳。末收「混沌死」一條，夫亦知混沌無復生理矣。混沌不生，而帝王之不得復以混沌應之矣。故腐儒區區一欲復三代之道，亦已陋矣，而又往往以其道與世亢，不信其志非不善也，而混沌必竟不能再活，然而未始不活也。

批則陽第二十五「佞人正德」句：「佞人正德」四字，當作一意看，是都說向不好一邊底。如呂、循兩注，皆分貼看，則大昧本文旨矣。「佞」與「正」豈能兩存？且楚王之爲人如彼，又似非正人所能勝。若果是佞人，屬夷節一邊，夷節之言，既已不能用矣。不然，即當屬公閱休，休豈佞者哉？即「正德」兩字，亦公閱休所不屑者，況「佞人」乎！不然，則「佞人」一讀，「正德」連下讀作一句，[一]言苟非佞人爲之詭遇，而正德之人焉肯屈所守而與之諧也。然又礙于夷節之爲佞人，不得于楚王矣。若把「佞人」看作「正德」裏邊，猶言和光同塵之人，而其寔矯之於中，有不隨波逐流者，是所謂「佞人正德」言其似佞而正德也。于文義乃通，然「佞」字必不可通融得去作好字看也。

其中支字片言，幾每葉均有。若彙而錄之，可補集中所未備也。

莊子注本，郭子玄而下，凡數十家，而精奧淵深，有發莊義所未及者，莫如子玄氏。明金陵焦弱侯竑全收郭注，並及諸家，其所采摭，都四十九種，彙而註之，名曰「莊子翼」。書分八卷，首爲采摭書目，次爲讀莊子、內篇、外篇、雜篇[二]莊子闕誤、史記莊子列傳、阮嗣宗莊論、王介甫莊論、蘇子瞻莊子祠堂記、潘舍人贈別、王元澤雜說、李元卓莊子九論等篇。集各家之說，彙爲一

[一]「正德」，董風原文誤作「正人」，據青主批點手稿改。
[二]雜篇，董風原文誤作「新篇」，據莊子改。

篇，頗稱駢辨。然各家分歧，不免有牽强附會、厖雜之説。經先生加以批注，則是非頓明，後人得有所依歸矣。

今山右董風季刊徵稿於余，倉卒無以應命，謹將此書内容略述概要，以告彼鄉人士，願同仰先賢之高節懿行、勤學之精神，共步黽勉之途，則窃所馨香私祝者也。

讀傅壽髦先生我詩集題後〔一〕

喬煌

讀書原有種，慧業迥難攀。玩世希莊列，成仁樂孔顔。疲驢江上路，破笠雨中山。盡付高華詠，猶欣見一斑。

〔一〕此篇録自喬煌黄葉樓初集卷二，嘉慶十四年刊本。

附錄六　有關朱衣道人案的三个題本〔一〕

河南巡撫亢得時題本

欽差巡撫河南等處地方提督軍務兼理河道都察院右副都御史臣亢得時謹題，爲擒獲謀叛賊黨密馳上聞事：

順治拾壹年伍月拾陸日，准刑部咨准刑科送密封紅本到部，該臣題前事，於順治拾壹年伍月初柒日奉旨：「這拏獲叛賊宋謙等，着卽審明正法。未獲叛黨虞徿等，着各該督撫嚴察緝剿，以靖根株，但不得連累無辜。趙悅學用心緝叛，着議敍該部知道。」欽此欽遵。密封到部，移咨到臣，已於順治拾壹年伍月拾柒日密發按察司，逐名確審。

及屢次嚴催去後，至順治拾壹年拾壹月貳拾叁日，據按察司按察使李嘉彥呈：

問得壹名宋謙，卽李謙，年貳拾柒歲，湖廣黄州府蘄州生員。狀招謙自入學以來，就不合不守本業，專一交結匪類，共謀不軌，潛投永歷僞朝。因謙父宋遇春先授僞朝總兵官，後引謙見永歷，賜謙姓朱，起名朱慈煥，亦除授僞總兵官，給與僞綃劄壹張，僞紙劄壹張。又接受僞督師毛壽登與謙虎紐銀方印壹顆。僞國公郝永忠與謙原塡實僞綃劄柒張，僞紙劄伍張。僞國公劉體統與謙僞空劄叁張，僞空信牌叁張。貳人俱係陝西延安府人，叫謙隨便用印給劄，招結將士，聯絡義兵。順治拾

〔一〕此三個題本錄自中國第一歷史檔案館。

壹年正月貳拾捌日至北直隸廣平府所屬地方，謙又不合招結邯鄲縣未獲夥賊肆名：羅城頭住人孫名望，城内住人郭洪盤，西關厢住生員郝振清，蘇漕橋住人郭贊義。又招結未獲賊沙河縣生員王建極、魏縣生員王吉和。比謙又自邯鄲縣入河南武安縣經過，前往山西陽城縣山中聚會。彼處有馬賊柒百，步賊貳萬。賊頭目、僞閣部虞徹，華州人。僞平湖伯王滉，蒲州人。安一生，絳縣人。武舉劉堺，五臺縣人，綽號劉長腿。白良貴，曲沃縣人。高鼎行，唐縣人。俱白丁。劉祚禧，平遥縣人，係生員。宋統殷，交城縣人，係貢生。李虎，沁州人，係白丁。以上數人，俱授僞總兵職銜。謙又不合招結已獲夥賊曲周縣生員段斌，即段進，僞朝除授總兵，無劄。又招邯鄲縣生員張丕泰，僞朝除授推官，無劄。曲周縣人申化楚，僞朝除授遊擊，無劄。成安縣武生郝振國，僞朝除授參將，無劄。又永平府人劉遠，僞朝除授中營副將僉事，領有僞劄壹張，及未授劄銜、已獲夥賊成安縣人郝騰皋、邯鄲縣人劉希賢、肥鄉縣人李二即李顯忠，各亦不合與已獲監故夥賊、僞朝除授參將無劄吴國茂，俱在張丕泰家會議，商説前至武安縣地方五汲鎮取齊，叁月拾伍日攻涉縣。

比謙與段斌等於拾貳日到五汲鎮宿歇，被武安縣巡路捕役韓成等見謙等騎有馬騾，帶有弓矢，形跡可疑，隨稟報武安縣，知縣趙悦學於拾叁日蚤晨，帶領内丁快壯人等，齊到五汲鎮，當將謙等玖名捉獲。又趕至涉縣地方，將劉希賢續獲。俱押解到縣，逐一隔別研審，前情明白。

又據見獲夥賊申化楚招：「有未獲夥賊僞總兵不知名劉頭目、僞副將任亟號玉井，併不知名郝千總即賀千總，俱邯鄲縣人。郝千總在西關厢住，兄弟陸人，因父死俱穿孝衣。僞中軍党念菴，曲周縣人，在塔子橋住，手下有叁肆萬人。俺有捌拾餘人，在後未到。」又招：「有未獲夥賊張顯，混名胡棗。」又據已獲李顯忠招：「有未獲夥賊葛騰雲。」又據先存今監故夥賊吴國茂招稱：「宋謙有銀陸拾兩，寄放未獲夥賊彰德府已廢趙府宗室朱慈著，在臨彰縣小北河住，改名趙名讚家」等情，各供吐在案。隨卽塘報合干上司外，該武安縣知縣趙悅學，差人前赴邯鄲縣關，取彼中審明所獲叛賊董嗣清等玖名，供吐口詞過縣，一一敍明備由，於順治拾壹年肆月初叁日連人申解彰德府。知府翟文鳳覆審相同，連人呈解分巡河北道僉事胡養忠，逐一嚴加覆審。據宋謙口供：除與縣招無異外，至餘黨簿一事，本道細審。

據宋謙供稱：「我自山西起身，有澤州秀才程禔給我號簿壹本，內前列大字人名的，都是程禔己丑年間相處的，說我：『你去到壹處，你替我拜望壹拜望，凡事與他們商議。』簿內自王滉起小字人名，都是謙相處的。」又據段斌、申化楚、張丕泰、吳國茂、郝振國、劉遠、郝騰皋各供，與縣招相同。又據李二供稱：「我有母陸拾肆歲，一向與姓陳的作莊農。一日，有未獲葛騰雲叫我跟張相公報喜，往山西跟馬，壹月給銀壹兩。同往是實，其餘併不知情。」又據劉希賢供稱：「我是邯鄲縣南拾里舖鋪兵，叁月該我應役。張丕泰係報房，叫我山西報喜。向說『我該班不得去』，張丕泰將我打罵，只得隨去，並不知在山西作賊」等情一一供吐在案。轉報間，叛黨吳國茂偶感傷寒病症，於拾壹年肆月拾肆日在監病故，委官相明掩埋訖，取有甘結在卷。

該巡撫亢都御史密題：奉旨「宋謙等着卽審明正法」等因下部，移咨前來，除未獲叛黨虞衜等密移山西、直隸各該督撫嚴察緝剿外，一面將簿上有名豫省各犯發各該道、府，逐名緝拏；一面密行按察司。至順治拾壹年伍月貳拾柒日，牌行彰德府。推官劉珖轉發武安縣。

知縣趙悅學於陸月初伍日前赴彰德府，公同安陽縣知縣傅龍騰，行提謙等各賊到案，逐一隔別，細加研審，與前招情節無異。除邯鄲縣拏獲賊犯董嗣清等玖名，併未獲叛黨虞衜等，俱聽直隸、山西各督撫另案提審緝剿歸結，其叛賊宋謙等財產、家口律應緣坐，但查隔省無憑追究外，會看得：

我朝自定鼎以來，鴟鴞格其好音，聲靈播於無外。照臨所至，莫不尊親。何物宋謙等，乃敢以么麽小醜，播弄於青天白日之下也。幸天厭厥惡，拾賊併擒，携印劄而招搖，集烏合而竊發，叛眞證確，騈斬何辭！所當立正極刑，未可一日容於太平之世也。惟李二、劉希賢以傭工嘵辯，奈何情蹈不赦，況賊口如簧，又何敢爲之寬情也？供擬謙與段斌、張丕泰、申化楚、郝騰皋、李二、郝振國、劉遠、劉希賢俱謀叛。共謀不分首從，律斬罪。

具招於順治拾壹年陸月拾玖日，連人申解彰德府。推官劉珖覆審。看得：宋謙以亡命之徒身投僞朝，名列僞職，携僞印、僞劄，潛入我國，招結匪類；段斌、張丕泰等多人，嘯聚烏合，謀爲不軌。路經武安，思欲狂逞於一旦。幸天厭醜類，一舉就擒，數賊授首，所獲僞印、僞劄，與屢審口招，鑿鑿不爽。除夥賊吳國茂蚤被冥誅見存，宋謙等玖名俱應聽詳梟斬，以正典刑。雖其中李二、劉希賢貳人俱係傭工愚蠢之輩，追隨張丕泰鞭蹬，誤蹈法網，情實可憫，律似難寬。至宋謙所招未獲賊黨虞徹等，俱移會各省擒獮外，供擬謙等玖名各俱謀叛斬罪。

於順治拾壹年柒月拾肆日招解按察司。按察使劉三元覆審無異。看得：叛犯宋謙，乃么麽小醜，輒敢梗化擅受僞職，挾僞印、僞劄，潛入我國，招納亡命之徒；段斌蓄髮効逆，與張丕泰等烏合，與謙共謀不軌。詎知光天化日之下，寧容此魍魎之行？一旦敗露，拾賊俱擒。其所獲僞印、劄，已有確據；嚴審口供，鑿鑿不爽。除吳國茂已伏天誅，謙等當亟正典刑，以彰國憲。其中李二、劉希賢，雖以傭工嘵辯，但事犯不赦，法難輕貸，併斬俱不爲枉。供擬謙與段斌、張丕泰、申化楚、郝騰皋、李二卽李顯忠、郝振國、劉遠、劉希賢，俱謀叛共謀，各斬罪。

具招於順治拾壹年柒月貳拾肆日呈解巡撫亢都御史，覆審相同。因與程禔未經對質，將各犯發回該司。候詳間，隨備憲牌內開：「查得宋謙自山西起身，有澤州秀才程禔給謙號簿壹本，簿內前列大字人名，是程禔己丑年間相處的，謙到壹處，『替他拜望一拜望』。『凡事與他商議』。業行分守河南道會同分巡河北道審。據宋謙一一供明，叛情呈詳在案。其首開大字人名段秀民等供：『係程禔相知。』但程禔事犯原籍，被澤州拏獲，隨移山西撫院提取對質。去後，今據山西冀南道差官押解程禔到院，合行發審爲此牌。仰本司官吏，即將發去叛犯程禔，並提宋謙到官，查照宋謙簿内大字人名。該司在於嚴密公署，屏去左右，逐一研訊程禔，於某年、月、日交給宋謙，其簿内人名，既稱係程禔相處，要見某人，於某年、月、日，在何處如何相會？是否同謀叛黨？如係同黨者，要開年貌、籍貫、姓名、字號、住處、生業，以憑提發審定案；如不係同黨，須審爲何登記簿内？要見某某，平素作何事，有無非爲？總之，叛黨壹人不可漏網，無辜壹人不可波及，務期研訊，妥確速報」等因。

牌行到司，審。據宋謙供稱：「癸巳年自南來，路過澤州，訪得生員程禔，係在城名士，具帖去拜，就宿於程禔書房，談詩喫酒，併無他說。至次日，程禔偶出，謙遍翻架上書籍，見書叢中有人名小本壹册，後注：『以上貳拾肆人，皆文武全才，國家長城。』謙即留意，暗藏袖中。伊時程禔查不知也。臨别時向程禔說：『你架上有人名小册，想是兄之故知，我已袖去了。』伊時程禔答言：『此係魏權中留下，將去何用？』謙說：『你爲無用，我自有用。』謙自料爲程禔己物，蓋托言耳。後閱過，見内有張慎學名字，係淮安巡撫，已知爲無用之物，即置之書匣，視爲故紙，併未相會壹人。」又訊宋謙：「招内如何又招你姓李？」據謙供：「在山西原改姓李，『宋謙』之名，人實不知。」據此，復提程禔與謙對質。又據程禔供稱：「順治陸年，山西姜瓖大亂。澤州城失在陸月至捌月中，有姜瓖差官魏權中（係武鄉縣人，舊鄉宦）稱僞監軍到州，在察院内住。有權中參謀康姓者，領兵貳拾餘名，在禔家住過拾餘日。權中來拜姓康的，問：『房主是誰？』說：『姓程，係秀才。』權中說：『既是秀才，可來相會。』彼時禔與相見，因問家世，權中言禔係伊族弟魏光敍年家，可到衙門相會。禔不敢辭。後至玖月盡，大兵將至，權中將所攜書籍壹大包，差人送與禔，禔隨亦逃去。至拾壹月回家，檢閱所送書內，有人名小本壹册，係權中親筆，與權中所批道林等書筆跡相同。禔見册内書名，必係權中相會高人，未忍毁壞，與諸書同留書房，並不知與權中作何相處，是何人品。惟識韓霖壹人，是舉人韓雲之弟，係禔年伯，順治元年，兄弟貳人已被賊殺。又識沁水王度，明時舉人，順治叁年已中進士。其餘諸名併不相識。至順治拾年拾壹月内，有李謙到禔書房，禔與謙閑坐論詩，謙將所携詩取出，禔抄寫畢，亦將自作詩取出領教。及謙將行，送至門前，謙說：『你架上書内人名小本，我帶去了。』禔言：『係陸年武鄉魏權中留下，係無用之物，拏他何用？』謙說：『我拏去，萬一有途中相會者，亦是道路之資。』」又訊程禔：「宋謙起身時，你說『到一處替你拜望壹拜望，凡是與他商議』，如何說不知？」宋謙接供：「是我說要遇著拜望，不是程禔說的。至於『凡事商量』，原無此話說。天日在上，我不肯將無作有。」又訊宋謙：「你既說『大字人名你俱不知』，白良貴亦係大字人名，你如何招在招内照緝人數？」謙又供稱：「白良貴見與李虎等同領營頭在沁州一帶山中，我與他相會在未得此簿之先」等情，供吐在案。該本司按察使劉三元看得：

人名號簿其初獲之，宋謙嗣供受之程禔，而程禔之所從來，乃魏權中所遺者，則程禔即不爲宋謙之黨羽，亦未免爲姜瓖之餘孽也。况程禔與宋謙晝夜相處，飲酒談詩，尚曰非知心乎？至於號簿之授受，據程禔口供閃爍，而不軌之情是又欲蓋彌彰也。惟是籍内大字人名逐訊程禔，僅識一二，其餘反覆研訊，俱稱不知，似固難於深求。其白良貴亦爲宋謙所知者，又曰相會在未得此簿之先。至王淣以下小字人名，宋謙供詞甚確，但不知與兩道審供相符合否。」登答前件，具揭開報備由，於拾壹年柒月貳拾日呈解巡撫亢都御史詳審。

又據分守河北道呈報捉獲楊調元等緣由，併前詳俱批，仰按察司照另牌速審報。隨備牌内開：「查得宋謙等雖經該司審明，還當細心推敲，惟期得情，確擬妥報。程提亦係疏内有名人犯，自當與宋謙等質明。彙招至揭内于長卿，據宋謙所供『與賊李西平相通有素』，又另詳楊調元等，據宋謙供『未識面』，此處罪關出入，仍當與程提三面對質。有罪者統敘壹招，無罪者不得捧連貽累。事干叛逆，非同細故，合再發勘併招，爲此牌。仰本司官吏，卽將叛犯宋謙等，併程提及于長卿、楊調元等，行提到官，三面質審，有罪者按律確擬，無罪者審明口供，明白入招。其揭内山西拏獲孫如燦、姬賓天，與程提叛情相關，雖事犯該省，亦當審明存案」等因，牌行到司。順治拾壹年捌月貳拾日，又蒙總督直省李都御史批，據按察司呈前事，蒙批：「績獲賊黨董嗣清等，因狡辯不服，俱批河北守、巡兩道，與叛首朱慈煥等對質矣，仰候審訊明確，摘據口詞，以定山案，仍候撫院詳行繳」等因，俱到司。牌發開封府理刑廳，轉行祥符縣，知縣孫如林會同杞縣知縣王永茂、蘭陽縣知縣邢士標，於順治拾壹年拾月貳拾日在蘭陽縣適中處所，提取一干人犯到官審。

據宋謙供稱：「當在山西，曾與虞胤營中胡棗兒商議舉事。胡棗兒係山東人，說：『山西都是步下人，不濟事，不如到山東招會馬上的，纔好行事。』我從山西駝銀壹千兩來招兵，步兵每人拾兩，馬兵每人叁拾兩，主招馬兵壹百捌拾名，今止拏了玖名。」又供：「我與程提原不相識，及至州，聞的他是箇名士，竟拏帖去拜，講論詩詞，待我酒飯。謙說：『聞的你令尊令祖俱在明朝做官，受過明朝爵祿。今與明朝興兵，我來約會高士接應。』他說：『亦是書生家不濟其事。』在他家翻閱書架，檢得人名簿壹本，見簿注『以上有圈者，俱係文武全才，國家長城』，只當是新近簿子拏了，要想結連他們同做事。及細看，卻是拾年以前簿子，就知無用。」又據程提口供：「己丑年魏權中將雜書壹綑送在我家寄放，内有人名小書壹本，放在書架。後有宋謙在我書架上拏去。我說：『這書是魏權中遺下的，要他無用。』他說：『這想必都是有名人，若路途相遇，求些盤費。』他拏去是實。當日與宋謙講話，曾說『興復明朝』等情。」又審段斌、張丕泰、申化楚、郝振國、劉遠，俱供謀叛，共謀受賊僞職是實。郝騰皋供：「係郝振國一家。振國說他『跟隨宋鄉宦招家丁』，叫我跟去拏銀子回家贍養。」又據郝振國供稱：「小的原對郝騰皋說：『我如今跟宋謙往山西做官，你跟我去。』一併拏獲。」又據李二供稱：「與人作傭工度日，有葛騰雲向小的說：『張丕泰覓人餧馬，每月工銀壹兩。』隨被拏獲。」又據劉希賢供稱：「係張丕泰家使的人，從下鄉來，他婦人說：『張相公走了，叫送刀去。』到大路上就被拏了。」又審簿内有名人犯。據楊調元供稱：「係河内縣生員，自幼止知種地讀書，併不曾交結外人，若與程禔同謀共事，我家事體伊必知之詳細。只問程禔認的我不認的我係生員。宋統殷，交城人，係貢生。」李虎，沁州人，白丁。以上數人，俱授總兵僞職等情。又據已獲夥賊段斌卽段進供稱：「係曲周縣生員，艾家台村住，除授僞總兵職，無劄。順治叁年，宋謙親到我學内會合相處。今聞宋謙起義，隨招已獲家人劉遠、郝騰皋跟隨，拾貳日到五汲鎮歇宿」等情。又據已獲夥賊張丕泰號文謨供稱：「係邯鄲縣生員，僞朝除授推官，無劄，原開報房。宋謙上年來本縣與人講書。今年貳月内，持印劄，稱說『山西陽城許多兵馬』，說『起義兵』，我隨招已獲劉希賢、李二跟隨」等情。又據已獲夥賊申化楚供稱：「係曲周縣人，綽號二青頭，僞朝除授遊擊，無劄。原是餵馬，前在張丕泰家會議，五汲鎮取齊，拾伍日攻涉縣。未獲僞總兵不知名劉頭目，副將任函號玉井，俱邯鄲人。又有未獲不知名郝千總，在西關廂住，兄弟陸人，因父死俱穿孝衣。中軍党念菴，曲周縣人，塔子橋住，手下管有叁肆萬人。俺有捌拾餘人在後未到。又有未獲混名胡棗正名張顯，廣平府北羊莊人」等情。又據已獲夥賊郝騰皋供稱：「係成安縣小堤村人，離城拾里，段斌叫我跟隨他前往山西『恢復明朝』」等情。又據已獲賊犯李顯忠即李二供稱：「係肥鄉縣史兒寨人，未獲葛騰雲係廣平府書辦。他説『你頭走，我隨後就去，同往山西投家丁』」等情。又據已獲夥賊吳國茂供稱：「係館陶縣人，僞朝除授參將，無劄。申化楚叫我與宋謙暫做管家，他帶有印信龍劄，騎有騾壹頭，係東邊截劫的。外有銀陸拾兩，在臨漳縣小北河朱慈著（係彰德府宗室，改名趙名讚）家寄放」等情。又據已獲夥賊郝振國供稱：「係武生，成安縣小堤村人，僞朝除授參將，無劄。叁月初陸日起身到廣平府，拾壹日至邯鄲，拾貳日到五汲鎮。張丕泰叫我跟去」等情。又據已獲夥賊劉遠供：「係永平府人，寄住曲周，年裡從永曆處來的，除授僞中營副將僉事，領有劄付。前在成安縣地名花店村打劫，分衫子壹件。今往山西，要反。段斌叫我跟去」等情。又據續獲賊犯劉希賢供：「係張丕泰家人，跟隨泰往山西做明朝官」等情。各供在案。隨將見獲龍劄付、空信牌共拾捌張外，劉遠僞劄壹張，書伍封，印號紙叁張，印號薄壹本，餘黨人名簿壹本，本稾貳張，告示稾肆張，圖書叁方，腰刀貳口，褥套壹箇（內裝被壹條，箭衣壹領，裹肚壹箇，內盛銀陸塊，重柒錢伍分）並弓矢等物寄庫外，逐敍明白。

本月貳拾捌日，准邯鄲縣關稱：本縣拏獲賊犯董嗣清供稱：「係南官縣人。本月初拾日來在張丕泰家內。拾壹日起身，同焦六子往西上牛叫河後窰內睡了壹宿，次日仍回張丕泰家內。他曾勾我到臨漳縣韓家油房村趙相公家內住了壹日，共勾馬賊貳拾柒名，內有什長段進、黃得祿，俱臨清州人；袁禿子等貳拾肆人，不知何處人。冀西樓係成安縣人。同趙相公會集，往西去五汲鎮取齊，約定拾伍日夜間前往涉縣攻城」等情。又在張丕泰家麥稭內捉獲强賊壹名崔山。審，據本賊供稱：「係山東館陶縣人，原係曲周縣艾家台段相公名古義，他叫我來張丕泰家內，同段相公住了叁日。原有馬賊叁人，本月拾壹日同張丕泰往西上武安去訖。我同吳三、曲能化在張家後樓下，叁人同坐吃飯。號頭，每人左耳帶崇禎小錢壹箇。同上山西做賊，馬匹都是他買。又有曲周艾家台王小坡俱往山西去了。原無什物，恐帶什物途間不便行走。我因後邊還有人未到，無起身遂被拏獲」等情。又據北關廂地方同捕役在張丕泰房後又捉賊貳名。壹名吳三，供稱：「係山東舘陶縣人」。壹名曲能化，供稱：「係山東臨清州人。」各供稱與董嗣清、崔山供同等情。又據捕役賈益興等捉獲强賊壹名李榮到縣審，據本賊供稱：「係魏縣李家莊人。」亦與董嗣清供吐無異等情。又據北關鄉保地方人等捉獲馬上强賊白于慶到縣審，據本賊供稱：「係陝西西安府長安縣人。在井店有拾貳人，馬拾貳匹。內有姓朱壹人名朱朋，係湖廣人，身邊帶有僞印壹顆，各處招人。本年叁月初拾日伍鼓到張丕泰家，拾壹日起身到井店。張丕泰交與我書壹封，復叫來丕泰家投下，書內有紅單帖壹幅，寫『盟弟朱慈煥拜』」等情。審得各賊與前供俱同。除將夥賊焦六子關發鷄澤縣結案外，查得焦六子彼時口供「係鷄澤縣人，於去年拾貳月內打劫本縣趙相公是我，還有同行强賊肆名在邯鄲縣北河坡張丕泰家內窩藏」等情，供吐在案，本縣帶領快壯人等，親詣張丕泰門首，將家圍住，在後樓下櫃內搜出强賊壹名董嗣清，並張丕泰嗣男生員張宗，伊家人任奎，拏獲到縣審供。前情在案，今准關取擬合回復等因，將各賊口詞關取過縣，本縣隨將兩縣賊犯口詞一一敍明。

申解間，查得本縣先奉本道憲牌：「由府詳明，連人解送前來，以憑覆審，轉報會題。」該本縣知縣趙悅學看得：

湖南未靖，連歲用師。方厪聖明南顧之憂，何物宋謙，潛來作細，東聯西結，包藏禍心。倘若果遂其謀，結連伏莽，破涉犯西，勢成燎原，則河東幾無寧宇。今一舉成擒，渠魁就縛，附從冰消。所賴上臺，屢頒憲檄，卑縣宵晝靡弛，故能定亂於未發之先，消孽於方張之際，河朔免震鄰之虞。至於叛黨散處，各有密緝之法，必得奉旨方可檄行。事干重大，不敢擅擬，備由於肆月初叁日連人申解到府覆審。

轉解間，蒙總督直省馬部院批：「據本道呈武安縣拏獲賊犯餘黨簿籍緣由，蒙批：「宋謙等仰該道速審招報，其冊開黨羽，俟審明各犯口供再詳，以便行拏繳」等因到道。除發標兵拾伍名令武安縣官帶領查緝黨賊窩家，隨該本縣知縣趙悅學帶領官兵並鄉長壯快人等，拾陸日到縣東臨邯鄲界康二城等村，拾柒日到縣西臨涉縣界治陶等村，拾捌日到縣南臨磁州界流泉等村，拾玖日到縣北臨直隸沙河縣界趙店等村，呼煥各該鄉村地保鄉約，村村囑咐，莊莊叮嚀，舉行保甲連坐之法，仍諭以禍福，曉以利害，逐戶遍查，咸曰無窩主情由。又查餘賊逃散何往。本縣拏獲，原係外境經過叛賊壹行拾名，先獲賊犯宋謙等玖名，後又趕至涉縣地方，續獲劉希賢壹名，盡數擒拏，並無餘賊逃散本縣地方等情申府。

該本府知府翟文鳳看得：

日月一出而爝火無光，離照當空宜魑魅遠遁。何物宋謙等，忽而么麼小蠢，擅自陰謀起釁，仗鼠竊之輩，敢憑銀印，眞巨胆包天；本穿窬之雄，妄稱伯爵，實狼心盜世。復敢勾連多黨，窺瞰山右、畿南，以蚊力而思負泰山，自是飛蛾之撲燈火。故宜天厭其惡，拾黨而一併就擒，僞劄昭昭有據，私書鑿鑿堪憑。雖網外之遊魚未獲，諒穴中之螻蟻難逃。亂萌既剪，河朔之蒼生有幸；叛首先拏，我清國之法難寬。今據該縣申解前來，「理合亟解詳鞫施行」等情，呈解到道，逐一嚴加覆審。

據宋謙口供，除與縣招無異外，至餘黨簿壹事，本道細審。據宋謙招稱：「我自山西起身，有澤州秀才程禔給我號簿壹本，內前列大字人名的，都是程禔己丑年間相處的，說我：『你去到壹處，你替我拜望一拜望，凡事與他們商議。』簿內自王淈起小字人名，都是我相處的」等情。又據段斌、申化楚、張丕泰、吳國茂、郝振國、劉遠、郝騰皋各供口與縣招相同。又據李二口供：「我有母陸拾肆歲，一向與姓陳的作莊農。一日有未獲葛騰雲叫我跟張相公報喜，往山西跟馬，壹月給銀壹兩。同往是實，其餘並不知情。」又據劉希賢供稱：「我是邯鄲縣南拾里鋪兵，叁月該我應役。張丕泰係報房，叫我隨往山西報喜。我向説『該班不得去』，後張丕泰將我打駡，只得隨去，並不知往山西作賊」等情，一一供吐在案。

該分巡河北道僉事胡養忠看得：

叛犯宋謙等，以亡命之徒而謀不軌之事，嘯聚魍魎，簧鼓烏合，獨不思我朝定鼎遐邇，傾心向化。何物么麽，乃敢狂逞。若非天絶醜類，何以一朝而獲拾賊哉！陰謀既露，顯戮奚辭？及詢李二、劉希賢，壹係傭工，壹係鋪兵，雖因人指使，然既入其黨，又未敢遽爲貳犯寬也。至於餘黨花名底册，細鞫宋謙口供，或爲平日知交，或爲程禔故友，因而廣開姓氏爲號召之媒，其罪在不赦之條矣。除將各犯行府監候外，伏乞酌奪，具題發落等因，併僞印等項，呈送到臣。

該臣看得：

同軌同文，四海之車書久定；遵道遵路，一王之作覩攸同。當無蠢爾，敢萌携貳？但居安慮危，宜先未雨之綢；防微杜漸，始消禍亂之萌。臣自受事以來，每以鄰寇未靖，竊發靡常，鰓鰓過慮，屢飭所屬，嚴保甲，勤防禦。若武安縣知縣趙悦學，一聞賊踪，旋卽擒獲，眞文兼武備，厥績誠有可嘉者也。據審叛賊宋謙等，各居別省，勾連叛黨，弗作盛世之民，甘授僞逆之職，且携印散劄，謀攻城邑，叛跡種種有據，審供歷歷可憑。各賊之罪，眞一刻不可容於堯舜之日也。但供報黨羽，實繁有徒。臣隨查照姓名，密行嚴挐，俟獲日與謙等一併審招，請旨正法。至所供「陽城山中有馬賊柒百，步賊貳萬，頭目係僞閣部虞徿」等，又供邯鄲縣人僞總兵劉頭目、曲周縣人僞中軍党念菴等，手下管有叁肆萬人」，聲勢妄誕，雖不可遽信爲實，亦不當盡忽爲虛也。事關地方，籌畫宜早。臣隨密移該督撫臣，嚴查撲剿，期靜根株。所有僞印壹顆，不便久存，密送兵部查收。僞牌劄付等項，語多不倫，暫收存案，俟各賊審招正法之後，即爲焚毀。除馬騾發营騎，操器械留营用外，舊督臣業已起行，新督臣尚未到任，不便列名，臣謹密疏上聞，伏乞皇上敕下該部，將未獲僞閣部虞胤等再行嚴飭查剿，庶諸逆不致釀禍於鄰疆，而地方之隱憂可消矣。緣係擒獲謀叛賊黨密馳上聞事理，臣未敢擅便，爲此具本，專差承差王啓文齎捧，謹密題請旨。

順治拾壹年肆月貳拾壹日，巡撫河南等處地方提督軍務兼理河道都察院右副都御史臣亢得時。

刑部尚書任濬等人題本

刑部等衙門尚書臣任濬等謹題，爲擒獲謀叛賊黨密馳上聞事：

刑科送到密封紅本，該山西巡撫陳應泰題前事，内開順治拾壹年柒月初叁日，據守寧道右參政董應徵、巡寧道僉事盛復選會呈：據太原府申：

蒙守、巡兩道牌文：本年陸月拾貳日蒙巡撫陳都御史憲票：本年陸月拾壹日，准巡撫河南亢都御史密咨：伍月拾陸日准刑部咨准刑科送密封紅本到部，該河南巡撫亢得時題前事：順治拾壹年伍月初柒日奉聖旨：「這拏獲叛賊宋謙等，着即審明正法，未獲叛黨虞胤等，着各該督撫嚴察緝勦，以靖根株，但不得連累無辜。趙悅學用心緝叛，着議敍該部知道。」欽此欽遵。密封到部，相應密咨：「遵照聖旨内事理，即將已獲叛賊宋謙等審明正法，未獲叛賊虞胤等轉行各該地方嚴緝務獲。其有叛賊居址及逃亡在鄰境者，轉咨各該督撫協拏務獲」等因。移咨到院，准此，擬合嚴行密拏。爲此仰本道官吏：「即將單開未獲叛賊嚴行密拏，務在必獲，審供口詞，押解赴院，以憑施行。其有叛賊居址及逃亡在鄰境者，轉行協拏務獲。係關奉旨密緝叛犯，尤宜萬分謹密，毋得少有漏洩，致貽潛逃，自干功令，未便速速。」計單開傅青主，名山；張錡石臣。俱太原府。前件審，據宋謙供稱：「傅青主，太原人，生員，今已出家作道人，身穿紅衣，號爲朱衣道人，年伍拾歲，在汾州一帶遊食訪人，係知情。」又供：「張錡，生員，太原人，授劄督糧通判，在太原城内住，係知情。此人也不說幹事，只因說起明朝，痛哭流涕，故給他劄」等因。備蒙牌行本府，會同軍刑貳廳密拏單開有名叛犯擒獲。

本月拾肆日，又蒙守、巡兩道票前事：順治拾壹年陸月十四日，蒙巡撫陳都御史憲票：昨准河南撫院咨前事，已經備行兩道密緝擒勦。去後，隨已擒獲張錡等，見在發審。但事關重大，研鞫更宜嚴密，合再飭行。爲此，仰守、巡冀寧兩道官吏，卽將前項發審犯人，務要倍加嚴密，卽發府廳研訊，兩道仍宜不時查飭，毋致傍人竊聽，洩漏事機，仍將本犯多方防範，務保無虞。俟審有的確口供，詳明報院，以憑定奪施行」等因。蒙此，密仰府廳，該本府知府邊大綬，會同清軍同知傅鸞祥、理刑推官王秉乘會審。

將各犯隔別，詰問張錡：「宋謙說你與他謀叛，說起明朝來，痛哭流涕。他又與你督糧通判劄付，如今見在那里，從實拏出來。」據張錡供稱：「順治元年時，生員見一道士，他說是李三，在玄通觀打醮處相遇。生員見他是修行之人，遂與他講道，管他齋飯。後於順治肆年又來，他說尋訪人物，平陽、陽城山中現有兵馬，他會呼風喚雨，要做軍師。」詰問：「他說與誰做軍師？」又供：「他說與弘光做軍師。」復詰：「弘光已死了，你何言語支離？」又供：「他說他是弘光差的，如今與永曆做軍師，叫生員跟他去。爲何與你通判，怕了，不肯跟他去。」又詰：「你既不跟他去，爲何與你通判劄付？」又供：「當日他原說與生員劄付，生員懼慌，不敢受他的，卽趁他。他說在朱振宇家内有他行李。生員與他同至朱振宇家，沒着他進去，也沒取出甚麼行李，生員同朱振宇隨卽趕出北門去了。」又詰問：「你沒甚麼言語，他爲何平空就着你跟他？」錡又供稱：「生員因元年變亂，感歎前朝之事。他見生員感歎，他就引誘生員。後見天命有歸，生員將妄念沒了，依舊讀書是實。」

審問朱振宇：「張錡說道士先生在你家住着，到你家取行李，你必是知情的。」據朱振宇供稱：「小的是明季宗室，在徐溝縣地名張華營有莊子壹處，本處有蕭善友於順治肆年失記月日昏黑時候，引一道士至宇家内，說稱道士會修煉。宇留宿。至晚，道士說陽城山内有千數兵馬。他原是弘光差來，今在山西省城打聽有達子兵馬沒有，並訪人物。『你是宗室，敢去不敢去？』小的聽說，就罵說：『滿城都是滿兵，胡說甚麼！』宿了一晚，次日與蕭善友同往玄通觀前張錡家去，說張錡是他會友。不多時張錡隨又同他來到宇家門上，他又說起陽城有兵馬之事，宇與張生員同罵得趕出城去了。此外不知有別事。」覆詰：「他既說來打聽兵馬，已是奸細，你如何不首之於官，擅放他去了？」又供：「宇止知趕他離了門就罷了。宇原是宗室，怎麼敢見官？」

又審傅青主：「你是秀才，因何出家做道士？今宋謙謀叛，他供你是知情。」據傅青主供稱：「小的名山，字青主，原是太原府生員，妻室早亡。因闖賊破城，追餉敗家，就在太安驛出家作了道士。師傅是太安驛人，號郭還陽，今不在了。山出家後，因穿了件紅衣服，人號爲朱衣道人。在平定州住了壹年，盂縣住了貳年，後住在汾州。自去年玖月回陽曲縣西北肆拾里村名土塘住。因好靜坐，住在村南土窑内。山能寫字行醫，外人聞名，多有求字請看病者。玖年，在汾州路上曾遇着个道士，號來陽道人，不說姓名，對山說他會燒煉，在介休縣已有爐口，到就成事。再無別說。拾年陸月，又在汾州路上遇見個道士，姓黃，是北直人，講修養，盤桓住了兩日，並不曾說別話。玖年，有個姓宋的從寧夏來，在汾州拜了山幾次，欲求見面。山聞得人説他在汾州打嚇人，不是好人，因拒絶他，不曾見面。後拾年拾月拾叁日，又拏個書來送禮，説寧夏孫都堂公子有病，請山看病。山説：『孫都堂在山西做官，我曾與他治過病。他豈無家人，因何使你來請？』書也不曾拆，禮單也不曾看，又拒絶了他。他駡的走了。彼時布政司魏經歷正來求藥方，在坐親見。當時止知他姓宋，過後在汾州聽得人説是个宗室。定是他懷恨在心，挾讐扳了。小的平素好遊玩山水，作詩寫字，口頭不謹，多得罪人，或是有的。至於知甚麽情節，訪人的事，斷斷没有。」及加刑嚴訊，山復供稱：「若將姓宋的提來，與山雜在亂人中，他若認識得山，山便情願認罪。」

又審傅山子傅眉：「你父親結交道士，同謀不軌，你可實説了罷。」據傅眉供稱：「與父親另住已柒年了。自丁亥年已分過。分後，在小的丈人家住了兩年，見今典看房子住。有地伍、陸畝，係自己買的，不是老子與的。老子做了道士，在外雲遊，常不來家。他做的事，全然不知。」又詰：「姓宋的與你父親往來，你可曉得麽？」眉口供：「聽得去年有个姓宋的來請小的父親看病，送禮壹分，書壹封，不曾受他的，小的也不曾見這姓宋的。老子平生執古，不近人情。」研訊，再供無異。

又審張錡父張時遇：「你兒子與道士往來，講説陽城有賊，謀稱舉事，原是那壹年？還是誰同見來？實説。」張時遇供稱：「小的兒子進了學，好道，上些布施。小的與兒子另居了陸柒年，小的是都司胡經歷下書手，他幹甚事，小的不知。」

又審朱鎖哥：「你兒子朱振宇留下奸細，你在壹處住，必然知道。」據朱鎖哥供：「小的從小不學好，把家業都費盡了。小的兒子過房與了小的亡兄繼嗣，承受了他的家産，不在一處喫飯，各人自過日子。小的賣面，就向他要些糧米，他也不肯給，還説小的没與他娶老婆，到問他要飯喫。

他做的事，小的怎得知道？」

研審再三，各加刑訊，終始口詞無二。又經道、府、廳委縣，密到張錡家搜尋，並無劄付。正在具詳間，准軍、刑貳廳關蒙巡撫陳都御史批該卑廳呈前事：「蒙本院憲諭，卑職緝拏叛黨傅青主家屬傅止，並朱振宇招扳蕭善友等候審。卑職密行陽曲、徐溝貳縣拘提，去後今已拘獲到職，擬合呈報」等緣由，蒙批：「仰總捕官會同刑官密審，妥確回報。」蒙此，該職等將蕭善友、傅止提取到官。

審問蕭善友：「朱振宇招稱你與道士同到他家，道士來歷，你必盡知。他的姓名、行徑，一一實說。」據蕭善友供稱：「小的名峯，係太原右衛人，在徐溝縣張華營住。順治肆年，有个道士打壹柄藍布傘，在本村路上相遇。他說：『你老人家要學好麼？』小的說：『我是善友。』回頭看他穿戴，俱是白的。那道士說他也是善友，姓李，在榆次縣住。小的留他回家，他說：『同伴人先行了，改日再來罷。』天就落了雨，各人走了。次日他又同不知姓名壹人到小的家中，請他喫飯，他說：『聞得你村裡有個朱振宇，是宗室，在省城，你認得他，咱們相隨訪他去。』住了壹晚。天明，小的因買一貨，同他到朱振宇家。他們說話，教小的出門外去。朱振宇說：『你同來，何必迴避？』吃茶畢，道士說：『你是宗室，削了髮，你不報讐？如今有明主了。』振宇說：『你是賣頭話，不要說。』吃飯打發睡了，復對小的說：『這個道士不是好人，是個奸細。』住了壹宿就走了。過了數日，他又領有陸柒個不知姓名帶弓箭的人，到小的村外，叫出小的來，說他祖是賢寧侯，『我南方有了明主，有个少主周王永歷王，三王讓位。是我朋友教我與他訪些賢士輔佐他，令我與他們劄付。如今教我做軍師，與他提調周王，在外訪賢做事。』又說陽和等處都有他的人。又壹個姓左的在南邊做了元帥，還說教與他尋些書生，結拜兄弟，同他起事。又說：『朱振宇不知時世，不好。

今有陝西李秋霜，見有兵馬，要反。說紅花開敗黑花生，黑花單等白花青。他清朝戴的是紅帽，我們戴的是白帽，就是秋霜一般，專打紅花。』他走時寫下叁个字：『霣霹霳』，念是『眞李元』。『我有人來，你指與他路。這是暗號。』又說事緊了，就往平陽過河南去了。小的將字兒毀了，柒捌年再沒見他。」

又審傅止：「你兄傅山與宋道士私通，供係知情。他們往來，你必知道，可快實說。」據傅止供稱：「小的拾捌歲父就死了。貳拾歲與兄分居，他在土塘村住，小的在西村住。老子在時好道，請壽陽雨師郭還陽，小的兄就拜他爲師。小的母親在小的家住。小的兄，他世事甚也不管。小的只顧母親，不管他。他叁拾歲上死了老婆，再不曾娶。他有才學，狂蕩，得罪於人是有的。小的未曾見宋道士的面。他與道士往來不往來，小的不知道。」

各等情到廳，合關本府會審彙詳等因到府，覆將錡等一干人犯提取到官嚴審，口供無異。據此，會看得：張錡好道邪行，不能識人，致奸人乘機誘引。明宗室朱振宇，不念有生之爲倖，細作入門，輒敢留宿，存心殆不可問矣。錡等供未授僞劄，雖經嚴訊，搜尋未獲，然李道士之行藏，未常不知之也。至蕭峯見李道士後，備聞其言，復接其暗號，留宿款待，知情更切。乃叁人不舉首鳴官，私行縱逐城外，按以知情故縱之律，錡等將何以置喙乎！至於傅山，因被賊禍，久作黄冠，雲遊訪道，審未交結匪類。嚴訊夾訊，堅稱與宋姓者始終並未一面，以爲讐口誣扳。案查宋謙供山知情，今山供爲不知。謙遠在豫，無憑質審，難以懸坐。至傅止等供分居已久，兩村居住，並不知道士之事。職等未敢擅便，伏候裁奪等情申解。

兩道親詣公所，即提各犯於嚴密處，覆加嚴審。除府廳審供相同者不開外，又問張錡：「你的劄付今在何處？快取出來，免受重刑。」據供：「小的原沒受他劄付，聽說起劄付，是以趕他出去。」兩道又將錡用刑嚴訊，供稱：「劄付實沒有。」又審蕭善友：「當日你引道士來尋朱振宇，朱振宇罵道士，趁道士，你見來？是實麽？」供稱：「是實。」又詰蕭善友：「那道士與你相見幾次？既與你叁個字的暗號，他定與你劄付，是何官銜？」供稱：「小的年已老了，怎做的官？並不曾給與劄付，即與的叁個字暗號，當時毀了。此是實話。」又審傅山：「今宋謙供你在汾州一帶訪人，訪得是何人？」供稱：「小的素訪者，修養長生之人，不是做賊的人。」各供吐到道。又審張時遇、朱鎖哥、傅梅、傅止，供吐與前府、廳所供無異。除審畢，仍將各犯責令府、廳固監外，該守寧道參政董應徵、巡寧道僉事盛復選，會看得：

張錡親口歷供，與宋謙之原詞相質無異，其爲知情也明矣。即極稱僞劄未受，又同朱振宇逐趕道士，當日何不擒捉首官？私逐滅跡者，是何存心？即明宗朱振宇，即厲罵道士，勒令出門，是明知叛賊之勾引，而干法律之匪輕，急宜同捉報官，以除不軌，乃止以一逐縱去，法豈容乎？最可恨者善友蕭峯，邪教煽惑，招留賊黨，引誘無知，專爲渠魁作線索，其罪尤有難逭。屢訊俱確，知情故縱之律，斷難爲叁犯寬也。至傅青主名山者，既係生員，才學又優，何不博取科名，以圖効用，輒爾棄家遊食，甘爲傲世肆誌之形狀？且據自供，與宋謙之單開名字、服色一一相符，其中不無隱情。但嚴訊，山供如識謙面，甘受刑殛，似難懸擬。其張時遇、朱鎖哥、傅梅、傅止，審不知情。然奉旨有云「不得連累無辜」，應否別議，統候裁奪，擬合會呈等因，呈詳到職。

據此，案照本年陸月拾壹日接准河南撫臣亢得時咨准刑部咨前事，職即飛檄守、巡冀寧、冀南、河東、鴈平、寧武、岢嵐玖道，太原、平陽、潞安、汾州肆府推官，密緝嚴拏。去後，而張錡、傅山等旋即擒獲，隨經行據該道、府、廳嚴刑會訊。據供前因，該臣會同督臣馬鳴珮看得：

叛黨張錡、傅山，名號、住址業與宋謙之口供相符。今據張錡所供：元年見一道士，肆年又來，說與弘光、永歷做軍師，原有劄付，與伊不受，並感歎前朝之事等語，其爲知情同叛已的的不爽矣。至朱振宇爲故明宗室，同邪教之蕭善友，呼朋引類，庇匿奸徒，既知爲弘光差來打聽，又說陽城有兵馬等情，不即首官，而且接其暗號，留宿款待，反餙趕出城去，是謂不係同謀，其誰信之！傅山以青衿而爲道士，異言異服，踪跡詭秘，所云拒絕宋謙，未曾見面。若係知情，何不舉首？若不知情，當日何所見而拒絕之也？總之，此輩逆天作祟，法網難逃！即螳螂之難撼泰山，而癬疥之終須淨根。臣等凜遵「嚴察緝勦」之特旨，毫不敢疎縱；更仰體「不得連累無辜」之皇仁，亦不敢有株求也。尚有未獲叛黨虞徹等，俟容職等嚴密緝獲另奏外，既經該道、府、廳會審前來，謹先據實密聞，伏乞皇上裁鑒施行等因。順治拾壹年捌月初貳日題。

本月拾貳日奉聖旨：「三法司核議具奏。」欽此欽遵。密封到部，該臣等會同都察院、大理寺覆核，會看得傅山、張錡乃叛賊宋謙所供，係伊同黨知情。今該撫疏稱：「據傅山供稱：有姓宋道人貳次求見，山併拒絕，未曾見面，有布政司魏經歷親見。及加嚴訊，復供若宋謙認得山，情願甘罪。情似無干。且當日宋謙口供，止言其在汾州一帶遊食訪人，原未云所訪何人，謀叛大案，豈容以一語懸坐？即現在張錡、朱振宇、蕭善友等口供，亦絕無一字連及。」該府亦稱：「其雲遊訪道，審未交結匪類，與宋姓始終未面，讐口誣扳。」而該撫以「若係知情，何不舉首？若不知情，何以拒絕」等語定案，尚屬遊移。據朱振宇供：「小的係明季宗室。有蕭善友於順治肆年失記月日昏黑時候，引一道士至宇家，稱說道士會修煉。宇留宿。至晚，道士說陽城山有數千兵馬，他原是弘光差來，今在山西省城打聽有達子兵馬沒有。『你是明宗室，敢去不敢去？』小的就駡說：『滿城都是滿兵，胡說甚麼！』宿了壹晚，次日與蕭善友同去。不多時，張錡同他來宇家門上，他又說起陽城有兵馬之事，宇同張生員同駡得趕出城去了。」張錡供稱：「宋謙原說與生員劄付，生員懼慌不敢受，同至朱振宇家取行李未獲，遂同朱振宇家將宋謙趕出北門去訖。」又供：「因感歎前朝之事，他就引誘生員。後見天命有歸，隨絕妄念，依舊讀書是實。」據蕭善友供稱：「有個道人曾在小的家住壹宿，次日領他到朱振宇家。又對小的說南方有了明主周王永歷王，去時寫下叁個字與我爲暗號，去後卽毀。」叁犯明係知情，該撫看語內止稱「此輩逆天作祟，法網難逃」，又未擬罪。臣等未敢懸議，仍應敕下該撫，再加嚴訊，務期無枉無縱，妥招，按律確擬速奏，再下臣等核擬可也。緣係擒獲謀叛賊黨密馳上聞事理，未敢擅便，謹題請旨。

順治拾壹年拾月初柒日。

刑部尚書臣任濬
左侍郎臣吳喇插
右侍郎臣阿思哈
臣色冷
左侍郎臣李際期
右侍郎臣林德馨
啓心郎臣對哈納
啓心郎臣李天浴
都察院左都御史臣龔鼎孳
參政臣佟國胤
左僉都御史臣蔣國柱
大理寺卿臣尼堪

臣王爾祿
左少卿臣霍　達
寺丞臣張　瑃

刑部尚書圖海等人題本

太子太保、弘文院大學士、刑部等衙門尚書臣圖海等謹題，爲擒獲謀叛賊黨密馳上聞事：

山西清吏司案呈：奉本部送刑科送到密封紅本，該山西巡撫陳應泰題前事，內開：

順治拾壹年拾貳月拾伍日，據山西按察司呈：問得犯人一名蕭善友，即蕭峯，年柒拾伍歲，係山西太原右衛人。狀招峯在徐溝縣地名張華營居住。順治肆年失記月日，有河南見獲叛逆宋謙粧扮雲遊道士，身穿白衣，頭戴白帽，手打藍布傘壹柄，與峯在本村路上相遇。宋謙向峯說稱：「你老人家要學好？」峯回說：「我是个善友。」宋謙說：「我也是善友，姓李，在榆次縣住。」峯就不合欲邀留伊家。宋謙說：「有同伴人先行了，改日再來罷。」彼時適天落雨，各散。次日宋謙又同不知名壹人到峯家內，峯請吃飯。宋謙說：「聞得你村裡有个朱振宇，是宗室，在省城，你認得他，咱們相隨訪他去。」峯又不合留謙住壹晚。次日峯引宋謙至省，昏黑時候到在官朱振宇家。宋謙說會修煉。宋謙與振宇講話，教峯出門外去。朱振宇說：「你既同來，何必迴避？」宋謙說：「你是宗室，削了髮，你不報讐？如今有明主了。」朱振宇回說：「你是賣頭得話，不要說。」朱振宇亦不合打發宋謙與峯吃飯，仍留宿。至夜晚，宋謙說：「陽城山內有千數兵馬，弘光差我來山西省城打聽有達子沒有，並尋訪人物。你是宗室，敢去不敢去？」朱振宇明知宋謙係叛逆奸細，又不合不行執拏送官，止罵說：「滿城都是滿兵，胡說甚麽！」仍打發宋謙睡下，向峯說：「這个道士不是好人，是个奸細。」歇宿壹晚。宋謙先因順治元年省城鉄匠巷玄通觀内打醮，宋謙道粧，假名李三，曾與在官生員張錡在本觀相遇。彼時張錡因與講道，管謙斋飯，結爲道友。談論閑話間，宋謙見張錡感歎前朝之事，懷記在心。宋謙從朱振宇家起身，說：「張錡是我道友。」峯又不合同宋謙到張錡家内。宋謙言說尋訪人物，陽城山中見有兵馬，謙會呼風喚雨，要做軍師。與張錡通判劄付，叫張錡跟他去，同行舉事。張錡慌懼，不敢受劄，不合不行執謙送官，止將謙逐趕令走。謙又說：「朱振宇家有我行李。」張錡卽同宋謙到朱振宇家。朱振宇未令進門，亦無取出甚麽行李。宋謙又言陽城兵馬之事，張錡、朱振宇仍不拏送到官，卽將謙逐出北門去訖。數日後「宋謙又引不知名姓陸、柒个帶弓箭的人到峯村外，叫峯出來。宋謙說：「我祖是賢寧侯，我南方有了明主，有个少主周王永歷王，叁王讓位，是我朋友，教我與他訪些賢士輔佐他，令我與他們劄付。如今教我做軍師，與他提調周王，在外訪賢做事。」又說：「陽和等處都有他的人，又壹个姓左的在南邊做了元帥。」還說教與他尋些書生，結拜兄弟，同他起事。又說：「朱振宇不知時勢，不好。今有陝西李秋霜，見有兵馬，要反，說『紅花開敗黑花生，黑花單等白花青』。他清朝戴的是紅帽，我們戴的是白帽，就是秋霜壹般，專打紅花。」宋謙又寫下叁個字：「⿱雨⿰金眞⿱雨⿰金李⿱雨⿰金元」，念是「眞李元」，爲暗號。又說：「我有人來，你指與他路。」又說：「事緊了。」就往平陽過河南去了。比峯又不合知情故縱。宋謙逃走，將伊叁字燒毀。

有在官傅山，先係太原府學生員，妻室早亡，因闖賊破城，比餉敗家，投壽陽縣太安驛已故羽士郭還陽出家爲徒，在平定、盂縣、汾州等處雲遊，能寫字，通醫道。順治玖年分，宋謙聞名，在汾州拜謁傅山幾次。傅山聞的人說謙在汾州假倚燒煉，騙渾打嚇人，不是好人，因而拒絕未見，原不知彼叛逆情因。後於順治拾年玖月内，傅山回陽曲縣地方土塘村，居住土窑中。至拾月拾叁日，宋謙又拏書送禮，到傅山門上，説寧夏孫都堂公子有病，請傅山去看病。傅山想，孫都堂在山西做布政，我曾與他治過病，他豈無家人差使，因何差他來請？心疑是假，因阻拒未見，並未拆書，亦未曾看禮單。宋謙因山拒絶，罵恨去訖。

後宋謙在於河南地方事犯，招出錡等姓名，河南撫院移咨山西巡撫陳都御史，備行守、巡冀寧兩道，將張錡等擒獲。隨蒙守、巡兩道憲票，蒙巡撫陳都御史憲票：「案照昨准河南撫院咨前事，已經備行兩道密緝擒勦。去後，隨已擒獲張錡等，見在發審。但事關重大，研鞫更宜嚴密，合再飭行。爲此，仰守、巡冀寧兩道官吏，卽將前項發審犯人，務要加倍嚴密，卽發府聽勿洩漏事機，並將本犯多方防範，務保無虞，俟審有的確口供，詳明報院，以憑定奪施行」等因。蒙此，仰太原府廳官吏卽便會同，速將犯人張錡等務要研訊的確口供，詳明呈報兩道，以憑會審，評院施行等因到府。

該本府知府邊大綬，會同清軍同知傅巒詳、理刑推官王秉乘會審，將各犯隔别，詰問張錡：「宋謙説你與他同行謀叛，不忘明朝，説起來痛哭流涕。他與你壹督糧通判劄付，如今見在那裡，從實拏出來。」據張錡供稱：「順治元年時，生員見壹道士，他説是李三，在玄通觀打醮處相遇，生員見他是修行之人，遂與他講道，管他齋飯。後於順治肆年又來，他説尋訪人物，平陽、陽城山中現有兵馬，他會呼風唤雨，要做軍師。」詰問：「他説與誰做軍師？」又供：「他説與弘光做軍師。」覆詰：「弘光已死了，你何言語支離？」又供：「他説他是弘光差的，如今與永歷做軍師，叫生員跟他去同行舉事。生員怕了，不肯跟他去。」又詰：「你既不跟他去，他爲何與你通判劄付？」又供：「當日他原説與生員劄付，生員懼慌，不敢受他的，卽趕他。他説在朱振宇家内有他行李，生員與他同至朱振宇家，沒着他進去，也沒取出甚麼行李。生員同朱振宇隨卽趕出他北門去了。」又詰問：「你沒甚麼言語，他爲何平空就着你跟他？」錡又供稱：「生員因元年變亂，感歎前朝之事，他見生員感歎，他就引誘生員。後見天命有歸，生員將妄念沒了，依舊讀書是實。」

審問朱振宇：「張錡說道士先在你家住着，到你家取行李，你必是知情的。」據朱振宇供稱：「小的是明朝宗室，在徐溝縣地名張華營有莊子一處。本處有蕭善友，於順治肆年失記月日昏黑時候，引壹道士至宇家內，說稱道士會修煉，宇留宿。至夜，道士說陽城山內有千數兵馬，他原是弘光差來，今在山西省城打聽有達子兵馬沒有，並訪人物。『你是宗室，敢去不敢去？』小的聽說就罵說：『滿城都是滿兵，胡說甚麼！』宿了壹晚，次日與蕭善友同往玄通觀前張錡家去，說張錡是他會友。不多時，張錡隨又同他來到宇家門上。他又說起陽城有兵馬之事，宇與張生員同罵得趕出城去了。此外不知道有別事。」覆詰：「他旣說來打聽兵馬，已是奸細，你何不首之於官，擅放他去了？」又供：「宇止知趕他離了門就罷了。宇原是宗室，怎麼敢見官？」

又審傅青主：「你是秀才，因何出家做道士？今宋謙謀叛，他供你是知情。」據傅青主供稱：「小的名山，字青主。原是太原府生員，妻室早亡，因闖賊破城，追餉敗家，就在太安驛出家做了道士，師傅是太安驛人，號是郭還陽，今不在了。山出家後，因穿了件紅衣服，人號爲朱衣道人，在平定州住了一年，盂縣住了貳年，後住在汾州。自去年玖月回陽曲縣西北肆拾里村名士塘住。因好靜坐，住在村南土窰內。山能寫字行醫，外人聞名，多有求字請看病者。玖年在汾州路上曾遇着个道士，號來陽道人，不說姓名，對山說他會燒煉，在介休縣已有爐口，到就成事。再無別說。拾年陸月，又在汾州路上遇見个道士，姓黃，是北直人，講修養，盤桓住了兩日，並不曾說別話。玖年有个姓宋的從寧夏來，在汾州拜了山幾次，欲求見面。山聞得人說他在汾州打嚇人，不是好人，因拒絕他，不曾見面。後拾年拾月拾叁日又拏个書來送禮，說寧夏孫都堂公子有病，請山看病。山說孫都堂在山西做官，我曾與他治過病。他豈無家人，因何使你來請？書也不曾拆，禮單也不曾看，又拒絕了他，他罵的走了。彼時布政司魏經歷正來求藥方，在坐親見。當時止知他姓宋。過後在汾州聽得人說是个宗室。定是他懷恨在心，挾讐扳了。小的平素好遊玩山水，作詩寫字，口頭不謹，多得罪人，或是有的；至於知甚情節，訪人的事，斷斷沒有。」及加刑嚴訊，山覆供稱：「若將姓宋的提來，與山雜在亂人中，他若認得山，山便情願認罪。」

又審傅山子傅梅：「你父親結交道士，同謀不軌，你可實說了罷。」據傅梅供稱：「與父親另住已柒年了。自丁亥年已分過，分後在小的丈人家住了兩年，見今典着房子住。有地伍、陸畝，係自己買的，不是老子與的。老子做了道士，在外雲遊，常不來家，他做的事，全然不知。」又審：「姓宋的與你父親往來，你可曉得麼？」梅口供：「聽得去年有个姓宋的來請小的父親看病，送禮壹分，書壹封，不曾受他的。小的也不曾見這姓宋的。老子平生執古，不近人情。」研訊，再供無異。

又審張錡父張時遇：「你兒子與道士往來，講說陽城有賊，謀稱舉事，原是那壹年？還是誰同見來？實說。」據張時遇供稱：「小的兒子進了學，好道，上些布施。小的與兒子另居了陸、柒年，小的是都司胡經歷下書手，他幹事小的不知。」

又審朱鎖哥：「你兒子朱振宇留下奸細，你在一起住，必然知道。」據朱鎖哥供：「小的從小不學好，把家業都盡費了，小的兒子過房與了小的亡兄繼嗣，承受了他的家產，不在一處吃飯，各人自過日子。小的賣麵，就向他要些粮米，他也不肯給，還說小的沒與他娶老婆，倒問他要飯吃。他做的事，小的怎的知道？」研審再三，各加刑訊，終始口詞無二。

又經道、府、廳、縣密到張錡家搜尋，並無劄付。正在具詳間，准軍、刑二廳關：「蒙巡撫陳都御史批該卑廳呈前事，蒙本院憲諭，卑職緝拏叛黨傅青主家屬傅止並朱振宇招扳蕭善友等候審。卑職密行陽曲、徐溝貳縣拘提。去後，今已拘獲到職，擬合呈報」等緣由。蒙批：「仰總捕官會同刑官密審妥確回報。」蒙此，該職等將蕭善友、傅止提取到官。

審問蕭善友：「朱振宇招稱你與道士同到他家，道士來歷，你必盡知。他得姓名行徑，一一實說。」據蕭善友供稱：「小的名峯，係太原右衛人，在徐溝縣張華營住。順治肆年，有个道士打一柄藍布傘在本村路上相遇，他說：『你老人家要學好。』小的說：『我是善友。』回頭看他穿戴，俱是白的。那道士說他也是善友，姓李，在榆次縣住。小的留他回家，他說：『同伴人先行了，改日再來罷。』天就落了雨，各人走了，次日他又同一不知名人到小的家中，請他吃飯。他說：『聞得你村裡有个朱振宇，是宗室，在省城，你認得他，咱們相隨訪他去。』住了一晚，天明，小的因買貨，同他到朱振宇家。他們說話，教小的出門外去。朱振宇說：『你同來，何必迴避？』吃茶畢，道士說：『你是宗室，削了髮，你不報讐？如今有明主了。』朱振宇說：『你是賣頭的話，不要說。』吃飯打發睡了。復對小的說：『這个道士不是好人，是个奸細。』住了一宿就走了。過了數日，他又領有陸、柒个不知名帶弓箭的到小的村外，叫出小的來，說他祖是賢寧侯，『我南方有了明主，有个少主周王永歷王，叁王讓位，是我朋友教我與他訪些賢士輔佐他，令我與他們劄付。如今教我做軍師，與他提調周王，在外訪賢做事。』又說陽和等處都有他的人。又壹個姓左的在南邊做了元帥。還說教與他尋些書生，結拜兄弟，同他起事。又說『朱振宇不知時勢，不好。今有陝西李秋霜見有兵馬，要反，說紅花開敗黑花生，黑花單等白花青。他清朝戴的是紅帽，我們戴的是白帽，就是秋霜一般，專打紅花。』他走時寫下叁个字：『⿱雨⿰金眞⿱雨⿰金李⿱雨⿰金元』，念是『眞李元』。『我有人來，你指與他路，這是暗號。』又說：『事緊了。』就往平陽過河南去了。小的將字兒燒了，柒、捌年再沒有見他。」

又審傅止：「你兄傅山與宋道士私通，供係知情，他們往來，你必知道，可即實說。」據傅止供稱：「小的拾捌歲父就死了。貳拾歲與兄分居，他在土塘村住，小的在西村住。老子在時好道，請壽陽雨師郭還陽，小的兄就拜他爲師。小的母親在小的家住。小的兄他世事甚也不管，小的只顧母親，不管他。他叁拾歲上死了老婆，再不曾娶嫂子。他有才學，狂蕩，得罪於人是有的，小的未曾見宋道士的面，他與道士往來不往來，小的不知道。」

各等情到廳，合關本府會審，滙詳等因到府，覆將錡等一干人犯提取到官嚴審，口供無異。據此，會看得：

張錡好道邪行，不能識人，致奸人乘機誘引。明宗室朱振宇不念有生之爲倖，細作入門，輒敢留宿，存心不殆，不可問矣。錡等供未受僞劄，雖經搜尋嚴訊未獲，然李道士之行藏未嘗不知之也。至蕭峯見李道士後，備聞其言，復接其暗號，留宿款待，知情更切。仍乃叁人不舉首鳴官，私行縱逐城外，按以知情故縱之律，錡等將何以置喙乎？至於傅山，因被賊禍，久作黃冠，雲遊訪道，審未交結匪類。嚴刑夾訊，堅稱與宋姓者始終並未一面，以爲讐口誣扳。案查宋謙供山知情，今山供爲不知，謙遠在豫，無憑質審，難以懸坐。至傅止、傅梅、朱鎖哥、張時遇等供分居已久，兩村居住，並不知道士之事。職等未敢擅便，伏候裁奪等緣由，於順治拾壹年陸月貳拾壹日，連人申解守、巡兩道覆審呈詳。

巡撫陳都御史會同總督馬侍郎，看得：

叛黨張錡、傅山名號、住址，業與宋謙之口供相符。今據張錡所供，元年見壹道士，肆年又來，說與弘光、永歷做軍師，原有劄付與伊不受，並感歎前朝之事等語，其爲知情同叛，已的的不爽矣。至朱振宇爲故明宗室，同邪教之蕭善友呼朋引類，庇匿奸徒，既知爲弘光差來打聽，又說陽城有兵馬等情，不即首官，而且接其暗號，留宿款待，反飾趕出城去，是謂不係同謀，其誰信之！傅山以青衿而爲道士，異言異服，踪跡詭秘，所云拒絕宋謙，未曾見面，若係知情，何不舉首？若不知情，當日何所見而拒絕之也？總之此輩逆天作祟，法網難逃，即螳螂之難撼泰山，而癬疥之終須淨根。臣等凜遵「嚴密緝勦」之特旨，毫不敢疎縱，更仰體「不得連累無辜」之皇仁，亦不敢有株求也。尚有未獲叛黨虞衞等，俟容臣等嚴密緝獲另奏外，既經該道、府、廳會審前來，謹先據實密聞，伏乞皇上裁鑒施行等因具題。

奉旨：「三法司核議具奏。」欽此欽遵。密封送部。該本部會同都察院、大理寺核議無異，會看得：

傅山、張錡乃叛賊宋謙所供，係伊同黨知情。今該撫疏稱：「據傅山供稱：『有姓宋道人貳次求見，山倂拒絕未曾見面，有布政司魏經歷親見。』及加刑嚴訊，復供：『若宋謙認得山，情愿甘罪。』」情似無干。且當日宋謙口供，止言其汾州一帶遊食訪人，原未云所訪何人。謀叛大案，豈容以壹言懸坐？即現在張錡、朱振宇、蕭善友等口供，亦絕無壹字連及。該府亦稱其「雲遊訪道，審未交結匪類。與宋姓始終未面，讐口誣扳。」而該撫以「若係知情，何不舉首；若不知情，何以拒絕」等語定案，尚屬遊移。據朱振宇供：「小的係明季宗室，有蕭善友於順治肆年失記月日昏黑時候引壹道士至宇家，稱說道士會修煉，宇留宿。至晚，道士說陽城山有數千兵馬，他原是弘光差來，今在山西省城打聽有達子兵馬沒有，『你是宗室，敢去不敢去？』小的就罵說：『滿城都是滿兵，胡說甚麽！』宿了一晚，次日與蕭善友同去，不多時張錡同他來宇家門上，他又說起陽城有兵馬之事，宇同張生員同罵得趕出城去了。」張錡供稱「宋謙原說與生員劄付，生員懼慌，不敢受。同至朱振宇家取行李，未獲，遂同朱振宇將宋謙趕出北門去訖。」又供：「因感歎前朝之事，他就引誘生員。後見天命有歸，隨絕妄念，依舊讀書是實。」據蕭善友供稱：「有个道人曾在小的家住壹宿，次日領他到朱振宇家，又對小的說南方有了明主周王永歷王，去時寫下叁箇字，與我爲暗號。去後即毀。」叁犯明係知情，該撫看語内止稱「此輩逆天作祟，法網難逃」，又未擬罪。臣等未敢懸議，仍應勅下該撫再加嚴訊，務期無枉無縱，妥招，按律確擬速奏，再下臣等核擬可也等因具題。

順治拾壹年拾月初捌日，奉旨：「依議行。」欽此欽遵。密封到部。密咨巡撫陳都御史：「遵照旨及查咨内事理，即將傅山等再加嚴訊，妥招確擬，務無枉無縱，速奏結案，希勿遲緩。」

蒙本院於拾月貳拾貳日密行按察司案仰太原府，該本府知府邊大綬會同清軍總捕同知傅鸞祥、理刑推官王秉乘將峯提取到官，再三研審：「傅山，你當時既不知情，何以拒絕？如知情拒絕，何又不行舉首？」據傅山供：「山出家多年，專以養性爲主，素常以燒煉爲邪道，不做此事。聞得人說姓宋道士在汾州府假以燒煉，渾騙打嚇人財物，便與山素性不合，因此拒絕不見他。至於他謀叛事情，山從來未與他見面，如何得知？只因不見他，因此被他挾讐誣扳。原不是知他做奸細才拒絕他。此是實情。」再審朱振宇、張錡，各供「宇等當日只說趕離他出城去就罷了，原是見識短，不知拏送到官。若知有今日，焉肯不拏他見官。」再審蕭峯，與前供無異。據此，會看得：

宋謙，叛逆之奸細也。蕭峯初次留宿，猶可委爲不知；及引謙於朱振宇之家，言及陽城山中兵馬，則謙之爲細作已明明露矣。振宇、張錡雖不縛謙送官，猶知逐離城外。乃峯則受其字號，縱令遠去，其爲知情故縱，殆百舌無詞矣，一絞自不能辭也。張錡、朱振宇止知逐離可以免禍，不知不首難逃法網。查律文，知謀叛已行不首者杖壹百、流叁千里；知未行不首者，杖壹佰、徒叁年。宋謙既稱陽城山見有兵馬，是謀叛已行也。張錡、朱振宇俱照知謀叛已行不首之律，各流不枉。傅山棄儒從道，宋謙數次拜訪，既拒而不面，及以書禮誘之，又拒而不納。則謙之供山爲知情，的屬挾讐誣扳也。既奉有「無枉無縱」之明文，則蕭峯等之知情者固不敢失出，而傅山之不知情者又不敢苛入也，似應寬釋，伏候裁奪。將峯問拟「知謀叛已行故縱」者，絞罪；張錡、朱振宇「知而不首者」，各流罪。具招於順治拾壹年拾月貳拾捌日連人呈解本司。

蒙批：「蕭峯明知宋謙係叛逆奸細，隱縱不首，律絞不枉；張錡、朱振宇壹與之交往，壹與之齋飯居停，而宋謙叛逆之言已津津說知於貳人矣，何不執之鳴官，而乃逐離使去？是貳人之罪，案當與知情故縱之蕭峯等也。『拟流』是否協律？至於傅山，果否讐扳？毋使狡辯漏網。仰府會同軍刑貳廳再嚴加細訊，如律確拟，妥招速報。」此徼於拾月貳拾玖日詳批到府。該本府知府邊大綬會同清軍總捕同知傅鸞祥、理刑推官王秉乘將峯等提取到官覆審。會看得：宋謙以叛逆姦細，逢人勾引，蕭峯疑結未已，繼之下榻，至受其字號，隱縱而去，一絞何辭！朱振宇與謙素昧生平，因峰延引，遂而留食，乃語及陽城山賊情，叛謀露矣！既曰呵斥，又爲留宿，何哉？至於次日，不首之官，竟送出城。謂爲「知情故縱」，誰曰不然！並擬繯首，的屬非誣。生員張錡雖止與謙覿面數語，不曾留謙於家，情似差輕；然知慌懼不敢受劄，不知舉首於官，亦難逃「故縱」之律也。傅山黃冠爲道，避靜遠俗，終始與謙未面，止因不納書幣，致觸謙怒，掛名仇口，歷經刑審，毫無風影。誣枉既眞，應當開釋。將峯等問招呈詳本司。

按察使張尚覆詳。看得：

蕭峯與宋謙邂逅相逢，而峯卽傾蓋如故，款待留宿。詰朝，又引謙至朱振宇、張錡之家。錡、宇與謙或相遇在先，或居停於後，私室共語，無壹非叛逆之事，蕭峯亦與聞焉。俱隱不首捕，非

「知情故縱」而何？叁犯擬絞，厥罪惟均。雖振宇以叱逐狡辯，誰其信之！至黄冠傅山，以子衿棄家，不關世務者久矣。宋謙兩次詢訪。竟未與面，謙既赧顔，豈不懷怨？此含沙射影所由來耳。屢審無涉，應予祝網。將峯等問招呈詳巡撫陳都御史。

蒙批：「蕭峯與宋謙萍水相逢，而峯卽欵待留宿，詰朝，又引謙至朱振宇、張錡之家。及所言無壹非叛逆之事，叁犯或受其字號，或與之齋飯居停，或對之感泣，俱隱縱不行首捕，擬繯首是否合律？至傅山，查豫撫咨開『宋謙原供山在汾州一帶遊食訪人、係知情』。今屢審，以不納書幣致觸謙怒，掛名讐口，是否實情？各犯尚有狡飾未吐情節。事關叛逆，難容草率，仰司再行嚴訊，確擬招報。」

蒙本司案行本府關行清軍廳：「煩將犯人蕭峯等會同刑廳作速逐一研審明確，依律具招，連人帶關送府以憑覆審轉解。」該本府清軍總捕同知傅鸞祥，會同理刑推官王秉乘，將峯等提取到官、遵照批駁詞語覆審。得傅山供稱：「山因闖亂破家，衣食不給，因汾州府有舊日相認朋友幾人，遂到汾州府君村寺上住持壹年半，投彼處朋友資助，養贍延生，本村鄉保可問，並未在一帶往來，那有訪人的事。平生好靜，一切外人都不與接見，不止拒絕宋謙一人。」及審蕭峯、張錡、朱振宇，各供與前情無異。據此，會看得：蕭峯之與宋謙以初見而同莫逆，且引見朱振宇等，謙叛既聞，隱縱，又不舉首，按律擬絞，非枉非縱；傅山棄家學道，以衣食不足遊訪故舊依養，叠經嚴訊，堅稱「絕謙因而讐扳」，覆審供明，原屬無辜，應行釋放者也。將峯等問招關解到府。

該本府知府邊大綬覆審無異。看得：

蕭峯與宋謙邂逅相遇卽成莫逆，留食留宿，兼受字號，可謂甘心從逆矣！乃復介紹於朱振宇、張錡之家，振宇爲謙中宵下榻，張錡與謙覿面聚談，皆峯爲之也。使宇與錡卽時舉首，不亦脫然事外乎？乃止知逐謙，不知捕首，卽曰「當面呵斥」、「不受僞劄」，其誰信之！然則原情，則峯爲罪首，宇次之，錡又次之，論法則峯與宇、錡均難逃「隱縱」之律，擬以絢首，亦何枉焉！傅山以家業凋零，托生緇流。其僑寓汾州者，資生無策，依養故舊耳。謙以山「訪友」之事，遂渾名之曰「訪人」，而終不能直指其所訪者爲何人，其爲捕風捉影之詞明矣。且歷經刑訊，堅稱「與謙未見」。嚴刑之下，當無遁情。的屬無辜，應行寬釋，以信明旨者也。將峯等問招呈解到司。

該本司按察使張尚覆審。看得：蕭峯與朱振宇、張錡叅犯不守我朝之法，自作亡身之孽，或受宋謙之字號，或與午夜而聚談，明知姦細，不行首捕，按以「故縱」之律，均當繯頸之誅。今蒙本院駁核本司，反覆推詳情律，允符「毋枉毋縱」。惟傅山壹人拒謙過甚，致謙扳誣，歷經刑訊，要不知情，應遵「不得株連」之旨，逐爲省釋可也。將峯等取問罪犯，議得蕭峯、張錡、朱振宇所犯合依「謀叛已行，知情故縱者」律，各絞決，不待時。緣係重刑，牢固監候，轉詳處決供明。傅山查發寧家。照出蕭峯、張錡、朱振宇俱係死罪，俱免紙，餘無再照等因，呈詳到臣。

該臣謹會同督臣馬鳴佩看得：

叛逆奸細，人人得而誅之，知情故縱，法所不貸。叛賊宋謙，逢人勾引，到處煽惑，逆謀彰彰。而蕭峯初遇宋謙，助相依附，留食留宿，繼而兼受字號，其甘心從逆，何說之辭？且爲謙介紹於朱振宇、張錡之家，宇則中宵下榻，錡則覿面聚談。賊謙所言既無一非叛逆之事，使稍有血性心知者，卽當登時擒縛首官，胡乃逐之出城而去？卽宇云「當面呵斥」，錡云「慌懼不敢受劄」，雖喙長三尺，其何逭於「知情故縱」之律哉！則峯與宇、錡叅犯，法應併絞，允當厥辜。至傅山，以子衿棄家，遊食他方，投訪故舊，屢經臣等批駁嚴訊，委無「交結匪類」之情，卽宋謙詢訪，亦堅拒未面。的係扳誣，似應姑從寬釋，以昭「不得株連無辜」之皇仁也。既經該司問招呈詳前來，相應具題，伏乞勅下三法司覆議上請行，臣等遵奉施行等因。於順治拾貳年正月拾伍日題。

本月貳拾肆日奉旨：「三法司核擬具奏，欽此。」密封到部。該臣等會同都察院、大理寺覆核。該太子太保、弘文院大學士、刑部尚書臣圖海，少保兼太子太保、尚書臣劉昌，左侍郎臣吳喇插，右侍郎臣阿思哈，左侍郎臣袁懋功，啟心郎臣對哈納，啟心郎臣李天浴，看得：蕭峯初遇叛犯宋謙，即留宿款待，既而引謙於朱振宇之家，名爲燒煉，迨言及陽城山中兵馬，振宇即行斥逐，而蕭峯且接受其叁字暗號，縱之遠去。張錡雖未受僞劄，而往來獨人，且引宋謙往振宇家去，見振宇不令入門，始行同逐。貳犯擬以「知而故縱」，夫復何辭！蕭峯、張錡合依「知謀叛已行而故縱」者律，各絞決，不待時。朱振宇因峯延引燒煉，遂爾留食，見説陽城山中兵馬，即喝罵逐離，與峯等合改依「知謀叛已行而不首」者律，杖壹百，流叁千里，照例解部流徙。傅山，據該撫疏稱「嚴訊的係扳誣」，相應釋宥。又該都察院左都御史臣龔鼎孳，參政臣佟國胤，左副都御史臣曹溶，大理寺卿臣吳庫禮，卿臣孫建宗，寺丞臣程正揆，看得：蕭峯遇叛逆宋謙，既留宿於家，又受其字號，知情故縱，立絞無辭；至朱振宇留食，止以蕭峯延引，見出狂言，即行逐離，依「知而不首」律杖流，允協。張錡始而慌懼，不敢受劄，繼同振宇趕逐出門，亦難於「故縱者」同論，並依「知而不首」律杖流，足蔽厥辜。傅山的係誣扳，相應釋宥。緣係擒獲謀叛賊黨密馳上聞事理，未敢擅便，謹題請旨。

順治拾貳年柒月初肆日。

太子太保弘文院大學士刑部尚書　臣圖　海

少保兼太子太保尚書　臣劉　昌

左侍郎　臣吳喇插

右侍郎　臣阿思哈
左侍郎　臣袁懋功
啟心郎　臣對哈納
啟心郎　臣李天浴
都察院左都御史　臣龔鼎孳
參政　臣佟國胤
左副都御史　臣曹　溶
大理寺卿　臣吳庫禮
大理寺卿　臣孫建宗
寺丞　臣程正揆

附錄七　霜紅龕集誤收文

缺題〔一〕

胡　庭

雪峰和尚凡作詩，輒自署曰「拙庵」。白居實先生曰：「庵舊名藏拙，拙不必藏也。」拙不必藏，亦不必見。杜工部曰：「用拙存吾道。」內有所守，而後外有所用，皆無心者也。藏與見，皆有心者也。有心則貌拙而實巧，巧則多營，多營則雖有所得而失隨之，究之得不償失。守之云者，可以求，可以無求，弗求之矣。可以舟旋，可以無舟旋，弗舟旋之矣。可以思慮，可以無思慮，弗思慮之矣。和尚家風，壞色死灰，以爲清淨。易曰：「無思也，無爲也，感而遂通天下之志。」則拙之道成矣。倘太覺寂寞時，即以小詩作慧業解脫可也。西河胡庭季子題贈。

贈雪峰序〔二〕

胡　庭

雪峰嘗托鉢西河，募六七金遽止。〔三〕廉哉！而罄所獲，市十三經注疏攜歸，同儕遂目爲「十三經和尚。」

〔一〕此篇據傅眉抄本整理，抄本藏太原晉祠博物館。霜紅龕集誤爲傅山作，今移至此。
〔二〕此篇據傅眉抄本整理，抄本藏太原晉祠博物館。霜紅龕集誤爲傅山作，今移至此。
〔三〕「據」，霜紅龕集作「遂」。

余過太原，雪公見示拙庵集，余贈句云：「拙義非詩訓，毛詩正復葩。由來情有種，不異樹生花。字句能烹鍊，篇章自整暇。都無勾棘處，拈著見楞伽。」同儕復目爲詩憎。無何，雪公走幽燕，踰齊魯，抵吳越，造多羅藏，竣事久矣。乙丑春暮，晤雪公于會城鎮遠門北郭護國蘭若，寶藏强半未曾裝潢，纍纍置案頭。詢知前所造寄供某寺，今所造方謀建閣爲頓放，所爲終老皈依因緣。岌岌乎！一之，再之，三之，孳孳惟日不足，是大願力。石道翁先生曰：「修正覺者，當下便了；造經律論，不日不月，非其懶耶！張横渠汎濫二氏，了無究竟，讀學庸魯論，曰：『道在是矣。』從佛老得解楞伽，所謂異熟同儕。」知雪公哉！十三經與詩究竟不離僧與和尚，是大願力。勇猛懶惰，諸佛菩薩實自證明。

臨濟弟子、龍光和尚海藏俗名胡庭撰。〔一〕

重刻釋迦成道記敘〔二〕

明　豁

雪峯上人憫後學之失于正見，不知佛爲聖中之聖，天中之天，又恐以沙門之説諭之，不若以文人之説諭之之爲確也，發意欲刻王勃所撰釋迦如來成道記。積久未就，而志固不移。以余嘗從事于儒而學佛者，虚而問之，且求爲敘。

余曰：敘則匪才，理則嘗究心焉。夫含靈之倫，轉于斯世也，莫不有性，乃性卽佛性也。湼槃

〔一〕此落款，霜紅龕集無。

〔二〕此篇據傅眉抄本整理，抄本藏太原晉祠博物館。霜紅龕集誤爲傅山作，今移至此。

云：「一切衆生，皆有佛性。」又云：「有佛無佛，性相常住。」〔一〕但凡夫妄相濃厚，外小執着太甚，以故雖有天眞本然之性，億億萬劫而不證得。由是如來捨兜率，降王宮，十九出家，六年成道，種種說法，度脫衆生，無非欲天上人間，遠離執着，捐舍妄想，復還大圓空寂之本性，如是而已。孰知去聖漸遠，習俗移人，譬如良醫之子服美藥者，病愈脫，若誤服毒藥，久患沈痾，乃有以身毁佛者，以言謗教者，以一引諸甘爲淪落。其閒豈無荷擔如來，或爲如來所遣，多方教化，亹亹緒論者乎？〔二〕無如失心之士，毫無餐采，致使如來本迹大明中天而不見，諸子著述雲雷鼓震而不聞，蓋其迷也久矣，雖有欲抉昏蒙之目、拔滯溺之身者，亦將如之何哉！

上人曰：亦唯心焉而已。譬如君父，其病雖危極而不可以療治，猶將求藥無已，宛轉進之，而令其服。萬一服之而瘥，不愈于不服而斃乎？況人之根性不等，或有初見而喜者，或有久味而悅者，或有今世諷咏而後世發爲道種者，卽以此爲楞嚴，卽以此爲圓覺，卽以此爲普雨，卽以此爲大雷，安知王子安之不爲如來使乎？安知成道記之不爲修多羅乎？往昔如來爲半句偈，捨全身于夜叉，猶處處書寫，令人受持，何況此記備法王之大化，括正覺之始終。書而梓之，卽不家諭戶曉，俾縉紳先生不檢閱大藏，知如來有如是之降生，有如是之棄捨，有如是之開悟，說法利生，終歸涅槃，超出人天衆聖之上，不可思議，遠悱謗正法之愆，有漸染菩提之分，詎不藉此爲利濟歟？

余曰：此諸佛所爲助之喜也。〔三〕但奔蜂不能化藿蠋，越鷄不能伏鵠卵。請全否德，〔四〕別乞名

〔一〕「住」，霜紅龕集作「往」。
〔二〕「亹亹」，霜紅龕集作空白。
〔三〕「所爲」，霜紅龕集各本作「行」。
〔四〕「否」霜紅龕集各本作「不」。

流。俾鎔金琢玉，日耀星明，闢皇路之蓁蕪，開世閒之聾聵，庶足闡上人四依之弘願，揚子安雪曲之遠韻云爾。

上人曰：勿多遜，勿多遜。於是敍而綜之，如貫虛空，弁于記前，如取刁刁之聲，而以爲可住也。

時康熙十年七月二十四日。〔一〕

雜記〔二〕

兄弟者，左右手也。譬人將鬭而斷其右手，曰：「我必勝若。」如是者，可乎？夫弃兄弟而不親，天下其誰親之？屬有讒人反構其閒，以求一朝之利，願塞耳勿聽也。

上谷詩册〔三〕

十九夜，夢觀王文成公、羅念菴先生修學文。王文通不記憶，羅文起句云：「君子之學，

〔一〕自「庶足闡上人」至此，霜紅龕集作：「庶知建塔者殆爲人民計耳。使招提茂鬱、法相莊嚴而一方之人民賴以安，四境之風土得以息，玉燭常調，夭札不作，何者非佛力之護佑，而保泰于無涯者哉？以是而募之十方，樂施焉爾，樂化焉爾，余亦樂疏焉爾。」尹案：此段似某募緣疏引文錯簡至此。

〔二〕此條爲王脩與袁譚語，見三國志王脩傳，霜紅龕集各本誤收。

〔三〕此篇傅山全書初版本在卷十七雜詩中，因劉、丁本均認爲非傅山所作，本書編者也以爲非青主作品，故移至此。詳見本篇末小注。

忠信廣順。忠信固所以自治，〔一〕廣順亦所以自言。」「言」字模糊難辨，下二語又作「焉」字。此時竊恐「言」爲「嚴」字之誤。〔二〕夢寐之間，固當如是哉？又三燕子墮落堂中西南隅，東西各一，目猶瞬然，身尚直立，〔三〕其北一，則目閉腹反矣。余視之惻然。少時，身轉目瞬，亦同二子。余私慶之，焉尚可救也，遂覺霜清月冷，露下四鼓矣。〔四〕醒後念之不置，恐事關家庭，非幻境也。朱君之數，得無驗乎？因近觀入燕，〔五〕遠至數年，語默妍媸，宛其在目，莫不各有自然，天則二君子，殆將以良知甦我乎？微生何幸，微生何幸！〔六〕抑思忠信兩字，結髮來不敢忽，至於廣順，未之能也，眞切余病哉！近一僕忽恣肆，〔七〕余惡其無禮，遂欲去之。口雖不言，而心實芥蒂。因自誦曰：「小人哉，主翁之謂何？」故並及，以志余過，且可觸目驚心，黽勉「廣順」二字，庶幾文成之文不至遺忘，而三燕子亦少瘳乎！上元甲子十二月二十日記於保定撫署。

失題

窮冬無所事，獨坐向圍爐。瞬目觀千古，離思翻百憂。堯舜闢草萊，三代繼前疇。暴秦一海宇，

〔一〕「所」，丁本作「成」，據他本改。

〔二〕「爲」，丁本脫，據王本補。

〔三〕「尚」，丁本作「何」，據他本改。

〔四〕「露」，拾遺、劉、丁本注：「疑作漏」。

〔五〕「近」，丁本作「靜」，據他本改。

〔六〕此二句丁本無，據拾遺、王本補。

〔七〕「忽」，拾遺、王本作「頗」。

長城界北陬。漢高稱神武，白登遺厥羞。

白日起長歎，中心有所思，彼美在西方，椒蘭雜蕙茝。亭亭翠羽蓋，皎皎赤虬符。青鸞白仙鶴，乳髓紫靈芝。我欲問遺之，道路修且阻。稽顙復再拜，日暮而踟躇。

上谷元旦

秉燭起長歎，吁嗟行路難。資糧維麴糵，禮樂看蹣跚。景物家家别，風光歲歲闌。此生須荷鍤，倒地郎爲棺。

失題

垂髫聆教誨，末路隔遙岑。久矣悲南北，那堪復古今。百年幾聚首，四海一傷心。永齒隨鸞馭，茫茫何處尋？

俚言似天翁先生

朱君江右士，挾笑向幽燕。算術神應哭，祈禳病可痊。謙謙遵視履，口口道先賢〔二〕。若寓成都市，誰云不是平？

〔二〕「口口」，丁本空格，據拾遺本補。

自顧

自顧生何拙，螳螂致此身。孩提知動忍，白首尚浮沈。萬里河山眼，三元甲子心。看看春又至，寂寞遠山岑。

失題

仲冬寒氣至，草木何蕭索。游子悲故鄉，遠看衆山列。山色賁天文，山形威劍戟。天文洵可觀，劍戟亦可慄。故國有邱園，三徑饒松菊。二三田舍老，茅柴對突兀。誰能坐窮山，中心常鬱鬱。

燈下劇談和沈翁韻

簾外風聲柝，輕寒透短衣。新詩忺俊逸，故態歎癡肥。談劇杯多傾，燈殘意嬾歸。感君霎尺鯉，送我向南飛。

詞

世界恁無常，向長安賣藥方，鮮衣怒馬緣街恍。〔一〕東家酒漿，西家米糧，風吹雨打何曾放？細推詳，銅錢總有，到底也狼當。

旅夢初回，寒聲競度，倈有虛簷明月。看看流光空過也，又是新春時節。白髮飄零，梅花影裏，

〔一〕「緣」，丁本作「綠」，據劉本改。

關山愁絕。竈君此日朝金闕，風軺肥騆連卷碧，〔一〕彤庭玉砌。須說下士凡臣，草茅賤士，一腔熱血。燭影搖紅，連珠炮響，又是上元佳節。女女男男都到了，天街上挨挨族簇，綠綠紅紅，踏破一天明月。遙憶昔日繁華，幾年兵火，就裏怎生消息。玉宇瓊樓今夜望，敢也是人間鬧熱。試問著風風雨雨，幾時休歇？

失題

冷署清霜旅夢涼，冰心殊覺愧秋陽。年垂耳順還聞過，學未知天豈自強？歲月已同籬菊老，精魂怕逐野蓬狂。可（以下缺）

明道先生曰：「堯夫解他山之石可以攻玉，玉者温潤之物，若雨玉相磨，必難成器，須是他山精厲，方可磨得出。譬如君子與小人處，則修省畏避，動心忍性，增益豫防，如此便道理出來。」誠然誠然，當置之坐右，時誦一過，則庶乎可拜二公下風哉！乙丑新正十一日識。

編者案：劉本注：「劉紹攽傳，先生享年八十餘歲。郭鋐傳、嵇曾筠傳原本俱八十歲。李又絳傳、蔡璜傳俱七十九歲。傅氏宗圖落雀翁下，皆紀生辰忌辰，先生生辰六月十九日，忌辰六月十二日，卒年未載。壽毛甲子二月初九日終，陽曲志言不久青主亦卒。甲子夏書示蓮書有『自此絕筆』語，疑七十九歲爲近。拾遺收上谷詩册，遂成疑案。先生與魏環溪諸公書，倦倦以二孫失依爲慮，歲除何故遠遊？正月間寓保定、京師，三月不應卽有弔文。此必後人臨摹，泥三元句而妄添年月者。先生七十九歲，壽毛卒。張刻與孫長公書署七十八，卽此類也。觀事

〔一〕「風」，丁本作「士」，據劉本改。

闞家庭語，或甲寅歲作亦未可知。且詩詞清新，無復聱牙詰屈，詢諸古娛，亦未詳靜生所得之爲手蹟與鈔本也。附錄詩册，以備再考。　霱記。」丁本注：「振玉案：此册乃贋作，說詳年譜中。」丁本附傳青主先生年譜云：「振玉案：陽曲志卷十四文徵及張譜引先生五世孫履巽所編事實作康熙二十三年六月十二日卒，享年七十九。」「考陽曲志傳壽毛先生傳，言眉卒未幾，徵君亦卒。又李天生受祺堂集存歿口號詩與陽曲志壽毛傳正合。李詩作於旃蒙赤奮若，乃先生卒之後一年，當時所記，定可徵信。則徵君事實云康熙二十三年六月十二日卒爲得。其實際年齡則以李果序言七十八者爲得。徵君事實作七十九者，蓋沿生於萬歷丙午之僞，故先一年也。」「上谷詩册前後有甲子十二月乙丑正月兩題記，劉霱疑爲後人臨摹，妄增年月。予謂此册中諸詩亦淺俚，不類先生作。其前題作『上元甲子十二月二十日記於保定撫署』。考幾輔通志，康熙二十三年保定巡撫爲阿哈達，二十四年爲崔澄。偏觀全集，似與二公了無夙好。乃喪明之痛方新，塡海之悲未已，於午門則不肯折腰，垂死乃遽游軍府。揆之事實，誣妄可知。此册殆全出僞造，非僅妄塡年月已也。」尹協理案：羅振玉先生說是。詩册最後一首有「年垂耳順」之言，是作此詩册時，作者年近六十。定非青主所作明矣。且細嚼詩中文意，也與青主思想、性格不合。筆者遍觀現在存世的被稱爲青主墨蹟的手稿，其中有小部分册頁，字蹟似青主而實非青主者，有的文末署青主之名號，有的還鈐有青主之印章，而並非青主手蹟。山西博物院與太原晉祠博物館均有此類手稿。筆者疑這些手稿似與傅蓮蘇、傅蓮寶以及他們的學生、朋友有一定關係，但尚需進一步考證。

附錄八　新編傅山年譜

新編傅山年譜（第三稿）〔一〕

尹協理編著

明萬曆三十五年丁未（一六〇七年）　一歲

閏六月十九日，青主生於山西太原府陽曲縣（今太原市）。

青主生年，在清宣統三年前，均認爲是明萬曆三十四年丙午（一六〇六年）。如儲方慶我詩集序作於康熙己未（一六七九年），言青主「今年七十有四」，逆數之，正是丙午；張廷鑑撰公他先生年譜略直指爲丙午；吳榮光歷代名人年譜亦作萬曆丙午；張穆撰顧亭林先生年譜，言青主長顧炎武七歲，顧炎武生於萬曆四十一年（一六一三年），逆數七年，同樣爲丙午；又映藜齋小紀言「傅徵君明紀編年」「敍闖賊入晉，有『余年三十九』語」，逆數之，仍爲丙午。

宣統三年，山西巡撫丁寶銓約集繆荃孫、羅振玉等人撰傅青主先生年譜一卷，認爲青主「實生於丁未，非丙午也」。此後，侯外廬、朱謙之、新版辭海、楊殿珣編中國歷代年譜總錄（書目文獻出版社一九八〇年十一月第一版）、吳海林與李延沛合編中國歷史人物生卒年表（黑龍江人民出版社一九八一年三月第一版）、方聞撰傅青主先生大傳年譜（臺灣中華書局一九七

〔一〕新編傅山年譜，附於一九九一年版傅山全書者爲第一稿，附於二〇〇七年版傅山書法全集者爲第二稿，此爲第三稿。以上兩書均由山西人民出版社出版。

〇年七月初版）等均採丁說。

在此其間，郝樹侯先生撰傅山生年辨（原載山西學術通訊一九六三年第二期，後附郝著傅山傳後，見山西人民出版社一九八一年四月第一版），主張「維持原案（張譜），不要翻案（丁譜）」，得到部分學者贊同。青主的生日，前人皆謂六月十九日，無異議。

今以青主本集考之，實生於丁未閏六月十九日（陽曆八月十一日），非丙午六月十九日，亦非丁未六月十九日。茲列證據如下：

（一）壬午六月十五日至十九日卽事成吟二十一首之十六云：「三十六未老，一兒不肯長。」（二〇一六年版傅山全書卷九，以下簡稱全書）此「一兒不肯長」，指青主兒傅庚病故，青主老僧衣社疏後記曰「壬午夏四月，離先兄變，山不能卽死，日夜共老母哭泣」（全書卷二十六）是其證。該年（崇禎十五年壬午，一六四二年）青主三十六歲，逆數之，生於丁未。

（二）青主甲申守歲詩云：「三十八歲儘可死，棲棲不死復何言？」（全書卷十二）由甲申（一六四四年）逆推三十八年，正是丁未。

（三）青主右玄貽生日用韻云：「生時自是天朝閏，此閏傷心異國逢。」（全書卷十二）自注作於乙酉（一六四五年）。萬曆丙午無閏，丁未爲閏六月，順治乙酉亦爲閏六月。因此，「天朝閏」與「此閏」顯然是指「閏六月」，而非泛指閏年。由此可知，青主當生於萬曆丁未閏六月。又壬午六月十五日至十九日卽事成吟二十一首之四自注云：「去歲今夜，先兄攜具西郭，爲十九日，是山生日也。」（全書卷九）可知青主生日爲十九日。因壬午閏十一月，六月無閏，故曰六月十九日。其生日，實爲閏六月十九日。

（四）青主長歌壽楊爾禎老友云：「上章攝提格十月初旬十，是爲老友楊方生行年五十之生日。」又云：「是以少爾尚六年，精神筋力不得與爾爭良楛。」（全書卷七）「上章攝提格」指清順治庚寅（一六五〇年），該年楊爾禎五十整，青主四十四歲，逆推之，生於丁未。

（五）青主覽巖逕詩卽事迴復連犿一百韻示眉並兩孫云：「昨年吾七十，五十汝今年。」（全書卷十三）父子年齡相差二十一歲。考傳眉生於明崇禎元年戊辰（一六二八年），證據有三：青主哭子詩說傳眉「元年戊辰降，十七丁甲申」，又說「十八當乙酉，一年四賦爲」，後記中又說傳眉「十七歲遭亂，東西馳逐，十年無家」。由崇禎戊辰逆推二十一年，正是萬曆丁未。

此外，施閏章送孫豹人歸揚州序有云：「孫豹人與杜君樾、傅君山等同授內閣中書舍人。時杜年八十四，傅七十三，皆未與試先歸矣。」（愚山先生文集卷八）是杜樾長青主十一歲。杜生於萬曆二十四年丙申（一五九六年），順數十一年，爲萬曆三十五年丁未（一六〇七年），與青主自述正相吻合。

青主初名鼎臣，後改名山。（郭鋐徵君傅先生傳，見全書附錄四）字青竹，後改字青主（戴廷栻石道人別傳、全祖望陽曲傅先生事略等，見全書附錄四。青主青羊庵詩云：「旣是爲山平不得，我來添爾一峯青。」見全書卷十五。劉霏刻本於詩末附注云：「先生有『爲頤青山作主人』句，故字青主。」見劉本卷九。王方穀謁傅青主先生詩云：我聞青主翁，千仞青谿主。」見全書附錄三），又署爲青渚（天津文物公司藏傅山雜書冊中有朱文長方小印「青渚」。此據白謙慎先生傅山年譜補正，載傅山全書補編附錄十，山西人民出版社二〇〇四年版。以下簡稱補正）。一字仁仲（戴廷栻石道人別傳），或別署曰公之他（晉四人詩霜紅龕詩略署名、王士禛池北偶談卷八）、公他（戴廷栻石道人別傳、戴夢熊傅徵君傳、嵇曾筠明生員傳先生山傳，見全書附錄四）、公之佗（全書卷五十四莊子解）、公佗（范鄗鼎傅子法帖跋云：「公佗之名久在人耳。」見劉霖編刊仙儒外紀卷七。甄昭輓公佗先生，見全書附錄三）、公之它（全書卷五十四老子解）、公它（全書卷十爲天生十首。戴廷栻敍晉四人詩、朱之俊晉四人詩敍，見全書附錄五）、公它山（北京故宫博物院藏青主賦詩十六首雜書册，據白謙慎補正）。道號眞山（全書卷十五點污八絕句、卷十六義棠旅次見常山女子詩用妝茫棠三字三首、卷二十三奉祝碩公曹先生六十歲序、太原晉祠古柏旁題字碑等。劉霖刊本戴廷栻半可集卷一石道人別傳後劉霖附記云：「道家龍門派以『道、德、通、元、靜、眞、常、守、太、清』四十字爲號。還陽名靜中，萬曆中從遊『常』、『守』已有人，『眞』字虛一座。徵君至，故稱眞山。」尹案：青主於明亡後出家爲道士，拜還陽眞人郭靜中爲師，故劉霖有此説），自稱傅道人（全書卷一五六傅史）、傅道士（全書卷二十犂娃從石生序、卷一五六傅史），又稱朱衣道人（刑部尚書任濬等人題本引宋謙供稱：傅青主「身穿紅衣，號爲朱衣道人。」見全書附錄六。又郭鋐徵君傅先生傳云：「青主戴道巾，衣朱衣，自名朱衣道人。」見全書附錄四）、朱衣道士（全書卷三十四歷代名臣像贊）、朱衣山（同上）、五峯道人（丁寶銓等人編傅青主先生年譜）、龍池道人（同上）、龍池弟子（全書卷十五點污八絕句）、龍池聞道下士（全書卷二十五不爲大常住勗哉之碑）、聞道下士（全書卷十五點污八絕句）、龍池下士（全書卷二十六西河閒人溝創建修眞小靖之緣）、酒肉道人（全書卷十九帽花厨子傳）、青竹道人（全書卷十七贈尤侗鶴棲堂圖與産鶴三咏詩自跋）、大笑下士（丁譜），又自稱老石山（全書卷二十三郭九子哀辭）、老石（中國國家圖書館藏青主批註廣韻所欽本人印章，此據白謙慎先生補正）、石頭（劉霖編刊仙儒外紀卷六引柳春浦編）、石道人（全書卷十九明李御史傳、都公傳略、戴廷栻石道人別傳。戴夢熊傅徵君傳云：傅青主「尚志高風，介然如石，石道人之名，信然乎，信然乎！」見全書附錄四），石道士（全書卷十二爲濟宇先生作）、又號傅僑山

（全書卷一五六傳史）、僑山（見霜紅龕墨寶、傅山畫集一九八二年上海人民美術出版社版）、僑僑山（見霜紅龕墨寶）、僑黃山（全書卷十九明觀察楊公蕡田先生傳、卷二十二題北宋燕文貴山水卷）、僑黃傅山（全書卷二十敍楓林一枝）、僑老傅眞山（全書卷二十五不爲大常住勗哉之碑）、僑黃老人（全書卷二十二書補郭林宗碑陰）、僑黃傅眞山（北京故宮博物院藏傅山草書五言詩軸。此據白謙慎先生補正）、僑黃翁（全書卷四蘆芽山徑想酒遺劇）、僑黃老子（全書卷二十六紅土溝道場閱藏修閣疏）、僑黃之人（全書卷二十敍靈感梓經、卷二十戴氏家譜序、卷三十三贈魏一鰲行草十二條屏，卷三十四歷代名臣像贊）、僑黃（全書卷一朝沫、卷七長歌壽楊爾禎老友）、僑公（全書卷一五六傳史）、僑僑（全書卷二霜紅餘韻）、僑人（全書卷十三吾玉說孤庵行徑代有此豔體）、松僑老人（全書卷十六義棠旅次見常山女子詩用妝茫棠三字三首、卷二十五天澤碑），又作松喬老人（太原晉祠博物館藏行書杜甫春日江村詩軸）、僑老（北京故宮博物院藏土塘雜詩軸。隋書食貨志云：「晉自中原喪亂，元帝寓居江左，百姓之自拔南奔者，並謂之『僑人』。」青主有詩云：「遺民胸中無半人，謝安王坦勞其存。」「太原人作太原僑，名士風流太寂寥。」見全書卷十五口號十一首。此爲青主以「僑」爲號之由），又號濁堂老人（全書卷二十一藥師經書後、卷二十二題趙鳳白山水巨幅）、濁堂主人（釋圓璧輓青翁先生偕子壽毛居士，見全書附錄三）、濁道人（青主於伯渾書齋書般若波羅蜜多心經末署「濁道人不夜」，手稿藏山西博物院）、濁翁（全書卷二十一小楷孝經書後、大連市旅順博物館藏草書煙籠簾外四時稠詩軸、全書卷四十二貴師愛資二、釋圓璧輓青翁先生偕子壽毛居士。青主公孫龍子注云：「千百年下，公孫龍乃遇我濁翁。翁命屬水，蓋不清之水也。」見全書卷五十五。「濁」卽「不清」，卽「不臣清」）。嘗自稱晉人（全書卷六十五莊子翼批注。青主苦陶先生於王撫軍座上作詩依韻代遺詩云：「晉人餞宋客，榮瘁各有歸。」見全書卷三。又客盂盂有問予右玄者右玄口占韻語復之阿好過情遂如韻自遺詩云：「生憎褚彦興齊國，喜得陶潛是晉人。」見全書卷十二。此爲青主自稱晉人之由），又稱青羊庵主（全書卷一五二山海經物類編略）、不夜庵老人（太原晉祠博物館藏手蹟。青主在陽曲縣崛嵎山的隱居廬原名青羊庵，後改名不夜庵）、不夜（山西博物院藏般若波羅蜜多心經手稿）、不夜山（臺灣海華堂藏小楷金剛經手稿，全書卷二十一）、丹崖翁（全書卷十九聾道人傳、卷二十犁娃從石生序）、崖翁（全書卷三十二賀楓仲得孫）、丹崖子（全書卷十九汾二子傳。青主隱居的青羊菴附近有丹崖，因以爲號）、橘翁（全書卷十龐内施輾漫爲四首鳴謝、卷十五紅葉樓）。又嘗署嗇廬（全祖望陽曲傅先生事略，見全書附錄四）、嗇廬子（全書卷十九胡慈節母小傳）、隨厲（丁譜）、六持居士（全書卷二十六老實因緣）、觀化翁（山西博物院藏傅蓮蘇抄青主哭子詩），又自稱老蘗禪（全祖望陽曲傅先生事略云：「先生故喜苦酒，自稱老蘗禪，眉乃自稱曰小蘗禪。」）卒後私謚貞淵，一説謚文貞（見劉霦編刊仙儒外紀卷四）。

青主先世大同人，六世祖天錫以春秋明經爲臨泉王府教授，始徙居太原府忻州頓村。

傅蓮蘇傅徵君事實：「徵君諱山，字青主，一字公它，世爲山西大同人，六世祖天錫以春秋明經爲臨泉王府教授，始徙居太原忻州。」（全書附錄四）

乾隆忻州志卷四人物傅山：「先生世籍忻州。」「先生雖生於陽曲，而徜徉寄跡恒在於忻，不忘本也。」（全書附錄四）

青主頓邨舊家作詩云：「老屋簪弱欞，中宵月漏亮。四壁翠莓衣，稱吾窮宅相。」各本注：「忻州頓村。」（全書卷五）

高祖康，人稱郎青君。

明萬曆太原府志卷二十人物載：「傅康妻王氏，忻州人。夫監生，亡時氏少，親老，子朝宣甫八月。氏自甘澹泊，奉舅姑以甘旨，課孤業儒，封承務郎。孫霖、震、霈俱登科甲，稱『三鳳』。」知傅康爲傅朝宣之父、傅霖之祖（見常清文中國文化奇人傅山，山西古籍出版社二〇〇七年版第二十三頁）。

青主先曾祖結淵王府雜記云：先曾祖既贅於王府，「稍長，遂廢讀書業，郎青君亦無可奈何，聽之而已。」（全書卷四十六）

高祖母王氏。

青主先曾祖結婣王府雜記：「先高祖妣王，尚居忻州。先大夫之生也，王聞而奔會城，抱先大夫歸忻，顧乳撫養之。每晨汲水井上，輒以裙束先大夫於胸襟前，曰：『我脫墮井，願兒隨我去。』不欲落他人手也。」（全書卷四十六）

曾祖朝宣，字西岡，寧化王府儀賓、承務郎，於正德十五年（一五二〇年）移居太原府陽曲縣西村。

傅蓮蘇傅徵君事實：「曾祖朝宣，寧化王府儀賓、承務郎，正德十五年寓居太原。」（全書附錄四）

青主先曾祖結婣王府雜記：「先曾祖之結婣王府也，迫於勢。卽因騎過中尉之門，中尉數數見之，一旦擁而入，莽插戴之。王府選中婿，卽與簪花掛紅，謂之插戴。不令出。遂聞之於府主，而請爲儀賓矣。既贅於府，隨其黨朝王晝卯，米鹽牽制，不得自由，甚恨之。」「先曾祖考終，遺筆有『子孫再敢與王府結親者，以不孝論，族人鳴鼓攻之』。」（全書卷四十六）

青主書承務君墓誌後：「先承務本俊男子。」「山向藏承務君詒參藩官睢陳一家書，字法森逸多奇氣，中有『爾做官只要體帖「公生明、廉生威」六字足矣』，書末又大書一行曰：『切忌乘怒責

人。』先四祖時隨祖任，中又曰：『四小子在彼不讀書，便送來我一頓打死』等語。」（全書卷二十一）

鄒元標侍御傅公霈傳：「公爲諸生時，父西岡公忽中寒病」云云（康熙陽曲縣志卷十四列傳）。

傅眉鈔梁書新事偶題：「自吾先祖教授公以前尚矣，由教授而來太學生西岡君、參藩公以至吾先祖離垢先生，今夫子復訓小子亦七世矣，而未嘗廢書與文也。」（全書附録一傅眉集卷十）此西岡君卽朝宣。

戴廷栻高士傅壽毛行狀：「家世忻州，高祖諱某，以王親移家太原。」（全書附録四）

李維楨傅參藩傳：「傅公名霖，字應期，忻州人，父承翁主徙居陽曲。」（乾隆忻州志卷五藝文）

道光陽曲縣志卷二輿地圖：「傅徵君故里，在城西三十里西村。」

曾祖側室殷太宜人，生三子：曰霖、震、霈。

青主先曾祖結婣王府雜記：「復聽娶妾，始得娶殷太宜人，而生先大夫兄弟三人。」（全書卷四十六）

又青主書承務君墓誌後：「先四祖時隨祖任，中又曰：『四小子在彼不讀書，便送來我一頓打死』等語。」是朝宣有四子以上，霖、震、霈出殷氏，他子或出王女朱氏。丁譜以兩說「不合」，疑「倂女數之」；方聞傅青主大傳年譜徑以「兄弟三人」定案，置「四小子」之語不顧（見臺灣中華書局一九七〇年初版第八、十頁），恐非確論。

祖霖，字應期，嘉靖壬戌（一五六二年）進士，官至遼海兵備道，戰功載實錄。爲古文，好班氏漢書，著有慕隨堂集，刊刻過淮南子。

戴廷栻高士傅壽毛行狀：「曾祖諱霖，遼陽道，戰功載實錄。」（全書附録四）

戴夢熊傅徵君傳：「祖霖，登明嘉靖壬戌科進士，曆官少參。」（全書附錄四）
嵇曾筠明生員傅先生山傳：「祖霖，官山東遼海參議。」（全書附錄四）
傅蓮蘇傅徵君事實：「祖霖，登明嘉靖壬戌科進士，曆官朝議大夫，遂籍陽曲。」（全書附錄四）
李維楨傅參藩傳：「傅公名霖，字應期。」「十三爲諸生，二十舉於鄉。又七年舉於南宮，歸而益漁獵六藝百家。又三年奉廷對，名在二甲，當爲郎，以宗正條格除知壽州。」「三年舉最，當遷京朝，復以宗正條稍遷大名郡丞。」「再遷河南僉事，兵備睢陳。」「遷湖廣僉事部」，「遷秦參藩部隴右」。「服除，除故官山東，兵備遼海。」「憾者懼公，一旦乘權引繩，排恨不已，公遂落職矣。」（乾隆忻州志卷五藝文）
青主兩漢書姓名韻敍：「先大夫爲古文，好班氏漢書。」（全書卷一六四）
李維楨慕隨堂稿序：「見藩伯傅應期公所爲慕隨堂手澤稿者，其氣完而沈，其骨勁而清，其格整而粹，其語修而潔。宮徵經緯，不謬古人，而無摹擬牽合之病，無飣餖粉黛之習。」「公文名不甚爲人知，亦不受人役。既沒，而其子明經兄弟始葺而行之。」（康熙陽曲縣志卷十四序跋）
青主淮南子評注：「先大夫刻此書於楚中，精緻無倫。」（全書卷七十四）
叔祖震，字應東，嘉靖辛酉（一五六一年）舉人，官耀州知州（道光陽曲縣志卷五選舉表）。
叔祖霈，字應霑，號兆野，萬曆丁丑（一五七七年）進士，官至監察御史。
鄒元標侍御傅公傳：「公諱霈，字應霑，號兆野，山西太原人也。舉丁丑進士。」「拜咸陽令。尋丁母憂，補華亭令。」「以治行高等，召入爲御史。」「伯兄參藩公中計事，公義迫於中，疏云：『臣兄治兵塞上且久，勞勩最著。沈塞迂滯，臣方痛心疾首，不能竭嫌薦揚，爲國大用。今中以考功令，臣兄何罪？獨臣令華亭與柄臣郄其罪耳。罷兄不如罷臣。』便旨下部議，而有引例難公者，

遂鐫公職一級。」（康熙陽曲縣志卷十四列傳）

青主先曾祖結婣王府雜記：「先祖旣貴後，諸舅尚挾宗室勢力，不命坐不得坐。至先御史祖，則與抗衡，不修甥舅之意，諸舅亦稍淩遲遜謝矣。」（全書卷四十六）

伯失名，字星履。星履長子從聖。

青主家訓：「先伯星履先生臨唐太宗，疏爽豪舉，以上諸人望之，則龍騰鳳舞，無所得其端倪也。惜乎其子不肖，不能收藏，於今構一二字不能得矣。」（全書卷三十一）

青主書承務君墓誌後：「此石原在米市家祠堂東廊嵌之，亂後竟不知所歸。太原士夫家墓誌構名筆書者，唯唐東嵒先生家與此耳。唐誌是文衡山書，聞石尚在北門一人家藏之。此遂訪問不得，正坐長房兄從聖疏忽罪。罪何可逭，何可逭！」（全書卷二十一）

父之謨，字檀孟，號離垢居士，萬曆歲貢，養親不仕，教授生徒，博學能文，好善樂施。

孫奇逢貞髦君陳氏墓誌銘：「十七歲歸於檀孟先生，爲傅氏婦。」（錢儀吉碑傳集卷一四九）

嵇曾筠明生員傳先生山傳：「父之謨，明經授徒，號離垢先生。」（全書附錄四）

戴廷栻高士傳壽毛行狀：「祖諱之謨，明經，博學能文，好善樂施。」（全書附錄四）

戴夢熊傳徵君傳：「父之謨，以明經碩彥，衣被學徒。」（全書附錄四）

青主兩漢書姓名韻敘：「先大夫爲古文，好班氏漢書。先居士乃獨好檀孟刻、檀孟批點，於家以教愚兄弟，而復以先大夫手澤漢書授之塾。」（全書卷一六四）

青主覽息眉詩有作：「穆穆離垢翁，淡靜青天鶴。松雪發警句，道要在幽壑。」自注：「先君自號離垢居士。」（全書卷四）

劉霦編刊仙儒外紀引傅氏宗圖云：「離垢生辰十月十六日，忌辰八月十三日。」

刑部尚書任濬等人題本：「據傅止供稱：小的十八歲父就死了。」（全書附錄六）

母陳氏，卒後私稱貞髦君。

孫奇逢貞髦君陳氏墓誌銘：「貞髦君，太原傅道人山母也，姓陳氏，父諱勔，忻州諸生。母周，二十二歲勵柏舟操。十七歲歸於檀孟先生，爲傅氏婦。舅參議公御家頗嚴，諸婦中陳獨以勤慎著。」「當甲申之變，山棄家而旅，隨所寓奉母往。母絕不以舊業介意念，沙蓬苦荳，怡然安之。迄歲之甲午，山以飛語下獄，禍且不測，從山遊者，僉議申救，貞髦君要衆語之曰：『道人兒自然當有今日事，即死亦分，不必救也。但吾兒祇有一子眉，若果相念，眉得不死，以存傅氏之祀足矣。』逾年，飛語白，山出獄，見母，母不甚悲，亦不甚喜，頷之而已。」「死生不驚其神，絕不作世俗兒女之態。覺陶母成子以功名，范母成子以名節，何如貞髦君相忘於無言乎！」「生於萬曆丁丑十月十七日，壽至八十四，歲之庚子十一月二十八日卒於松莊之僑舍。山轉徙無常家，庚子適在松莊。貞髦君，山之友蹟其行與年，私稱之者也。」「今之不知山者，皆指爲輕世肆志之人，不知山得爲輕世肆志者，蓋有老母之賢許爲之也。」（錢儀吉碑傳集卷一四九）

青主哭子詩後記：「傅眉者，傅山之子也。五歲失母張，祖母貞髦君撫養之。」（全書卷十七）

叔之譔。之譔子從周。

青主先曾祖結婣王府雜記：「至先叔，諱譔，徑以其子從周尚晉穆王之女、裕王之妹。先伯、先父痛阻之不得，而終犯先曾祖遺命，誠不知其孝與否也。當王女出府時，不知受中官宮人多少鏖糟苦惱，而先叔安之，異哉！」（全書卷四十六）尹案：青主自注稱其叔「諱譔」，以其父「之謨」例推之，其叔當名之譔。

叔某。

青主先曾祖結婣王府雜記：「王女出府後，先伯待其拜祠堂。」「謁祠堂時，伯叔四門，王亦遣逐門拜諸公姑。先伯云：『王女亦不必逐門拜也。』拜祠堂畢，先伯叔四人在庭，令總拜之。」（全書卷四十六）知青主之父之謨兄弟四人。

道光陽曲縣志卷五選舉表注「山仲父」者尚有三人：之詔，萬曆癸卯舉人；之謙，天啟辛酉舉人；之誨，萬曆歲貢。其中誰出自霖，誰出自震、霈，待考。

兄庚，字子由，諸生，忠厚諶謹，先青主卒。

孫奇逢貞髦君陳氏墓誌銘：貞髦君「生子三：長庚，諸生，先卒。次即山，甲申後以道人稱。三止，舊太學生。（錢儀吉碑傳集卷一四九）

戴廷栻傅仲壽元小傳：「如子由先生，忠厚諶謹，在傅氏兄弟輩，無踏拖恣肆之習。」（全書附錄四）

青主老僧衣社疏：「壬午夏四月，離先兄變，山不能即死，日夜共老母哭泣。老母慰山，山慰老母，隨復涕出，不能仰視。自此不敢出門，直怕見人家有兄弟偕行者。」（全書卷二十六）

青主壬午六月十五日至十九日即事成吟二十一首：「三十六未老，一兄不肯長。時嘗家哭泣，生日野傍皇。日下吉祥寺，風淒艾納香。瞿曇能救苦，苦斷蘖禪腸。」（全書卷九）

庚先娶於韓，生子襄，襄娶李氏，均早卒。庚後娶於李，早卒，生子仁，字壽元。仁初娶白氏，後娶錢氏。錢氏生子無疆，均早卒，側室生一子，名醴，亦早卒。

孫奇逢貞髦君陳氏墓誌銘：「庚長子襄，爲諸生，二十歲亡。婦李同日仰藥殉。次子仁。」「仁有子醴。」（錢儀吉碑傳集卷一四九）

戴廷栻傅仲壽元小傳：「壽元，明茂才傅庚字子由之中子也。子由先娶於韓，生襄，才而蚤夭。

又娶於李，生仁，骨幹修削，黃髮火色，性僻潔，五歲而孤。」尹案：戴氏言仁爲庚之「中子」，仁之弟不見載。戴氏或並女數之。小傳又云：仁「初娶白禿居實女，女殘疾人，壽元不棄其殘，以二年而沒。又八年而娶錢，生無疆姪。」「年三十九歲，中寒竟不起。側室生一子，名醴，娶有婦矣，相繼早夭，乃竟不能延子由之嗣也。」（全書附錄四）

戴廷栻傅節婦傳：「傅節婦李氏，明孝廉太原李中馥之女，少莊靜，事繼母維謹。長生歸府學傅襄。襄世家子，才高負氣，伉儷之情淡然也。」（半可集卷一）

青主敍靈感梓經：「孝廉（尹案：指李中馥）有女季適僑黃之人之晜，一犖厈之子。子弱冠玉折，而女仰藥殉。」（全書卷二十）

青主郭九子哀辭：「庚辰夏，舍姪（尹案：指襄）物故，餘傷逝壹鬱，長日擁被睡，昏昏然，不出門，亦不見客。」（全書卷二十三）

戴廷栻傅仲壽元小傳：「壽元喜爲書，纔公他先生眞行，便得其形似。尤長於作魯公體，間爲先生代作，外人莫能辨也。」「先生漸老，杖履所經，壽元必侍之。癸卯遊百泉，乙巳遊華嶽，壽元裹糧左右，不減壯僕。」「先生僑松莊，壽元聊復賣藥城市，暇則賦詩臨帖。」（全書附錄四）

青主哭姪仁六首：「卌年風雨共，此姪比人親。」（全書卷十）

弟止，字行可，太學生。止三子：普、杲、永。

孫奇逢貞髦君陳氏墓誌銘：「貞髦君生子三，「三止，舊太學生。」（錢儀吉碑傳集卷一四九）

青主因人私記（劉、丁本）：「孫振在山西欲甘心山不得，又一疏特參山弟止以威之。」注：「弟名止，字行可。」（全書卷三十五）

刑部尚書任濬等人題本：「據傅止供稱，小的十八歲父就死了。二十歲與兄分居。他在土塘村住，

小的在西村住。」（全書附錄六）

戴夢熊傅徵君傳：「友愛諸季，先人遺産爲其弟蕩費殆盡，無怒也。及弟歿，遺孤尚幼，山撫之不翅己子。」（全書附錄四）

青主與戴楓仲：「凡舍弟指責於弟者，皆不敢逆意規之。此豈愛弟之道？實避眼下怨忿耳。故有無窮忠告，皆箝口不敢少攖，祇得如其所屬爲之。不謂仁兄輒爾輾轉俯就，雲誼自不可言喻，而柰此顔甲不堪內對何！每讀五行傳『聽之不從，是謂不謀，厥咎恆寒，厥極貧。』家弟當之矣。」（全書卷二十七）

孫奇逢貞髦君陳氏墓誌銘：「止之子：普、杲、永。永出嗣州守房，再從伯父周。」（錢儀吉碑傳集卷一四九）

妻張氏，名靜君，早卒。

戴廷栻高士傳壽毛行狀：「壽毛奇士，其生亦有異。忻州張光祿泮之女，孕十四月而生壽毛。五歲失恃，祖母陳太君撫養之。」（全書附錄四）

戴夢熊傅徵君傳：青主「年三十餘失偶，紘不再續。」（全書附錄四）

郭鋐徵君傳先生傳：「其元配張氏早卒，終身不再婚。」（全書附錄四）

青主見內子靜君所繡大士經：「斷愛十四年，一身頗瀟灑。」「人生愛妻眞，愛親往往假。」（全書卷五）

子眉，字壽髦，一字須男，別號麋道人、守丹道人，自稱小蘗禪。甲申後隨父雲遊，賣藥四方。膂力過人，嘗習技勇於汾州之古寺。長於詩文，著有我詩集。書法、繪畫、篆刻亦精。先青主卒。妻朱氏。

青主哭子詩後記：「傅眉者，傅山之子也。五歲失母張，祖母貞髦君撫養之，七歲能小詩小賦，讀左氏傳，日試一題，爲詠史五言一首。至十一、二歲，詩賦日麗，十七、八則爲大賦。十七歲遭亂，東西馳逐，十年無家。」「廿四、五至三十學縱横，既而曰：『縱横不可常，權不自我。』遂講富強。終日讀管子、商子，每以古今成敗倚伏要害一日之微長自喻，取孫、吳、穰苴、尉繚，隱括不過五六百言，曰不多篇。又復置之，讀金剛經。」「凡所爲詩，古近體數十百首，皆不事吟風弄月，而吟風弄月之致流漾篇中，如道，如禪，如逸人。」「凡詩文，皆標一『我』字于上。」「五十外，一切詩文皆置去，不復理論，唯讀釋典。」「書法，篆則李斯玉著，隸則孔宙、宗聖侯、梁鵠、鍾繇，楷、草、急就則張芝、索靖、二王、歐、褚、李北海、魯公，皆無所不臨。畫則北宋，時放筆顛險，層巒瀑布，可驚可喜。」「漢章甚精，尤妙于銅者，大得八分璽法之意。」「五十六歲鬱鬱不得志，以積勞憂恨成病。病臥牀且革，尚有詩數十首，代山題冊子詩十餘首。裴松之稱張子房『青雲之士』，吾於穈道人亦然。」（全書卷十七）

戴廷栻高士傳壽毛行狀：「壽毛諱眉，一字須男，别號穈道人。」「追憶其爲人，紫面、虯髯、長頸，精神滿腹，議論風生，古今治亂、人才消長及用兵成敗之際，言之鑿鑿。常以荀彧、荀攸、馬周、房喬、杜如晦之倫自比。」「著有我子、我詩、我賦，變化日新，不蹈襲前人一字。」「壽毛敦行好古，負經世之才，悒悒不得志以終，甲子二月九日也。逆數戊辰正月，年五十有七。」「平定故錦衣指揮千户朱某之女，其元配也。」（全書附録四）

瞿源洙傅壽毛先生傳：「習兵家言，每以古今成敗倚伏要害一日之微長自喻，遂習技勇於汾州之古寺。寺僧續宗爲劉鎮帥部將，鎮帥殁，隱跡爲僧。先生從之遊，學手搏之技，握拳擊鐘，響立應。縱躍山坡，上下如飛。横槊舞劍，挽勁弩能左右射。山右故多武勇士，以騎射擊刺名者，一時皆出先生下，咸以周盤龍擬之。先生嘗鬻藥塞外，出雁門，過雲中，歷野孤嶺，走灤陽、榆關，經樂浪、上谷以歸。又嘗鬻藥南方，過豫適楚，流連江、漢間。所至輒詢其土風、人物，及山川阨塞、堡障險隘、古英豪戰守處，皆默識之。」「年過五十始棄置一切，惟讀釋典，自號『小蘗禪』。」（全書附錄四）

劉霏編刊仙儒外紀卷十：「壽毛膂力過人，所遺長鎗數人不能舁。」卷九錄王如金贈傅壽毛：「二傅兼千古，三生占此時。井天窺石父，蠡海測丹兒。先漢相如賦，黄初子建詩。雕蟲觀一節，倜儻匪伊思。」注：「壽毛號守丹道人。」卷四：「壬午建景賢祠，追謚還陽『靖惠』，青主『貞淵』，壽毛『秀節』，既以『秀』不合，議更『毅』。」「近讀五經堂集，青主謚『文貞』，壽毛『孝貞』。」

孫蓮蘇（一作蓮甦）、蓮寶（又名赤驥），孫女班班、大蔦、小蔦。

傅眉銘朱氏：「大兒蓮蘇，小兒蓮寶，大女大蔦，小女小蔦。」（全書附錄一傅眉集卷十）

戴廷栻高士傅壽毛行狀：「二子：曰蓮甦、曰赤驥，能守家訓，書法有祖父風。」（全書附錄四）

青主家訓：「兩孫皆能讀書。蘇志高心細而氣脆，當教之使純氣。寶頗疏快，而傲慢處多，當教之使知禮。」（全書卷三十一）

青主悼孫女班班：「弱女雖非男，慰情良勝無。阿爺徒解醫，不及爲爾咀。遂使曾祖婆，失一嬌女娱。」（全書卷三）此孫女班班當是長孫女。

是年，張慎言（金銘）三十歲。

孫奇逢（夏峯）二十四歲。

黄道周（石齋）二十三歲。

杜槭（君異）十二歲。
袁繼咸（臨侯）十歲。
閻爾梅（古古）五歲。
殷岳（宗山）五歲。
萬曆三十六年戊申（一六〇八年）二歲
萬曆三十七年己酉（一六〇九年）三歲
萬曆三十八年庚戌（一六一〇年）四歲
是年，晉穆王朱敏淳卒。（明史卷一〇〇諸王世表一）
萬曆三十九年辛亥（一六一一年）五歲
萬曆四十年壬子（一六一二年）六歲
是年，青主已能背誦古詩十九首。
青主於七十歲的丙辰夏五月書古詩十九首之書後云：「十九首，山六、七歲時即能誦之。蓋見先居士好寫此」，「以而聱牙習熟，遂較他書記之熟。」「今七十歲，翻不能成誦，要寫須得按本抄之。」（全書卷二十一古詩十九首書後）
萬曆四十一年癸丑（一六一三年）七歲
青主得怪異之症，病幾死。就小學。
青主調饑七章：「七歲悲生死，於今五十六。」（全書卷三）
青主講游夏問孝二章：「山私痛山童時數得怪異之證，驚憂吾親不可勝道。」（全書卷五十四）
戴廷栻石道人別傳：「七歲使就小學，凡所授書，傾注如宿通者。」（全書附錄四）

是年，顧炎武（寧人、亭林）生。

曹溶（秋岳）生。

萬曆四十二年甲寅（一六一四年）八歲

萬曆四十三年乙卯（一六一五年）九歲

青主學書臨鍾繇。

青主家訓：「吾八九歲即臨元常，不似。」（全書卷三十一）

萬曆四十四年丙辰（一六一六年）十歲

是年，龔鼎孳（芝麓）生。

是年，魏裔介（石生、貞菴）生。

萬曆四十五年丁巳（一六一七年）十一歲

是年，魏象樞（環溪）生。

閻修齡（再彭、牛叟）生。

萬曆四十六年戊午（一六一八年）十二歲

是年九月初九日，戴廷栻（楓仲）生。

桐城張英撰戴公暨文孺人合葬墓誌銘云：「公生於萬曆戊午九月初九日，卒於康熙辛未四月初六日，受春秋七十有四。」（見丹楓閣遺珍半可集，三晉出版社二〇一四年版）

青主於順治十一年甲午（一六五四年）在獄中有贈楓仲詩一首，詩中云：楓仲「於今三十七，時時愁老顛。」與張英之說相合。（見全書卷十三）

萬曆四十七年己未（一六一九年）十三歲

是年，周容（茂山、鄮山）生。

申涵光（凫盟）生。

萬曆四十八年庚申（一六二〇年）十四歲

是年，神宗崩。光宗卽位，未一月，服紅丸死，「紅丸案」起。吏部尚書周嘉謨、御史左光斗等疏請選侍移宮，「移宮案」起。朝臣門戶之見漸深，國勢衰落。熹宗卽位，改八月後爲泰昌元年，以明年爲天啟元年。（明史卷二十二熹宗本紀）

天啟元年辛酉（一六二一年）十五歲

青主自七歲至十五歲在家塾讀小學，業師姓朱，課讀甚嚴。十五歲應童子試，山西提學文翔鳳（太青）拔補博士弟子員。

青主蓮甦從登岱岳謁聖林歸信手寫此教之：「我十五歲時，家塾嚴書程。眼界局小院，焉得出門庭。」（全書卷四）

青主說苑批注善說第十一於「君問先生無乃猶以挺撞鐘乎」處眉批曰：「挺。辛酉，業師朱應試『達天德者』題，結語有『以筳撞鐘』一句，太青先生大×之曰：『以筳撞鐘者誰？』當時似當用此『挺』字也。」（全書卷七十八）知青主業師姓朱。

戴廷栻石道人別傳：「十五年補太青先生小試博士弟子員。因小病，取讀神僧傳，慨然神通非難致事。」（全書附錄四）

雍正山西通志卷八十六名宦四：「文翔鳳，字天瑞，陝西三水人，萬曆庚戌進士。天啓問，以副使提學山西，力振晉人萎靡之習。以劾魏璫回籍，卒。翔鳳以辭賦爲專門純學，覃思腐毫，必欲追配古人。詩離奇奡兀，可與劉叉、馬異鬬險。今三晉士振奇者猶多祖其習云。」丁譜繆荃孫案：「先生（尹案：指青主）詩文尚奇奥，殆得心傳於文也。」羅振玉案：「徵君事實及戴夢熊傅徵君傳、稽曾筠傅先生傳、太原府志本傳並作『年十四補博士弟子員』。考文公莅晋任在天啟間，若先生十四補博士弟子，則在萬曆末，文公尚未莅晋。似楓仲所記爲實。」

是年，兄庚長子襄生。

青主郭九子哀辭：「庚辰夏，舍姪物故。」（全書卷二十三）孫奇逢貞髦君陳氏墓誌銘：「庚長子襄，爲諸生，二十歲亡。」（錢儀吉碑傳集卷一四九）庚辰爲崇禎十三年（一六四〇年），逆推二十年，爲是年。

青主仲父之謙考中舉人。（道光陽曲縣志卷五選舉表）

楊思聖（猶龍）生。

三月乙卯，清兵取瀋陽，總兵官尤世功、賀世賢戰死。壬戌，清兵取遼陽，經略袁應泰死之。（明史卷二十二熹宗本紀）

天啟二年壬戌（一六二二年）十六歲

青主於辛酉、壬戌間作𩨒𩨓嘔陀南賦（全書卷一）

是年正月丁巳，清兵取西平堡。五月丙午，山東白蓮教徐鴻儒起義。（明史卷二十二熹宗本紀）

天啟三年癸亥（一六二三年）十七歲

是年十二月庚戌，魏忠賢總督東廠。（明史卷二十二熹宗本紀）

天啟四年甲子（一六二四年）十八歲

冬，青主父離垢先生病傷寒瀕危，青主禱於夫子廟。

青主祈藥靈應記：「甲子冬，先居士病傷寒十餘日，危證皆見，呃逆直視，循衣摸牀，發黄發

瘢，醫來莫措。或傳南關文昌夫子靈異，舊人往往於廟中祈藥，輒應。先兄與弟止左右服事，山往禱之。」（全書卷二十四）

傅蓮蘇傅徵君事實：「徵君祈藥靈應記，仇猶史生紹唐梓行。」（全書附錄四）

丁譜段朝端案：「先生父不知沒於何年，觀因人私記丁丑辭袁公邀往武昌，謝以違老母久，而不及父，則離垢先生之卒當在是年以後、三十歲以前也。」

是年六月癸未，左副都御史楊漣劾魏忠賢二十四大罪。冬十月，削吏部侍郎陳于廷、副都御史楊漣、僉都御史左光斗籍。（明史卷二十二熹宗本紀）

天啟五年乙丑（一六二五年）十九歲

是年三月丁丑，逮楊漣、左光斗、袁化中、魏大中、周朝瑞、顧大章，削尚書趙南星籍。（明史卷二十二熹宗本紀）孫奇逢營護藏活左、魏兩家子弟。（湯斌編、方苞訂正孫夏峰先生年譜）七月，韓爌、李三才、顧憲成被削籍。八月，毀天下東林講學書院。十二月，榜東林黨人姓名，頒示天下。（明史卷二十二熹宗本紀）

天啟六年丙寅（一六二六年）二十歲

青主於是年試高等，食廩餼。

戴廷栻石道人別傳：「二十試高等，廩餼。」丁譜：「徵君事實及戴夢熊傅徵君傳、太原府志本傳並作『十六餼於庠，督學袁公深器之。』振玉案：戴廷栻袁公繼咸傳：『崇禎癸酉典廣東鄉試，甲戌報朝命，陞山西按察司提學僉事。七月抵晉任。』是袁公到晉在崇禎七年。府志誤以食餼之年爲袁公蒞晉之年，誤甚。」

青主以舉子業不足習，遂讀十三經、諸子、史，肆力方外書，讀文選，臨晉唐楷書。

戴廷栻石道人别傳：「以舉子業不足習，遂讀十三經，讀諸子，諸史至宋史而止，因肆力諸方外書。」（全書附録四）

青主於新五代史第一册封面墨筆批：「此書在丙寅、丁卯間，即取坊版單行者看之。」（全書卷一百十二新五代史批注）

青主家訓：「記吾當二十上下時，讀文選京都諸賦，先辨字，再點讀，三試上口，則略能成誦矣。」（全書卷三十一）

青主作字示兒孫：「貧道二十歲左右，於先世所傳晉唐楷書法，無所不臨，而不能略肖。偶得趙子昂香山詩墨蹟，愛其圓轉流麗，遂臨之，不數過而遂欲亂眞。此無他，即如人學正人君子，只覺觚稜難近，降而與匪人遊，神情不覺其日親日密，而無爾我者然也。」（全書卷四）

青主家訓：「吾八九歲卽臨元常，不似。少長，如黄庭、曹娥、樂毅論、東方讚、十三行洛神，下及破邪論，無所不臨，而無一近似者。最後寫魯公家廟，略得其支離。又溯而臨爭坐，頗欲似之。又進而臨蘭亭，雖不得其神情，漸欲知此技之大概矣。」（全書卷三十一）

青主始厭修身之學，關心國家興亡。

青主始衰示眉仁：「念我弱冠年，命藝少舊襲。塾題試致身，滿臆河山疲。遂云割裂收，如作殘肢葺。不謂竟成讖，短綆艱自汲。」（全書卷三）

天啟七年丁卯（一六二七年）二十一歲

是年，李顒生。

陝西王二起義。（文秉烈皇小識卷一）

八月乙卯，熹宗崩。丁巳，思宗（莊烈帝）卽位。以明年爲崇禎元年。十一月，魏忠賢、崔呈

秀等皆伏誅。（明史卷二十二熹宗本紀、卷二十三莊烈帝本紀）

莊烈帝即位後，立擢耿如杞右僉都御史，巡撫山西。（明史卷二四八耿如杞傳）

崇禎元年戊辰（一六二八年）二十二歲

是年正月初七日，子眉生。

青主哭子詩：「元年戊辰降，十七丁甲申。」「十八當乙酉，一年四賦爲。」（全書卷十七）以甲申、乙酉逆數之，均爲崇禎元年戊辰。

戴廷栻高士傅壽毛行狀：「忻州張光祿泮之女，孕十四月而生壽毛。」「悒悒不得志以終，甲子二月九日也。逆數戊辰正月，年五十有七。」（全書附錄四）

傅眉初度不懌：「年年人日逢初度。」「人日」爲正月初七日，相傳是女媧造出人的日子。「初度」指生日，起源於屈原的離騷。傅眉「年年人日逢初度。」明確說明自己的生日是正月初七日。又閏月再逢初度：「一年兩度逢人日，人日兼逢兩度春。」查順治十六年（一六五九年）有閏正月，知傅眉此詩作於該年，同時再次證明傅眉的生日爲正月初七日。（全書附錄一傅眉集卷四）

青主此時記憶力驚人。

嵇曾筠明生員傅先生山傳：「山生而穎異，讀書十行並下，過目輒能成誦。」（全書附錄四）

青主家訓：「戊辰會卷出，子由先生爲我點定五十三篇。吾與西席馬生較記性，日能多少。馬生亦自負高資，窮日之力，四五篇耳。吾櫛沐畢誦起，至早飯成喚食，則五十三篇上口，不爽一字。馬生驚異，歎服如神。自後凡書，無論古今，皆不經吾一目。然如此能記時，亦不過五六年耳。」（全書卷三十一）

青主生有寒骨，青年時喜作冰燈，曾作冰燈詩。

傅庚冷雲齋冰燈詩序：「冰燈詩，吾弟青主詩，記冰燈也。弟生有寒骨，於世熱鬧事無問。春側側寒，輒立汾河冰上，指揮凌工鑿千畝瑠璃田，供齋中燈具。即事成詩賦十有五首。」（全書卷十七）

青主冷雲齋冰燈詩：「冰塊皆不假造作，頹兀傾欹，奇醜任性，少可承藉，思得古怪樹根，鑿爲盆盂措之。」「樹根至，牙槎結倔，蓋人以不材見棄者。稍稍依曲就勢，爲淺脣注水，居吾冰其上，枯寒合德，眞如方外良朋也。」「北地寒，寢所率用煤洞，使流煙内入。吾與冰氏盟，不得少近薰灼，木榻布被，引氣自溫，僵臥瞪目，猶自盼春寒也。」（全書卷十七）尹案：青主先生冷雲齋冰燈詩未署作於何時，暫置於此。又：觀詩文，知青主此時受老莊思想影響已較深。

崇禎二年己巳（一六二九年）二十三歲

是年，李自成舅高迎祥等領導陝西饑民起義。高迎祥自稱闖王。（明史卷三〇九李自成傳）

是年，朱彝尊（錫鬯、竹垞）生。

十月戊寅，清兵入大安口。十一月壬午朔，京師戒嚴。甲申，清兵入遵化。辛丑，清兵薄德勝門。（明史卷二十三莊烈帝本紀）

山西巡撫耿如杞坐逮論死，代以仙克謹。

彭孫貽流寇志：「十月戊寅廿七，清兵入喜峰口，都城戒嚴。山西巡撫耿如杞以兵入衛。兵譁於涿鹿，大掠良鄉，如杞坐逮論死。」

崇禎三年庚午（一六三〇年）二十四歲

陽城張履旋會青主，其父張慎言寄與扇子一柄，一詩戒之。

青主我的交遊雜記：「吾自二十歲外以來，交遊頗多，亦盡有意氣傾倒之人，漸漸覺其無甚益我處。庚午，楊城張公子履旋赴鄉試來會城，司徒公寄與扇子一柄，一詩戒之。首句曰：『交友休從意氣生。』吾初疑其不然。人無意氣，亦可足與交也？後來漸漸知所謂意氣者，皆假爲名士之弊，坐此敗露者實繁。始知前輩皆實實歷過，才以此等句教子弟也。」（全書卷四十六）

青主作庚午闈撤有懷卷自縊於奎光樓者詩以弔之。（全書卷八）

是年，周延儒爲首輔（崇禎長編明亡述略上），溫體仁「藉延儒力」入相（明史卷二十三莊烈帝本紀、卷三〇八溫體仁傳）。李自成從起義軍（邊大綬虎口餘生錄），自號闖將（文秉烈皇小識卷二）

是年二月，陝西農民起義軍入晉，侵平陽，陷蒲州、滎河，攻吉州、太平等地，占河曲。（王臣直存恤良民以輯流寇疏，載康熙絳州志卷四；文秉烈皇小識卷二）五月，罷山西巡撫仙克謹，代以宋統殷。（柳義南李自成紀年附考）

崇禎四年辛未（一六三一年）二十五歲

青主觀黃雙鳳家藏書畫，爲之鑒別。

青主題宋元名人繪蹟：「此冊中多雙鳳黃孝廉家藏幅。孝廉之祖，有宦晉官承奉者，故多得晉分藩時書畫。而孝廉又博學，精賞鑑，以文章從龍池先生遊。是以收藏精富，在嘉、隆間爲太原最。庚午、辛未之間，曾留貧道冰龕，頗細爲删存之。」（全書卷二十二）

是年，李因篤（天生）生。

八月丁未，清兵圍大凌城。九月，莊烈帝復用太監。張彝憲總理戶工二部錢糧。（明史卷二十三莊

烈帝本紀）

是年王自用集農民起義軍三十六營二十餘萬衆於山西，勢大盛。（明史卷三〇九李自成傳）

崇禎五年壬申（一六三二年）二十六歲

青主妻張靜君卒，誓不復娶。

青主見内子靜君所繡大士經：「斷愛十四年，一身頗瀟灑。」自注作於乙酉（一六四五年）。逆數之，爲崇禎五年。（全書卷五）

青主哭子詩後記：「傅眉者，傅山之子也。五歲失母張，祖母貞髦君撫養之。」（全書卷十七）

傅眉生於崇禎元年戊辰（一六二八年），順數之，張氏卒於崇禎五年。

戴廷栻高士傅壽毛行狀：「五歲失恃，祖母陳太君撫養之，隨父讀書如成人。」（全書附録四）

嵇曾筠明生員傅先生山傳：「失偶時年二十七，子眉甫五齡，旁無妾媵，誓不復娶。」丁譜羅振玉案：「壽毛行狀不言失恃之年月，然以壽毛生於戊辰、卒於甲子、年五十七考之，則眉五歲時先生年二十六。嵇氏誤差一年也。」

是年，農民起義軍戰晉東南大捷。潞王告急，罷山西巡撫宋統殷，以許鼎臣代之。（明史卷三〇九李自成傳、彭孫貽流寇志卷一、文秉烈皇小識卷三）

崇禎六年癸酉（一六三三年）二十七歲

是年，儲方慶（廣期、遯庵）生。

二月癸酉，農民起義軍進軍畿南。六月，溫體仁唆使太監王坤、給事中陳贊化彈劾周延儒，首輔周延儒罷相，以溫體仁代之。七月甲辰，清兵陷旅順。（明史卷二十三莊烈帝本紀、卷三〇八周延儒傳）陝西、山西大飢。（明史卷三十五行志三）

崇禎七年甲戌（一六三四年）二十八歲

青主作紅葉樓詩一首。

詩云：「古人學富在三冬，嬾病難將藥物攻。江泌惜陰乘月白，傅山徹夜醉霜紅。」（全書卷十五）劉霏云：「注甲戌詩，疑誤。」姑係於此。

秋，青主在晉祠，作秋海棠小賦。

賦末署：「秋海棠小賦。甲戌秋晉祠作。山。」知此賦作於是年秋。（全書卷一）尹案：此詩手稿現藏上海圖書館。賦末所署「甲戌秋晉祠作」六字，如不是追記，則此手稿當是現存最早的傅山墨跡。

是年，傅眉七歲，能小詩小賦。

青主哭子詩後記：「七歲能小詩小賦，讀左氏傳，日試一題，爲詠史五言一首。」（全書卷十七）

戴廷栻高士傳壽毛行狀：「七歲作小詩小賦。河東名士郭九子新見之，歎曰：『何六朝才也？』讀左氏傳，公他日試一題，爲詠史五言一首。」（全書附錄四）

袁繼咸任山西提學，七月莅任。

戴廷栻總督江楚應皖兵部左侍郎袁公傳：「袁公諱繼咸，字臨侯，慕文文山之爲人，自號袁山。」「天啟甲子，中式江西鄉試第十名。乙丑成進士。」「崇禎庚午考選，授監察御史。」「銓部複以禮部主客司主事推，得俞旨南京禮部精膳司郎中。周公鑣上封事，中多指斥內臣事，遂革職。公上疏申救，不報。」「尋遷員外郎。癸酉典廣東鄉試。甲戌報命，升山西按察司提學僉事。大璫張彝憲總理戶工二部錢糧，怙權作威福，頒教自藩臬以下行屬禮，守令庭參無敢抗者。

科臣李公世祺論劾溫體仁、吳宗達兩輔臣，體仁、宗達怒謫世祺，並追罰掌考選之銓臣吳公鳴虞。公曰：『内臣受守令跪謁，世間將不復有廉恥；罪直言而罪及用言官之人，世間將不復有氣節。』因疏論士習，極言二事之非。上切責彝憲，旋收其總理戶工之柄，體仁之怒公不可解矣。七月抵晉任，大兵逼省，會公贊畫城守，兵退。始出試太、汾、平、潞諸郡，盡謝一切竿牘，立法嚴而用意寬，子衿非劣行以年老退者供丁仍舊，下等黜者仍予衣巾，有司不得笞辱，一時士習文風彬彬蔚起。陽城張公慎言作里舉吟，誌其事焉。」（半可集卷一，咸豐四年刊本）

九月，吳甡任右僉都御史，巡撫山西。

明史卷二五二吳甡傳：「吳甡字鹿友，揚州興化人。萬曆四十一年進士。歷知邵武、晉江、濰縣。天啟二年徵授御史。」「後又諫内操宜罷，請召還鄒元標、馮從吾、文震孟，乃積與魏忠賢忤。七年二月削其籍。崇禎改元，起故官。」「七年九月超擢右僉都御史，巡撫山西。」

是年，王士禎（阮亭）生。

春，太原大饑，人相食。（明史卷三十五行志三）

夏，高迎祥、李自成被圍車箱峽，以計脫險。七月壬辰，清兵入上方堡，至宣府。辛丑，京師戒嚴。庚戌，清兵克保定。庚寅，清兵出塞。（明史卷二十三莊烈帝本紀）

崇禎八年乙亥（一六三五年）二十九歲

是年，傅眉八歲，作棗糜賦。

青主哭子詩：「八歲賦棗糜，崛雪紅林思。」（全書卷十七）

顏元（習齋）生。

八月，李自成起義軍陷咸陽，十月陷陝州。（明史卷二十三莊烈帝本紀）

崇禎九年丙子（一六三六年）三十歲

袁繼咸修復三立書院，以青主爲祭酒。青主讀方外書如故，不能脫山林氣。

戴廷栻總督江楚應皖兵部左侍郎袁公傳：「晉陽三立書院，舊撫魏公允貞創建，祀皋、夔、稷、契、益諸聖人，而以名宦鄉賢配東西廡。歲大比，則擇晉士之秀者講肄其中，官給廩餼。後祀事淆亂，廢者二十年矣。大學士吳公甡，是時以右副都御史巡撫山西，檄公釐正舊典。公遂請修復，因爲從祀諸賢各係一傳，取髦士三百餘人聚居課讀，饔飧供給，疾病醫藥，皆公躬爲料理，師弟間藹藹如父子。」（半可集卷一）

青主因人私記：「袁先生督課全晉諸生三立書院。取錄科高等者二百五十餘人。先生於書院中修三立名賢傳，謂諸生曰：『此我他日謗書也。』課法：月大會三，皆至書院，日饌譔，午後文完飲酒，各從其知爲羣。小會六，皆在各寓中。寓多在崇善寺。每生月用米麵菜錢，取足於學租，皆豐厚有餘用。不時至崇善寺講藝，有病者親至其寓所，與藥餌調養之。」（全書卷三十五）

戴廷栻石道人別傳：「會袁山袁公提晉學，見道人藝，以爲是子忠孝人，置第一，延於三立書院。時晉國士三百餘人，以道人爲祭酒，而道人讀方外書如故。」（全書附錄四）

嵇曾筠明生員傅先生山傳：「繼文者，袁臨侯先生繼咸也。一見深器之，準食餼，檄取讀書三立書院，時時以道學相期許，山益發憤下帷。袁每云：『山文誠佳，恨未脫山林氣耳。』」（全書附錄四）

四月，溫體仁任張孫振爲山西巡按御史，伺機打擊袁繼咸與吳甡。

文秉烈皇小識卷四：「溫體仁，烏程籍，歸安人。」「張孫振爲歸安知縣，係烏程父母官，有奧援。」

眉史氏復社紀略卷三：「正月考選」，「是時秉軸者皆浙人，以故冢臣門人張纘曾、少宰張捷之姪張孫振皆恃奥援，意爲必得。而是時吳門望重」，「纘曾、孫振爲所軋，僅得部屬主事。部堂俱不悅，覘知體仁之姻商周祚、門人薛國觀皆未入選也，因慫恿體仁，揭請皇上御覽。」「張纘曾、張孫振改授御史。」

青主因人私記：「崇禎九年丙子四月初，袁山先生錄科試甫畢，而巡按御史張孫振來。袁先生語山曰：『張古岳是來，其不無意於我乎？』是時溫體仁當國也。孫振三日謁廟講書畢，謂袁先生曰：『兩學諸生通不會講書如此？』袁先生曰：『此皆代講者，舊規惟本道講書。始皆本生講之，然好秀才多不肯出來代講。』張少作色，曰：『貴道有欽件數案至今未結，何這巡也？』袁先生曰『有之，皆前道張時事，待下官申來詳到本道，本道自轉之矣。』詞色殊不和，各罷去。袁先生語山曰：『果然張古岳相尋我矣。』」（全書卷三十五）

七月，吳甡疏薦袁繼咸稱職應升京堂。八月，張孫振誣劾袁繼咸贓私數萬，欲傾袁以傾吳甡。

青主因人私記：「晉人士感頌袁先生教義，特疏薦袁先生引例學臣稱職得升京堂。而是年當大計，孫振會吳公，欲重申之。吳公亦知孫振意，曰：『是可坐浮躁耳。』八月科畢，孫振遂先大計露章劾之，而款則取之陽曲知縣李雲鴻。雲鴻齷齪小人也，通許人。太原府推官袁楷，聊城人。太原府同知蔡如蘅，貴州人。大半皆前道張公弘襟事。公鄠縣人，山亦受公知。袁歸依吳公，稱門士。蔡黠士，一二款皆微事。獨李雲鴻阿意孫振，風影那借十餘款，惟恐不多不毒，謂按臣參一提學何有。」（全書卷三十五）

戴廷栻總督江楚應皖兵部左侍郎袁公傳：「吳中丞疏薦公，公清升京堂。巡按御史張孫振」

「曾令歸安，爲溫體仁私人，代體仁報前怨，傾公以傾中丞，誣參公贓私數萬。」（半可集卷一）

十月，袁繼咸被逮京勘問。青主與同學薛宗周議伏闕訟冤，移書四府同學諸生。青主等隨袁公行。

談遷國榷崇禎九年十月壬午條：吳甡薦袁繼咸疏「下吏、禮二部察復。尋見劾，上幷詰甡之薦。」

青主因人私記：「孫振疏既上，十月中得旨：『著山西撫臣戒送來京勘問。』遂羈候先生於書院中。山時左右之。先生鐙下爲辨牘口占，山書之。李雲鴻偵伺甚密，令侯主簿巡徼窗外，諸生有問望者，出入甚難，有入者卽以其名字密報孫振。門下諸生忿忿，鳴之吳公。吳公傳入，立杖三十逐之，諸生大快。山與汾州府諸生薛宗周倡伏闕訟先生冤。山移書四府諸同筆硯生，令陸續來京。十月二十日，山與宗周隨先生行，留家兄庚在家催促諸後來者。時平定生白孕彩聞風從平定先入京矣。」（全書卷三十五）

嵇曾筠明生員傅先生山傳：「崇禎丙子，繼咸爲直指張孫振誣詆下獄，山徒步走千里外伏闕訟冤。」（全書附錄四）

郭鋐徵君傅先生傳：「繼咸被御史張孫振誣劾，青主出萬餘金糾通省諸生詣闕代白。」（全書附錄四）

傅蓮蘇傅徵君事實：「崇禎丙子，督學袁公諱繼咸被誣下詔獄，徵君以諸生徒步詣闕訟冤，傾產無悔。」（全書附錄四）

十月末，袁繼咸及株蔓寒生平民百餘人下獄。青主等人抵京，寓琉璃廠伏魔祠，草疏稾投通政司。數上不納，乃出揭帖投大小衙門及中官廠衛緝訪之人，卒達御前。

青主因人私記：「山與宗周、程某入京，僑琉璃廠伏魔祠，就太原府諸生張凝種之寓，而實依丁時學天心爲主人。時學之兄天行乾學，卽袁先生甲子鄉試之座師也。以首犯崔、魏事死，得蔭一子。時學有手眼人，一時人士多向往之。十月末，先生入刑部獄。山與宗周拜謁諸拔貢在京者，會同上疏。皆無異詞，而實予珪一人主張之。」「予珪屬草疏藁，山屬時學修飾合式，列諸名百餘人，則予珪與山爲本頭，投通政司。時通政無使，參議爲袁鯨。鯨，楚人，與孫振善，故指疏中不合式者數字，令改寫再封，而以副本密致孫振矣。隔數日再投，再駁。數日，又投之，鯨大怒。」「隔日又投」，「會冬至，又托以禁封不上。」「疏且上，通政又難之。山等出揭帖，亂投在京各大小衙門。」「山等因孫振『廠衛』之語，每日儒巾青衣，隨僮僕多抱揭帖數十百本，凡遇老小中官，穿倚撒白靴廠衛緝訪之人，卽與一冊而告其故。」「不謂揭帖不知是廠、是衛、是中官，逕達御前矣。」（全書卷三十五）

青主辨誣公揭云：「嗚呼！敗誣而至於敝鄉之袁，眞國是之又一變矣。袁教敝鄉幾三年，下車先以天下名教是非爲誨導，歲科再試，盡瘁積勞，往來盜賊戎馬間，苦心摩研士，往往售知。」「卽開書院作養一舉，首以俸餘葺先賢三立祠，而進諸生於其內，朝夕勸課，蔬食菜羹，與諸生共之，不取給於官府，不擾及於百姓，有貪吏若此者乎！敝鄉災盜洊臻，諸生顛連實甚，賴袁先後振恤，不遺餘力。學租常平而外，皆捐自本道。舉寒生之涸轍待斃者，保全實多，良所謂師保而父母者也。有貪吏若此者乎！」「且株蔓寒生窮民，或鬻隴畝，或鬻妻子，顛連千里，幽蔽五城，其羸者、疾者、凍者、餓者，呻吟籲痛，不忍見聞，此尤仁人君子所急圖矜恤者也。伏乞大宗師主持國是，昭雪孤臣，上爲朝廷勸清介之風，下爲人士慰師表之望，一時羅織平民，亦得早圖生還。」（全書卷三十五）

張孫振加害青主，青主百折不回。京師輿論闐然，皆不平其事。

青主因人私記：「孫振在山西欲甘心於山不得，又一疏特參山弟止以威之。」（全書卷三十五）

嵇曾筠明生員傅先生山傳：「孫振怒，大索山。山敝衣藍縷，轉徙自匿，百折不回。」（全書附錄四）

文秉烈皇小識卷四：「時長安鬨然，皆不平其事。」

劉霦編刊仙儒外紀卷七錄昭餘貢生梁建綱題因人私記詩云：「瑤琴一曲感優倡，阻險艱難已備嘗。千古師交多淡漠，先生毋乃喻南強。」梁自注：「曲感優倡，借以救白袁山之冤。」

鄧之誠骨董瑣記卷五載乾隆年間某人所錄青主逸事云：「衆客久，資盡，傅諂於一鄉先達。適座有酒糾，聞其說，乃曰：『此義事，無難處。』出其纏頭金帛值二百以進，且歷至王公戚畹府第，從容白其冤。未幾，有中官取揭以入，而袁事得雪。此妓近俠，士夫所不如。惜其姓氏不傳，傅亦不爲表，何也？意傅且逃名，而於此仗劍之紅裙亦欲其跡匿聲銷，不欲塵世得而窺識耶？余於晉陽傅道人孫蓮蘇爲述此。時年已七十餘，猶手錄其祖之詩文以遺余。終日不倦，貌古甚。傅先生家風故未墜云。太原張生耀先曰：酒糾名吳妹。」

戴廷栻石道人別傳：「道人伏闕疏辨，以奇計出公，終不告公故。」（全書附錄四）尹案：此「奇計」是否與酒妓有關，酒妓事是否眞實，均不詳，謹錄此備考。

青主因人私記：「會臘月，吳公甡糾孫振贓私疏上。」「贓私八萬有餘。」（全書卷三十五）

是年，閻若璩（潛邱）生。

二月，山西大飢，人相食。（明史卷三十五行志三）

七月，高迎祥被捕遇害。清兵入寶坻，連下近畿州縣。八月出塞。（明史卷二十三莊烈帝本紀）

崇禎十年丁丑（一六三七年）三十一歲

正月，薛國觀自陳任御史不職疏，得旨拏戒張孫振來京究問。

青主因人私記：「都察院僉都薛公國觀時無左都，薛公掌堂印也。自陳任罪差御史不職一疏。得旨，即於公疏批：『令錦衣衛差得當官旗前往山西，拏戒張孫振來京究問。』此是丁丑正月十五後事也。差官包姓，忘其名。」（全書卷三十五）

二月，逮張孫振至京。青主至獄分米麪供給袁案干連之平民，刑部不問。

青主因人私記：「二月中拏孫振到，下刑部。時孫振參疏干連山西通省百餘人，散寄刑部及五城兵馬司監，有瘐死者、病者、乞食於監中者，山等稍稍義分米麵供給之，而刑部不問。」（全書卷三十五）

青主率諸生至朝房門外攔截首輔溫體仁，投撒揭帖，敦促早日爲袁公與干連平民百姓雪冤。

青主因人私記：「山等每夜往朝房門外候閣老投揭，候數日不得。一日天尚冷，山等在象南柵欄外爇火，而從西遠遠有喝道上來，云溫閣老來矣。山等約向西，如牆而跪，不得令彼逕過之。時天未明，衣巾擁塞長安門柵左右者尚百許人，見溫轎來，亂嚷。」「溫曰：『朝廷自有處分，諸生呶呶，意欲何爲！』山曰：『袁學道之被誣，上有朝廷聖明，下有大宗師輩主持公道。前日生等五上銀臺，銀臺五駁之，不準封進。來日昭雪不待言，生員急急請者，爲山西干連無辜之人百餘人，皆散寄諸五城監中，已有死者，有瘐而待死者，有乞食監中者，只懇大宗師與刑部一言，令早問一日，令此無辜者尚有生還之日。』」「溫令接揭來。諸生羣起而投之，接者亦不知是何人。揭帖從後亂下，撲閣老面。」（全書卷三十五）

青主遊燕、玉河五言古詩當作於此時。

遊燕詩有云：「母念遊子寒，應計衣未加。兒身寒有時，母心寒無涯。」玉河有云：「宮河照蛾眉，闕河咽遊子。」（全書卷三）青主在京日久，十分思念老母，因有是詩。

三月，青主登遊西山，作喻都賦一篇，諷天子抗清，勿聽南遷之議。

青主因人私記：「三月」、「山時心少閑，是有喻都小賦一篇。因野遊西山，半月餘未至獄中候先生，歸而聞刑部問理有日矣。」（全書卷三十五）

青主喻都賦：「臣丙子、丁丑以事再詣京師，京間民輒流言皇帝苦邊患，宮操訓武，命中官習兵陣，嬪妃以下學騎馬馳縱，且南遷。臣愚料皇帝無此意。」「喜爲此言者，非庶人之福，作喻都賦。」（全書卷一）尹案：此云丙子、丁丑「再詣京師」，似以前已到過京師。其行在何年，爲何事，均不詳，待考。

四月，刑部審理袁案，袁公事雪獄解。青主名聞天下。

青主因人私記：「四月初，問於都城隍神廟。」「事皆誣，遂大白。部爰書上，先生得賜還。」（全書卷三十五）

戴廷栻總督江楚應皖兵部左侍郎袁公傳：「晉士子伏闕爲公申理者千餘人。庭訊之日，衆口哭泣籲冤。刑部先審，爲少司寇朱公大啟，後訊爲大司寇鄭公三俊，各以實上。上鑒公無罪，復原官。」（半可集卷一）

戴夢熊傅徵君傳：「袁爲直指誣奏下詔獄，山以諸生詣闕訟冤，海内因是無不知有傅山其人矣。」（全書附録四）

嵇曾筠明生員傅先生山傳：「繼咸冤得白。當是時，山義聲聞天下。」（全書附録四）

閏四月末，青主辭袁先生歸。丁時學於國門立留社，爲青主送行。袁繼咸以青主與宗周訟冤始末囑太史馬世奇記之。後繼咸集記與詩梓行於武昌。

青主因人私記：「閏四月末，山辭先生歸。」「山辭先生行後，先生以此始末屬馬太史記之，而楚王孫梓行之。擬山裴瑜、魏劭，實過情也。時學於國門立留社，皆當時詞客，贈山等古近體數十篇，時學集爲一冊，而以馬太史記冠於端。」（全書卷三十五）

戴廷栻總督江楚應皖兵部左侍郎袁公傳：「與公周旋最勞且久者，太原諸生傅山、西河諸生薛宗周也。太史馬文忠公世奇爲作山右二義士傳。」（半可集卷一）

五月，青主抵里。袁繼咸以原官起爲武昌道，寄書邀青主覽黃鶴之勝。青主謝不往。後又以所刻山右二義士記贈青主。

青主因人私記：「隨得旨，先生以原官起爲武昌道。山五月抵里，先生有書來，要往武昌，一覽黃鶴之勝。山謝以違老母久，不也。即武昌〇〇府王孫〇〇刻馬素修太史所著山右二義士記寄來，山讀之，愧汗浹背。」（全書卷三十五）

戴廷栻總督江楚應皖兵部左侍郎袁公傳：「上鑒公無罪，復原官。公以親老具疏終養，而分守武昌道參議之命下矣。」（半可集卷一）

明史卷二七七袁繼咸傳：「十年，除湖廣參議，分守武昌。」

戴廷栻石道人別傳：「馬太史君常作義士傳，比之裴瑜、魏劭。袁公補官泰州，約道人遊，道人方服柏葉辟穀，不答公書。」（全書附錄四）

戴夢熊傅徵君傳：「迨袁誣既白，出督九江，屢遣使召山，山終不往。」（全書附錄四）

丁譜羅振玉案：「石道人別傳作『袁公補官泰州，約道人遊』，誤。陽曲志徵君傳作『袁誣既白，出督九江，屢遣使召山』，亦誤。」

秋，桂一章提學山西。冬，桂一章欲以花紅旌青主之行，青主苦辭乃免，歸作因人私記。

青主因人私記：「秋，慈波（尹案：王本霜紅龕集作寧波）桂公一章督山西學。歲試畢，發落日，先唱山名，動鼓樂，且以花紅旌山之行，云：『事師行義如子，當求之古人。府學原舉有行優科二人，本道格不行，謂行義有過於子者乎？故特旌之，令諸生知千古師生義。』山愧沮不知所來，長跽大言曰：『即此一事，是山西通省公義，幸而天子聖明，前道宗師得白，山不過從衆奔走，所謂因人成事者也，豈敢貪公義以樹私名乎！宗師必以此謬旌，而山詎以此謬行當？山不得以此自待，亦非宗師所以待山之意。花紅才及生身，生必裂冠褫衿而後已。』桂公頗作色，已之。歸，因別記始末，題曰『因人私記』，以示後代。不敢粉飾一字，欺人要名。一時人情反覆，炎涼向背，瑣屑笑人，不勝載亦不載也。」（全書卷三十五）尹案：因人私記王本中尚有一段：「山既退階下，諸生曰：『山豈不過狂已乎！』退而自訊曰：是役也，吾豈爲賓乎！」末署：「丁丑冬稿。」

是年與明年，青主再讀新五代史。

青主新五代史批注：「至丁丑、戊寅年間，又取從好園藏全史中者，及桂子園王氏藏者，亦略略看之。」（全書卷一百一十二）

是年，傅眉十歲，讀左傳，作采蓮曲。

采蓮曲見全書附錄一傅眉集卷八。注：「十歲作。」

青主哭子詩：「十歲讀左傳，兼鈔十五風。咏史日一題，小紙雅雛叢。庶其得五字，無乃愧父功。世父摩頂骺，驚人哉此童！戲命爲采蓮，麗如子夜儂。紅裙愛顔色，笑倒曠林翁。郭九子見笑曰：『何逕如子夜曲也！』」（全書卷十七）

正月，張獻忠攻安慶，南京大震。六月戊申，溫體仁罷相，京城歡聲雷動，雖婦孺皆舉手相慶。

冬，李自成逼成都。（明史卷二十三莊烈帝本紀、文秉烈皇小識卷五）

夏，兩畿、山西大旱。（明史卷二十三莊烈帝本紀）

崇禎十一年戊寅（一六三八年）三十二歲

元日，雪。青主作七言絶句元日雪二首。（全書卷十五）

正月，錢文蔚邀青主遊崇善寺。

青主太原三先生傳：「錢先生與王先生丁酉同舉于鄉，以廣文復令百泉。二年餘，歸。歸之日，即焚冠帶，制棺木、斂衣，備而藏之，曰：『吾事了矣！從今以去，無一事可縈吾懷。』圍棋茶酒，吟風弄月，尋花訪竹。」「先生癖潔。以縣令居家，而見任諸地方有司皆不知有先生，奇哉！」「憶戊寅正月，先生治具，邀山輩集崇善寺，坐過半夜矣，先生神益王。次日，有詩示山輩曰：『誰謂錢生老，猶然一酒狂。』晚年自號虛舟老人。」（全書卷十九）

山西巡撫吳甡謝病歸，青主作送中丞吳公七言律詩一首贈之。

明史卷二五二吳甡傳：「七年九月超擢右僉都御史，巡撫山西。」「八年四月上疏言：晉民有三苦。一苦凶荒，無計餬口；一苦追呼，無力輸租；一苦殺掠，無策保全。由此悉爲盜。」「在晉四年，軍民戴若慈母。謝病歸。」由「在晉四年」推之，吳甡病歸當在該年。

青主詩曰：「表裏山河屬壯猷，馳驅無奈早簪投」云云。（全書卷十二）

是年，傅庚中子仁生。

戴廷栻傅仲壽元小傳：「壽元，明茂才傅庚字子由之中子也。子由先娶於韓，生襄，才而蚤夭。又娶於李，生仁，骨幹修削，黃髮火色，性僻潔，五歲而孤。」（全書附錄四）傅庚以壬午（一六四二年）卒，逆推五年，爲是年。

九月辛巳，清兵入牆子嶺。癸未，京師戒嚴。陝西、山西旱飢。（明史卷二十四莊烈帝本紀）

崇禎十二年己卯（一六三九年）三十三歲

青主讀書陽曲縣上蘭村虹巢書齋，作五言律詩虹巢二首。曾贈二畝地予上蘭村五龍祠。

戴廷栻不旨軒記：「先生少年，讀書裂石，經始半椽，一欄如虹，謂之虹巢。」（半可集卷三）

青主虹巢二首自注：「老杏一株如虹，作書齋。在省西北四十里蘭村裂石廟前右側，汾河出峽之口。」（全書卷八）尹案：裂石廟卽竇大夫祠，因北倚裂石山（二龍山），故又稱裂石廟。

青主上蘭五龍祠場圃記：「往余讀書虹巢，數數過上蘭五龍祠。祠東有余家地二畝，祠僧普烈請爲場圃，余許之。越二年，復過上蘭，普烈將築牆於此，嵌石其上，復請余記之。」自署作於崇禎辛巳。（全書卷二十四）由此知兩年前的己卯，青主在虹巢讀書。虹巢二首亦當作於是年前後。

青主在虹巢讀書期間，曾作隸書皇甫曾、王維、徐安貞、錢起詩四條屏。詩末書：「太原傅山書於虹巢。」但未署年月，考後來未見有青主回虹巢的記載，故姑置於此。墨跡藏四川省博物館。如此四條屏確書於此時，則是現存第二件甲申前的青主墨跡。

是年，傅眉十二歲，隨青主讀書虹巢，作蓮葉兜鍪賦。

青主哭子詩：「十二虹巢中，蓮葉兜鍪奇。」「至十一、二歲，詩賦日麗。」（全書卷十七）

傅眉集卷九蓮葉兜鍪賦注：「十二歲戲作。」（全書附錄一）

陳廷敬（子端）生。

正月，清兵入濟南，德王由樞被執，二月北歸，共下畿南、山東七十餘城。六月，畿內、山東、河南、山西旱蝗。（明史卷二十四莊烈帝本紀）

崇禎十三年庚辰（一六四〇年）三十四歲

是年與明年前後，青主爲學不爲科舉拘係，始務博綜。

青主家訓：「吾家自教授翁以來，七八代皆讀書，解爲文，至參議翁著。下至吾，奉離垢君教，不廢此業，然大半爲舉業拘係，不曾專力，至三十四五始務博綜。」（全書卷三十一）

夏，傅庚長子襄卒，襄妻李氏仰藥殉。青主傷逝壹鬱，作五言律詩哭姪襄秀才一首。

孫奇逢貞髦君陳氏墓誌銘：「庚長子襄，爲諸生，二十歲亡。婦李同日仰藥殉。」（錢儀吉碑傳集卷一四九）

戴廷栻傅節婦傳：「傅節婦李氏，明孝廉太原李中馥女，少莊靜，事繼母維謹。長歸府學生傅襄。襄世家子，才高負氣，伉儷之情淡然也。」「少選死，與襄同日也。年才十九。」（半可集卷一）

青主郭九子哀辭：「庚辰夏，舍姪物故。余傷逝壹鬱，長日擁被睡，昏昏然，不出門，亦不見客。中楚不時作，輒有句曰：事了不相與，情來無奈何。」（全書卷二十三）

青主敍靈感梓經：「孝廉有女季適僑黃之人之晜，一犖犴之子。子弱冠玉折，而女仰藥殉。」（全書卷二十）

青主哭姪襄秀才：「雪候怕時簡，虹巢嬾再過。」（全書卷八）知青主此時已不在虹巢。

六月，青主夢中作采蓮曲一首。

青主夢中作采蓮曲雜記云：「庚辰夏六月，夜瞑書巢，夢中吟得曲四句，高咏而醒，絕非烟火調。其幽渺之思，不知何來。」「泰雲梁子以爲仙句。」（全書卷四十四）

秋，青主夢遊箕子陵。

青主不想詩云：「庚辰秋，夢遊箕子陵，有三獸守之。」（全書卷四）
青主紀夢：「咄咄箕陵夢，於今十八年。明夷丁此世，暗覺異前賢。」（全書卷八）
青主題龕：「一夢箕陵自曲肱，離家萬事總如冰。」（全書卷十五）

八月二十二日，青主同學郭新卒。十月得信，作郭九子哀辭。後點定其稿，集爲曠林一枝。

青主郭九子哀辭：「十月，有淛人王某者來拜。予以其南士遠來，或有奇聞可喜事足發予悲悼者，勉答，拜其寓。」「問所從來，曰：『自武安。』予卽問：『武安有郭九子，識之乎？』王曰：『是擴申耶？八月間故矣。』」「九子返席沒，八月二十二日也。」「余爲九子哀辭，未嘗示人，以中多礙人語。唯寫貽露盤一章，且囑令存之笥中，無令析城同人見也。」（全書卷二十三）

青主後作五言律詩題九子故里一首，見全書卷八。

戴廷栻敍曠林一枝：「九子郭先生，平陽楊人。少負俊才，讀書武安曠林。有經世志。」「乙亥，始受知袁山先生。」「庚辰夏，病卒於曠林。晉露盤持九子詩，屬公他先生稍爲點定梓之，曰曠林一枝。」（半可集卷二）

青主序郭九子曠林一枝：「余讀九子詩，蓋傷儒生風節不傳而傳詩，詩爲士之窮云。」「或曰：九子，狂者也，志多進取。予謂九子不但狂，蓋狷者也。」「九子詩實不盡此，露盤所搜輯得此耳。予略爲刪存之，然其失者多矣，故署曰『曠林一枝』。曠林者，九子讀書處也。」（全書卷二十）

冬，青主欲雪，同兄庚合龕待之。

青主十五年後作五言律詩一首憶之，題曰：　庚辰冬欲雪同先兄合龕待之烹茶忽復十五年矣前日欲雪憶一過。見全書卷八。

是年，天澤潤公始遊太原，與青主相識，爲好友。

青主天澤碑：「律師天澤潤公，陝之蒲城人，出家蒲之佛田寺，得戒五臺之蘊眞和尚。崇禎十三年，遊太原。既傳戒於太原城南之淨業庵。梵衆服其愷悌悲喜，遂推主庵事。」（全書卷二十五）

是年，兩畿、山東、河南、山、陝旱蝗，人相食。（明史卷二十四莊烈帝本紀）

崇禎十四年辛巳（一六四一年）三十五歲

春，青主病危，幾死，兄庚左右調護得愈。作五言律詩病征一首。庚以憂瘁染疾。

青主老僧衣社疏（作於明年壬午）：「念去年春，離天行幾死，賴仁兄左右調護，得復苟延。弟病起，而兄病，以憂瘁漸深矣。」（全書卷二十六）

青主病征詩張、丁本注：「舊辛巳。」（全書卷八）

六月十九日，青主生日，兄庚扶病治具河厓。

青主壬午六月十五日至十九日即事成吟二十一首：「去歲今夜，先兄攜具西郭，爲十九日，是山生日也。」（全書卷九）

青主老僧衣社疏：去年，先兄「正於此日治具裝檦子中，出西郭河厓，酌酒屬弟曰：『深幸爾病起，有今日，故我扶病爲此』云云。言猶在耳。」（全書卷二十六）

青主於陽曲縣崛𡾰山松陰構庵讀書，署曰『青羊庵』，又名『七松厤』，後改『不夜庵』，作五言律詩青羊菴一首（全書卷八）、不夜庵一首（全書卷十），又有七言絕句青羊庵四首與青羊庵一首。（全書卷十五）

戴廷栻不旨軒記：「先生少年讀書裂石，經始半椽，一欄如虹，謂之虹巢，是先生有巢。後復於屈圍松林構青羊庵，是先生有庵。」（半可集卷三）

青主題自畫崛㟳紅葉圖：「崛㟳，管岑之枝也，其巒屈而成圍。陰多松，陽多柏，一蘭松柏之中。林中歷落叢灌者，黃蘆也，深秋霜下，頳然如醉，是有紅葉之題矣。道人青羊庵在松陰。爰有句：秋詩題不盡，霜葉可山紅。」（全書卷二十二）

青主青羊庵四首：「既是爲山平不得，我來添爾一峯青。」張、劉、丁、王本題注：「庵在崛㟳山南面松林中，又名七松麻。」（全書卷十五）尹案：據青主題自畫崛㟳紅葉圖，「陰多松，陽多柏」「道人青羊庵在松陰」，則各本題注「庵在崛㟳山南面松林中」均誤。

青主又有青羊庵一首，有云：「紫雲青樹石庯麻，花插牽牛小膽瓠。一縷沈煙縈白牖，先生正著養生書。」（全書卷十五）此詩若作於是年前後，則青主於甲申前已絕仕進之意，專心養生之書了。

青主五律青羊菴：「畢竟吾菴好，三年忙一來。七松盟舊矣，二友快相隨。」（全書卷八）此爲「七松麻」命名之由來。

青主不夜庵：「果夢菩薩教，名爲道士徒。青羊庵改額，不夜小㡯麻。」（全書卷十）則青羊庵改名不夜庵當在甲申青主爲道士後。

是年，青主遷父墳自東山洪子峪至西山馬頭水。

青主甲申八月作過先居士舊墳自注：「在邑東山洪子峪，遷西山馬頭水三年矣。」（全書卷五）則遷墳當在該年。

青主復過上蘭村，作上蘭五龍祠場圃記。

青主記曰：「往余讀書虹巢，數數過上蘭五龍祠。祠東南有余家地二畝，祠僧普烈請爲場圃，余許之。越二年，復過上蘭，普烈將築墻於此，嵌石其上，復請余記之。時普烈適新往城之報恩寺。寺，龍池先生像在焉。先生，當日文士，死焉。」「余約普烈供佛之餘，以香火供先生焉。」落款爲：「岳丘既平，琮玉斯韞。考祥亡羊，題楨木折。有位無人，甫田圍隱。巨室工逸，七賢一遁。傅山。」隱語謎底爲「崇禎辛巳。」

是年正月丙申，李自成陷河南，殺福王常洵。二月庚戌，張獻忠陷襄陽，殺襄王翊銘、貴陽王常法。十一月丙子，李自成陷南陽，殺唐王聿鏌。（明史卷二十四莊烈帝本紀）

冬，擢蔡懋德右僉都御史，巡撫山西。（明史卷二六三蔡懋德傳）

戴廷栻蔡忠襄公傳略：「公名懋德，字維立，蘇之昆山人。」「公少明理學，主王新建。爲制義，中萬曆丙午舉人。己未成進士，謁選得杭州府推官，陞禮部郎中，出爲江西提學，歷嘉、湖、井陘、寧前、濟南道，四轉至河南右布政。所在講經濟有用之學，步趨新建焉。」（半可集卷一）

崇禎十五年壬午（一六四二年）三十六歲

元日，青主作七言絕句元日齋中坐雪二首。（全書卷十三）

正月，蔡懋德抵晉任，擬集晉士講學。

戴廷栻蔡忠襄公傳略：「壬午正月，巡撫山西。撫臣陛見，上皆召對問方略。公對『晉鄙數荒，當先令百姓有飯吃』，帝頷之。至晉，不貪不擾，虛心好士，又書『求通民情，願聞己過』八字於牌，期以新建之學見諸行。晉有三立書院，祀晉先賢，爲講堂，廢於江陵，復於巡撫魏允貞。吳甡撫晉，與提學僉事袁繼咸造士其中。公至，約爲晉士講學。軍興，公奉旨移鎮固

關。」（半可集卷一）

四月，兄庚病歿，青主日夜共老母哭泣。

青主老僧衣社疏：「壬午夏四月，離先兄變，山不能卽死，日夜共老母哭泣。老母慰山，山慰老母，隨復涕出，不能仰視。自此不敢出門，直怕見人家有兄弟偕行者。」（全書卷二十六）

青主感而修性史一部，皆反常之論，二年而稿幾完。

青主傅史：「茂遠兄弟，班白友睦，深傷余情。先兄見棄後，余感而修性史一書，卽取徽遠迎老兄一事附之，未嘗不下心淚。」（全書卷一五六）

青主貧道編性史雜記：「貧道昔編性史，深論孝友之理，於古今常變多所發明。取二十一史中應在孝友傳而不入者，與在孝友傳而不足爲經者，兼以近代所聞見者，去取軒輊之。二年而稿幾完，遭亂失矣。間有其說存之故紙者，友人者家或有一二條，亦一班也。然皆反常之論，不存此書者，天也。」（全書卷四十二）

六月十五日，范長史邀青主飲酒作詩，青主偕友居實、起八、公則逃至黃玉書房。後至吉祥寺，又至水雲溝茶庵拜訪熊廷弼部將老僧。作壬午六月十五日至十九日卽事成吟二十一首、老僧衣社疏。

青主老僧衣社疏：「至六月十五日，賈漢臣來云：『晉長史范極慕兄，令弟致意。看兄在，卽來拜兄，且要兄飲酒作詩。弟專先范公來。』」「漢臣欲吾見范之意實殷，似謂范顧饒足榮遇我者。我不敢當，直有逃去一著。遂偕居實、起八、公則遄逃至黃玉書房。書房在城之東北隅李氏園。黃玉治飯飯我，和淚致飽。」「抵暮，獨步歸行。復月上，立海子隄四顧，夜色淒楚。」「明日，聞說水雲溝茶庵有老僧，年百三十有餘歲，奇之，卽冒暑過庵見僧。」「又說多在遼東。

因問：『老和尚好談邊事，又在遼東時多，熊廷弼經略遼東時，和尚在彼否？』和尚忽高聲說：『好個熊經略！』隨卽叩頭下，半日不作聲。起視之，和尚淚下如雨，不禁葛衫襟泫然溼矣。」「過六七日，又同居實、起八、伯彭、垂雲、讓升過庵謁老和尚。」「又過幾日，至七月初三日，約居實、起八至庵辦齋，供養老和尚。」「我聞此語，知其爲難苦備嘗、忠孝不死之人也，並有詩以紀其事。」題下署：「七月十一日。」（全書卷二十六）

青主六月十五日至十九日卽事成吟二十一首：「殺角非佳興，悲來偶此逃。」「今夕成何夕，孤凄海子堤。」「明日我生日，囑兒不可提。我離母不拜，兒拜我生凄。兄弟壯年別，招提三日棲。」「拜佛心拜母，母恩拜不勝。」「短毛無可愛，羨殺禿溫陵。」「三十六未老，一兒不肯長。時嘗家哭泣，生日野傍皇。日下吉祥寺，風凄艾納香。瞿曇能救苦，苦斷蘗禪腸。」（全書卷九）青主於甲申（一六四四年）十二月初七日又書此詩，並作跋云：「此詩爲壬午歲六月，以先兄四月見棄，貧道生日不忍在家，逃而哭之于野，率爾輒成。兒眉隨錄之，廿有一首。遭亂來，諸藁散失，遂不能全憶，尚得十九首，一首脫二句，亦不欲復造補之。」（全書卷九）

秋，住西村，吃柳菇。

青主吃柳菇雜記：「壬午、癸未時，秋住西村，沿河柳下不時摘得，方有秋菇之美。」（全書卷四十六）

八月，編撰西漢書姓名韻與東漢書姓名韻成。

青主兩漢書人姓名韻敍：「讀東方朔傳，頗好之矣。以是漸次卒業，回復讀之，始不能釋。見諸傳中附見諸人最有奇節高行，愈益好之矣。」「因比而輯之，編以洪武正韻，名下略綴一半句，便參考焉。」「綴范詳於班書，蓋班書終無釋手之時，范書則取其記事而已。編成示眉鈔

之，曰：『何如？』眉曰：『是吾家讀書一法也。』然哉！韻以正，尊王制也。壬午八月書。」（全書卷一六四）

八月鄉試前，夢上帝議劫，給青主單，單尾有「高尚」二字。青主鄉試未中，好友畢振姬中解元。

戴廷栻石道人別傳：「歲壬午，道人夢上帝議劫，給道人單，字不可識，單尾識『高尚』字，且賜黃冠衲頭。心知無功名分，遂製冠衲如夢中賜者。放榜罷，百三十歲長壽比邱賀道人。道人曰：『比邱誣矣。吾不中式。』比邱曰：『不中故賀。』道人頷之，取所製冠衲服之。甲申之變，競服之不脫，爲眞道士」（半可集卷一）尹案：戴氏所記，自「且賜黃冠衲頭」後，恐非實有其事，似戴氏爲青主甲申後不臣清、留髮又留頭而爲道士之舉開脫耳。青主詩文均不記夢賜黃冠衲服與百三十歲比丘賀青主事，則青主既爲之，不欲掩蓋之矣。

青主口號十一首：「犯禁微登議劫樓，雲章琅篆駭凡眸。龐眉道士詒單紙，高尚眞書鶩尾收。」「高尚名歸義士羞，只緣人見彼王侯。鉤除巢許嚴陵老，隱逸眞堪塞九州。」（全書卷十五）

青主覽巖逕詩卽事迴復連犿一百韻示眉並兩孫：「盤桓原筮久，高尚祖師宣。悔吝多池墨，方書亦瓿玄。老來隨苦靜，趺坐識前愆。」（全書卷十三）

青主序西北之文：「山之知解元，知其爲壬午之解元也。」（全書卷二十）

雍正刊山西通志卷一三八文苑：「畢振姬字亮四，號王孫，又號頡雲，高平人。」「中前壬午鄉試第一。國朝順治丙戌成進士，受平陽府學教授，入爲國子監助教，遷刑部主事，歷員外郎、郎中。」「特簡分守濟南參議道」。「又遷金衢道左參政，尋擢廣西按察使。」「戊午，劉司寇健、魏司憲象樞舉博學鴻儒，以老病辭歸。」

青主序西北之文：「西北之文者，畢解元振姬之文也。解元資才十百倍過常人，誦經史子集大部，至雜家者流。」「其文沈鬱，不膚脃利口耳，讀者率佶倔之，以爲非文。解元卒，門人市王牛兆捷子澍，謂太原傅山者，或能通之，無慮數十百餘篇。屬句讀於山。山因得而序論之，標之曰「西北之文」云。「西北之」者，以東南之人謂之西北之文也。東南之文概主歐、曾，西北之文不歐、曾。「解元爲東南之西北，而卒不得罪於東南者，文中數數於『理』之一字也。」（全書卷二十）

是年，青主得絳帖一部，送畢湖目先生。

青主絳帖說：「壬午，從河東府王孫得絳帖一部。絳帖傳無之久矣。晉府寶賢堂，云是從絳帖撫勒者。韓雨公云欲得之，吾謂：『君家已藏半部眞本，不必復須此矣。』韓意塞，吾以送畢湖目先生。」（全書卷三十二）

冬，青主好友曹良直任兵科給事中，青主遺書「諫官當言天下第一事」。

青主悼古遺：「曹子歷三縣，皆殘破，治有聲。壬午冬，選兵科。」「貧道有書遺曹子，諫官當言天下第一事。不月，曹子露章劾首輔周延儒罷相。」丁、王本題注：「汾陽曹良直，字古遺。」（全書卷九）

李遜之三朝野記卷七：十二月初四日。「上以讞詞發閣，延儒叩首曰」云云，良直卽疏言：「金吾（尹案：指駱養性）漏洩機密，歸功於己，歸過於君，毒哉此舉！雖磔金吾，不足贖罪，何況開元？」

是年，青主好友戴廷栻母郭氏卒。（張英戴公暨文孺人合葬墓誌銘，半可集民國版附錄）

二月，清兵克松山。十一月壬申，分道入塞。京師戒嚴。庚辰，克蘇州。閏月壬寅，清兵南下，

畿南郡邑多不守。十二月，趨曹、濮，山東州縣相繼下，魯王以派自殺。（明史卷二十四莊烈帝本紀）
五月，李自成圍開封，擊潰明官軍四十萬於朱仙鎮。
九月，明河北巡按嚴雲京掘河堤，淹沒開封城，黃河改道。（柳義南李自成紀年附考）

崇禎十六年癸未（一六四三年）三十七歲

春，李光座識青主於晉陽，青主示以崛嵎石梯詩。

李光座題陳右泫詩帙：「憶癸未春，余以右泫識青主於晉陽，曾以崛嵎石梯詩示我。」（仙儒外紀卷七）此李光座，當爲猶太人後裔，河南祥符人，於清順治年間考中進士，官至雲南按察司副使，改均州知州。

青主友曹良直疏劾周延儒罷相，請閱九邊要塞，以長城自許，中疫卒。青主作悼古遺五言律詩二首。

青主悼古遺：「壬午冬，選兵科，差堅清上谷。覆命，稱旨上疏，請閱九邊要塞，以長城自許。未幾卒。始終以豪氣不除，爲鄉里所忌。貧道有書遺曹子，諫官當言天下第一事。不月，曹子露章劾首輔周延儒罷相。」（全書卷九）

全祖望陽曲傅先生事略：「已而曹公任在兵科，貽之書曰：『諫官當言天下第一等事，以不負故人之期。』曹公瞿然卽疏劾首輔宜興（尹案：指周延儒）及駱錦衣養性，直聲大振。」（全書附錄四）

明史卷三〇八周延儒傳：十六年，「給事中曹良直亦劾延儒十大罪。」

青主明戶部員外止庵戴先生傳：「先生下獄，而曹（尹案：曹良直）適中疫卒。」（全書卷十

九）

丁譜羅振玉案：「悼古遺詩後，編者原注甲申，然當在癸未。曹卒，諸書雖不著何年，但考先生止庵戴先生傳云：『良直雅不能以同鄉同年直名具疏，慫恿同官某疏劾陳演以及先生。先生下獄，而曹適中疫卒。某以誣戍，先生事白，得溫旨出獄，國變矣。』敍曹卒在國變之前。而曹以壬午始入諫垣。又追悼曹子二首自注：『曲沃閣部（尹案：指李建泰）之師，曹子若在，必請纓誓死以信奇節，必不容其觀望不前。』曲沃督師在甲申（尹案：原文作午，誤）正月。以二事考之，故知曹卒當在是年。」

四月，山西巡撫蔡懋德自固關返太原，修三立書院故事，聘青主等講學其中。青主雖期集，不肯衣紳衣。

青主巡撫蔡公傳：「公至晉，卽擬集晉士講學。會秋，隣兵（尹案：指清兵）入東郡，公奉旨移鎮固關一帶，防西蹓。癸未四月，兵退，始還太原。飭集晉士講堂，館餼如袁山先生法。」「一時監司有司多迂公講學舉，公汲汲。約月三集：初集講聖諭六句，薦紳先生至鄉耆里老咸在焉；再集講經濟，凡國家大政雜務時利害者，莫不諮辨之，期實效，而鄉耆不與；三集則課諸生制舉義。」（全書卷十九）

戴廷栻蔡忠襄公傳略：「癸未四月解嚴，公始還太原，飭集晉士講堂，館餼如舊法。聘武鄉知縣權中、絳州韓舉人霖、平陽桑舉人拱陽、諸生傅山等，講戰，講守，講火攻，講財用，講河防，各有其説。」「三集則課諸生制舉，不以帖括爲時務，故後之。」（半可集卷一）

戴廷栻石道人别傳：「撫軍蔡公怡雲修三立書院故事，復以道人爲祭酒。道人雖期集，不肯衣紳衣講學，書院人怪道人。」（全書附錄四）

全祖望陽曲傅先生事略：「先生少長晉中，得其山川雄深之氣，思以濟世自見，而不屑爲空言。於是蔡忠襄公撫晉，時寇已亟，講學於三立書院，亦及軍政、軍器之屬。先生聽之，曰：迂哉！蔡公之言，非可以起而行者也。」（全書附錄四）尹案：全氏所記青主迂蔡公之言不知出於何處，青主詩文集中無之。

夏秋，青主在三立書院講堂，見蔡懋德刻訓言，謂「教」字從「孝」，一時未能理解，以爲巡撫不講六書之學。

青主小楷孝經書後：「癸未夏秋間，山在三立講堂，見蔡撫軍刻訓言，謂『教』字從『孝』，山竊議之，謂說文『孝』字本從『毛』，下『子』，上不從『爻』也。以爲撫軍不講六書之學。」「『孝』之爲『教』，筆畫既較然，義亦親切有至理。以之教人，有何不可？」（全書卷二十一）

是年，牛兆捷（子澍）生。

十月丙寅，李自成陷潼關。壬申，李自成陷西安。（明史卷二十四莊烈帝本紀）

九月，山西巡撫蔡懋德防河於平陽，縉紳士民無一應者。十二月返太原。

青主巡撫蔡公傳：「秋九月，闖賊報窺河，公迻防河平陽。十二月，賊渡河，公還太原，飭守太原城。」（全書卷十九）

戴廷栻蔡忠襄公傳略：「九月，報賊窺河，公移防河。至平陽，啟西河、交城二王，勸縉紳士民捐餉，無一應者。兵饑，晉王又遣官請公守太原，公狼狽誓關壯繆廟，義不與賊俱生，痛哭而返。十二月，公還太原，檄甯武周總兵遇吉入太原爲戰守計，而太原人懼邊兵入，格其議，公檄止之，遇吉至黃頭寨引還。公與布政使趙建極、巡道畢拱辰晝策死守。」（半可集卷一）

十二月庚辰，李自成先頭部隊、左營將軍劉芳亮自沙渦東渡，進軍山西，陷平陽、澤州、安邑等城。（彭孫貽流寇志卷八、錢䎘甲申傳信錄卷一、卷二、明史卷二六三蔡懋德傳）

崇禎十七年、清順治元年甲申（一六四四年）三十八歲

正月初一日，李自成稱王於西安，準備進軍京師。（彭孫貽流寇志卷九）

青主爲蔡懋德編童謠誣蔑李自成起義軍。

戴廷栻蔡忠襄公傳略：「八月，闖賊李自成破潼關，入西安。晉民倡亂者皆傳賊不殺不淫，所過不徵税，於是引頸西望。俄有秦民王國泰、黎大安，黏帖於城郭鄉里，言賊荼毒逼勒之慘。民大失望，更議守，實公與傅山所作。復作童謠曰：『馬在門内難行走，今年又是弼馬溫。』即諺所謂『猴年闖不祥』者，亦倣新建遺法也。」（半可集卷一）尹案：戴傳將此事係於去年秋，然據「今年又是弼馬溫」一語，當作於今年。或作於去年末，於今年正月流傳於世。此事後人多有懷疑，以爲青主未曾參與此事，但戴氏乃青主好友，不至於無中生有。

青主筮得鼎卦九三爻。

青主不人不鬼篇：「雉膏不食，聖訓孔至。」自注：「甲申正月筮得此爻。」（全書卷二）尹案：易鼎卦九三爻辭云：「鼎耳革，其行塞，雉膏不食，方雨，虧悔，終吉。」「鼎革」表示朝代要更迭了。

大學士李建泰請措餉抵禦起義軍，聘青主、韓霖爲軍前贊畫。

明史卷二十四莊烈帝本紀：「庚子，李建泰自請措餉活兵討賊，許之。乙卯，幸正陽門樓，餞李建泰出師。」

明史卷二五三李建泰傳：「李建泰，曲沃人。天啟五年進士。曆官國子祭酒。崇禎十六年五月

擢吏部右侍郎。十一月以本官兼東閣大學士，與方岳貢並命。疏陳時政切要十事，帝皆允行。明年正月，李自成逼山西。建泰慮鄉邦被禍，而家富於貲，可藉以佐軍，毅然有滅賊志，常與同官言之。」「建泰頓首曰：『臣家曲沃，願出私財餉軍，不煩官帑，請提師以西。』帝大喜，慰勞再三。」「加建泰兵部尚書，賜尚方劍，便宜從事。」

戴廷栻蔡忠襄公傳略：「甲申正月，巡按汪宗友劾公不援平陽狀，有旨解任聽勘，命郎景昌代之。至固關，聞賊破汾州，不敢進。而閣部李建泰聘傅山、韓霖軍前贊畫。霖留太原，山往請建泰援太原。太原城完，自汾以南可漸復，山後河北不動，京師可以運棹，此督師之任也。」（半可集卷一）

正月十五日，青主住平定東池，作東池元夜等詩。

青主東池元夜：「東池元夜月，故爲寓人青。」劉、丁本注：「平定東池爲日葵先生別墅。」（全書卷九）「日葵」是張三謨的號。知青主正月十五日已在平定張三謨處等侯李建泰率軍到來。

雍正版山西通志卷一二七人物：「張三謨，平定人。天啟壬戌進士，累官大理寺卿。三謨篤孝，廬墓三年，歷官有能聲。」「廷推入閣，爲忌者排陷不果。後致政里居。闖賊至，聘爲相，以死拒之。尋聞明亡，抑鬱成疾卒。」青主寓東池，正是張三謨里居之時。

二月初一日，李自成率衆入山西，李建泰進退失措，青主在平定東池將此情書報蔡懋德。

柳義南李自成紀年附考：「二月初一日」，「李自成親率大隊渡河而東，到達山西境內，當日即破蒲州。」「初二日再克汾州、河曲，縣吏攜印來迎，隨即略定靜樂。即於二月初五日長驅直薄太原。」

彭孫貽流寇志卷九：「丙辰二十七，建泰發都門，聞山西烽火甚急，家存亡未卜，因遲遲日行三十里。次涿州，營兵遁歸三千。」「已聞家破，進退失措。」

明史卷二五三李建泰傳：「建泰以宰輔督師，兵食並絀，所攜止五百人。甫出都，聞曲沃已破，家貲盡沒，驚怛而病，日行三十里，士卒多逃亡。至定興，城門閉不納。」「抵保定，賊鋒已逼，不敢前，入屯城中。」

戴廷栻蔡忠襄公傳略：「建泰初受命，議捐家財募兵，激厲義從報國。會曲沃陷，知不濟，退還眞定，又退入保定。山密書報公。」（半可集卷一）

二月初六日，李自成起義軍圍太原，八日陷城。青主於東池得家書，作東池得家信依右玄寄韻。

彭孫貽流寇志卷九：「甲子初五，賊犯太原。諸將自平陽潰遁，太原無重兵。」「乙丑初六日」。「賊圍太原，移檄遠近。」「丁卯初八，風沙大起，咫尺不辨。賊乘風夜登城，守將張雄内應，城遂陷。」

青主巡撫蔡公傳：「甲申二月，賊至太原。公既以巡按御史汪宗友劾，奉旨革職聽勘。新撫郭景昌至固關，聞闖破汾州，退不肯進。而閣部李建泰遁入清化。公督晉城守，亦頗殺賊有功。賊日衆，無援，標營小將張權開門納賊，公經死三立書院。」（全書卷十九）開城門迎接李自成起義軍者，彭孫貽說叫張雄，青主作張權。青主就是太原人，此時在平定，離太原也不遠，當以青主說爲是。

青主東池得家信依右玄寄韻：「家書顛倒讀，有淚不知傾。」（全書卷九）尹案：右玄名陳謐，又稱又玄、右泫、玄十等，青主好友，陽曲人。

二月初十日，青主好友、王孫朱赤城投太原玄通觀前井自盡。青主作悼赤城五言律詩一首。

詩云：「落落想朱霞，天空芳草涯。」「衰翁將病母，誰與尉兵笳？」青主於該年十二月初七日再書此詩，詩末云：「赤城以二月初十日投玄通觀井。」丁本霜紅龕集注：「朱霞字赤城，佳王孫，城破，投玄通觀前井死。」蘇州博物館藏青主於甲申十二月初七日再書此詩手稿末云：「貧道作此詩時，赤城之翁尚在，後竟離賊難。嗚呼，傷哉！」可知初作悼赤城詩，當在朱霞投井後不久。

李自成起義軍占領太原後，於二月十六日占忻州，二十日占代州，三月一日占甯武關，三月七日占大同，八日占陽和，九日占宣府，十四日占居庸關，十六日占昌平，十九日占京師，崇禎帝縊死煤山。（錢䎖甲申傳信錄卷一、彭孫貽流寇志卷九、崇禎長編卷二、明史卷二十四莊烈帝本紀）。

二月至四月，青主流寓平定嘉山、七亙山、壽陽石河村等地，傅眉與青主母往壽陽。青主作雨、自顧、賤殺、七亙老杏、追悼曹子二首、石河村與郝舊甫等，並筮易，得屯之比。傅眉作幽懷賦。

青主雨：「可惜清明雨，濛濛及此都。」「羞客深垂笠，臨歧嬾問途。春光難著眼，花柳不如無。」（全書卷九）知青主清明節（農曆二月二十七日）時正在流徙途中。

青主自顧：「自顧亦何隘，乾坤難我廬。星河炤雙淚，騷楚異三閭。」「壺觴愁不解，悔讀古今書。」（全書卷九）

青主賤殺：「賤殺柳顏厚，不知春屬誰。」「快心須一劍，斫卻看平夷。」（全書卷九）

青主七亙老杏見全書卷九。

青主其後所作長歌壽楊爾禎老友詩中云：「痛念昔年吾亦有弟被賊苦，吾竄伏七亙山中，而爲怯肩縮頸寒龜俯。」（全書卷七）知青主在李自成佔領太原後，曾流寓平定七亙山中。尹案：

青主好友白居實有別業在七亙山中，青主當寓於此。白居實名孕彩，平定榆關人。青主三立書院時同學。甲申後棄舉子業，拒不臣清，仿離騷，發憤爲詩。著有測魚詩略。（見戴廷栻半可集卷一文學白居實先生小傳、卷三白母陳孺人壽序）

青主追悼曹子二首：「向與居實論曲沃閤部（尹案：指李建泰）之師，曹子（尹案：指曹良直）若在，必請纓誓死以信奇節，必不容其觀望不前也，因有此作。」（全書卷九）

青主甲申避地過起八兄山房：「讒言離亂生輸死，不共磐桓痛老昆。」自注：「予避地筮易，得屯之比，故用磐桓云。」（全書卷十二）尹案：青主此詩當在此後作於盂縣好友孫起八家，但筮易得屯之比，卻應該是這一次在平定或壽陽山中。因在此後不久的五月，青主在太原崛嵋山關公廟中「再次」筮易得屯之比，可知第一次當在三、四月間。然而，第一次筮易得屯之比，當時並沒有記載，只有後來的追記。而追記是在五月以後，卽清軍占領京城以後。清軍占領京城後，青主兩次提到此筮，自有深意。屯之比，卽由屯卦䷂變而爲比卦䷇，是初爻的變動。屯卦初爻曰：「初九，磐桓，利居貞，利建侯。」象曰：「雖磐桓，志行正也。以貴下賤，大得民也。」朱熹注曰：「磐桓，難進之貌。」此應該是青主爲自己以後的反清復明活動提前所作的註釋。

青主石河村與郝子舊甫：「鬚眉覥人臣，瑣尾窺林藪。尤恨爲人子，宅親無安土。籃輿歷畏途，捍禦力不赴。驀入石河村，通家遘舊甫。老氣率眞意，避居寓吾母」（全書卷五）知此時青主老母也來到壽陽，隨青主流寓。

青主石河：「遡往涒灘，避地載過。溫溫恭人，春風分酡。」劉霖注：「鑑盤郝姓，名德新，字舊甫，壽陽石河村人，解元。郝名聲子，諸生，晉府儀賓。甲申之變，先生負母寓其家。」

（全書卷二）

尹案：青主老母何時離開太原來到壽陽，據傳眉幽懷賦透露的消息，當在甲申四月間。該賦題署作於甲申四月。賦中有云：「惟孟夏之短夜兮，魂九逝而無路。足趜跣以背北兮，眴杳杳而南顧。吾不計夫路之曲直兮，靈魂所秉之素也。遂循道而平驅兮，逕乃有夫四歧。」「何靈魂之不懷故土兮，何衆人之不同好也。」「鸞音如笙簧兮，安能與啁噍而爲伍！」「唯不羣而孤舉兮，衆詍諑而詈余。」（全書附錄一我詩集卷九）所述當是傅眉負其祖母離開太原於途中之情景。時間在孟夏，即農曆四月。

五月初二日，清兵占領京師。三日，福王朱由崧監國於南京，十五日即帝位，是爲弘光帝。清政府下薙發令。李自成起義軍退回山西。

青主潛回太原小東門、崛㟍山等地，作五言律詩夏五過黃玉、願旱，已有反清之意。再次筮得屯之比。

青主夏五過黃玉詩題作：「夏五過黃玉，黃玉之師賈生思臥，黃玉具枕簟樓外，請賈小憩。予戲之曰『是謂曬屍』，以屍、師同聲。賈性忌不吉語，遽起不臥。吾便便言據之，有詩遺憤。」詩中有云：「日夕直盼死，涕零弔屈時。哥舒誅既晚，魏勝起何其？」尹案：屈原因愛國而身亡，哥舒翰爲胡人終降安祿山，魏勝起兵使金人望風喪膽，三例均爲外族入侵事，當是青主此時已有反清意。劉、丁、王本注：「黃玉姓宗，諸生，在小東門住，家多藏書。賈生淑誼，漢臣也。」（全書卷九）

青主朝沐：「獨知兮良難，筮草昧兮遇盤桓。」自注：「甲申五月，避人崛㟍於壯繆祠，再筮得屯之比，曰：盤桓，利居貞，利建侯。」（全書卷一）「再筮」說明第一次筮易得屯之比在此之前的平定或壽陽。

七月，清軍平山東，調兵會剿山西農民起義軍。李自成任陳永福爲權將軍、韓文銓爲山西節度使，鎮守太原。（清世祖實録卷六、卷七、柳義南李自成紀年附考）

八月，青主在壽陽五峰山龍池訪雨師郭靜中未遇，尋至馬首方山，在太安驛拜郭靜中爲師，出家爲道士。此後，青主「興亡著意拚」，「益放言恣肆」。作甲申八月訪道師五峯龍池不遇（全書卷十五）、馬首方山遊一章（全書卷十三）、方山（全書卷四）、龍門山逕中（全書卷九）、早起高眺（全書卷九）、小樓（全書卷九）、索居無筆偶折柳枝作書（全書卷十二）、園（全書卷九）等。

青主甲申八月訪道師五峯龍池不遇時道師在馬首僞署次又玄韻：「坐想昆崙也一方，乾坤何處是吾鄉？」「大隱眞能混清濁，令威何必在遼東！」尹案：「僞署」當指李自成起義軍所設地方機構，青主得知自己將拜之師郭靜中此時已經在李自成起義軍中服務了，故有「大隱眞能混清濁」之言。從青主對郭靜中的調侃和繼續拜郭靜中爲師的舉動中，我們已經可以看出青主對李自成起義軍的態度發生了很大的轉變。

吳玉雨師傳：「雨師郭子諱靜中，號還陽，河南修武人，嘉靖戊午（一五五八）年生。」「庚子，郭子至太安驛，遙指西北山隅曰：此處有神泉，可爲禱雨處，余將止焉。」（劉霦編刊仙儒外紀卷一）

青主龍門山逕中：「貧道初方外，興亡著意拚。入山直是淺，孤逕獨能盤。卻憶神仙術，如無君父關。留侯自黃老，終始未忘韓。」

尹案：戴廷栻石道人別傳云：「歲壬午，道人夢上帝議劫」，「且賜黃冠衲頭。心知無功名分，遂製冠衲如夢中賜者。」「放榜罷」，「取所製冠衲服之。甲申之變，竟服之不脫，爲眞道士。」以青主爲道士在甲申之前。戴夢熊傅徵君傳云：「甲申歲，賊李自成犯闕，懷宗殉國，山遂棄置青衿爲黄冠侶。」嵇曾筠明生員傅先生山傳云：「自李自成犯京師，明莊烈皇帝殉國，山遂絕意進取，棄青衿爲黄冠，號石道人。」均以李自成佔領京師爲青主出家之由。然青主出家爲道士，在甲申八月，時李自成主力已退回陝西，清軍已向山西進發，且還陽道師郭靜中正在馬首起義軍官署，爲起義軍出謀獻策。由此知青主出家爲道士，非爲李自成入京，而因清軍佔領中原也。刑部尚書任濬等人題本中所錄青主供辭，言「因闖賊破城，追餉敗家，就在太安驛出家作了道士」，與戴廷栻、戴夢熊、嵇曾筠等人所言一樣，均屬掩飾之辭。

青主家訓：「至三十四、五始務博綜，亂後無所爲，益放言自恣矣。」（全書卷三十一）

青主早起高眺：「雲過看能飽，情來淚是詩。周虓稽北日，許靖隔南時。不死其何戀？高樓一客知。」以周虓、許靖自喻，明確表明了不死而出家爲反清之意。

青主索居無筆偶折柳枝作書輒成奇字率意二首：「腕拙臨池不會柔，鋒枝禿硬獨相求。公權骨力生來足，張緒風流老漸收。隸餓嚴家郤蕭散，樹枯冬月突顛甹。插花舞女當嫌醜，乞米顏公青許留。」

青主出家爲道士後，回到太原，於東山洪子峪訪守墳老人探聽消息，在宗黄玉家過中秋節，回西村與衆鄉親敍別，接着到忻州頓邨老家看望，於忻州七賢祠暫留。作過先居士舊墳（全書卷五）、中秋夜黄玉邀集其婦翁村齋擬早尋道者（全書卷九）、隣老攜酒過（全書卷五）、間關上陀羅山（全書卷十二）、頓邨舊家作（全書卷五）、七賢祠（全書卷五）、祠僧患風不能禮客（全書卷五）、聊以復祠僧（全書卷九）等。

青主過先居士舊墳：「守墳父老存，延坐問消息。陶穴下豆粥，剝棗慰饑渴。相視益親厚，如對父之客。問我家何方，蕙畹亦難跡。湖海牀自高，無地起蓬蓽。」題下自注：「在邑東山洪子峪，遷西山馬頭水三年矣。」劉、丁本注：「甲申八月。」丁譜羅振玉案：「甲申八月過舊墳詩注云『已三年』，則遷葬當在壬午。然太原自甲申二月陷於賊，據陽曲志卷十六志餘記，王師十月三日始克太原，則八月先生何能返里？疑此詩或作於乙酉，編者誤冠以甲申也。」尹案：青主甲申八月太原、忻州之行作詩甚多，回太原當是事實。青主既已爲道士，其師郭靜中又服務於起義軍中，青主回太原活動自無問題。

青主隣老攜酒過：「隣老攜燒春，殷勤唁辛苦。」「坐看梨面頳，顏開計禾黍。所慮惟飢寒，此外無艱阻。」「安用愁墜天，戚戚不歌舞？」「四塞放眼底，忽復淚如雨。」如實記載了起義軍統治下太原農民的安定生活。青主所哭者，中原爲異族佔領耳。

青主頓邨舊家作：「老屋簪弱欞，中宵月漏亮。四壁翠莓衣，稱吾窮宅相。」「華屋豈不宜，魂夢亦羞傍。匈奴何與漢，爲家恥大將。」尹案：末句用西漢霍去病語：「匈奴不滅，無以爲家。」表明青主將獻身於反清大業的志向。

青主祠僧患風不能禮客既令其徒以筆硯請留題貧道怪其意曰聞名能詩許再復之因自歎有作：「毛錐不殺賊，吟情附雙淚。男兒生何爲，壯業雕蟲蔽。悲壯浣花老，顛躓雍梁際。忠憤發金聲，誰識此公志？當年事何如？哥舒失險備。上皇樂遊覽，八駿馭西轡。翠葆駐蠶叢，百靈擁仙帝。靈武正飛龍，四海仰新制。行在尚可達，不負間關致。元勳推郭李，河山破復易。」「老衲好客詩，七子知客意。」可見，青主將要參加的反清大業，不僅僅要用不能「殺賊」的「毛錐」和「雕蟲」以吟誦悲憤之情，更要像中興唐朝的郭子儀和李光弼那樣，用武力建立反清復明的豐功偉績。後來，青主兩次參與了反清復明的武裝起義，雖以失敗告終，甚至帶來牢獄之災，差點喪失性命，但卻踐行了自己的誓言，沒有說空話。

九月，清軍向太原進發，十三日圍城，陳永福率兵固守。（順治補萬曆太原府志卷二、卷四）

青主流寓盂縣孫起八家、藏山、趙氏山池、七機巖等處。作甲申避地過起八兄山房（全書卷十二）、落葉到棋局（全書卷九）、酬又玄學詩之作（全書卷十二）、棗下（全書卷五）、重九次又玄韻（全書卷九）、寄上艾人（全書卷三十）、風聞葉潤蒼先生舉義（全書卷十二）、前韻懷居實期采菊不至（全書卷九）、高細水攜具河之干（全書卷十二）、九月望起八兄生日時起八居憂同右玄限韻立成（全書卷十二）、客盂盂有問予于右玄者（全書卷十二）、趙氏山池又賡右玄（全書卷十二）、趙氏山池（全書卷五）、七機巖（全書卷五）、藏山用喬白巖先生韻（全書卷十二）、仇猶秋興（全書卷十二）、題陳十右玄買得韓雨公所藏管畫（全書卷五）、題昌穀堂字率意所及多戛言不責侖脊（全書卷五）等。

青主甲申避地過起八兄山房令兒眉限韻率意寫尊垣諼門昆五字同又玄作劉、丁、王本注：「孫起八，諱穎韓，盂縣人。」

青主寄上艾人：「貧道與居實白子仳離六七月，急圖晤言。不但尋常契闊，所欲訊商者，皆亂世奔走之務。」「半年來雜詩約有四、五十首，面時盡呈，共當痛哭耳。」尹案：青主三月間寓平定七亙山白孕彩（居實）別業中，至此約半年。

青主風聞葉潤蒼先生舉義：「鐵脊銅肝杖不糜，山東留得好男兒。槖裝倡散天禎俸，鼓角高鳴日月悲。咳唾千夫來虎豹，風雲萬里泣熊羆。山中不誦無衣賦，遙伏黃冠拜義旗。」尹案：葉潤蒼名廷秀，山東濮州人，劉宗周門下高足。崇禎十一年因疏救黃道周被杖百，甲申後約於一六四七年參加山東榆園農民起義軍。青主此詩劉本收在甲申集中，或甲申秋已有葉潤蒼舉義之風傳。

青主前韻懷居實期采菊不至：「七亙強百里，離居黯別天。」「大東有鬵釜，早寄測魚箋。」自注：「時傳東國有義兵。」此時青主十分關注葉潤蒼與山東義兵的行動。

青主高細水攜具河之干：「河干秋樹紫成陰，愁眼看如紅雨霪。」「東向欲掀增氣盞，滹沱胡馬壓雲涔。」自注：「時傳有義兵至，實非也。」尹案：青主盼望義兵，來者卻是胡馬，故有是詩。

青主九月望起八兄生日時起八居憂同右玄限韻立成：「北闕南橋哭不清，棘人生日出盂城。」「叔鸞至性鏖糟外，涕淚闌珊一舉觥。」尹案：此詩如實描寫了清軍占領盂縣縣城後滿城百姓一片悲哭的情景。

青主客盂盂有問予于右玄者右玄口占韻語復之阿好過情遂如韻自遣：「生憎褚彥興齊國，喜道陶潛是晉人。破衲黃冠猶未死，還因鄰里問僧珍。」

青主趙氏山池：「唐京亂羯虜，花門亦需力。所咎留不遺，浣老吟詠戚。爲問握機人，此事將焉極？日月果重明，豈愁聽鬻業？無端傷隱心，小憩終成泣。」

青主七機巖：「大盜容侯王，鈎竊仇無已。中原用劍戟，偷生亦可恥。」

十月初三日，清軍用洋炮轟開太原城牆，陳永福撤走。（順治補萬曆太原府志卷二）十四日宣佈發兵下江南。（陳洪範北使紀略）十二月丙寅（十二日），清軍自盂縣南下渡河。（弘光實錄鈔卷三）

十二月初七日，青主在盂縣，再次書寫壬午六月十五日至十九日卽事成吟廿一首，並再次書寫悼赤城詩。

再書壬午六月十五日至十九日卽事成吟廿一首後記云：「此詩爲壬午歲六月，以先兄四月見棄，貧道生日不忍在家，逃而哭于野，率爾輒成。」「赤城朱子王孫好學，輒能背誦拙詩。」「予後有悼赤城詩一章，草輒附之。詩不足存，偶憶往事，多有感傷耳。因而漫記。」知再書此二詩同在仇猶。（全書卷十二）

青主悼赤城詩末云：「貧道作此詩時，赤城之翁尚在，後竟離賊難。嗚呼，傷哉！甲申十二月初七日書於仇猶客舍。」（全書卷九）

十二月初九日，傅眉應家嚴之邀，於青主所書壬午詩後，臨十三行洛神賦，並題曰：「生熟老嫩，觀者自别義、獻。」末署：「甲申十二月初九日。」（蘇州博物館藏手稿）

青主無家賦當作於是年。

賦序云：「某嘗讀漢將軍霍去病傳，以未滅塞外匈奴恥爲家。曰：嗟哉，天乎！斯何時也？桑弧蓬矢，我非男子也哉？顧孱弱不振，痛哭流涕之不遑，尚安能汲汲室家也者！作無家賦。」（全書卷一）

是年除夕，青主掩淚作甲申守歲詩。

詩云：「三十八歲盡可死，棲棲不死復何言？徐生許下愁方寸，庾子江關黯一天。蒲坐小團消客夜，燭深寒淚下殘編。怕眠誰與聞雞舞，戀著崇禎十七年。」「掩淚山城看歲除，春正誰辨有王無？遠臣有曆談天度，處士無年紀帝圖。北塞那堪留景略，東遷豈必少夷吾。朝元白獸尊當殿，夢入南天建業都。」（全書卷十二）此時的青主，連做夢都想去南明首都建業，做王景略（前秦丞相、大將軍王猛）和管夷吾（春秋時齊國丞相）那樣的將領和謀士，做一番恢復明王朝的大業。

順治二年乙酉（一六四五年）三十九歲

春，傅眉作柳芽疏賦。（全書附錄一傅眉集卷九）

南明弘光帝「癡如劉禪，淫過隋煬」（張岱石匱書後集卷五），清軍直趨南下。青主悲憤，作李賓山松歌。

詩云：「黃冠萬事已如掃，忽爾入林生舊惱。小松無數不成材，龍子龍孫盡麻藁。蓬頹蔓委不作氣，驀顛苟且培塿保。保此枝條千百年，幾時鱗甲摩蒼天？安能含吐風雲作雷雨，不如藿靡野草徒芊芊。春生秋死無關係，安於蹙踏人不憐。」（全書卷七）青主深感明王朝的後代「小松無數不成材，龍子龍孫盡麻藁」，十分失望，只能寄希望於「藿靡野草」了。

四月二十五日，清軍破揚州，五月十六日入南都，二十三日弘光帝被執。六月四日，潞王朱常淓監國於杭州，十三日清軍入杭州，潞王降。（弘光實錄鈔卷四）閏六月，魯王朱以海監國於紹興，唐王朱聿鍵即位於福州，改元隆武。（鎖綠山人明亡述略下）

閏六月十九日，青主生日，作右玄貽生日用韻、生日示兒姪。

青主右玄貽生日用韻云：「生時自是天朝閏，此閏傷心異國逢。一日偷生如逆旅，孤魂不召也朝宗。葛陂幾得成龍行，苓服誰尋伏菟松？打點骨頭無頓處，楊孫隨處暴高峯。」（全書卷十二）

青主生日示兒姪云：「往昔虞生短，如今覺命長。杯盤聽朋友，蟲鼠不家鄉。老母朝南拜，方將媿北強。兩兒休壽我，天地淚茫茫。」（全書卷九）

夏，青主作蒼巖方外格八首。

其一巖宿夜大雷雨同白范二子枕上成：「雹刷夜崖墨，雷驅山閣奔。」「鬼神迷日月，猿狖矜風雲。誰憐石壁裏，吟詠泣詩臣。」尹案：「白范二子」指白孕彩與范芸茂。范芸茂字垂雲，一字補袞，山西洪洞人。少從學於龍門理學家辛全（復元），甲申後杜門不出。崇禎壬午，曾同青主結老僧衣社。

其七巖興：「依膝有老母，遠心無故鄉。恨不如黃鵠，片時千里翔。」（全書卷九）

秋，張三謨來訪，青主病，作葵老惠訪病不能晤期霜紅再理前約四首。

詩云：「處士孤村臥，先朝大老來。沈綿期一豁，秋氣重三臺。」「藏山寫惆悵，黯黮欲情開。」「聖恩何處憶，痛切有雷霆。」（全書卷八）尹案：此篇劉本不在甲申集中，但據詩文，作於盂縣之秋無疑，青主自明年夏離開盂縣後，似多年未返，而張三謨「聞明亡，抑鬱成疾卒」（雍正版山西通志卷一二七人物），故此詩當作於是年。

八月十五日，青主作中秋惆悵詩八首。是年又作見內子靜君所繡大士經一首。

青主中秋惆悵詩八首云：「掩淚強開酧月筵，少年不管雪人顛。歡貪天上瓊樓月，黯殺人間霜樹園。」「共盼中秋夜不眠，亂離幾度看嬋娟。瓜樓紫暗冰盤側，只覺今宵月不圓。」（全書卷十五）

青主見內子靜君所繡大士經云：「斷愛十四年，一身頗瀟灑。」「佛恩亦何在？在爾早死也。」「人生愛妻眞，愛親往往假。」題下署：「乙酉。」（全書卷五）

是年六月，南明兵部右侍郎、右僉都御史袁繼咸被清軍所執，寧死不降，八月四日被係北都，（弘光實錄鈔卷四）寄青主詩一首，書一函，於是年冬收到。

袁繼咸鐵城寄傅青主詩云：「獨子同憂患，於今乃別離。乾坤留古道，生死見心知。」書云：

「江州求死不得，至今只得爲其從容者，聞黃冠入山養母，甚善甚善。此時不可一步出山也。有詩一册，付曲沃錫珽屬致門下藏之山中矣。可到未？」（全書附録三）

尹案：衛錫珽名周祚，一字文錫，山西曲沃縣人。崇禎丙子鄉試第一。臘月至京師，正值青主爲袁繼咸伏闕訟冤之時，曹良直慫恿同年舉人上疏，「而解元衛周祚畏懦不敢」（青主因人私記）。丁丑成進士。順治元年爲清吏部郎中，丙戌艱歸。袁繼咸詩册，當於艱歸時付於衛周祚者。衛服闋，仍補原官。後官至少師兼太子太師。（雍正版山西通志卷一二一人物）又案：書劄尾署「乙酉冬季」，當是得書之日。

九月，魏一鰲任平定知州。

魏一鰲，字蓮陸，號海翁，曾自號酒道人，直隸新安人，明末清初北方著名理學家孫奇逢的弟子。因魏一鰲在河南夏峰從孫奇逢問學時，曾掃雪亭以居，故人們又稱其爲雪亭先生。來山西後不久，即成爲傅山的好友。（此條據白謙慎先生補正）

十一月，青主作乙酉十一月次右玄。

詩云：「天涯行在夢魂之，又見仇猶獻歲時。」「飛灰不奉先朝主，拜節因於老母遲。說甚寢兵遵月令，同袍久矣罷王師。」（全書卷十二）

冬，青主作哭雪、饗雪、供鳥詩（全書卷十五）。

青主哭雪詩云：「臭士三千丈，想雪如調饑。」「誰深屈原淚，玉米如京坻。」（全書卷五）

青主饗雪詩云：「琤琤到耳帶哀聲，喜殺田翁盼歲登。白眼一同雲淚想，罣空素甲下天兵。」（全書卷十五）

是年，青主有西河王子堅貽詩用韻、贈景陵韓先生、寄家弟（全書卷十五）、贈武非弁（全書卷九）等詩作。

青主西河王子堅貽詩用韻：「漢人丁漢劫，何必不身遭。哭國書難著，依親命苟逃。雲臺圖未出，陵瀨釣空高。華鬢消才盡，憑兒賦楚騷。」（全書卷九）尹案：「王如金字子堅，汾州人，青主三立書院同學。甲申後隱居汾州城外小村。

青主贈景陵韓先生：「景陵先生面麻糜，期艾之口能滑稽。」「貌也語也醜而奇，絕勝粉頩妖嬈姬。對君形骨忘支離，忽憶九章之思美人兮。言不可結而詒。」（全書卷七）

除夕，青主作乙酉歲除八絕句。

詩云：「鐙花黯黯不成眠，也逐同人守歲筵。僵骨抱雲拚穩睡，道人心上總無年。」「強言物舊不如新，鬢點霜華泣故人。庾信滿天蕭瑟眼，霙華歷亂爲誰春？」「餘生久矣一蜉蝣，不死朱衣爲白頭。滿目山臊驅不盡，何須爆竹震仇猶？」（全書卷十五）

丁譜羅振玉案：「歲除詩有『何須爆竹震仇猶』句，故知歲暮先生尚在盂也。又案張譜，記先生是年避地武鄉魏駟家，云見武鄉縣志。考志，言順治初求賢甚急，内外諸當路稔悉太原傅山。徵辟檄屢下，皆不應，夜潛出城，至武鄉，止邑人魏駟家。駟爲擇堂西南隅。朝夕偃仰其中，自題曰『裊露』。歲餘，跡者漸稀，乃返太原云云。但言順治初，不言在何年。是年除夕尚在盂，而武鄉志言寓武鄉歲餘，則非此年可知。或在次年丙戌耶？附記於此以俟考。」

是年，傅眉一年作四賦。

青主哭子詩：「十八當乙酉，一年四賦爲。奇字落紙筆，匠心經緯之。宮商卽不偕，傺侘臣子詞。」（全書卷十七）

順治三年丙戌（一六四六年）四十歲

春，青主在盂縣，書甲申乙酉詩草贈陳謐，並題跋。

青主與右玄書冊：「右玄從盂廟藥市致此素冊，命書近詩。道人之詩，道人之性也，支離率易，不衷於法。右玄數謬賞之，謂詩佳。」「不欲違意，爲書離亂中近體若干首復之。」（全書卷二十二）

王如金傅青主甲申乙酉詩草跋：「往歲石道人寓盂山，陳子追隨焉。」「道人詩不肯輕示人，而獨於陳子不吝。陳子知道人，故不吝也。道人遊方外，陳子能不拘於方，陳子眞道人友哉！」

（全書附錄五）

六月二十六日，袁繼咸被殺。被害前與青主書稱「不敢負門下之知」，且囑青主不可親去曲沃取詩冊。

袁繼咸札云：「前詩到未？若未到，門下不可往取，可屬西河曹孝廉碩公緩頰取之，必藏之門下。」「晉士惟門下知我甚深，不遠蓋棺，斷不敢負門下之知，使異日羞稱袁繼咸爲友生也。」

（全書附錄三）

丁譜羅振玉案：「戴廷栻袁公傳謂公正命於丙戌六月，而弟二札署『丙戌秋初』，札尾所署殆記得書之日也。」又案：「張譜記先生是年潛入都，候袁公起居，不知何本。附記於此以俟考。」

戴廷栻總督江楚應皖兵部左侍郎袁公傳：「丙戌六月二十六日午時，差一大人並五六騎就館，辭色不善。公知有故，遂北面叩辭。身未至地，兩手已爲騎所縛，挾之馬上。出城外東順門里許，至三忠祠盡節而成其志矣。三忠者，諸葛武侯、岳武穆與王文成也。公生與同志，死得近祠，天所以顯公之忠而爲四也。距生萬曆戊戌十二月二十七日，得年四十九歲。」（半可集卷

一）

弘光實錄鈔卷四：乙酉六月，「總督、僉都御史袁繼咸被執。」「殺之三忠祠前，明年六月二十六日也。」

尹案：明史卷二七七袁繼咸傳云：丙戌「三月，終不屈，乃殺之。」以戴廷栻袁公傳與弘光實錄鈔考之，則明史誤。

夏，青主去曲沃，居白石樓。不日白孕彩亦到。作也居許小樓避暑、同居實樓寓數日。

青主也居許小樓避暑：「一命眞如梗，三年不結廬。今來白水曲，借得小樓居。」（全書卷八）

青主同居實樓寓數日：「小樓才許借，白秃可來過。」（全書卷八）劉、丁、王本注：「白石樓，前明隱士李鑌建。先生至曲沃，數寓此。」

尹案：青主此行，目的不明。觀去年袁繼咸與青主札，有詩一冊，囑曲沃衛周祚付青主藏之。又山西通志衛周祚傳云丙戌艱歸。則青主此行，當爲向衛周祚索詩冊者。袁繼咸雖有書叮囑青主不要親自前往，但當青主得知袁先生就義後，悲憤之情使青主毅然隻身前往，是可以理解的。而好友白居實也隨之趕到，則可能是出於對青主人身安全的擔憂。

是年，青主好友程示周派其姪與青主聯絡，青主復書言三年中集小詩百首，欲傾囊求教。

青主寄示周程先生：「亂後想見示周玉貌莫由。」「弟之中曲，不必面傾。示周吾之道友，自能信之。然成一騎虎神仙，人或謂其有逍遥之致，誰知其集蓼茹蘗也？兄擕笈館晉水，知出無奈一著，畢竟是本等生涯，面目肺肝，豈若時人之盡改也！令姪來，得近況，甚善。」「弟心活神死，天機無復鼓動。三年中集有小詩百首，急欲傾囊求教。拙口不能嫺妙語，動觸忌諱，不便郵寄。倘弟早晚死後，收錄旌評，尚少不得示周簡重之言。」（全書卷三十）尹案：青主於次年夏已在晉祠與示周相會，故知「三年中集有小詩百首」當指甲申、乙酉、丙戌，寄示周書當在丙戌秋冬或丁亥春。

是年，青主與魏一鰲已成好友，魏慕青主之名，曾前往青主僑庵拜訪青主，其後又不斷有使者與書札往來。魏欲資助青主，青主也毫不客氣地向魏求助。

青主致魏一鰲十八札第一札中，開頭就說：「棲棲三年，以口腹累人。」說明此札當書於該年。「乃復謬辱高誼，賁寵僑庵，益笑賣藥朽翁之浪得名。」知魏一鰲上任不久卽拜訪過青主。「卽求以清淨活命乞食之優婆夷及一比丘爲顧，同作蓮花眷屬，卽見波羅，那須頓施朱題之寶，令出家人懷璧開罪也。對使稽首謝德，代手完函，不敢次晲。」（全書卷二十九）

是年秋冬之際，魏一鰲以意外事件被貶。冬，補山西布政司參軍。

王餘佑魏海翁傳略：「甫明年，以意外被謫，聞命甚喜，每多設醇醪於座隅，有人勸以婉轉，或以服官爲美事者，輒以酒灌之，務致酩酊以塞其口。未幾新守到，而公竟飄然歸矣。」「里居渥水，日侍徵君之門。是年，補晉藩參軍。」（載北京市圖書館藏雪亭詩文稿。此條據白謙慎先生補正。）

是年秋冬，青主寓壽陽，作長榆南崖之孤松。

詩云：「老人物色三年久，望見欣然過回首。」「幾時無情如吾松，乾坤萬事無好醜？」各本注：「松在壽陽北長榆河南崖，偃蓋無多枝，奇老如畫。」（全書卷七）尹案：青主於該年冬始寓西河。「老人物色三年久」，當指甲申至丙戌。由此知詩作於是年秋冬。丁譜將此詩係於甲申下，誤。劉本亦不在甲申集。

是年冬，青主寓西河，住君村寺，於木公精舍再寫壬午六月十五日至十九日卽事成吟二十一首。

詩末記云：「壬午舊作，木公藏稾。丙戌寒至精舍，出令再寫，欲附之老僧衣社之後。不得辭嬾，率爾覆命。」（全書卷九）

劉霦編刊仙儒外紀卷十：「萋芳小集，西河伯渾王孫著。王孫一字木公，嘗與白孕彩伴青主獄中，楊爾禎送飯，一時義之。」「或云木公賈姓。」

刑部尚書圖海等人題本錄青主供詞云：「山因闖亂破家，衣食不給，因汾州府有舊日相認朋友幾人，遂到汾州府君村寺上住持壹年半，投彼處朋友資助，養贍延生，本村鄉保可問。」（全書附錄六）

是年冬，青主友曹偉五十生日，青主作碩公先生五十生日同人座上賦詩佑觴胡子蜚遯限韻談男曇擔籃。

詩云：「出處河汾千古事，孝廉風節一肩擔。淨明深起黃冠敬，采得靈芝贈一籃。」（全書卷十二）尹案：青主又有奉祝碩公曹先生六十歲序，云「吾乃今從南來，復得一彭城古古先生」，考青主南行在順治十三年丙申（一六五六年）春，秋冬回太原，知曹偉六十生日在丙申冬，則五十生日當在是年冬。

是年，潘耒（次耕）生。

六月，魯王朱以海死於海中。八月，隆武帝朱聿鍵卒於汀州。（鎖錄山人明亡述略下）十月十八日，朱由榔即位於肇慶，改明年爲永曆元年。（黃宗羲永曆紀年）

順治四年丁亥（一六四七年）四十一歲

春，青主寓西河，西河薛宗周、王如金、曹偉、胡款、胡庭、胡同等從遊。作子堅先生齋竹、子堅書齋移得竹十一個（全書卷八）。

青主汾二子傳：「薛子宗周字文伯，王子如金字子堅，皆汾之高才生。」「甲申國變，皆始廢舉子業，出城屏居小村落。」薛「乃取古今兵家者言三復之，以己意撮爲編，曰兵法要略二卷，時時揣摩之。」（全書卷十九）

青主奉祝碩公曹先生六十歲序：「吾儕西河時，數數過先生譚。」（全書卷二十三）

青主明戶部主事汾陽胡公傳：「余自甲申後寓西河，始因薛生宗周而友胡生款兄弟三人，當亂世，以少年布衣砥行，立名閭巷間。」「公三子，皆守公家法，不妄交遊。長款，畏友薛生宗周，兄事薛。甲申以後，同棄諸生業，謀邁維棘，如身不即列於古之狷介賢人則病者。次庭，富才藻，詩凡百千首，當得意則盛唐大家，今人無其匹也。鄉之前輩，初以後生，頗輕抑之。余驚之，忘年。次同，研經窮理，隱於醫。余老病，時時從問方藥。皆汾陽異人，後必傳，余皆能知之，相與善。」（全書卷十九）

二月二十六日，孫茂蘭由直隸薊州道僉事授山西左布政使。

山西通志卷八名宦：「孫茂蘭，遼陽左衛人。順治四年以生員任山西布政使。」（孫茂蘭任山西布政使的具體時間，參見錢實甫編著清代職官表。）經魏一鰲介紹，孫茂蘭及其子孫某、其孫孫川後來都成爲傅山的友人。（此條據白謙慎先生補正）

三月，在紅鵞閣書春日感懷七律詩立軸。

立軸由周懷民先生收藏。詩末署：「丁亥春三月，傅山書於紅鵞閣。」（全書卷十二）紅鵞閣在何處待考。

夏，青主遊晉祠，訪程示周，書十六年前所作秋海棠賦，作晉源逢示周。

青主再書秋海棠賦後記：「此二十年前筆，已久不復記憶矣。丁亥夏過晉祠，示周出稿，命書之。」「今年四十餘，半老夫矣。歲月爾爾，念之生慨。」（全書卷一）青主秋海棠賦作於崇禎七年（一六三四年）甲戌，至今實爲十六年。

青主晉源逢示周：「四年離國難，兩月再留連。」（全書卷八）知此詩作於此時。

是年，青主遊介廟，作神林介廟詩。

詩末記云：「丁亥來，曾有此作。己亥重來，衲書留之。」（全書卷十二）

是年，青主作失名碑。（全書卷二十五）

約是年冬，青主作雪夜同文伯子堅木公伯渾驢背偶成。（全書卷八）

尹案：子堅於順治七年己丑六月陣亡。青主此詩只能作於是年冬或明年冬。

是年，青主令其子眉隨續宗和尚學技勇於汾州之古寺，並作邂逅看續宗老禪和打拳歌。

瞿源洙傅壽毛先生傳：「既而喜讀孫、吳、穰苴、尉繚書，習兵家言，每以古今成敗倚伏要害一日之微長自喻，遂習技勇於汾州之古寺。寺僧續宗爲劉鎮帥部將，鎮帥歿，隱跡爲僧。先生從之遊，學手搏之技，握拳擊鐘，響立應。縱躍山坡，上下如飛，橫槊舞劍，挽勁弩能左右射。山右故多武勇士，以騎射擊刺名者，一時皆出先生下，咸以周盤龍擬之。」（全書附錄四）尹案：此時的汾州，傅山的好友薛宗周在研習兵法，並作兵法要略二卷；傅山子傅眉不但研習兵法，且練武打拳，取得較高成就。這與不久後在汾州發生的反清起義不能說沒有一點關係。

青主邂逅看續宗老禪和打拳歌：「金陵老僧曹國裔，十八十九伏龍騎。」「朝山朝海四十年，靜了於今七十歲。」「老拳技擊筋磈壘，臂稍指鋌風颼颼。木劍到掌五步內，觀者不敢傾其頭。」（全書卷七）

青主在汾州期間，魏一鰲曾專程派人送好酒至汾州予青主品嘗。

青主致魏一鰲十八札之第六札：「僑汾而汾之名酒不可常得，間一沽之，村醑而已。良醞遠至，深快舊腸。酒道人者以酒遺人，眞不啻佛之舍身也。」（全書卷二十九）

是年。南明宋謙又名李三、李謙來山西活動，做反清起義的準備工作。

朱衣道人案刑部尚書任濬等人題本：「據張錡供稱：順治元年時，生員見一道士，他說是李三，在玄通觀打醮處相遇。」「後於順治肆年又來，他說尋訪人物，平陽、陽城山中現有兵馬，他會呼風喚雨，要做軍師。」「他說他是弘光差的，如今與永曆做軍師，叫生員跟他去。」「據朱振宇供稱：小的是明季宗室，在徐溝縣地名張華營有莊子壹處，本處有蕭善友於順治肆年失記月日昏黑時候，引一道士至宇家内。」「至晚，道士說陽城山内有千數兵馬，他原是弘光差來，今在山西省城打聽有達子兵馬沒有，並訪人物。」「又說陽和等處都有他的人。又壹個姓左的在南邊做了元帥，還說教與他尋些書生，結拜兄弟，同他起事。」「今有陝西李秋霜，見有兵馬，要反。說『紅花開敗黑花生，黑花單等白花青』。他清朝戴的是紅帽，我們戴的是白帽，就是秋霜一般，專打紅花。」（全書附錄六）

約是年或明年，青主令子眉離開西河。王如金贈傅眉詩一首。

朱衣道人案刑部尚書任濬等人題本：「據傅梅（尹案：卽傅眉之誤）供稱：與父另居已七年了，自丁亥年已分過。分後在小的丈人家住了兩年，現今典著房子住。」（全書附錄六）尹案：傅眉曰，與其父「自丁亥年已分過」，可能有誇大的成分，或許更可能是在明年，但應有此事。因汾州起義卽將開始，青主念老母需有人照料，故將傅眉支走，也在情理之中。但傅眉說「分後在小的丈人家住了兩年」，這應該不是當時的事情。傅眉妻朱氏生於丁丑（一六三七年），此時剛十一歲，若此前已經結婚，顯然太早。（見傅眉銘朱氏，全書附錄一傅眉集卷十）

王如金贈傅壽毛：「二傅兼千古，三生占此時。井天窺石父，蠡海測丹兒。先漢相如賦，黃初子建詩。雕蟲觀一節，倜儻匪伊思。」注：「壽毛號守丹道人。」（仙儒外紀卷九）

是年，大順軍河東餘部曹志建等數十人歸南明（黃宗羲永曆紀年），大西軍將領孫可望率部與南明軍隊聯合抗清（行在陽秋卷下附孫可望奏）。

順治五年戊子（一六四八年）四十二歲

春，青主於伯渾書齋書般若波羅蜜多心經，末署：「戊子春書。伯渾書齋。濁道人不夜。」（手稿藏山西博物院）

初夏，王如金爲青主贈陳謐甲申乙酉詩草作跋。

王如金跋云：「往歲石道人寓盂山，陳子（尹案：指陳謐右玄）追隨焉。頃道人辱居西河，陳子又自盂山來從。道人講方術，慨然有行醫西河之意。將踰太行收藥餌，出冊子索道人離亂諸體貯囊中。我謂不出戶而葠苓已在手矣。道人詩不肯輕示人，而獨於陳子不吝。陳子知道人，故不吝也。道人遊方外，陳子能不拘於方，陳子眞道人友哉！余幸執鞭道人，又侍奕陳子，兩人不以褌虱眡我，謬徵拙跋，亦曰柴胡桔梗，籠中不可不備也云爾。戊子初夏，右玄將提藥籠度太行，索青主道人近詩書冊以隨，曰：『吾攜此冊，如從青主遊也。』余語右玄曰：『若是，則余與青主共朝夕，日以佳篇示我，何異不出戶庭而采得肉芝、石髓耶？』右玄一笑而別。」（全書附錄五）

是年，青主作書扇貽還陽道師、贈武非弁。明御史李振聲之子李隆請青主爲御史作傳。

青主書扇貽還陽道師：「師今年整九十歲也。」劉、丁本注：「戊子。」詩云：「吾師九十矣，談笑益精神。」「興亡從世局，忠孝自天眞。」（全書卷八）尹案：青主戊子寓西河，還陽此時似亦在西河。

青主贈武非弁劉本在甲申集，原注爲乙酉作。劉注：「贈武非弁詩，戊子作。茲誤編。」詩云：「何必武非弁，生愁文是釵。」「六朝生面少，兩韻景宗開。」（全書卷九）

青主明李御史傳：「戊子，朱衣道人寓西河，有李御史之子隆勤懇見。」「隆故吃，益跼蹐，曰：隆，隆是其所以乃求先生之言，爲先御史一灑之。」（全書卷十九）

是年初，大順軍將領郝搖旗等與南明軍隊聯合抗清（黃宗羲永曆紀年），但仍保持一定獨立性（瞿式耜瞿忠宣公集卷九家書戊子又三月二十九日書）。冬，李錦、高一功等率忠貞營反攻湖南，直抵長沙（同上書，卷一恢復大捷疏）。

十二月二日，大同總兵姜瓖起兵反清。

尹案：姜瓖於明末爲大同總兵。李自成入西安，姜瓖之兄、榆林總兵姜讓先趨降。李自成攻大同，讓先驅至城下約瓖降。（錢䎗甲申傳信錄）順治元年六月六日，姜瓖降清，欲「以臣境內棗強王朱鼎𧦴續先帝之祀」。清攝政和碩睿親王報曰：「議委棗強王以國政，使續先帝祀，大不合理。」姜瓖失望，於七月十五日具啓求罷。「攝政和碩睿親王諭令洗心易慮，總兵官如故。儻仍前不悛，越分干預，國有定法，毋自取戾。」（清世祖實錄卷五、卷六）順治五年「十二月初二日，大同總兵姜瓖閉城叛。」（蔣良騏東華錄卷六）

順治六年己丑（一六四九年）四十三歲

正月，姜瓖部將劉遷攻代州，姚舉陷忻州。（蔣良騏東華錄卷六）

二、三月，姜瓖部將姜建勳（一作姜建雄）自忻州經靜樂、西山，與交山農民起義軍王顯明部聯合，南下取汾州。「太原一郡，全城自守者惟榆次、平定、樂平、太原、崞縣、盂縣而已。」（順

治補萬曆太原府志卷四）

夏駟交山平寇本末：「姜瓌者，故明大同總兵也。」「部下多驍勇，久蓄異志。及見交山亂，愈心動思逞。」「適聞英王至大同打圍，十二月初六日」，姜瓌「襲殺牧馬滿兵，率部下襲擊英王，追至陽和方回。」「遂遣姜建雄分陷各屬邑。」正月「初八日，建雄至忻州，知州劉德炎開東門引賊入。」「建雄乘兵退，遂從甯武、靜樂南下交山，與王顯明等合，給僞札付，以顯明爲總兵，齊三夏、閻虎爲副總兵。」「遂選精勇，長驅南出。」「三月十四日，顯明、三夏圍（文）城」，「城遂不守」。「二十五日命顯明、尤玉等西破文水。」「四月初二日攻汾州。時徐虎山與汾州把總沈海守汾州。尤玉故爲虎山、海等善，遂以城降。」

四月，姜建勳監軍張懋爵請青主、薛宗周、王如金致戎幕。青主等人勤急搗太原虛，姜不聽。遷延至五月始北上。至雷家堡，青主等聚會商討對策，知成功無望，仍隨軍前進。

青主汾二子傳：「己丑四月，大同兵以明旗號從西州入汾，汾舊御史張懋爵以原官監軍。張慵奴，浮慕二子名（指薛宗周、王如金，還應該有青主），敦致戎幕。會汾山鄉義勇少年千許人願投張部，張欲不收，少年又請自備馬匹器仗從之，張唯唯。張富於財，二子勸出橐中大賞士鼓勇，張不能，少年稍散去。薛復以策幹江某，勸急搗太原虛，江不能用。遷延至五月，始北上。二子過雷家堡，曹舉人偉餞之。語間，勸且無北。薛大聲曰：『見明旗號尚觀望，非夫也！』曹語塞。薛徐顧王：『爾有老母，可不往。』王曰：『顧請之老母，老母許之，不敢絕裾也。』皆從張至晉祠。」（全書卷十九）尹案：傳中「江某」疑指姜建勳。又案：據青主的志向及他在汾州的威望，察青主一幫同學、好友在汾州的活動，如研習兵法、經常聚會等，觀傳中記事記言之詳細，應該說，青主不但參加了這次起義，而且如當年伏闕訟冤一樣，仍然是薛、王、曹等人的領袖。青主等人一直在籌備起兵，只是尚未準備就緒，突然遇到了姜建勳起義軍，見到了「明旗號」，便不能「觀望」，於是想加入其中並發揮作用。青主等人研習兵法，深知兵貴神速、趁虛而入之理，然姜建勳不能用，終耽誤了戰機。

五月，青主等隨軍至晉祠，與程示周再次討論戰局。姜建勳軍在晉祠又拖延了六、七天，會清端重親王博洛所率兵馬趕至太原，戰於太原古城南。起義軍失敗，薛宗周、王如金犧牲，姜建勳縊死汾州南城樓。

青主汾二子傳：「太原程生者，見二子，問兵事。二子曰：『我兵有必勝之道，恨此輩無制勝術耳。』乃提兵者不即抵太原，而清援從北來，屯赤橋、華塔間。兵保晉祠堡，清據西山。步卒亂，欲潰堡門出。人見二子者，拔刀破卒，斥登埤守堡。清攻堡五日不下。會輓運不即到，馬乏草，遂結陣南遷汾州，步卒沿道狼籍死，二子不知所終。或傳王中兩箭，晉祠南城樓火發，見薛上投烈焰中，或又曰未也。」（全書卷十九）

夏駰交山平寇本末：「王師至忻州，遇世昌羽書，報建雄、顯明等已入晉祠，方攻太原縣，省城危急。王倍道至省，就食於西門演武場。食畢，馳至太原縣古城南，與姜建雄等遇。」「移時賊退入晉祠，王遂伏兵於白雲山下，大兵進圍晉祠。數日未克。」「令道標千總宋國鎮、舊營中軍王廷衡率兵五百，從晉祠北門外樂樓後穴地百餘步至城牆下，納火藥滿，未及封，火焠發，二將並五百兵俱燬燼，城牆亦陷。賊棄城越山西走，至白雲山後，伏兵起，殺死萬計，溪谷爲滿，尤玉、王顯明等皆死。」「建雄、秉鉞由清源逃入汾州。」「七月，破汾州，建雄、秉鉞等俱死。」

順治補萬曆太原府志卷四：「王師追次汾州，建勳知不支，縊死南城樓。」

蔣良騏東華錄卷六：八月，「僞總兵楊震威斬姜瓖並兄姜琳、弟有光首來獻，大兵入大同城。」

青主題宋元名人繪蹟：「貧道僑西河，則薛子文伯、王子子堅與遊，而西河之人謂薛、王被貧道從而廢。」（全書卷二十二）

青主汾二子傳：「余先與薛子遊，畏其卓犖，喜西河有斯人。及袁先生三立講堂，二子咸在，至今蓋十五、六年矣，而誼日親，相觀摩期許，頗不似今之爲朋友者。乃二子果能先我赴義。」「余乃今愧二子，余乃今愧二子！」（全書卷十九）對於薛宗周和王如金的犧牲，青主愧疚不已，多年難忘。

九月，青主寓平定馬軍村，白孕彩隨從，作無聊雜詩、悼子堅二首、虎窩、汾二子傳。令兄子仁鈔高士傳，爲作題辭。

青主無聊雜詩：「己丑寓平定馬軍村卽事有拈，不拘沈韻。」「無聊月云九，紅信託笻詢。」「藥嶺負秋色，石樓登告勞。黃冠非獨懶，白禿亦孤騷。」「齷齪金元士，州人噪六賢。」「西河慙二義，堂北炯孤星。」「志慚鏌鎁下，軍酣琥珀回。復仇愁殺我，敵國有新醅。」「上黨中原脊，英雄今是誰？」（全書卷八）尹案：青主此次去平定的時間，當在五月晉祠戰役失敗後，或七月汾州失守後。

青主悼子堅二首：「一命可不愛，如獨遺厥母。太眞猛渡河，終天恨終古。豈無膝下兒，病寒而汗迕？際遇各有時，性情殊樂苦。」（全書卷三）

青主虎窩劉、丁本注：「藥嶺虎窩在平定州南四十里。」詩云：「愁心無那款寅堂，一衲冰涼也潰洸。」「撩鬚見避容題鳳，防怒誰能學豢鳶。」（全書卷十二）尹案：揣詩意與作詩之地，知此詩當作於是時。

青主汾二子傳：「袁先生三立講堂，二子咸在，至今蓋十五、六年矣。」丁譜：「王、薛是年死於太原之役。」「案袁公以崇禎十年莅提學任（尹案：應爲七年），至是年正十六年，則先生此傳作於己丑。」

劉霖仙儒外紀卷六：「青主手書此傳（尹案：指汾二子傳）甚多，繁約互異，蓋深慮二子之湮也。」

青主鈔高士傳題辭：「欠龕聶古高士玄軌，既亂蕩矣。草昒屠維赤奮若閒，辟藥嶺之麓，甋舊遊，篦皇甫編，篤帚子仁迻書。」（全書卷二十）「屠維赤奮若」是太歲紀年法的己丑。

青主在平定，開始張羅子眉的婚事，欲將老母接至平定，因太原城戒嚴而請魏一鰲幫忙。

青主致魏一鰲十八札之第四札中云：「老親擬有平定孫婦之娶，而適丁郊壘閉之，太原縣城戒嚴不能出，謂翁臺可代爲山謀而引手也。」（全書卷二十九）尹案：太原城戒嚴，應當是該年四月以後至年底的事情，防姜瓖起義軍的進攻以及其餘部的搔擾，此外的時間沒有戒嚴的事由，故知此書與此事當就在此時。魏一鰲此時在布政使孫茂蘭手下任參軍，至今年冬已滿三年，按三年考績，魏一鰲在此前後當升任爲布政司經歷了。

順治七年庚寅（一六五〇年）四十四歲

二月二十六日，青主子傅眉成婚，妻朱氏，平定人。

傅眉銘朱氏云：「二月二十六日，其歸我之年月日。」「父平定諸生」，「母蔡」。現存此文缺年份，只有「二月二十六日」。考青主及其母爲傅眉張羅婚事在去年四月以後，則成婚當在今年。

朱衣道人案刑部尚書任濬等人題本所記，「據傅梅供稱：與父另居已七年了，自丁亥年已分過。分後在小的丈人家住了兩年，現今典著房子住。」（全書附錄六）從該年至朱衣道人案發生的甲午年（一六五四年），共有四年時間，傅眉言在此期間，「在小的丈人家住了兩年，現今典著房子住」，應該是事實。而這兩年，可能就是新婚後在丈人家住的。

春，青主爲景僕居士書般若波羅蜜多心經。

末署：「庚寅春，書奉景僕居士發心持誦。濁道人不夜山。」這是我們今天能見到的青主第二次書寫的心經。（墨蹟藏鴻墨軒，見書法欣賞綱名家手蹟）

六月，青主錄古人論畫數則，草書晉書王羲之傳。

青主錄古人論畫後記云：「歲在庚寅長夏，伏雨乍晴，小窗無事，錄古人論畫數則，以卻塵氣。時對西山，覺涼爽宜人，書此一快樂也。傅山。」（手稿藏山西博物院）尹案：視「時對西山」句，揣青主此時當已到晉祠。青主草書晉書王羲之傳末署：「庚寅六月書於前慶庵。傅山。」（手稿藏天津市藝術博物館）前慶庵在何處，待考。

十月，青主寓晉祠程示周家，壽老友楊爾禎五十生日，作長歌。

青主長歌壽楊爾禎老友：「上章攝提格，十月初旬十，是爲老友楊方生，行年五十之生日。僑黃適在晉水湄，依我昔年結社祭酒程仲食。」（全書卷七）「上章攝提格」，卽太歲紀年之庚寅。

青主明觀察楊公蕢田先生傳：「觀察楊公于國者，字元達，別號蕢田。」「六子皆安素業，能稱其清白吏家兒。長方生，讀書能文，有父風。」「余未登先生之堂。長君方生爾禎與余遊，屬傳先生。」（全書卷十九）

是年末與明年初，青主寓祁縣，訪戴廷栻，作題壁詩口號十一首，三讀細批新五代史，與戴廷栻成歲寒之友。

青主敍楓林一枝：「甲寅仲春，訪楓仲，探奇登丹楓閣，見余庚寅題壁詩，有『榆次孫盛、昭

餘溫嶠』之句，愴懷往事，宿殊亭不寐。」（全書卷二十）

青主口號十一首：「江南江北亂詩人，六朝花柳不精神。盤龍父子無月露，縈攬萬衆亦風雲。」「遺民胸中無半人，謝安王坦勞其存。」「太原人作太原僑，名士風流太寂寥。榆次頗諳有孫盛，昭餘不信產溫嶠。」「六朝人物景宗豪，競病詩驚瘦沈腰。口角若無曹植氣，筆端爭似呂虔刀？」（全書卷十五）尹案：庚寅題壁詩，當卽此詩。

青主新五代史批注：「此書在丙寅、丁卯年間，卽取坊版單行者看看。至丁丑、戊寅年間，又取從好園藏全史中者，及桂子園王氏藏者，亦略略看之。至庚寅、辛卯年，專攜此書隨處細細批抹之。前略略者，皆失之矣。細批者，在祁縣。此又是樂平趙公子藏本，復理前論涉臘之。」（全書卷二百十二）尹案：青主庚寅初在平定，十月在晉祠，明年又去了西河，在晉祠與西河中間的祁縣，青主所云「庚寅、辛卯年」，就只能是庚寅末至辛卯初了。

青主敍楓林一枝：「楓仲髫年，受知於袁袁山先生，許以氣節文章名世。丙子，吳中丞鹿友與袁師同志，拔晉才士三立書院課藝。楓仲聲噪社中，少所許可，獨虛心向余問字。余因其蚤慧，規勸之。甲申後，仲斂華就實，古道相勗，竟成歲寒之友矣。仲明季操選政，見賞於千子、君常、天如諸公。所著半可集，本經、子、史、唐宋文而變化出焉，如風雨集而江波流也。」（全書卷二十）

順治八年辛卯（一六五一年）四十五歲

是年，青主寓西河。

青主哭子詩後記與戴廷栻高士傅壽毛行狀：「辛卯僑西河，夢上帝召，造訓狐之謠。」道光陽曲縣志亦云傅眉「辛卯僑西河」。（全書卷十七、附錄四）丁譜羅振玉案：「甲申以後，眉侍左右不離，知先生是年當亦寓汾。」尹案：傅眉曾在供詞中說，順治四年丁亥（實際上應該是順治五年戊子）冬，青主曾令眉離開西河，疑與青主組織起義有關。後來起義失敗，傅眉當又回到青主身邊。故青主該年亦當寓西河。青主到西河的時間，應該在夏天，春天仍在祁縣。

八月，上郡李然周來訪，青主作詩贈之。

詩題曰：「李然周極可敬，遭亂入山，自懇窮壤，而十指礧砢，如椎笨田父，知義知時，河西佳人也，爲詩贈之云。」陳監先先生云：「常贊春云：據墨蹟，題作『與上郡李然周』。注：『然周先有書到寓，云欲見往，辛卯八月杪，果過黃河來。』此題原爲詩末注。」（全書卷八）

九月，青主在長安惟雲軒作蘆蕩秋蟹圖一幅。

西泠印社二〇〇八年春季藝術品拍賣會中國書畫古代作品專場拍賣圖録中，有一幅蘆蕩秋蟹圖，此畫的右上角有款識云：「辛卯秋杪，傅山戲寫於長安惟雲軒。」（此條由葛敬生提供）尹案：此「長安」指北京還是西安，待考。青主接待了李然周後，又與李一同去了陝西，也未可知，但尚需更多資料才能斷定。

是年，臨蘭亭序絹本。

方聞傅青主先生大傳年譜係於是年，云賈韜園藏，有題記，現有影本。尹案：查影本，無臨摹年月，未知方聞先生所據爲何本。僅録存備考。

順治九年壬辰（一六五二年）四十六歲

二月十九日，孫茂蘭由山西左布政使遷寧夏巡撫（清代職官表）。青主致書魏一鰲，請代爲致意。

青主致魏一鰲十八札之第三札中云：「孫長君謂且無行期，而弟自縣上來，乃知既西矣，別意未展，殊悵。儻復有來往，正需一知耳也。」（全書卷二十九）

夏，爲侄傅仁書夫如何賦及又夫如何賦。

北京故宫博物院藏傅山書賦詩共十六首雜書册，前五開爲此二賦。第一開有「壬辰之夏」四字，第五開署「仁請書此二賦」。

十一月，清廷下令免山西忻州、樂平等州縣的災賦（清史稿卷五）。大約此時，青主致信魏一鰲，請其幫助免去他家在忻州老家土地的賦稅。

青主致魏一鰲十八札之第十七札云：「寒家原忻人，今忻尚有薄地數畝。萬曆年間曾有告除糧十餘石。其人其地皆不知所從來。花戶名下書不開徵例已八十年矣。今爲奸胥蒙開實在糧石下，累族人之催比，累兩家弟包賠，苦不可言。今欲具呈於有司，求批下本州，查依免例。不知可否？即可亦不知當如何作用？統求面示弟止。弟甘心作一絲不掛人矣，而此等事葛藤家口，不得了了。適有糧道查荒之言，或可就其機會一行之耶？其中關鍵，弟亦說夢耳。恃愛刺之。」（全書卷二十九。以上本年文字，均據白謙慎先生補正。）

是年，青主書玄天上帝垂誡文小楷書册。

方聞傅青主先生大傳年譜係於是年，云現有影本。尹案：查影本，無書寫年月，未知方聞先生所據何本。僅錄存備考。

是年，青主寓汾州，南明宋謙來訪。

刑部尚書任濬等人題本：「玖年，有個姓宋的從寧夏來，在汾州拜了山幾次，欲求見面。山聞得人說他在汾州打嚇人，不是好人，因拒絕他，不曾見面。」（全書附錄六）

河南巡撫亢得時題本：「問得壹名宋謙，即李謙，年貳拾柒歲，湖廣黄州府蘄州生員。狀招謙自入學以來，就不合不守本業，專一交結匪類，共謀不軌，潛投永曆僞朝。因謙父宋遇春先授僞朝總兵官，後引謙見永曆，賜謙姓朱，起名朱慈煥，亦除授僞總兵官，給與僞絹札壹張。又接受僞督師毛壽登與謙虎紐銀方印壹顆。僞國公郝永忠與謙原填實僞絹札柒張，僞紙札伍張。僞國公劉體統與謙僞空札三張，僞空信牌三張。貳人俱係陝西延安府人，叫謙隨便用印給札，招結將士，聯絡義兵。」（全書附錄六）

七月，南明安西將軍李定國攻克桂林，清定南王孔有德兵敗自殺。李定國乘勝挺進湖南，擊斃清定遠大將軍、敬謹親王尼堪。兩蹶名王，天下震動。「此萬曆戊午以來全盛之天下所不能有。」（黃宗羲永曆紀年）順治帝歎曰：「我朝用兵，從無此失。」（清世祖實錄卷七十九）

順治十年癸巳（一六五三年）四十七歲

初熱，撰書明李御史傳。

傳云：「甲申以後，劉公宗周死，黃公道周死，左公懋第死，袁公繼咸縲不官死，金公聲死，艾舉人南英倡義勞瘁死。諸生則吳應箕死，劉城死。又陳公子龍死，楊舉人廷樞死。皆世所稱爲門戶者，亦何死者衆也？」「講學正當講此等事，若不于此處相耨，區區喃甚章句，甚性命，直發人一笑耳。」「吾亦嘗考諸門戶學士大夫，行事率多執拗，無長才，不皆厭吾意。要之門戶之人未必皆賢，然賢者衆，非門戶者未必皆不賢，而顧名思義者或寡焉。」「太原傅山撰書，癸巳初熱。」（全書卷十九）

九月，青主自汾州移居陽曲縣土堂村。該住處當爲好友魏一鰲所贈者。

刑部尚書任濬等人題本：「山出家後，因穿了件紅衣服，人號爲朱衣道人。在平定州住了壹年，盂縣住了貳年，後住在汾州。自去年玖月回陽曲縣西北肆拾里村名土塘（尹案：又稱土堂村）住。因好靜坐，住在村南土窑內。山能寫字行醫，外人聞名，多有求字請看病者。」（全書附錄

六)

王餘佑魏海翁傳略：「謫藩幕者數年，與傅君青主稱方外交，捐資三十金，代買土塘村居。」(見白謙慎先生補正) 尹案：青主家鄉在離土堂村很近的西村，而在土堂村並無房屋。青主從汾州移居土堂，此土堂的房屋，當就是王餘佑魏海翁傳略中所言，爲好友魏一鼇所贈。白謙慎先生的分析是有道理的。

十月十三日，宋謙再次拜訪青主。

刑部尚書任濬等人題本：「拾年拾月拾三日，(宋謙)又挐個書來送禮，說寧夏孫都堂公子有病，請山看病。山說：『孫都堂在山西做官，我曾與他治過病。他豈無家人，因何使你來請？』書也不曾拆，禮單也不曾看，又拒絕了他。他罵的走了。彼時布政司魏經歷正來求藥方，在坐親見。當時止知他姓宋，過後在汾州聽得人說是個宗室。」(全書附錄六) 尹案：「孫都堂」卽原山西左布政使、時已遷寧夏巡撫的孫茂蘭，其子孫某，均與青主相善。青主言當時「正來求藥方」的「布政司魏經歷」就是青主的好友魏一鼇。青主特別提到當時有清政府官員魏一鼇在場，可以作證，證明自己拒絕了宋謙，並未與他相見，更不用說合夥謀反了。

冬，青主在土堂村大佛寺南教眉、仁爲小楷，呵凍書莊子逍遥遊、人間世、養生主、外物、則陽與曾子問。

青主小楷莊子逍遥遊人間世外物則陽書後：「土堂大佛陶之南呵凍。」「俗儒不知莊子者。試與拈出葉公一則：『不可解於心，無所逃於天地之間，不擇地而安，不擇事而安，行事之情而忘其身。』何暇至於悅生而惡死？且道是荒唐不荒唐！方外之人說方以內情事，眞摯爾爾！吾師乎！」「癸巳之冬，自汾州迻寓土堂，行李只有南華經，時時目在，遂寫此數篇。尚有養生

主一篇，字更小於此，爲人取去。」（全書卷二十一）

青主書小楷曾子問批語：「癸巳冬，教眉、仁爲小楷書此，於今十二年矣。」（全書卷四十九）

是年，魏一鰲在山西布政司任滿，轉授泗州知州。尚未赴任，胞弟魏一鯤去世，父親魏梁棟（字明楨）也在該年冬病故。魏一鰲未赴泗州任，僑寓平定州守喪。（見白謙慎傅山的交往和應酬，上海書畫出版社二〇〇三年版第二十三頁）魏一鯤去世時，魏一鰲曾請青主爲作輓章。

苗蕃清故侍□明楨魏公墓誌銘云：「會蓮陸轉泗州，其季弟卽逝。公以傷幼子故，竟一疾不起，卒於癸巳冬月。」（雪亭詩文稿，據白謙慎先生補正）

青主與魏一鰲書：「賢仲之戚，正擬遣家弟代申一奠，行另勒致誠。家弟適入城，先此言懷。所命輓章不得卒辦，少需數日，定有報也。以連日陪居實閑步舊所經山林，匆匆如行腳僧，不能理此事，又不欲草草塞督故尔。」（全書卷二十九）

順治十一年甲午（一六五四年）四十八歲

三月十三日，宋謙等於河南武安縣五汲鎮被捕，供詞連及青主。

河南巡撫亢得時題本：「順治拾壹年正月貳拾捌日至北直隸廣平府所屬地方，謙又不合招結邯鄲縣未獲夥賊肆名。」「比謙又自邯鄲縣入河南武安縣經過，前往山西陽城縣山中聚會。彼處有馬賊柒百，步賊貳萬。」宋謙等「俱在張丕泰家會議，商說前至武安縣地方五汲鎮取齊，三月拾伍日攻涉縣。比謙與段斌等於拾貳日到五汲鎮宿歇」，「武安縣知縣趙悦學於拾三日蚤晨，帶領內丁快壯人等，齊到五汲鎮，當將謙等玖名捉獲。」（全書附錄六）

刑部尚書任濬等人題本：「據宋謙供稱：傅青主，太原人，生員，今已出家作道人，身穿紅衣，號爲朱衣道人，年伍拾歲，在汾州一帶遊食訪人，係知情。」（全書附錄六）

四月，青主與戴廷栻書，探聽消息。

書云：「東南及中州云云，兄安所聞之乎？弟毫無所聞也。星變幾一月矣，此當不虛，但不知主何吉凶耳。」（全書卷二十七）尹案：此書未署年月。據書中所云東南中州之變，惟宋謙案事較大，故係此書於此。

夏，青主寓平定，白孕彩、范芸茂從。青主作傷垂雲墮驢、哭范垂雲、太原三先生傳。

青主傷垂雲墮驢：「此方白意士，眞個不多除。」「撥置休深理，看雲忽墮驢。」（全書卷八）

青主哭范垂雲二首：「吾軍亡一范，豈是甲兵期？」「酒酹西郊草，榆關氣爲消。」（全書卷八）

尹案：榆關在平定州，知此時青主與白孕彩、范芸茂均在此。

戴廷栻文學范先生小傳：「文學范先生諱芸茂，字補袞，洪洞諸生。」「甲午卒於家。」尹案：「卒於家」誤，當卒於平定。

六月，青主被捕下太原府獄，眉羈陽曲倉。好友陳謐等爲之周旋。

刑部尚書任濬等人題本：「案照本年陸月拾壹日接准河南撫臣亢得時諮准刑部諮前事，職卽飛檄守、巡冀寧、冀南、河東、鴈平、寧武、岢嵐玖道，太原、平陽、潞安、汾州肆府推官，密緝嚴拏。去後，而張錡、傅山等旋卽擒獲，隨經行據該道、府、廳嚴刑會訊。」（全書附錄六）

青主哭子詩後記：「甲午，山以飛語繫太原府獄，眉羈陽曲倉。」（全書卷十七）

青主與右玄：「老友唯玄十，知吾濁與清。」「客歲吾離難，自信明夷貞。」「愁我一朝溘，奇方撿秘經。君以香附子，三柰佐南星。庸醫不解旨，難其非參苓。櫝械獨微喻，精製而深登。蘗香滿槁藉，沈睡俄晨醒。」（全書卷三）

太原府審訊青主等人，青主拒不招認。

刑部尚書任濬等人題本：「該本府知府邊大綬，會同清軍同知傅鸞祥、理刑推官王秉乘會審。」「據傅青主供稱」，「『小的平素好遊玩山水，作詩寫字，口頭不謹，多得罪人，或是有的。至於知甚麽情節，訪人的事，斷斷沒有。』及加刑嚴訊，山復供稱：『若將姓宋的提來，與山雜在亂人中，他若認識得山，山便情願認罪。』」「據傅梅供稱：與父親另住已柒年了。」「他做的事，全然不知。」「聽得去年有個姓宋的來請小的父親看病，送禮壹分，書壹封，不曾受他的，小的也不曾見這姓宋的。老子平生執古，不近人情。」「據傅止供稱：小的拾捌歲父就死了。貳拾歲與兄分居。」「小的兄，他世事甚也不管。」「他有才學，狂蕩，得罪於人是有的。」（全書附錄六）

魏一鰲六次冒險爲青主作證，證明青主未見宋謙，並把他罵走。案情得以緩解。

王餘佑魏海翁傳略：「（魏一鰲）後於癸巳歲丁封翁之憂，僑寓平定。值青主遭意外之禍受刑下獄，昏惑中，夜夢有『魏生』二字，醒告其弟與其子，俱不解。及其審問，官詰其有無證人，青主忽及公，強指以爲證。兩司因命李王御六傳公至，詢的否。公不顧利害，極以青主之言爲然。撫軍遂據之密疏以聞。後竟得白以出者，『魏生』之夢始驗也。」（據白謙慎先生補正）

尹案：託夢之言不過是爲了講故事時增加神祕感，實際上是青主對魏一鰲人品和友誼的深刻瞭解與信任。當然，青主後來得以解脫，不僅僅是魏一鰲證詞的作用，還有許多朋友的周旋與許多清政府官員的幫助，而魏一鰲的證詞顯然具有絕對重要的作用。

太原府知府、守巡寧道、山西巡撫看語爲青主開脫。

刑部尚書任濬等人題本，太原府知府邊大綬等於六月底看得：「至於傅山，因被賊禍，久作黄冠，雲遊訪道（尹案：請注意，這裏已經將「訪人」改作「訪道」了），審未交結匪類。」

「案查宋謙供山知情，今山供爲不知。謙遠在豫，無憑質審，難以懸坐。」守寧道參政董應徵、巡寧道僉事盛復選於七月初三日看得：「至傅青主山者，既係生員，才學又優，何不博取科名，以圖效用，輒爾棄家遊食，甘爲傲世肆志之形狀？且據自供，與宋謙之單開名字、服色一一相符，其中不無隱情。但嚴訊，山供如識謙面，甘受刑殛，似難懸擬。」「奉旨有云『不得連累無辜』，應否別議，統候裁奪。」山西巡撫陳應泰、督臣馬鳴珮於八月初二日看得：「傅山以青衿而爲道士，異言異服，蹤跡詭秘，所云拒絕宋謙，未曾見面。若係知情，何不舉首？若不知情，當日何所見而拒絕之也？」尹案：宋謙就在河南，眞要當面對質也並不是辦不到，但知府邊大綬等政府官員都不想辦，那就只能信傅山的供詞和魏一鼇的證言了。

青主在獄中，金陵紀伯子、孫茂蘭之子孫某等併力營救。

王又樸詩禮堂雜纂載：「（青主）於順治甲午夏收禁太原獄，並禁其子眉。時金陵紀伯子參撫幕，與孫公子併力救之。孫公子者，方伯孫茂蘭之子也。先生故善醫，嘗遇公子於古寺。時公子無恙，先生視其神色曰：『長公來年當大病失血，宜早治之。』公子不爲然。屆時果病，幾殆。迎先生療之得愈。感先生德，故營救甚力。」（見白謙慎傅山的交往和應酬第二十一頁）尹案：據白謙慎先生最新考證，王又樸所云「方伯孫茂蘭之子」未知名字，但應該不是孫川。孫川是孫茂蘭之孫。據法式善（一七五二至一八一三年）八旗詩話稿本記載：「孫川，字方至，一字澄菴，漢軍人，官延安知府，有竹圃詩草。澄菴祖茂蘭巡撫寧夏時，脫傅青主山人於雖（難）。」這裏明確說孫茂蘭是「澄菴祖」，即孫川的祖父。孫川於康熙三十二年（一六九三年）時在河南當縣令，康熙四十二年（一七〇三年）任延安知府。如果順治十一年甲午（一六五四年）救傅山時二十多歲的話，他任延安知府時已經是七十多歲的人了。這不是完全不可能，但是可能性不大。因而法式善的記載，卽孫川是孫茂蘭之孫，而救傅山的是孫川的父親（失名）和祖父孫茂蘭，比較可信。

青主在獄中，曾絕食九日，以示抗議。好友袁小陸、楊爾楨等人疏通獄吏送飯，知府邊大綬聽任之。

青主朝沐：「堪包羞被恥兮，重之以甲午之情事！憶使九日之不食兮溘此微氣，老母之哭臣兮至今亦已旣。」（全書卷一）

全祖望陽曲傅先生事略：「甲午以連染遭刑戮，抗詞不屈，絕粒九日，幾死。」（全書附錄四）

青主母陳氏云青主自然當有今日事，卽死亦分。

孫奇逢貞髦君陳氏墓誌銘：「甲午，山以飛語下獄，禍且不測，從山遊者僉議申救。貞髦君要衆語之云：道人兒自然當有今日事，卽死亦分，不必救也。但吾兒只有一子眉，若果相念，眉得不死，以存傅氏之祀足矣。」尹案：傅母深知青主確實參與了反清復明活動，而且不止一次，故而爲此而犧牲，也是必然的。（錢儀吉碑傳集卷一四九）

傅眉與古度：「舍弟又道，家祖母道：你二大爺我已是舍了他了，但得見你二哥一面足矣。」（全書附錄一傅眉集卷十）

朝廷將朱衣道人案駁回要求再審。青主好友胡款、袁小陸在京爲青主打探消息，並以利好安慰青主。

青主致楓仲：「前事聞又駁下，至今亦不知的確何如。承存卽以所聞爲復。今早正得丹、陸兩兄燕中書，似無他虞者。來書亦不的言如何，亦以所傳籠統語奉聞，用慰懸心也。」（全書卷二十八）胡款字子丹。「丹、陸兩兄」當指好友胡款與袁小陸。

傅眉於獄中夢回西村看祖母，又夢鐵藕開蓮花一枝。

青主哭子詩後記：「甲午，山以飛語繫太原府獄，眉羈陽曲倉。倉中修定業，聞祖母病，飛神自倉門上，槅中倒下。至西村看祖母畢，仍飛還附形。遂夢鐵藕開蓮華一枝，行事解。」（全書卷十七）

青主紀夢：「老子知無用，眉兒自審才。一枝鐵藕上，千葉蓮花開。」又秋夜：「寶蓮開鐵藕，兒夢亦非常。」（全書卷八）又覽巖逕詩卽事迴復連犿一百韻示眉並兩孫：「版繼荒巖築，花培鐵藕蓮。」（全書卷十三）均當指傅眉此夢。

青主於獄中作秋夜詩。同難好友張天斗作獄中和青主。

青主秋夜：「秋夜一燈涼，囹圄眞道場。」（全書卷八）據此知此詩作於獄中。張天斗獄中和青主：「自入幷州獄，何曾窺夜天。徒憐秋色好，忍負月華圓。」（全書附錄三）尹案：自甲午八、九月之後，觀青主與獄外好友的往來及所作詩文，其在獄中自由度已大大增強。

九月，傅眉與古度書，請他在太原知府邊大綬處周旋，盼能回家看望祖母。

書云：「自兩道老爺會審之後，父子不見面者又六十餘日矣。」「近者舍弟從西村來，道家祖母飲食稀少，淚眼腫痛，念兒憶孫，不少絕口。言至於此，不可甚忍，淚與筆墨和作一塊。」「不得已，囚眉一生再無宛轉之愚見，商之先生，然亦不期於必行。囚眉愚見以爲懇邊老爺，作一中文至邊老爺處，將囚眉及叔暫保在外。若不能如此，或囚眉，或家叔，放假三日，令人押上，與家祖母見面後卽回。」「此囚眉不得已之愚見。」（全書附錄一傅眉集卷十）

九月，青主於獄中書太原三先生傳。

戴廷栻晉逸詩序：「甲午秋，予以絹素索書於公他先生，先生書三則付之曰：『此吾所知太原三人，吾愛之敬之，其性情如此。子定解愛之敬之，幸爲傳之，無使泯焉無聞。』予視之，則獻明王先生、盧舟錢先生、樂甫梁先生三人也。人爲一略，略不數語，其性情俱在。」（半可集卷二）

青主太原三先生傳：「太原搢紳先生，如山所親見，則獻明王先生嘉言、盧舟錢先生文蔚，皆非近代所易有。」「山生平不登宦人之堂。敬先生風，以事拜先生。」「太原老諸生梁檀者，先回回人。聰慧，人未曾有。」「梁老居蘆鶩時，山恆以續事訪之。」「顧壁間琴上，有鶩子結巢焦尾。山奇之，爲賦鶩巢琴一篇記之。」尹案：據此，知青主鶩巢琴賦作於是年以前。傳文末署：「甲午菊月，朱衣道人山記於憂患中。」（全書卷十九）菊月卽九月。

十月七日，三法司上書順治帝爲青主開脱，並按慣例駁回再審。

刑部尚書任濬等人題本：刑部尚書任濬、都察院左都御史龔鼎孳、大理寺卿尼堪等人看得：「今該撫疏稱：『據傅山供稱：有姓宋道人貳次求見，山併拒絶，未曾見面，有布政司魏經歷親見。及加嚴訊，復供若宋謙認得山，情願甘罪。情似無干。且當日宋謙口供，止言其在汾州一帶遊食訪人，原未云所訪何人。謀叛大案，豈容以一語懸坐？』」「該府亦稱：『其雲遊訪道，審未交結匪類，與宋姓始終未面，讐口誣扳。』」而該撫以『若係知情，何不舉首？若不知情，何以拒絶』等語定案，尚屬游移。」「仍應敕下該撫，再加嚴訊，務期無枉無縱。」（全書附錄六）刑部尚書圖海等人題本：「順治拾壹年拾月初捌日，奉旨：依議行。」（全書附錄六）

十月，青主在獄中作講游夏問孝二章贈錢悅民，書三官眞經。

青主講游夏問孝二章：「日無疆有所感，而問子游、子夏問孝二章。傅山曰：諦觀『不敬』，何別『色難』？曾是諸義，則『啜菽飲水盡其懽，斯之謂孝』之道益明。不則，天下窮乏子弟，皆不孝人矣。」「四十二章經佛告出家沙門之言也，飯僧章終之以『凡人事天地鬼神，不如事其二親，二親最神也』。精乎哉言！」「又嘗論之：立身揚名，顯親於後世，顧云孝也，而不若及事其親之時，服勞甘滫、愉色婉容之爲眞孝之眞可以得其親之歡心也。嗚呼！人不思及承顔之時，冀得親之一歡一笑，而但期博一身後之名於其親也，推是心也，則必有賊其親之心者矣。」「甲午十月書爲無疆錢先生名悦民。」（全書卷五十四）

青主書三官眞經後：「甲午十月，憂患中薰沐敬書。」「業民傅山謹識。」（全書卷二十一）

十月二十八日，太原府初次判決。

刑部尚書圖海等人題本：「該本府知府邊大綬會同清軍總捕同知傅鸞祥、理刑推官王秉乘「會看得」：「傅山棄儒從道，宋謙數次拜訪，既拒而不面，及以書禮誘之，又拒而不納。則謙之供山爲知情，的屬挾讐誣扳也。既奉有『無枉無縱』之明文」，「傅山之不知情者又不敢苛入也，似應寬釋。」「具招於順治拾壹年拾月貳拾捌日連人呈解本司。」「蒙批」：「至於傅山，果否讐扳？毋使狡辯漏網。」「此徼於拾月貳拾玖日詳批到府。」（全書附錄六）

十一月，太原府再次判決。

刑部尚書圖海等人題本：「該本府知府邊大綬會同清軍總捕同知傅鸞祥、理刑推官王秉乘「會看得」：「傅山黄冠爲道，避靜遠俗，終始與謙未面，止因不納書幣，致觸謙怒，掛名仇口。歷經刑審，毫無風影。誣枉既眞，應當開釋。」（全書附錄六）

山西按察司初次判決。

刑部尚書圖海等人題本：「按察使張尚覆詳。看得」：「黄冠傅山，以子衿棄家，不闗事務者久矣。宋謙兩次詢訪，竟未與面，謙既赧顔，豈不懷怨？此含沙射影所由來耳。屢審無涉，應予祝綱。」山西巡撫陳應泰批：「至傅山，查豫撫諮開『宋謙原供山在汾州一帶遊食訪人，係知情』。今屢審，以不納書幣致觸謙怒，掛名讐口，是否實情？」「仰司再行嚴詢，確擬招報。」（全書附録六）

太原府清軍廳判決。

刑部尚書圖海等人題本：「該本府清軍總捕同知傅鸞祥，會同理刑推官王秉乘」「會看得」：「傅山棄家學道，以衣食不足遊訪故舊依養，疊經嚴訊，堅稱『絕謙因而讐扳』，覆審供明，原屬無辜，應行釋放者也。」（全書附録六）

太原府第三次判決。

刑部尚書圖海等人題本：「該本府知府邊大綬覆審無異。看得」：「傅山以家業凋零，托生緇流。其僑寓汾州者，資生無策，依養故舊耳。謙以山『訪友』之事，遂渾名之曰『訪人』，而終不能直指其所訪者爲何人，其爲捕風捉影之詞明矣。且歷經刑訊，堅稱『與謙未見』。嚴刑之下，當無遁情。的屬無辜，應行寬釋，以信明旨者也。」（全書附録六）

十二月十五日，山西按察司再次判決。

刑部尚書圖海等人題本：「該本按察使張尚覆審。看得」：「惟傅山壹人拒謙過甚，致謙扳誣，歷經刑訊，要不知情，應遵『不得株連』之旨，逐爲省釋可也。」（全書附録六）

十二月，青主在獄中書小楷金剛經。

文末署：「甲□十二月敬書於晉祠。鈍士傅山。」（霜紅龕墨寶，山西書局一九三六年四月影印本）

尹案：「甲」下字殘，僅存「十」，似「午」字，姑係於此。然署「書於晉祠」，又觀青主詩有「獄祠樹」、「木公、居實獄祠中作伴」、「獄祠除夜」等句，是青主此時被轉係於晉祠歟？

冬，青主在獄中作庚辰冬欲雪同先兄合龕待之烹茶忽復十五年矣前日欲雪憶一過、載賡大雪是吾天、獄祠樹、木公居實獄祠中作伴三月矣病剟兩兄將行面之等詩。（均見全書卷八）

除夕，青主於獄中作甲午獄祠除夜同難諸子有詩覽之作此、除夜獄中和同難諸子詩。（全書卷十三）

除夕，傅眉得釋，黄昏奔西村，幾死固磵溝。

青主哭子詩：「傷心甲午除，爾始解拘囚。黄昏奔西村，幾死固磵溝。敲門祖母見，不信是爾不。稍馬傾少未，菜向隣家求。明日是年下，稀粥寒燈篝。老母舉一匙，如我進庶羞。」（全書卷十七）

青主行書孝經後記云：「至除夜，息眉奔村僑，鐙下叫門，則老人不信其孫尚能生來也。及入門，實無米數日矣。明日過年，尚敢云少有肉菜耶？每念及此，雖不曾絕太眞之裾，亦幾幾乎太眞之恨矣。」（全書卷二十一小楷孝經書後）

是年，書明夷感之詩。

北京故宮博物院藏青主賦詩十六首雜書册第七開云：「明夷感之詩書所見聞於古今不次。甲午。」（據白謙慎先生補正）

是年，青主於獄中用小楷爲戴廷栻作贈楓仲詩一首，又作贈楓仲文一篇。

詩中云：「（楓仲）於今三十七，時時愁老顛。」（全書卷十三）楓仲生於明萬曆四十六年（一六一八年），順數三十七，知作於是年。文中云：「楓仲數數過我獄祠。」（全書卷三十三）知此文亦當作於是年。且詩文均用十竹齋的蘿艸箋書寫，裝裱又緊緊相鄰，現在均藏於上海圖書館中。因而此詩與文應同時作於是年獄中。

順治十二年乙未（一六五五年）四十九歲

正月十五日，山西巡撫判決。

刑部尚書圖海等人題本：「該臣謹會同督臣馬鳴佩看得」：「至傅山，以子衿棄家，遊食他方，投訪故舊，屢經臣等批駁嚴訊，委無『交結匪類』之情，即宋謙詢訪，亦堅拒未面。的係扳誣，似應姑從寬釋，以昭『不得株連無辜』之皇仁也。」「於順治拾貳年正月拾伍日題。」（全書附錄六）

正月二十四日，順治帝批旨。

刑部尚書圖海等人題本：「本月貳拾肆日奉旨：三法司核擬具奏。」（全書附錄六）

金陵紀映鍾、時任都察院左都御使的龔鼎孳等人繼續爲營救青主而努力。

瞿源洙傅壽毛先生傳：「甲午歲，徵君以飛語係太原郡獄，先生亦羈陽曲縣倉。金陵紀伯紫、合淝尚書龔公救之力，事白得釋。」（全書附錄四）丁譜：「感舊集：映鍾字伯紫，一字伯子，號贛叟，自稱鍾山遺老，江南上元人，有眞冷堂詩稾。」「感舊集：龔鼎孳字孝升，生時庭產紫芝，因號芝麓。江南合肥人，崇禎戊辰進士，本朝禮部尚書，有定山堂集。」嚴正矩大宗伯龔端毅公傳：「公在法司，每事好持兩議。人爲公言：『滿漢異議未便。』公不聽。」（涉園集卷二十三）鄧之誠云：龔鼎孳「官刑部尚書，宛轉爲傅山、陶汝鼎、閻爾梅開脫，得免於死。艱難之際，善類或多賴其力。」（清詩紀事初編卷五）

二月，青主於獄中書妙法蓮華經觀世音菩薩普門品（霜紅龕墨寶，一九三六年七月山西書局影印本）。

夏，青主於獄中書小楷千字文贈戴廷栻。

文末署：「乙未之熱，書與楓仲。傅山。」（一九三五年山西書局影印本）

五月，書悼孫女班班。

故宮博物院藏賦詩十六首書冊第六開：「悼孫女班班。乙未五月。」（據白謙慎補正）青主孫女班班當於此時夭亡。

七月初四日，三法司判決。

刑部尚書圖海等人題本：刑部尚書圖海等人看得：「傅山，據該撫疏稱『嚴訊的係扳誣』，相應釋宥。」都察院左都御史龔鼎孳、左副都御史曹溶、大理寺卿吳庫禮等人看得：「傅山的係誣扳，相應釋宥。」「順治十二年柒月初肆日。」（全書附録六）

七月二十二日，青主出獄，以未死而羞澀。

郭鋐徵君傅先生傳：「或劾其與南朝明椒帝通，下獄嚴訊。青主受刑不少屈，唯呼闞夫子泣。勘官憐其義，代解，乃得出。」（全書附録四）

青主與魏一鼇書中云：「至七月廿二日扶病出獄」，「是有出獄口占之句，曰『有頭朝老母，無面對神州』也。」（全書卷二十九）知青主出獄時間爲七月廿二日。

全祖望陽曲傅先生事略：「甲午以連染遭刑戮，抗詞不屈，絶粒九日，幾死。門人有以奇計救之者，得免。然先生深自咤恨，以爲不如速死之爲愈。而其仰視天、俛畫地者，並未嘗一日止。」（全書附録六）

青主始衰示眉仁：「甲午朱衣係，自分處士殀。死之有遺恨，不死亦羞澀。」（全書卷三）

青主出獄後，作山寺病中望村僑作、感、不死等詩，云無面對神州。李中馥作喜青主出獄。

青主山寺病中望村僑作：「病還山寺可，生出獄門羞。便見從今日，知能度幾秋？有頭朝老母，無面對神州。」（全書卷八）

青主感：「老母自然喜，承顏相至誠。諸郎應此後，凍餒益親貞。」（全書卷七）

青主不死：「不死良無恥，還爭魑魅光。有情誰見識，無語獨肝腸。」（全書卷七）

李中馥喜青主出獄：「浩氣如虹貫碧空，一從家破走西東。離鄉不欲干親友，到處相逢可主翁。」（全書附錄三）

十月十四日，楊思聖由國子督學授山西按察使。

事據清代職官表。白謙慎先生案：「以往諸譜從羅振玉說，將楊思聖任職山西的時間定爲順治十三年至十四年，誤。楊思聖在山西期間，曾折節訪傅山。傅山和其好友戴廷栻與楊思聖過從甚密。傅山曾多次爲楊思聖作書畫。傅山與戴廷栻書：『弟昨入城，擬一見臬司而少禮，勞爲賒茶扇充之。今日想不得見，兄若面時，復當先爲展意。』又一札云：『臬司畫冊，不得不應，恐畫成促裱，則無邊材，求兄先爲之地，不必宮綾，但淡月白絹可耳。』（全書卷二十七）臬司乃按察司別稱，此處當指楊思聖。」（傅山年譜補正）尹案：此「臬司」指楊思聖無疑。後一書後，青主還有一句話：「以彼人近多嫌怨，不便弟親囑也。」青主對楊思聖的性格是有看法的。其後楊思聖病重，因過於自信，不聽青主勸告，自作主張吃藥，致使病危，才重視青主的反對之言，在河南濟源軹關派殷岳冒大淋雨急奔太原，跪請青主前往搶救。青主毫不猶豫立卽出發，但當青主趕到時，楊思聖已經停止呼吸了。（見申涵光聰山集卷二楊方伯傳）

十二月八日，爲景僕居士書小楷金剛經。

方聞傅青主先生大傳年譜：「十二月初八日，爲景僕居士書金剛經小楷全文，是爲世間流傳第十二通，上海商務印書館印行。」墨跡書後云：「乙未佛成道日書起，再日能終，是爲弟十二卷，與景僕居士兄發心持誦。不夜山。」墨跡藏臺灣海華堂。

是年正月，鄭成功自置官屬，改中左所爲思明州，稱恢復之師。（徐鼒小腆紀年附考卷十八）

順治十三年丙申（一六五六年）五十歲

正月，青主與眉、仁夜談古今王霸事，作詩三首。

青主與眉仁夜談，常贊春校張本改題爲「與眉仁夜談古今王霸事括成近體三章丙申初月」。詩中有云：「禮樂何多士，崇高盡獨夫！孔門羞五霸，一節有堪予。」（全書卷八）

三月，爲傅仁作書。傅眉作山水冊頁。

北京故宮博物院藏賦詩十六首雜書冊頁第十二開云：「丙申三月二日書付仁，公它山。」傅眉山水冊頁落款爲：「丙申三月寫得江柳共風煙。傅眉。」（據白謙慎補正）

三月，青主出發往江南，行前作上思州、沮洳河邊霧不晴詩。（全書卷十六）

尹案：青主遊江南年月不可確考，丁譜姑附於順治十六年丁亥。考青主朝沐賦手稿自注：「丁酉作，癸卯二月書與仁。」（太原晉祠博物館藏，見全書卷一）賦中所言有遊江南之事，知青主江南行當在丁酉前。然丁酉春夏秋均在太原，唯丙申有空。則青主遊江南當在是年。

又案：青主上思州、沮洳河邊霧不晴二詩未署著作年月。據內容，當是南行前作。詩云：「塞北暫攜春雨去」，知爲春末作。「沮洳河邊霧不晴，昆侖關上月先明。」「海南形勢誰能料，今日重開薛敬文。」知青主關心的是南明形勢。「口口九百上思州，趫起男兒腳不屨。炎方亦是功名地，何必伊吾始拜侯。」此當指鄭成功改中左所爲思明州之事。「鯀臺澤畔柳新栽，狼孟城傍花滿開。囑付四鄰休剪伐，使君再轉卽當來。」鯀臺澤與狼孟城均指太原，可知此詩爲臨行前告別之辭。

青主至祁縣訪戴廷栻，戴請刻青主詩，青主不可。戴廷栻敍晉四人詩：「丙申春，與公它先生徘徊崇蘭老柏下，倦念晉之文人才士凋謝殆盡，幸先生與居實先生在，今壽毛、季子繼起，皆一時高才，而淹留草野。欲稍梓篇章，以各備晉人一種。商之先生，先生不可，第曰：我非詩人。」（全書附錄五）

青主曾至汾，訪閻爾梅。

青主奉祝碩公曹先生六十歲序：「吾乃今從南來，復得一彭城古古先生，亦老孝廉，不應今世，汗漫去鄉國。舊善騎射，今斂而不試，時寄豪詩酒間，幾不可知。而天篤之，尚偃蹇浮沈於今茲。我方外之人，聞之起舞增氣。」（全書卷二十三）

張相文白耷山人年譜：「山人姓閻氏，名爾梅，字用卿，號古古。生而耳長大，白過於面，故又號白耷山人。」「乙未順治十二年，山人五十三歲，居沛。丙申順治十三年，山人五十四歲。春至扶溝陸橋識平煙水，西過洛陽，從新安、澠池至陜州，北渡河遊河東，寓殷太峰晴暉園。」「去之長安」，「西入咸陽，遍遊周、漢、唐諸陵。」直至順治十五年「歲暮，問道還沛。」十六年「正月殯室人張氏、樊氏，乃復出遊。」

尹案：據青主「吾乃今從南來，復得一彭城古古先生」之言，青主見古古當在南行途中。據白耷山人年譜，古古於是年春即已出遊，則青主之訪，當在春季古古出遊之前。然青主春天方從太原出發，且到金陵之時，既有「雹攪大江明」之句，又有「花月春江槳漫搖」之詞，則青主於夏天已到金陵。沛縣之訪，如在返程途中，當在夏天。若是，則白耷山人年譜有誤。若譜是，則青主見古古當在未至金陵之前的途中。又案：古古自是年出遊避難，至康熙五年龔鼎孳題疏得免還沛，其間只順治十五年歲暮還沛，次年正月後又復出遊；康熙元年十二月抵家，次年秋爲仇家所攀復之山東。青主拜訪古古，只能在十三年丙申春夏。此爲青主南行當在是年之又一證。

夏，青主至金陵，作江風、江月、燕子磯看往來船態頷之、金陵不懷古、聽吳歌、枕舷等。又在南京武定橋觀天璽碑帖。

青主江風：「雄奇驚睡眼，電攬大江明。」江月：「可惜此江月，教吾今乃看。同舟無語得，獨坐有情難。」燕子磯看往來船態頷之：「北馬久無性，南船也不情。」「長江三百里，如夢到金陵。」金陵不懷古：「甚是金陵古？詩人亂有懷。自安三駕老，誰暇六朝哀？曾道齊黃拙，終虧馬阮才。肉髀愁不鼓，傖父過秦淮。」（以上見全書卷十）聽吳歌：「醉後參横舊晉墟，將軍明晦事何如？吳歌子夜隨人聽，獨自傷心越絕書。」（全書卷十五）枕舷：「枕舷看秋雲，高情淡殺我。」「皇皇尋前緒，盈耳軋軋柁。」（全書卷三）尹案：青主抱着希望來到南方探聽南明王朝的消息，但得到的卻是南明政權腐敗不堪的景象，因而十分傷心與絕望。

青主天璽碑雜記云：「往在留都，見武定橋傍買（賣）天璽碑一本，尚是囫碑原本。稍遲，被人買去。」（全書卷四十五）

青主至淮安府白馬湖，訪望社領袖閻修齡與其子閻若璩。

李元庚望社姓氏考：「閻修齡字再彭，號容菴，别號飲牛叟，大參繙楚先生子。崇禎乙亥諸生，明末落籍，遯蹟白馬湖濱，名其居曰一蒲菴。同時如李楷、杜濬、傅山、王猷定、魏禧、閻爾梅輩，過淮皆下榻焉，時人稱盛。」

柘塘脞錄：「牛叟先生滄桑後隱居白馬湖，與同里茶坡（尹案：靳應升字璧星，號茶坡樵子）、虞山（尹案：張養重字斗瞻，號虞山逸民）諸人結望社相唱和，風雅之士一時翕集，如黄岡杜茶村（尹案：名濬，字於皇，初名紹先）、太原傅青主、南昌王于一（尹案：名猷定，號軫石）、寧都魏叔子（尹案：名禧，字冰叔，號裕庭）、臨清倪天章（尹案：名之煌）、徐州萬年少（尹案：名壽祺）、閻古古（尹案：名爾梅），皆下榻相待，飛觴拈韻，爲南北詞流所宗。」

尹案：青主在閻修齡處下榻，只有一次，當就在遊江南往返途中。修齡之子若璩該年二十一歲，後成爲青主好友，亦當於此次相識。

青主在淮安時，曾寓龍興寺，與道人張應錫傾，並數爲淮民脱冤。

康熙淮安府志流寓：「傅山號青主，太原廩生。嘗往來於淮，寓龍興寺，與道人張應錫傾，蓋成知己。山詩名徧天下，淮人求詩字門限幾斷，又數爲淮民脱冤，人德之。」

秋，青主至海州，欲浮海而去，因懷念老母而返。作東海倒坐崖，與遊客論孫行者。

青主朝沐：「蹇浮淮兮渡江，柰曾憂兮不忘。攬河入海兮遺憂，雷電冥冥兮臨鬱州。鬱州兮拳石，愴臣心兮五百田客。五加兮采采，篠夜交兮可喜。薜蒻兮蘺蘺，不遑衣之兮臣母老矣！諗甲申以來兮何生人之樂致？堪包羞被恥兮重之以甲午之情事！憶使九日之不食兮溘此微氣，老母之哭臣兮至今亦已既。也期頤菽水兮豈不有弟焉任之？齎志長逝兮如有偭之孨孨。孨孨兮何爲？臣志兮獨知。」（全書卷一）

青主東海倒坐崖：「闞窗出海雲，布被裹秋皓。夜半潮聲來，鼊抃鬱州倒。一鐙續日月，不寐照煩惱。佛事憑血性，望望田橫島。不生不死間，云何爲懷抱？」（全書卷三）

青主孫行者雜記：「靜樂縣志人物中收孫行者，每以爲笑談。往在淮干，又聞一遊客爭之曰：

『孫行者是敝鄉人，敝鄉有花果山、水簾洞，如何得香貴鄉也？』吾唯唯，曰：『若爾，自當奉讓。』」（全書卷三十八）

秋冬，青主回山西，作奉祝碩公曹先生六十歲序、賀楓仲得孫。

青主奉祝碩公曹先生六十歲序有「吾乃今從南來」句，知青主時剛從南方回來不久。

青主賀楓仲得孫：「楓翁年方三十九，而卽抱孫，固可喜。」（全書卷三十）楓仲生於明萬曆四十六年戊午（一六一八年），是年三十九。

是年夏，青主侄仁作古詩書扇寄戴廷栻。（全書附錄四戴廷栻傳仲壽元小傳）

是年秋七月，戴廷栻初訂青主霜紅龕詩略。（全書附錄五戴廷栻敍霜紅龕詩略）

十月，青主畫汴堤春色圖。

北京故宮博物院藏此圖，落款云：「丙申陽月，石道人眞山畫。」（據白謙愼補正）

十月十六日，楊思聖遷河南右布政使。（錢實甫編清代職官表一九八四頁，據白謙愼補正）青主爲之送行。

青主與魏一鰲書有云：「弟爲候送臬司，而不得邀然前去，是以遲遲前約。」（全書卷二十九）此「臬司」只能是楊思聖。

十月十七日前，魏一鰲丁憂期滿，被任命爲忻州知州。三四個月後卽告病辭官回保定。魏上任後，青主曾與書介紹忻州民情。得知魏欲辭官時，曾勸其不要離開，但魏執意離去。臨行前，青主作行書十二條屏相贈。

王餘佑魏海翁傳略：「丙申釋封翁服，攜家旋上谷，卽有林泉之志，不欲赴部。會有當事者以危言悚之，不得已謁銓曹，得太原之忻州，終非其志也。於丙申之十月二十七日上任，甫匝月，卽告病而歸。」（見白謙慎傅山的交往與應酬第三十一頁）尹案：王餘佑十分明確地說，魏一鰲「於丙申之十月二十七日上任」，然從青主給魏一鰲的一封信看，似乎應該在此之前。書中云：「忻州寒苦，然素多佳酒。此時衙齋有留者，願爲弟存之。弟本不飲，而此時爲老親生日，人情始擬酬謝，頗需此。」（全書卷二十九）青主母親的生日，據孫奇逢貞髦君陳氏墓誌銘云，「生於萬曆丁丑十月十七日」。（全書卷二十九）此墓誌銘是青主請孫奇逢寫的，其母親的生日也必定是青主提供的，應該確切無誤。然視青主請魏一鰲在忻州代爲買酒之事，可知在十月十七日生日前，魏一鰲已在忻州任上，則魏任忻州知州的時間，應在十月十七日之前。

王餘佑魏母楊太夫人輓章引：「方蓮陸牧定襄（尹注：唐代一度改忻州爲定襄郡），甫兩月，翩然弗袖，人人噪『八十日陶彭澤』耳。」（見五公山人集，華東師範大學出版社二〇一一年版）

青主與魏一鰲書有云：聽說魏欲辭職之事，「不惟上司不肯，聞此解組之意，我輩多人也所不樂。珍重！珍重！」（全書卷二十九）青主及其朋友們都不願意魏一鰲離開。

又一函云：「酒道人游戲宰官荆棘林中，亦可作胡旋之舞，何遥欲以小恙爲遁法脫去？不當盤錯，不見利器，前梟札大意已見，當有別答到記室耶！忻弊種種，急欲一晤，細道究竟。年裏不得至彼。舊游而守梓邦，已幾三月，不曾專一展候，眞正疎略非情。今始令家弟策蹇一叩。正恐開歲半月中復有不得出門蛛務，晉謁益遲耳。多所當告，皆不爲我。特以此土刁悍風著，不一妙振，受誤不淺。若得其款，亦復易效。蓋剛勁是其地氣使然，而不甚狡詐陰柔也。」「正月後半月可促膝詳聞矣。火病之藥，無過平心。春肝用事，君焰易張，聽政之時，切忌暴怒，待弟至再一切之，可斟酌一常服丸方，濟門下平和之用。萬無燥急加劇。」（全書卷二十九）尹案：函中云魏一鰲上任「已幾三月」，知此書當作於該年臘月底，青主還準備明年正月去忻州與魏一鰲見面。可知魏一鰲在忻州任上不止兩個月。

又一函云：「臬司（尹案：指楊思聖）臨去時，曾道兩院大以才望于忻守，而（你）堅辭不已。奈何？奈何？再一字遂令致意，云去不難也，弟尚不知取詰。果尔，則署者自有人去，遲不過數日耳。」（全書卷二十九）

青主贈魏一鰲行草十二條屏云：「蓮老道兄北發，眞率之言餞之。當己丑、庚寅間，有上谷酒人以閒散官游晉，不其官而其酒，竟而酒其官，輒自號酒道人，似乎其放於酒者之言也。」「宗生璜囑筆曰：『道人畢竟官也，胡不言官？』僑黄之人曰：『彼不官之，而我官之，則我不但得罪道人，亦得罪酒矣。』」「酒也者，眞醇之液也。眞不容僞，醇不容糅。」（全書卷三十三）

是年，申涵光、周容、殷岳遊太原。秋冬，周容、殷岳與青主訂交。

申涵煜、申涵盼補輯申鳧盟年譜：「十三年丙申，公三十八歲，春如京師，遂遊太原。」「公感魏公特疏高誼，如都謝之。魏公委較觀始集。便道過井陘，歷固關，訪楊臬使思聖於太原，蓋廣羊避亂時故交也，時以學士外遷。四月返里。」

魏裔介申鳧盟傳：「丙申訪楊猶龍於太原，時爲臬司，留署中月餘，每談竟夕。」

申涵光楊方伯傳：「楊公名思聖，字猶龍，鉅鹿人也。」「歷春坊侍讀學士，出爲山西按察使，升河南布政使，四川左布政使。」「青主者，傅山字，太原高士也。博學，兼通醫。其人素難致。而公在晉臬時，曾折節式其廬。」（聰山集卷二）

申涵光贈周太望先生序：「予去未幾（尹案：指去太原），而殷子亦至太原，兩人（尹案：指周容與殷岳）相得歡甚。又明年，猶龍移宮中土，周子從而南，而殷子自大魄往，相聚彌

久。」（聽山集卷一）

申涵光殷宗山行狀：「宗山名岳，字伯巖，宗山其別號也。先世馬邑人，遷雞澤數世矣。」（聽山集卷三）

全祖望周徵君墓幢銘：「鄮山先生周姓，諱容，字茂三，浙之寧波府鄞縣人也。」「先生蹤蹟遍天下，所至皆有詩，於浙最厚查方舟，於山右則申鳧盟、傅青主，於江右則王于一，於閩則許有介，於山左則于公冶、紀伯紫。」（鮚埼亭集外編卷六）

丁譜羅襄案：「聽山集有晉陽喜晤明州周茂山七律，云『四月邊霜吹寶刀』。以年譜『四月返里』之說證之，則茂山遊晉及先生（尹案：指青主）與訂交皆是年可知。」

尹案：楊思聖、申涵光、殷岳、周容四人後來均爲青主好友。周容來太原只此一次，與青主訂交當在是年。楊思聖任山西按察使不久，就曾登門拜望青主，並很快成爲好友。而申涵光、殷岳與楊思聖又爲甲申避亂時之故交。則申、殷二人與青主相識可能亦在是年。然青主是年春南遊，秋冬方回。申涵光此次留太原僅一月，殷岳時間也不長，而周容有年餘，是青主回太原後周容、殷岳才去拜訪青主耶？此說可能性較大，故將此事係於秋冬。

順治十四年丁酉（一六五七年）五十一歲

二月十五日，青主在陽曲，作丁酉二月十五日二首。

詩云：「世亂憐花朝，蹣跚宇文河。」「老夫暗追憶，國難雙義娥。」「呼延之宋莊，目擊非傳訛。」「裂石好紅杏，七日又清明。」（全書卷三）知此時青主在西村、土塘、呼延村、宋莊、上蘭村、崛㠑山一帶。

二月，作山水畫冊。

署款爲：「丁酉二月，太原石道人山畫。」此册頁連同傅眉上年所作山水册頁合爲一册，題爲「傅道翁喬梓畫册」，現藏於美國密執安大學美術館。（據白謙慎補正）

戴廷栻題傅道翁喬梓畫册：「此公他先生橋梓小畫六葉。先生少年篤好書畫，古今圖籍無不博覽，得其用筆之妙。興之所到，聊一爲之，純以己意，不類前人，蓋乘急戒緩，不入流而一往來者耶！壽毛不學乃翁，時用古法，猶小米之於老顛，雖有離合，正自家教。癸卯季夏，晤盟太原寓中，縱談今古，流連衆日，屬余購之，因出素藏者以贈，是十年前得之西河道遽者。」（全書附錄五）癸卯爲康熙二年（一六六三年）。

白謙慎案：康熙二年癸卯（一六六三年）六月，申涵光訪太原，戴廷栻將此册頁贈申涵光。尹譜原訂此山水册的創作時間爲順治十年癸巳（一六五三年），根據是戴廷栻癸卯夏（一六六三年）在册頁後的題跋，跋云：「是十年前得之西河道遽者。」然觀册中傅山、傅眉年款，至少有數開作於順治十三年丙申（一六五六年）及順治十四年丁酉（一六五七年）。戴氏所記，亦只一大概而已。（補正）

夏，青主作麪䴵小賦、書承務君墓誌後。

青主麪䴵小賦：「丁酉既熱，睡足起遲，略覺精神，適有此束，率意捉筆。」（全書卷一）丁譜：「陽曲志記晉人所食各種麪食，有麪䴵飯。注：廣大麥初熟，刈而磨之，狀如繩，又名麥繩兒，色淺碧，或葷或素，以菜伴食，香美異常。」

青主書承務居墓誌後：「前輩學古文詞者，只了得作誌文事亦如帖括營生，原不能洞識人之大概，故百十誌文，逕如一篇，改頭換尾，祇填其姓字子孫耳。可笑之甚。」「丁酉夏，山。」（全書卷二十一）

五月一日，書淨住子淨行法門大忍惡對門。（見霜紅龕拾遺第三冊，太原市圖書館藏）

八月，居陽曲，譏賈漢臣應試。

青主賈淑誼論：「客歲丁酉八月，集深郭，漢臣大抵掌，述闈事，文滿志。道人曰：『若中，吾作文賀若。』漢臣曰：『可。』」「既而又月餘，日不見漢臣面，問之人，曰：『不中，害氣也。』惡以談害？猶中而受之，也不自在，輒曰害。」（全書卷三十一）

十一月十五日，楊思聖改四川左布政使。（清代職官表）青主與戴廷栻準備去河南看望楊思聖。

楊思聖在河南任職期間，與傅山、戴廷栻保持着聯繫。楊思聖赴川前，傅山曾計劃和戴一起赴河南看望楊思聖。傅山曾有致戴廷栻兩札談及此事。傅山與戴楓仲書：「楊公之縛，自弟看之，殊不惡。明眼人加以捷足，益遠益奇。正恐安此者，不知此之爲繝戾車耳。前月十五日得自中州來書，索銅章，書末囑致意台兄，以人行急，不及專候爲辭。但不知蜀中之行當在何日。前兄與書時，亦問及不？」又一書云：「若必圖晤面，且不能豫中之行，弟意亦決，但不知楊公在彼尚能留多少時日也。期當在十月中，須兄高興同往。弟盤費今已備得，禮物那須過多，除文房賞鑑之外，無可將者，兄量儲之。」（全書卷二十七）（此條據白謙慎補正）尹案：視書中所言，青主估計楊思聖離開河南的時間，「期當在十月中」，知青主此二札必當書於十月初或九月。此時青主與戴廷栻已經得知楊思聖將赴四川任職的消息，清代職官表所記十一月十五日，比青主書札所言晚一個多月，職官表是否錯記，待考。

是年，青主作朝沐、紀夢、姚缺庵墓銘。

青主朝沐後署：「丁酉作，癸卯二月書與仁。僑黃傅山。」（全書卷一）

青主紀夢：「咄咄箕陵夢，於今十八年。明夷丁此事，暗覺異前賢。荼苦甘三月，秋明淨一天。

朱衣成罪案，洪範卻無篇。」（全書卷八）尹案：青主夢遊箕子陵在崇禎十三年庚辰（一六四〇年），拒作紀夢詩十八年，當爲是年前後。

青主姚缺菴墓銘：「先生諱思虞，字元遜，號賡堯，又號缺庵。」「會國變，有聘之，再三辭不應，禮也。六十有五歲，丁酉卒。」（全書卷二十三）

約是年，始細注老子。

青主老子雜記：「三日不讀老子，便覺舌本輭。疇昔但習其語。五十以後，細注老子，而覺前輩精于此學者，徒費多少舌頭，舌頭終是輭底。」（全書卷四十二）

是年，青主孫蓮蘇生。

傅蓮蘇壬辰歲暮詩：「五十七臨眞覺老，幾番頭暈強支持。」（全書附錄二傅蓮蘇集卷二）壬辰爲康熙五十一年（一七一二年）。該年蓮蘇五十六歲，逆推之，生於順治十四年丁酉。

傅蓮蘇丙戌四月十五日夜苦不睡已三宵矣無聊佔此七言：「五十年來作夢遊，修名未立此生休。」（全書附錄二傅蓮蘇集卷三）丙戌爲康熙四十五年（一七〇六年），該年蓮蘇五十歲，逆推之，生於順治丁酉。

順治十五年戊戌（一六五八年）五十二歲

正月，青主居陽曲，作賈淑誼論。

文中有云：「且無論他，卽如今月十五夜，渾村煙火之勝，火樹作城，流星沖霄，炮打襄陽，震天震地，二龍戲珠，九龍取水，李存孝打虎，碢子火大於寧化藩強半，裝藥三斗許，花起十丈高，過渠邊老柳，豈不陽邑十二都城裏城外之第一？正月十五也者，穰穰瞠目幾萬人，有幾諸生敢不以歲考爲兢兢而一來看者乎？」（全書卷三十三）

三月，於靜光精廬書隸書千字文。末署：「戊午三月書於靜光精廬。石道人眞山。」（鄧寶珊先生藏青主手稿）

九月一日，青主寓汾陽，書西頂新建玄天上帝廟碑記。

尹案：此碑署「郡人朱之俊撰，僑黄傅眞山書。大清順治十五年菊月吉日立。」原碑於十年動亂中被毁，北京師範大學趙擎寰先生藏有該碑拓片。趙先生曾展拓片示余，云「大清」之「大」，實爲「犬」字。余細察良久，深以爲然。

十一月，與魏象樞辯論孟子盡心知性章。

魏敏果公年譜戊戌年下記載：「仲冬，偶與太原友人講孟子盡心知性章，於立命有異解，余不敢聞，曰：『此異端之學，非孟子之意也。』力辯之，至二鼓方去。」楊向奎先生等認爲，「當時與宋代理學對壘，另作主張，公然與象樞爭論者，除傅山外，再無二人。」（楊向奎清儒學案新編第二册。據白謙慎補正）尹案：年譜此文前尚有一段：「李太夫人（魏母）因水土不宜，且慮余京師資斧艱難，遂動歸念。余不得已送歸，令妻李夫人歸家侍奉。時四月二十五日也。」年譜未說魏象樞會太原友人在何處，查魏象樞爲山西蔚州人，時任光祿寺寺丞。其送母回家後來太原會友人是可能的。既來了太原，與傅山見面，也是可能的。

順治十六年己亥（一六五九年）五十三歲

秋，青主作行書如何先生册。

此册署款爲：「己亥秋仲書。」細觀筆墨，似爲臨本。現藏於故宫博物院。（據白謙慎補正）

是年，青主寓祁縣，戴廷栻再請刻青主詩略。

戴廷栻敍晉四人詩：「丙申春，與公它先生徘徊崇蘭老柏下」，「欲稍梓篇章」，「先生不可」。

「積三年，所先梓壽毛、居實、季子之詩，皆僅僅得之者。復請諸先生，先生不可如前。遂不謀之先生，遠近有藏先生之詩者，構錄授梓。」（全書附錄五）

青主與白孕彩、王晤、胡庭、胡同遊介子推廟，重寫神林介廟詩。

詩末記云：「丁亥來曾有此作。己亥重來，稍書留之，卽取第六句額其楣。偕來者，楡關白孕彩、離石王珸、汾陽胡庭、胡同兄弟。太原傅山題。」（全書卷十二）

是年正月初七日，傅眉作初度不懌詩一首。

詩云：「年年人日逢初度。」（全書附錄一傅眉集卷四）「人日」是初七日，「初度」指生日。

閏正月初七日，傅眉作閏月再逢初度。

詩云：「一年兩度逢人日，人日兼逢兩度春。」查該年爲閏正月，又兩詩手稿墨跡相同（手稿藏太原市晉祠博物館），知傅眉前詩與此詩均作於此時。（全書附錄一傅眉集卷四）

順治十七年庚子（一六六〇年）五十四歲

三月，青主居上蘭村，作庚子二三月之間三首。

詩中有「蘭村杏花白，裂石桃花苕」之句，因裂石在上蘭村，知此詩作於上蘭村，而非下蘭村。詩云：「豈非物外人，經綸爲誰瘁？」「物皆有自然，顔色誰點綴？」「秋冬無一詩，花鳥詎如許。」（全書卷三）

十一月二十八日，青主母貞髦君卒於松莊，年八十四。卒後，青主請王餘佑轉告魏一鰲，托魏代求孫奇逢爲作墓誌銘。

戴廷栻不旨軒記：「太原東郭松莊，公他先生今僑於此。」（半可集卷三）道光陽曲縣志卷二輿地圖：「松莊村：距城十里，有慈雲寺。」「松莊慈雲寺：在城東南十里，有傅徵君山祈雨碑

記。」潘耒雙塔寺雅集詩敍：「出太原郡城東南行可七八里，有寺曰永祚。」「其下爲松莊，傅隱君青主所居也。」（全書附録三）

孫奇逢貞髦君陳氏墓誌銘：「生於萬曆丁丑十月十七日，壽至八十四，歲之庚子十一月二十八日卒於松莊之僑舍。山轉徙無常家，庚子適在松莊。」（錢儀吉碑傳集卷一四九）

戴夢熊傅徵君傳：「性至孝，居母貞髦君喪，臥苫枕凷、飲粥不茹蔬者百日。」（全書附録四）

魏一鰲與傅青主書：「廬敖浪遊，年年作客。庚子冬杪歸上谷，晤申之，知老伯母仙逝，五内悲悼。爲人子者，應自難堪。維思道兄清風大節，足以顯親揚名。爲其母者，可以無憾。惟冀毁不滅性，加餐自珍。兼聞欲求徵君老師作墓銘，囑弟等爲之先容。弟於辛丑夏過蘇門，切致仁人孝子之請。老師謂當世無不知伯淳者，豈以衰年辭？俟備實錄，卽圖命管。晉衛一太行之隔，把臂入林，自當有日。道兄豈無意乎？雜絮來將，此中跼蹐難喻，俟容另布不宣。令弟、公子、令侄統此致意。」（雪亭文稿上册。據白謙慎補正）申之是王餘佑的字。

十二月，樂平趙氏送青主北史一部。

青主北史批注：「此爲樂平趙氏家藏者，庚子十二月送來，不能復理之矣。」（全書卷一百六）

是年九月，戴廷栻始建丹楓閣。

戴廷栻丹楓閣記：「庚子九月，夢與古冠裳者數人，步屧昭餘郭外」，「松末擁一金碧小閣，搖搖如巢焉。顏曰『丹楓』。」「遂經始閣材，構如其夢。」（半可集卷三）

青主跋丹楓閣記：「楓仲因夢而有閣，因閣而有記。」（全書卷二十二）

順治十八年辛丑（一六六一年）五十五歲

五月，青主遊五臺山，作五臺八首。遊定襄遺山，作遺山懷古、僦陋詩二首。

五臺八首詩云：「中臺五六月，積雪在經廚。」「信是清涼地，中煩獨不除。」「無情熏不熟，有骨踏難柔。」「堅貞見龍象，施利頜吾遊。」（全書卷八）尹案：青主遊五臺山年月不詳。觀戴廷栻刻晉四人詩中，已有青主遊五臺詩七首（缺第八首），則遊五臺必在晉四人詩刻成之前。是年六月登北嶽，途經五臺山是可能的。姑係於此，待再考。

定襄遺山志收有青主七言古詩遺山懷古一首（全書卷七）、五言律詩僦陋一首（全書卷八）。僦陋詩題下注：「遺山留月軒有感而作。」遺山在定襄城東北十五里。元好問早年在此讀書，晚年在此隱居，故自號遺山。青主此二首詩當作於遊五臺之時。（參見王磊傅山詩選注，山西經濟出版社二〇一四年版。）

青主遊五臺前後，曾住張爔家，爲其所著四書正義注題端。

尹案：此據方聞傅青主先生大傳年譜。雍正山西通志卷一三九：「張爔字孔昭，五臺縣人。順治辛卯舉於鄉。嘗讀書南山下，地近龍池，學者稱龍池先生。」「注四書正義六卷，注易二卷。嘗謂讀書不力行，無本之學也。」

六月，青主登北嶽。

青主與居實書：「六月倉皇一登北嶽，時實覺死在旦暮，唯恐今世之不得了一嶽之緣。非汗漫，非消遣，實尋一死。所冀即橫尸於大林邱山間，如翟生心事。山生孝不和嶠，死孝不王戎，而直覺人無父母了，便是無根草，有甚依倚，有甚趣味？」「故今日死可也，明日死可也。」（全書卷三十）尹案：觀此書，則青主登北嶽在貞髦君去世後不久。貞髦君去年十一月去世，故將此事係於今年。

冬初，青主回太原病劇，作與居實書，欲爲曹良直作傳，爲袁繼咸作碑碣。

書云：「秋後雖病劇，時尚有兩三月人世之分。間讀禮書，亦屬勉強，非其好也。」「入冬大冷，又且不能遠尋死。」「擬爲曹古遺作一傳，而心緒荒亂，不知當如何捉筆。」「速求實兄寫一狀來，悉其平生，山試一鈔謄之，申此冥良之許。而聞兄又說欲爲袁先生尸祝山中，以今勢料之，那復能辦此堂構？或土陶亦可，此亦正經事。年來悠悠忽忽，並不知胼胝踐言。兄尚有此心否？若有時，亦須草成一小碣文，使山見之，或有所讚於其陰，亦此生未了之一案也。山之精神志氣，一齊盡矣。時時候臘月三十日到來，粗結此不長進骨頭一局，餘都掃過不提矣。戴二哥向山取兄詩，選定五十首，近且知之矣。若成，定當先示山，山卽寄記室。」（全書卷三十）尹案，據此，知此時晉四人詩尚未刻成。

是年，浙江上虞畫家謝彬訪青主，並爲青主畫像。

丁譜：「此象今刻入晉乘中，時先生年五十五。」

傅青主先生小楷玄帝文眞蹟扉頁印此像，題曰：「右像爲青主先生五十五歲時謝文侯所寫。原底昔藏太谷某氏，今則不知所在矣。」（一九三六年山西書局版）

是年十二月三日，永曆帝被執，南明亡。（鄧凱求野錄）

康熙元年壬寅（一六六二年）五十六歲

是年，青主遊砥柱，還至祁縣，適楓仲丹楓閣初成，爲題丹楓閣匾，作楓仲讀書閣初成居實適攜近作過就仲屬訂會山還自砥柱小剏趨息閣下伯渾亦從汾來略理契闊仲限八字、再用前韻詒楓仲、又成前韻一首。（全書卷十三）戴廷栻作丹楓閣記，囑青主書之。

尹案：砥柱在陽城縣南五十里大河中流。青主遊砥柱後至祁縣，故云「還自砥柱」。楓仲自前年秋始建丹楓閣，二年閣成，不違常情。余據此猜丹楓閣成於是時，青主詩亦作於是時。丁譜言順治「七年庚寅」，「先生寓祁縣，訪戴楓仲，題詩於丹楓閣壁。」以丹楓閣成於順治七年前，將「題壁詩」指爲「題詩於丹楓閣壁」。然考青主之言「楓仲因夢而有閣」，楓仲之夢在庚子九月，知丁譜誤甚。

戴廷栻丹楓閣記：「閣中藏書，藏畫，藏鼎彝，藏茶，藏酒，以待人之能入吾夢者。如其人之足夢，卽不入吾之夢，吾當入其夢。」（半可集卷三）

青主跋丹楓閣記：「記成，復屬老夫書之。老夫顧能說夢者也。」「幸而楓仲忘之，若稍留於心，是老夫引楓仲向黑洞洞地，終無覺時矣。既爲書之，附識此於後。」（全書卷二十二）

青主題丹楓閣匾：「丹楓閣。丹讀書之心，字仲以楓。楓讀書之閣，因章以丹。仲適集一朝大聲精選。根塵映發，如坐高秋欇欇林也。」（匾藏山西省祁縣民俗博物館）

是年，戴廷栻刻晉四人詩將成。

戴廷栻敍晉四人詩：「丙申春，與公它先生徘徊崇蘭老柏下。」「欲稍梓篇章，以各備晉人一種。」「集成，名之曰『晉四人詩』。」「回視老柏下語，又六年矣。」（全書附錄五）丙申爲一六五六年，已過六年，當在是年。

冬十月，青主作壬寅冬孟集夜對居實有悲二首之一亦不令居實見也（全書卷十二）。

秋末，楊思聖出發去四川赴任，殷岳陪同。至丹水，楊思聖病滯驛舍。年末，戴廷栻將有傅山題跋的北宋燕文貴溪山樓觀山水卷寄贈在河南養病的楊思聖。

此卷現藏日本大阪市立美術館，青主題跋的文字見全書卷二十二。殷岳的跋文爲：「壬寅秋杪，猶龍（楊思聖字）以蜀藩畢覲叱馭西發，顧我巢林，梟盟亦來相別，謂余曰：『猶龍容色清□，單車遠征，得無可憂？吾甫襄草土之餘，勢不能出，追隨左右，非子而誰？』余策蹇屬車後，遠遊之興，正復不淺。及丹水，而猶龍感疴，請告驛舍中，斟酌藥餌。荏苒逼歲，頗望逆旅，但行笥中無書畫可觀。每言其家藏，津津不倦。戴楓仲忽以此卷遠寄。」「癸卯二月九日，雞澤殷岳書。」（據白謙慎補正）

是年，曹溶任山西按察司副使，兵備大同。

曹溶，字潔躬，號秋岳，崇禎十年進士，官御史。甲申後仕清。一六五四、一六五五年朱衣道人案發生時，當時擔任都察院左副都御使的曹溶，曾和龔鼎孳等漢族官員極力爲傅山開脫。曹溶任官山西期間，和傅山過從甚密，離開山西後也一直保持着聯繫。（據白謙慎補正）

是年，作調饑七章（全書卷三）。

詩云：「七歲悲生死，於今五十六。此生旦暮了，不暇悔悠忽。」知此詩作於是年。

康熙二年癸卯（一六六三年）五十七歲

初春，顧炎武訪青主於松莊，作贈傅處士山、又酬傅處士次韻，青主答之以如韻與亭林、晤言寧人先生還村途中歎息有詩。

張穆顧亭林先生年譜：「先生初名絳」，「乙酉後更名炎武，字寧人，學者稱亭林先生。」「康熙二年癸卯，五十一歲。正月，自平陽登霍山。至太原，訪傅處士青主。」

顧炎武贈傅處士山：「爲問明王夢，何時到傅巖？」「相逢江上客，有淚濕青衫。」（亭林詩集卷四）詩集注作於昭陽單閼，即癸卯。

青主如韻與亭林：「天涯之子遇，眞氣不吾緘。秘讀朝陵記，臣躬汗浹衫。」（全書卷十）

顧炎武又酬傅處士次韻：「清切頻吹越石笳，窮愁猶駕阮生車。時當漢臘遺臣祭，義激韓讎舊相家。」（亭林詩集卷四）詩集注作於昭陽單閼。

青主晤言寧人先生還村途中歎息有詩：「河山文物卷胡笳，落落黄塵載五車。方外不嫻新世界，眼中偏認舊年家。」（全書卷十二）

王鳴盛十七史商榷卷八十二唐以前音學諸書載：「顧寧人嘗宿傅青主家。晨尚未起，青主呼曰：『汀芒久矣！』寧人怪而聞之，青主曰：『子平日好談古音，今何忽自昧？』寧人不覺亦失笑。古音『天』呼若『汀』，『明』呼若『芒』，故青主以此戲之。」清朝野史大觀卷九好講古音將青主換成了李天生。青主大炎武六歲，而天生則小炎武十八歲，以小十八歲的天生與炎武開這種學問上的玩笑，似有不尊重之嫌。王鳴盛的記載應該是可信的。但他未記具體時間，茲姑繫於此。

顧炎武廣師：「蕭然物外，自得天機，吾不如傅青主。」（亭林文集卷六）

尹案：亭林訪青主的時間不可確考。觀唱和詩中有「河山垂淚發春花」、「老樹春深更著花」、「臨風吹短笛，劚雪荷長鑱」等句，似在初春時節。

二月，書朝沐賦與侄仁。

賦末署：「丁酉作，癸卯二月書與仁。」（全書卷一）

春，作壽胡母朱碩人周禮君七十小敍。

敍云：「胡母，胡生瑾之母也。」「蓋母今年癸卯之春，壽登七十矣。胡生徵言同遊諸子侑之，諸子以余能爲不諛不鑿之言也，而屬筆焉。」（全書卷二十）胡瑾之母「今年癸卯之春，壽登七十」，說明青主寫此敍時，已是癸卯之春。

三月至四月，青主在平定書丹楓閣記，並向戴廷栻借一牲口、一僕力，應東省李吉老之邀，于四月初三日出發去山東，謁孔廟。侄仁侍行。途經河南博愛縣清化鎮見病中的楊思聖，經河南輝縣百泉湖畔的夏峯村見孫奇逢。曹溶作送傅青主恭謁孔林一首相贈。途中攜舊錄子書一冊，復少爲解釋。

青主致戴楓仲札云：「東省李吉老適有信要弟東游，弟即趨其約。」「弟擬初三日發，但借一好生口、一僕力。」又云：「楓閣記即擬書之，送生口人到即付之。」（全書卷二十七）又一書中云：「丹楓閣記，在平定拏得功夫寫過矣。」（全書卷二十八）可知丹楓閣記書於平定，並在去山東之前。

青主與楓仲又一書中云：「不一月而來往二千二百餘里，多承尊价康傻左右之，不至大顛頓也。」康傻是楓仲的僕力，此次爲青主所借用。「來往二千二百餘里」，當是去山東，而非別的地方。書中又云：「楊猶老住清化已六月，候蜀撫爲之書」，「然病甚不小，而自處藥方嘗試之，不無聰明自用之過矣。孫徵君眞實謙和，大消人躁氣。」（全書卷二十八）可知青主去山東途中，去清化看望了病中的楊思聖，又去輝縣拜訪了孫奇逢。

曹溶送青主恭謁孔林：「筮日辭三晉，初無劍佩裝。北穿河柳細，東眺岱雲長。」（全書附錄三）曹溶的詩未署年月，但從詩句透露出來的消息，可知青主此次出遊，正值春天柳條嫩綠之時，其路徑是向南越過黃河，經中州前往山東的。曹溶詩中所言，與青主的實際路徑相吻合。由於曹溶於康熙六年（一六六七年）八月離開山西，因而此詩不可能作於康熙十年（一六七一年）青主第二次東遊之時。

方苞訂正孫夏峯先生年譜：「先生諱奇逢，字啓泰，號鍾元。兩朝徵聘不就，天下稱曰孫徵君。晚年講學夏峯，學者稱曰夏峯先生。」「康熙二年癸卯，八十歲。在夏峯。」「太原傅青主山過夏峯，爲其母貞髦君求誌墓。先生重其人，隨手書與之。」尹案：夏峯又名蘇門山，其下有百泉湖。

青主百泉帖：「癸卯四月，將過百泉訪鍾元孫先生，途次攜得舊録子書一册，再略流覽，一批行間，復少爲解釋，記所會心，不必其中也，隨手草録爾爾。清化旅中。」（全書卷四十五）可知青主是先到清化看望楊思聖，然後去百泉拜訪孫奇逢的。

青主孫奇逢雜記：「頃過共城，見孫鍾元先生，眞誠謙和，令人諸意全消也。其家門雍穆，有禮有法，吾敬之愛之。」「理學家法，一味版拗。先生則不然，專講作用。故於嘉興之魏、潞河之李、南昌之鄒、桐城之左，均敬愛之，無異同也。此等學問，亦大難向腐漢講矣。」（全書卷四十二）尹案：共城卽輝縣。

青主哭姪仁六首：「癸卯百泉上，乙巳青柯坪。驢背幽心侍，鷄聲旅夢驚。」（全書卷十）可知青主此次出行，除戴廷栻的僕力康傻外，還有其侄傅仁陪同。

戴廷栻傅仲壽元小傳：「先生（指青主）漸老，杖履所經，壽元必侍之。癸卯遊百泉，乙巳遊華嶽，壽元裹糧左右，不減壯僕。」（全書附録四）

三月十五日，青主子眉書小楷金剛經。

末署：「衆生傅眉稽首皈依，謹識懺悔，時癸卯三月十五日。」（太原晉祠博物館藏手稿）

六月，申涵光遊太原，訪青主。訪中表、山西布政使王顯祚，請其爲青主買宅。又訪戴廷栻，欲購青主字畫，戴贈以青主父子畫册一本。

申涵煜、申涵盼申鳧盟先生年譜：「康熙二年癸卯，公四十五歲。如太原。方伯王顯祚中表契闊二十餘年，屢折柬邀公。不得已至晉署，一握手卽歸。太原高士傅山貧居不蔽風雨，公力言於方伯，爲買宅數畝。」

魏裔介申鳧盟傳：「同郡中表王襄璞爲山右方伯，邀至署，未幾遄歸。襄璞訝其速，答曰：『此中有高士傅青主，貧居不能蔽風雨。公以身下之，勝於光之留多矣。』襄璞爲之損俸買宅，一時傳爲盛事。」尹案：王顥祚所買之宅不知在何處。考青主晚年行實，似未曾接受王顥祚所賜之宅。

戴廷栻題傅道翁喬梓畫冊：「此公他先生橋梓小畫六葉。」「癸卯季夏，晤鳧盟太原寓中，縱談今古，流連累日，屬余購之。因出素藏者以贈，是十年前得之西河道邃者。知鳧盟之不以爲蘭，卽以爲馬。」（全書附錄五）

六月，楊思聖病危，殷岳急趨太原，請青主爲楊視疾。六月十六日，青主到清化，但楊思聖已於兩天前去世。

申涵光楊方伯傳：「歷春坊侍讀學士，出爲山西按察使，升河南右布政使，四川左布政使。辛丑入覲，卒於途，時年四十有四。」「入覲，舉治行卓異第一。以便道抵家，省墳墓，欲止不復出。而部檄敦促，力疾就道。至覃懷，疾又作。」「公召殷子，與居軹關候命，謂之曰：『吾歸，與二子尋廣羊舊跡，讀書學道，以樂殘年。』已而病亟，歎曰：『醫數投涼劑，取快目前耳，遂相誤至此，惟青主力言其非。青主來，吾尚可望。然青主寒暑固不出，柰何？』」「殷子曰：『非我自往，無濟也。』時六月，大霖雨，晝夜行山谷間，四日而至太原。跽謂傅子曰：『猶龍病，先生其有意乎？』傅曰：『世無兩猶龍，吾安得坐視！』時亦抱病，慨然遂偕行。未至前二日，公歿。」（聰山集卷二）

白謙慎案：以往諸譜皆因丁譜，將此事繫於辛丑（一六六一年），根據是申涵光楊方伯傳中所言：「辛丑入覲，卒於途。」誤也。申撰楊方伯傳在這方面交待得不夠清楚。楊思聖於辛丑冬晉京，在京逗留時間較長，於壬寅秋在北京晉謁了新登基的康熙皇帝後，在返回四川的途中，在河南清化病倒。他病逝的時間卻在癸卯。魏裔介四川布政使鉅鹿楊公猶龍墓誌銘寫明：「公生於故明天啓元年之八月十二日，卒於康熙二年之六月十四日。」（兼濟堂集卷十二，據白謙慎補正）

八月，青主書遠客惡離曲五言古詩一首。

詩末署：「癸卯秋八月書于嗇廬之東軒。」（全書卷六）

十月，青主寄書代州，與富平李因篤訂交。

吳懷清關中三李年譜天生先生年譜：「先生名因篤，字天生，更字孔德，又字子德。」「李氏係出山西洪洞，金、元間有名義甫者避亂關中美原縣韓家村居焉。洪武初縣廢爲富平人。」「康熙二年癸卯，三十三歲。在代州。」尹案：時任雁平道陳祺公上年公子家塾先生。「十月」，「作得傅徵君信一首。」

尹案：亭林離太原後，至代州，遇李因篤，遂訂交。再回太原，經汾州、蒲州入潼關，至西安。青主爲李天生作十首云：「寧人向山云：今日文章之事，當推李天生爲宗主。歷敘司任者，至牧齋，牧死，而江南無人勝此矣。」（全書卷十）則亭林回太原時，將李因篤推薦給青主是可能的。青主隨卽與天生聯絡，故有天生得傅徵君信之作。然青主被徵在康熙十七年戊午。「傅徵君」之稱爲後人所改無疑。

李因篤得傅徵君信：「河汾文獻未全空，蠱上乾初有是公。」「他日蓽門相候處，下車應拜採桑翁。」（受祺堂詩集卷五）

是年，作東十方奯緉建白衣閣洞之碑。

碑文云：「支提之辟，佛日佛月，肇丙子也。刹那今昔，昭陽單閼，歲在此也。」（全書卷二十五）「昭陽單閼」卽癸卯。

康熙三年甲辰（一六六四年）五十八歲

四月二十一日，作小楷曾子問並書後。

青主書小楷曾子問批語：「癸巳冬，教眉、仁爲小楷書此，於今十二年矣。眼花廢書，來近二年。客冬右臂作痛，不敢捉筆，又七八月矣。」「甲辰四月二十一日。」（全書卷四十九）

夏，李因篤至太原，與青主等飲於崇善寺，山西布政使王顯祚送酒助興，天生作詩十首。

吳懷清天生先生年譜：「康熙三年甲辰，三十四歲。」「夏遊太原，旋還代。」

李因篤同傅徵君公他劉明經輿甫米侍御輔之陳公子端伯家剌史舅飲崇善寺十首：「亂後到幷州，林泉過卽休。故人逃別墅，長日快同遊。」「酒出藩侯署，苔霑御史驄。」自注：「時王方伯餽酒饌。」「傅老躭高尚，臨池早入微。僧壥盈翰墨，壁粉有光輝。」（全書附錄三）「藩侯」指王顯祚。

七月一日，臨晉唐諸家法帖，並作跋。

跋云：「今年點壞綾絹幾數十匹矣。」「甲辰七月一日。傅山。」見西泠印社二〇〇八年春季藝術品拍賣會中國書畫古代專場拍賣圖錄。此條由好友葛敬生先生提供。

七月，作左傳與禮雜記。

雜記云：「雪林近讀左傳了，告余曰：『禮之一字，足蓋左傳一部。』貧道聞而驚服之。此子進矣！」「禮之一字，可以爲城郭，可以爲甲冑，退守進戰，莫非此物。」「甲辰七月雨中。」（全書卷三十六）

初冬，青主臨王獻之行書贈存翁。

末署：「甲辰初寒，臨爲存翁詞宗。眞山。」（手稿藏北京故宮博物院，據白謙慎補正）

冬，青主令子眉之京師拜謝龔鼎孳、紀映鍾。傅眉於堂上信手作鸚鵡賦，捷如風雨，一坐傳觀大驚。青主得知，立卽召回。紀映鍾致函青主，對青主父子推崇備至。青主作甲辰臘月眉歸自燕問訊有詩。

瞿源洙傅壽毛先生傳：「甲午歲，徵君以飛語係太原郡獄，先生亦羈陽曲縣倉。金陵紀伯紫、合淝尚書龔公救之力，事白得釋。先生詣合淝之門，譔紫芝賦以贈之。合淝公收召才儁，知名士滿堂。先生喜議論，與人辨駁，前無強敵。一日諸名人品評禰正平鸚鵡賦，先生曰：『此小兒乞憐語，漁陽摻撾，氣盡索矣，不足道也。』雲中王埴知其才，曰：『何不作後鸚鵡賦？』先生於是振筆一書，橫肆數百言，捷如風雨，奇氣欻崛，盡掃正平之詞，一座傳觀大驚。伯紫更誦紫芝之賦，曰：『是不從人間來。』先生曰：『我賦才出盧次梗上耳。』徵君急呼之歸，曰：『無持布鼓於雷門。』」（全書附錄四）

傅眉鸚鵡賦：「客有不信正平鸚鵡賦之敏者，余應之。稍遲，因謂：『君能當下再賦，始信其不誣。』因試書起。」（全書附錄一傅眉集卷九）

戴廷栻高士傅壽毛行狀：「遊京師，海內才人畢集，約爲詩會，司寇龔芝麓簡紀伯紫諸友曰：『須辦三日精神，乃可對壘。此子未易敵也。』其爲名公推重如此。」（全書附錄四）

紀映鍾我詩集題辭：「甲辰冬，得見壽毛投予二詩，盤空硬句，推倒一世，舉坐爲之動色。更讀其我詩紫芝賦，俱不從人間來。壽毛眞先生子也。」（仙儒外紀卷九）

紀映鍾寄傅青主：「僕聞太行之右，有傅青主先生，奇士也。爲文磊落峭峻，如其人，如其地，懷想未之見也。甲辰冬，得見壽髦投予二詩，盤空硬句，推到一世，舉坐爲之動色。更讀其我詩紫芝賦，俱不從人間來。壽髦眞先生子也。壽髦復向予言，先生入山，或數日必授一書，程其課讀。歸問，不得要領，乃嚴責之；得，則喜；得而能指其孰爲是，孰爲非，遺略文字，窺見言外之旨，乃大喜。卽習一藝亦然。以是壽髦博物多能，思精而氣超，雖天資高徹過人，要亦先生眞實之教也。長安風雪，墐戶枯坐，得壽髦而與之上下其言論，輿酣耳熱，出步河濱，棲鳥啞啞不下，層冰爲之不寒，豈非數十年曠事歟！古人父子濟美有之矣，張、曹、房、杜，俱無人撐立門戶，而狄梁公子光嗣爲地官，克盡厥職；李西平子愬，雪夜間道，偏師入蔡取吳元濟，兵不血刃，眞能克家兒也。文章將相，原鼎足天地間，先生壽髦，又何憾乎？於其歸也，書此以報先生，并以志吾樂。」（此札收入周亮工編尺牘新鈔三集。據白謙慎補正）

青主甲辰臘月眉歸自燕問訊有詩：「逐逐聊詩賦，耽耽似米鹽。」「孤雲寧自譾，衆鳥冀爲詁。」「不觀天彗掃，徒見亂兵殲。」「酒色非無忌，詩歌似有嫌。」（全書卷十三）

臘月，青主與李因篤書。

吳懷清天生先生年譜：是年作傅徵君書至知六茹先生在太原卽遣相迎一首。

詩云：「忽有勞人信，并州已歲除。」（全書附錄三）知書在臘月。

是年前後，閻若璩館於太原，訪青主於松莊。

閻若璩潛邱札記卷二：「傅山先生少耽左傳，著左錦一書，秘不示人。余初訪之松莊，年將六十矣。」

尹案：張穆閻潛邱先生年譜以「年將六十」句將潛邱之訪係於康熙二年，並進而推論「道古堂集：旋以僑籍改歸，館於太原」亦「當在此年」。其理由爲：青主「此年年五十九也」。案青主康熙二年五十七歲，非五十九，則潛邱之訪難以確定爲二年，當在三年前後。

康熙四年乙巳（一六六五年）五十九歲

正月，青主病痱下，少間，行書淮南子盧敖事示蓮蘇。

青主行書淮南子道應訓盧敖事書後：「乙巳寅月，病痱下，少間，偶作此數字。」「孫蓮蘇初學操筆」「力疾寫此，令看其轉犿也。」（全書卷二十一）

秋，朱彝尊至太原。

吳懷清天生先生年譜引秀水志：「朱彝尊字錫鬯，號竹垞。康熙四年秋至太原，五年春客山西布政使王公顯祚幕。」

八月，曹溶、朱彝尊在太原觀傅山藏碑，並審定、題跋傅山所藏尹廟碑。

朱彝尊書尹廟碑後：「尹廟碑，土中晚出，文字尚完，結體遒勁，猶存篆籀之遺。是本烟楮悉舊，對之如百年前物，尤爲盡善。太原傅青主藏，檇李曹溶潔躬審定，朱彝尊錫鬯書。康熙乙巳秋八月。」（曝書亭集卷四十七。據白謙慎補正）

九月，青主、曹溶、朱彝尊同觀漢衡方碑。

朱彝尊漢衡方碑跋：「右漢步兵校尉衡方碑，在今汾上縣。文述其先伊尹在殷號稱阿衡，因而氏焉。按趙氏金石録載浚儀令衡立碑，亦云出自伊尹，合之應劭風俗通，無異。或云魯公子衡子孫因以爲氏，則各有所本也。碑以椎拓者少，故文從字順可讀。康熙乙巳秋九月，檇李曹溶潔躬、太原傅山青主、秀水朱彝尊錫鬯同觀。」（曝書亭集卷四十七。據白謙慎補正）

是年，青主遊華嶽，侄仁侍行。

戴廷栻傅仲壽元小傳：「癸卯遊百泉，乙巳遊華嶽，壽元裹糧左右，不減壯僕。」（全書附録

四）

青主哭侄仁六首：「癸卯百泉上，乙巳青柯坪。驢背幽心侍，鷄聲旅夢驚。」（全書卷十）青柯坪在華山。

是年，青主至代州，訪李因篤（天生），植梅於尚友齋。李因篤作席上呈傅徵君。

尹案：李因篤受祺堂集卷九柔兆敦牂（丙午）春有尚友齋詠梅是傅徵君所植者一首。詠梅在丙午春，則植梅當在乙巳。吳懷清天生先生年譜注曰：「尚友齋在雁平道署。」

李因篤席上呈傅徵君：「江海英風老漸疏，菊松高枕送居諸。」「免爰谷中遙迴首，蝴蝶莊生各有初。」（全書附錄三）

冬，郃陽范年家寄青主曹全碑帖。

青主題曹全碑帖：「乙巳冬，郃陽范年家寄來。」「娟秀饒能是其所長，一二三奴作太不展樣矣。至於質拙不事安排處，唐碑必不能到也。」（全書卷二十三）

冬末，朱彝尊遊晉祠。

尹案：朱彝尊曝書亭集卷六，乙巳則有將之晉陽留別包十二與晉祠唐太宗碑亭題壁集杜。可知朱彝尊是年去過晉祠。

康熙五年丙午（一六六六年）六十歲

春，李因篤自代返里，途經太原，經青主介紹，與朱彝尊定交。

吳懷清天生先生年譜：丙午「春，自代返，過太原，與秀水朱錫鬯彝尊定交。」李天生與朱彝尊定交，當爲青主所介紹。

三月，朱彝尊探太原風峪。

朱彝尊風峪石刻佛經記：「太原縣之西五里有山曰風峪，風穴存焉。」「愚者捧土塞穴，建石佛於内，環列所刻佛經，凡石柱一百二十有六。」「丙午三月，予率土人燎薪以入。」「予友太原傅山行平定山中，誤墜巖谷，見洞口石經林列，與風峪等，皆北齊天保間字。」（曝書亭集卷六十七）

五月，青主作江深草閣圖軸畫。

題款：「丙午夏，寫得五月江深草閣寒，寄麓翁老年臺詞宗笑。眞山。」（傅山畫集，上海人民美術出版社一九六五年五月版）

是年春夏，顧炎武、屈大均遊太原，訪青主。

張穆顧亭林先生年譜：「五年丙午，五十四歲。春，由大桑家莊過兗州，至廣平之曲周。遂太原，時秀水朱錫鬯彝尊客晉藩署，過訪先生於東郊，因與訂交。南海屈大均亦自關中來會。」尹案：亭林住太原東郊，當寓松莊青主僑舍。

屈大均過太原傅青渚宅賦贈：「唐氏遺民在，憂思正未央。故人期飲食，良士戎衣裳。苓采今無地，桐封舊有鄉。叔虞祠下柏，與爾共風霜。」「下馬晉王宫，山河感慨中。無成空老大，不死卽英雄。汾水城堪灌，幷門騎易通。思深當歲暮，且詠有唐風。」（翁山詩外卷十五。據白謙愼補正）

是年，陳上年資助顧炎武刊刻廣韻於山陽。青主得一册，曾認眞研讀，細加批註，並以廣韻次序，將杜詩句按韻字書於廣韻書中。（手稿藏中國國家圖書館）

康熙六年丁未（一六六七年）六十一歲

八月初九日，曹溶離開山西，臨別時作留別傅青主。青主贈以所書金剛經。

關於曹溶離開山西的時間，有些資料定爲康熙七年，有的認爲是康熙六年。據王星慧的曹溶研究一文，明確說「曹溶於康熙六年仲秋九日離開山西」，去了大名府。又說「曹溶在康熙六年九月肯定在大名府」。（見豆丁網載南京師範大學王星慧二〇〇七年五月十日碩士論文）

曹溶留別傅青主：「擬扣松莊日一卮，斷笳哀角已如斯。九州不乏悲秋士，萬古當傳送別詩。石泐塞前流淚遠，鷗香江杪入羣遲。許攜梵冊凌塵去，鵲尾爐煙對汝時。青主以所書金剛經贈我。」（靜惕堂詩集卷三四、全書附錄三）

八月，青主在祁縣，爲戴廷栻父戴運昌作傳，並與李因篤、顧炎武共書戴運昌墓銘。

青主明戶部員外止庵戴先生傳：「戴止庵先生者，太原之祁人，布政使光啓仲子，名運昌，字震存。」「五十九歲，而乃成崇禎丁丑進士。」「至八十九歲，精明無大疾而終。」知戴運昌卒於是年。（全書卷十九）

李因篤戴止庵墓誌銘：「康熙六年八月之吉，關中後學李因篤孔德甫撰，太原後學傅山青主甫書，崑山後學顧炎武寧人甫篆，石艾後學任復亨元仲甫勒。」（據拓片）尹案：此一條，張穆顧炎武先生年譜與吳懷清天生先生年譜均未載，可補二譜之闕。

十月，青主在祁縣，作丁未十月偶拈閻字卽效閻體四首，並爲閻爾梅詩題字。

詩云：「十年亡命戟霜冉，留得崇禎老孝廉。處士朱衣分窄袖，蕃僧黃帽卷深簷。一枝楓竹渾身節，六合梨花試眼尖。」（全書卷十二）尹案：「崇禎老孝廉」、「蕃僧黃帽」均指閻爾梅，「處士朱衣」指青主自己，「一支楓竹」，指戴楓仲，故知此詩當作於祁縣。

青主爲閻爾梅詩題字云：「生龍活虎此一老，痛哭長歌我不嫌。丁未冬，爲古古。」（見文物出版社書法叢刊一九九七年第一期圖版）「古古」是閻爾梅的號。

是年，青主有與戴楓仲書，論文章。

書云：「文章小技，不費精力亦不能出頭地。」「依經離經，變變化化，熟而精之，正須歲月。」「今年吾兄是高達夫學詩之年，何晚之足悔也！」（全書卷二十七）尹案：高適五十始學詩，今年楓仲亦五十歲。楓仲生於明萬曆戊午（一六一八年），五十歲爲是年丁未。

是年，青主友人王毓青得一子，青主作五言古詩相賀。

青主賀毓青丈得子詩序云：「毓青丈五十二歲而舉一六陰朝陽之兒，詒書屬一言，以快萬事之足。而書歷敍十年來所遇之苦，不無芥蔕。卽事奉答，聊以發噱，不成詩也。」賀詩墨蹟印本見上海人民美術出版社二〇〇一年版中國歷代名家墨蹟精粹清傅山冊。白謙慎先生補正云：「傅山此詩未紀年，但傅山好友李因篤受祺堂詩集有喜王大令毓青世兄生子一詩，繫於彊圉協洽（丁未），是知青主賀詩亦當作於此時。青主此詩墨蹟現藏日本。

是年，爲周亮工（字元亮）作山水卷。

臺北黃君璧先生藏一山水卷，款爲：「丁未在雲西僧舍，元亮社翁。傅山。」從筆墨看，此卷並非出自傅山之手，但應有所本。傅山的一些朋友，如楊思聖、申涵光、殷岳等和周亮工都曾有過直接或間接的交往，傅山在此時爲周亮工作畫是極有可能的。（白謙慎補正）

是年，李因篤有寄傅大壽髦詩。（受祺堂詩集卷九）

康熙七年戊申（一六六八年）六十二歲

春，戴本孝至太原，訪青主不遇。

王宏撰守硯庵文稿序：「猶記戊申之春，有人焉，撰杖履北走太原，訪傅公之佗，信宿而西。過予獨鶴亭，賦詩一章。登太華之顛，作畫一幅而去。飄然出塵埃之表，則鷹阿山樵戴子務旃也。」（砥齋集卷一）尹案：戴本孝字務旃，號鷹阿山樵，江北和州人，一說休寧人。

白謙慎先生補正：戴本孝「迂道太原，造訪黑松莊傅青主不遇，冒雨返邸次，悵然賦此卻寄」詩云：「遲登太華見先生，仰歎人宗是岳精。千里黑松虛入夢，一鞍白雨冷相迎。空庭日永惟聞鶴，老樹風高不戀鶯。卻笑元卿猶好事，未應開逕欲逃名。」又贈傅壽髦一首：「老父嘗教我曳車，聞君力養更何如？此風四海於今少，他日千秋卽古初。相見軒農惟藥石，別開天地有詩書。五千仞上應相憶，滿眼浮雲信手鋤。」（餘生詩稿卷三）戴本孝訪傅山一事，諸譜皆載，但並未指出戴此次拜訪，並未見到傅山。

九月九日，戴廷栻五十一歲生日，青主作戊申楓仲生日卽事廿四韻詩一首。

詩云：「公子於今日，何人戴仲如？操觚肩仔慮，卻聘老翁書。」（全書卷十三）知此時青主應該在祁縣戴廷栻處。

康熙八年己酉（一六六九年）六十三歲

三月初三日，作草書李綱雜記立軸。

雜記云：「讀宋南渡後諸史傳，眞所謂箭頭不快，努折箭簳。細繹李伯紀，何其不似南人用心也？鞠恭盡瘁，武侯後僅見。山。己酉寒日偶書。」（全書卷四十一）該己酉年清明爲三月初四日，以寒日卽寒食節爲清明前一天算，青主的立軸當作於三月初三日。

三月，青主作子虛賦上林賦注，教蓮蘇。

注首云：「偶教蓮蘇讀子虛賦，注有習而不覺其非者，于意未洽，輒以愚意妄著一解于下，令讀之就義生心，易爲記耳。」末署：「己酉三月，約略爲此。」（全書卷一百四十一）

秋，青主作王二彌先生遺藁序。

戴廷栻敍王太史集：「己酉秋，於太原見先生之孫蓮山。出其先大夫遺文示余曰：『自亂離以來，素產流寓，惟守此編，幸而不失。冀得公他先生及先生一言，以成先志。』言之聲色悲動。余憐而介之公他先生，公他先生同余稍稍次序其文。」（半可集卷三）

青主王二彌先生遺藁序：「明太史王二彌先生遺藁，其孫恆以世誼請諸昭餘戴仲子遴而敍之，而梓之，藏於其家。」「一再睆之，皇皇焉憂天憫人，如有所受，影附而響應。以吾漆園家學觀之，殆所謂役人之役、適人之適者耶？」（全書卷二十）

康熙九年庚戌（一六七〇年）六十四歲

秋，青主作秋徑詩十首。

詩注：「庚戌秋，病，運餅，輒信步無人之徑，率意口佔破悶。」詩云：「夥涉眞高興，留侯太有情。」「悠然籬菊老，可不詠荆卿？」（全書卷十）

約是年，青主作張裁詩。

詩云：「一襖十來年，抬掇與將息。」「世亂百工變，氣焰嫮時式。」「此翁心不爾，恬然舊藝執。直領連方襟，爲我舉剪尺。肢體諳明王，針綫知中國。著之不膚撓，雖舊但親德。」「追憶用爾時，崇禎四如昔。低頭四十年，蒼髯坐勞疾。」（全書卷六）尹案：崇禎四年（一六三一年）後四十年，約爲是年。

康熙十年辛亥（一六七一年）六十五歲

三月，好友文玄錫生日，青主爲作荷花圖並題詩。

青主辛亥春季爲玄錫丈成二十四韻言祝：「因芙蓉以爲媒，憚蹇裳而濡足。寫爲玄翁道丈。」（全書卷十三）

青主明觀察楊公蕢田先生傳：「憶三十年前，或有以畫冊屬余題者，余頗爲離合體譏之。」「蓋屬題者文生爲回回人也，而喜位置。」「卽回回文生者，甲申以後，忽折節守道，知是非大義，廉隅退遜，老而彌勵。余每見之，敬之，未嘗不念其不念舊惡也。」（全書卷十九）

春夏，青主讀毛詩注疏，作批注。

青主毛詩注疏批注：卷七至八之冊封二硃筆批：「辛亥三月二十看，廿三完。」卷十二至十三之冊尾部硃筆批：「四月十九日看起，廿二完。」（全書卷一百二十九）

春末夏初，青主登岱嶽，謁孔林，孫蓮蘇侍行。青主作與邯鄲任尹四首、朝聖廟、待死六章、蓮甦從登岱嶽謁聖林歸信手寫此教之一首。

青主與邯鄲任尹：「今日任公子，滄浪罷釣竿。」「卻喜遊山左，還要過海濱。岱宗愁一攬，花眼決東秦。」（全書卷八）知此詩作於去泰山的途中。

青主朝聖廟：「從岱至魯，凡近體六章，書此寄懷。」「恭從封禪天齊下，敢道行歌泗水春。」「羣瞠異服何來老，方領黃冠拜聖人。」（全書卷十二）

青主待死六章：「一拜先師林，皇皇知弱喪。」（全書卷五）

青主蓮甦從登岱嶽謁聖林歸信手寫此教之：「今爾十五歲，獨此重小丁。老病岱宗覽，許爾隨之乘。」（全書卷四）

傅蓮蘇無題詩：「十五春曾登岱嶽，廿三秋始到西秦。」又：「十五昔曾遊岱嶽，七旬今始到綿山。」（全書附錄二傅蓮蘇集卷五）

尹案：蓮蘇生於順治十四年丁酉（一六五七年），考證見前。十五歲當爲康熙十年辛亥（一六七一年）。若「十五」爲約數，則謁孔林或在康熙九年，或在十一年，不至相去太遠。丁譜姑係此事於康熙十三年甲寅，誤。

夏，大同同知周令樹遷太原知府，朱彝尊贈詩兼懷傅青主。

朱彝尊周郡令樹遷太原守詩以送之兼懷傅處士山：「五馬西歸日，銅符領晉陽。」「憑君尋傅叟，暇卽過松莊。」（全書附録三）曝書亭集注作於重光大淵獻（辛亥）。

潘耒太原太守周君墓誌銘：「君諱令樹，字計百，河南延津人。」「遷大同同知，舉卓異，進太原知府。」「雅好文學之士，所至延攬才雋如弗及，隱居巖穴者或身造其廬。」「至於王公貴人，往往傲睨，不以屑意。」「又好面折人，見世人媕阿媚權貴取美官者輒非笑之。名其堂曰『不媚之堂』。頗使氣忤物，同列多忌之者。」（遂初堂集卷十九）

秋，閻爾梅至太原，訪青主於松莊，作訪傅青主於松莊詩二首，青主爲畫歲寒古松。

青主張斌雜記：「七月初九日，夜大風，偶得睡夢，老古來，甚稱張斌。吾笑應之曰：『王景略已自不足道，何復斌之可喜！』古亦點頭。」（全書卷四十）尹案：此雜記若作於是年，則古古是年七月初已在太原。張相文白耷山人年譜云：「秋遊上黨，遂上太行，遍歷諸勝。九月初至太原，訪傅青主於松莊。」各存備考。

閻爾梅訪傅青主於松莊：「狼孟溝南大鹵平，汾川直掃太原城。山中有客能逃世，海内無人敢好名。」「晉祠松栝秋深老，禿筆勞君畫幾莖。」自注：「青主爲余畫歲寒古松甚佳。」（全書附録三）

九月九日，戴廷栻五十四歲生日，邀青主、潘耒觴閻爾梅於太原崇善寺，古古於席上作贈傅公他一首，戴廷栻作遊崇善寺記。古古又有太原秋望等詩。

戴廷栻遊崇善寺記：「無何，古古入晉，以詩幹驛糧道繆湘子，余未及見。今復來，干太守周計百，顧余柏樹園。余邀古古遊崇善寺。會吳才士潘次耕在座。」「贈傅公他七言八句云：寶玉之人尋古物，飛雲鴻雁兩相撲。茫茫四海似無聲，且把長歌代痛哭。」「小五台邊望松莊，處士行藏難可料。」（半可集卷三）尹案：此軼詩，可補閻古古全集之闕。

九月十二日，閻爾梅作太原秋望。

戴廷栻遊崇善寺記：「後三日作四律，爲余書之扇頭。」尹案：此四律卽指太原秋望，「後三日」卽十二日。

閻爾梅太原秋望：「幷州分野氣蒼涼，一再驅車過晉陽。鐘板蕭條崇善寺，圖書煨燼寶賢堂。」「最好緣山尋菊去，如今栗里是松莊。」（全書附錄三）

是月，顧炎武至太原，爲周令樹點定荀悅漢紀。其書爲計百向青主所假。潘耒代計百作書序。

潘耒代人作重刻漢紀序：「晉陽書肆之書，漫不足觀。民間又鮮藏本。間訪傅青主徵君於松莊，案間見有荀氏書，喜甚，假以歸。手自校讎。」「適顧亭林先生來，爲點定一過，刊誤存疑，遂爲善本。」（遂初堂集）此處稱青主爲「徵君」，當是其後所改，因此時青主尚未被徵。

秋冬之際，在太原軍廳，作五言律師祖腹一首。

詩末云：「辛亥秋冬之際，館太原軍廳，時有所見聞。」（全書卷十一）時青主當在太原知府周令樹衙內。

是年，青主在太原爲顧炎武診脈，以爲尚可得子。

顧炎武規友人納妾書：「炎武年五十九，未有繼嗣，在太原遇傅青主，浼之診脈。云尚可得子，勸令置妾。遂於靜樂買之。不二年而衆疾交侵。」「嘗與張稷若言：『青主之爲人，大雅君子也。』稷若曰：『豈有勸六十老人娶妾，而可以爲君子者乎？』愚無以應也。」（顧亭林詩文集。

據白謙慎補正）尹案：顧炎武年老無嗣，「浼」即「懇求」青主爲之診脈，看是否還有生育能力。青主診脈後，從純醫學的角度「云尚可得子」。至於是否「置妾」，那純屬顧炎武個人的決定。而置妾後「不二年而衆疾交侵」，凡是有一點常識的人都會明白，這是顧炎武房事過度所致，與青主何干？有何能怪罪到青主頭上？

康熙十一年壬子（一六七二年）六十六歲

正月初吉，太原知府周令樹挈壺觴造青主之廬，並會飲於雙塔寺。潘耒爲作雙塔寺雅集詩，以志其事。

詩序云：「出太原郡城東行可七八里，有寺曰永祚，雙塔巍然，捎雲礙日，見之四十里外，浮浮若旌幢焉。其下爲松莊，傅隱君青主所居也。」「太守延津計百周君標拔塵之概，結人外之契，歲之初吉，率子若聳屛騶，從挈壺觴，躬造於廬，爰眺爰遊，來集精舍。」（全書附錄二）丁譜羅振玉案：「次耕作記，不言何年。考陽曲志載周令樹狄梁公祠碑記云：『辛亥夏，令樹奉命來守是邦。』此會在正月，非辛亥可知。太原府志職官表載，周令樹康熙十年任，繼周者爲吳廷壽，亦云康熙十年任，似周守太原不逾年。然亭林年譜注引周令樹重建晉祠碑作於壬子端午後三日，則此集在壬子。府志於吳廷壽『十年任』下殆脫『一』字也。」尹案：周令樹離任年月尚需再考。潘耒太原太守周君墓誌銘云：周令樹「進太原知府，移病歸。久之，抵京補官，坐事下獄，踰年得釋。會病卒。」（遂初堂集卷十九）則計百離太原知府任由於病重。段縡太原段帖俚言自序云：「甲寅歲，適奉周太守命，勉刻曹侍郎詩於晉祠，偶爲壽毛先生所物色，遂以李提之爲介紹，召收門下。從事數年。」（全書附錄五）據此，知周令樹於康熙十三年尚在太原。則永祚之集是否在今年，還是明年或後年，遂成爲問題。茲姑係於此，待再考。

丁譜羅振玉又案：「戴廷栻不旨軒記：『周公計百於雲中修來青堂以待先生。』（尹案：半可集卷三）是周任大同同知時先生已與往還，故在大同築堂名來青。先生集中有來青軒遲月詩（尹案：全書卷四），來青軒殆卽來青堂。先生到大同未知在何年，要在此前二三年間耳。」

正月初，青主過紅土溝道場，作懷雪林詩。

青主壬子年下過紅土道場懷雪林雪林別時正解則陽舊國一則：「煙春媚暗年，東風拂南崗。」「老大無客拜，雪逕來僧房。」（全書卷四）

道光陽曲縣志卷二輿地圖：「紅土溝白雲寺：在城南十里，舊有淨業庵。」「有續建淨業禪院碑記文，僑黃眞山書。」「又傅山書撰淨業天澤和尚墓碑在寺外殿旁。壁上嵌傅山荼毗羊記小石，隸書。」尹案：紅土溝道場卽淨業庵。紅土溝卽現今之建設南路南十方街，以產紅色燒土而出名。青主雪林讀左傳劉、丁本注：「雪林張姓，陽曲人，庠生，亂後爲僧。」（全書卷四）

春，閻爾梅離太原，青主有書一帖，贈別詩一首。

張相文白耷山人年譜：「壬子康熙十一年，山人七十歲。春，在太原。間至交城、壽陽、盂，轉入蔚州、廣昌，冬自太原還沛。」「寅賓錄傅青主帖：昨奉望不晤，隨後過村，又不及候，不知南發果否？風樹兩字草草作得，知不足看，承前命耳。並問行期。弟山頓首。」

青主依韻贈別之作：「維揚兵氣黑氤氳，行在閒關舊史勤。」「說起庶常兄閣部，離觴暗覺齒牙芬。」（全書卷十二）丁本段朝端按：此首似和閻古古先生。閻嘗參史閣部軍事。庶常謂忠正公弟可程。」

八月十五日，傅眉作壬子八月十五日二首。

詩云：「亂離二十九中秋，著處隨緣作滯留。財不多年僑石艾，只如昨日在仇猶。」（全書附錄

一傅眉集卷四）

秋，閻若璩過松莊，訪青主。

閻若璩古文尚書疏證卷五：「壬子秋過陽曲松莊。傅山先生青主者，適讀左傳」云云。「茲已忽忽十年，聊牽連書之，以見一時知己之情云。」

是年，范鄗鼎訪青主於松莊。

范鄗鼎之子范□撰先子類紀：「壬子，四十七歲」，「如太原晤傅公它（諱山）先生講學。」（見五經堂合集）范鄗鼎，字漢銘，一字彪西，號婁山，洪洞人。康熙六年進士，清初著名理學家。傅山晚年與其頗有交往。（白謙慎補正）

是年，青主友戴廷栻來太原，見青主與侄仁等。

戴廷栻傅仲壽元小傳：「壬子，余入省。壽元見余，無故有感遇憂生之意，至於精神寂寞。」（全書附錄四）

康熙十二年癸丑（一六七三年）六十七歲

是年夏，爲式翁作靈芝蘭石圖。

青主靈芝蘭石圖軸署款：「癸丑夏寫，博式翁先生笑。眞山。」（載中國美術全集）

是年，李因篤在武昌作雙鶴詩，傅眉有和。

受祺堂詩集卷十七有傾徐中丞以雙鶴餉高使君欽如招飲席上賦詩美之卽送入覲二首（此二首詩，傅眉我詩集誤收）及同子禎賦雙鶴詩了卻贈二首。傅眉作讀天生楚中雙鶴詩依韻有和（見全書附錄一傅眉集卷三）。

是年，范鄗鼎刻三晉詩選，收傅山及其友人詩多首。（見先子類紀。以上三條據白謙慎補正）

是年，戴廷栻作石道人別傳。

傳云：「道人傳姓，字仁仲，一字公他，一字青主，今年六十七歲矣。」（全書附錄四）

是年前後，畢振姬遊太原，訪青主。

青主序西北之文：「國變」，「解元（尹案：指畢振姬）勛歷四方。又三十年而一邂逅於太原，見解元跛騾襆被，如老農夫，不輒沾沾於文也。」（全書卷二十）從一六四四年「國變」至今年爲三十年，故知畢振姬遊太原在該年前後。

雍正山西通志卷一三八：「畢振姬字亮四，號王孫，又號頡雲，高平人。」「壬午鄉試第一。」

臘月初七日，青主子眉婦朱氏卒。傳眉作銘朱氏。

傳眉銘朱氏：「癸丑乙丑辛丑甲午，其卒之年月日時。」（全書附錄一傳眉集卷十）

康熙十三年甲寅（一六七四年）六十八歲

春，青主住土堂村，顧炎武作寄問傅處士土堂山中詩一首。

詩云：「太行之西一遺老，楚國兩龔秦四皓。春來洞口見桃花，儻許相隨拾芝草。」（全書附錄三）亭林詩集係於閼逢攝提格（甲寅）。

二月，青主至祁縣，訪戴廷栻，探奇登丹楓閣，讀戴廷栻楓林草殘編，略加澄汰，編爲楓林一枝，爲作敘。

青主敍楓林一枝：「甲寅仲春，訪楓仲，探奇登丹楓閣，見余庚寅題壁詩。」「退而檢架上書遺悶，得楓林草殘編，讀一過。其中有佳處，亦有疵處，俱帶冰雪氣味。大概深於寄託，情至之語自能感人。略加澄汰，存晉詩一種。」「自袁師倡道太原，晉士咸勉勵文章氣節，因時取濟。」「余與楓仲，窮愁著書，浮沈人間，電光泡影，後歲知幾何？而僅以詩文自見。吾兩人有愧於

袁門。」（全書卷二十）

春，傅眉作代盆之歌。

歌云：「小院丁香樹，開時住別人。」「今年殊不想，乃爾過陽春。」「有如莊子者，而始許之歌。」「痛將嬌女抱，爰向去時多。」（全書附録一傅眉集卷三）尹案：莊子至樂：「莊子妻死，惠子弔之，莊子則方箕踞鼓盆而歌。」知傅眉此詩，在十分傷心之時，爲亡妻而作。詩中云「丁香花開」，又云「陽春」，知作於是年春。

四月初七日，在土堂村，夜夢一梟鳥，擬殺之。此前曾寫行書樂毅傳。

天津市藝術博物館藏青主行書樂毅傳手卷後記云：「風霾閉門，無所事事，手懶心燥，偶與孫兒論及忠武侯，自比管、樂毅，憶出師表文法，逕似報惠王書，遂寫史傳一過。」其後又書：「甲寅四月初七日，在土堂夜夢一梟鳥」，「擬殺之。」知青主書樂毅傳在此時或此前不久。（全書卷二十一）

夏，青主侄仁卒。青主作哭侄仁六首、六十八歲生日避客土堂哭姪仁追痛往事一首。傅眉作哭壽元弟十三首。

青主六十八歲生日避客土堂哭姪仁追痛往事：「一子痛失性，二女尚無主。無可奈何事，世間不勝數。」（全書卷六）

青主不爲人役雜記：「仁徑捨我去一年矣。」「乙卯五月偶記。」（全書卷四十五）乙卯五月仁卒一年，則卒時必爲甲寅夏。

青主哭子詩：「慟哭仁哥罷，於今剛十年。」（全書卷十七）傅眉卒於康熙二十三年甲子（一六八四年），去今年正好十年。

青主哭姪仁六首：「卌年風雨共，此姪比人親。父母先雙背，流連傍老身。」「自喜學吾字，人看亂老蒼。」（全書卷十）

青主不爲人役雜記：「三二年來，代吾筆者，實多出侄仁，人輒云眞我書。」（全書卷四十五）

傅眉哭壽元弟十三首：「伯母棄汝早，吾母亦遺余。祖母齊抬掇，慈恩費拮据。」（全書附錄一傅眉集卷三）

八月，遊寧鄉柏窊，胡庭從，蓮蘇侍。又遊龍泉寺、金容寺。

青主甲寅八月雜記：「甲寅八月，同胡季子過吾玉介石山房，宿龍泉道靖。孫蓮蘇侍。傅山題。」（全書卷四十六。張廷鑑公他先生世系略云此爲大書眞武廟壁）

青主甲寅八月雜記：「甲寅八月遊靈泉了，發青龍，過金容寺小憩。」「偕來者王珸、胡庭，孫蓮蘇侍。松龕老人傅山題。」（全書卷四十六。張譜云此爲贈寺僧老量字）

青主吾玉說孤庵行徑代有此豔體張思孝注：「寧鄉王珸，字吾玉，邑明經。」（全書卷十三）

丁譜繆荃孫案：「名勝志：柏窊山在鄉甯縣東十五里。其山多柏，故名。山右有甯鄉，又有鄉甯。考集中有連日與離石王吾玉汎論無題八首，甯鄉爲離石地，則所遊似爲甯鄉，非鄉甯。而名勝志載柏窊在鄉甯殊不合，俟考。」

是年，青主與子眉延段綷至家，教以雙鉤勒石。

段綷太原段帖俚言自序：「甲寅歲，適奉周太守命勉刻曹侍郎詩於晉祠，偶爲傅壽髦先生所物色，遂以李提之爲介紹，召收門下，從事數年。雖不能臨池搦管，而雙鈎撫勒，皆先生教而受之也。」（全書附錄五）

康熙十四年乙卯（一六七五年）六十九歲

春，傅眉作乙卯春興詩（全書附録一傅眉集卷四）。傅仁妻錢氏卒（全書附録四戴廷栻傅仲壽元小傳）。

五月，青主於東山靖院書劉歆移書讓太常博士，並作書後。

書後云：「尹焞云：『文章只有六經，至左傳便做壞了也。』哀哉！俗儒眞不曾夢見文章也。晦翁云：『左傳，趨炎赴勢之人。』或只嫌其不似胡寅輩通鑑論耶？大抵理學儒先，只許闡微盡性，不勞論文章。」「文章中變變化化，隱隱躍躍，左左右右，無窮之妙，良難與擔版漢費齒牙也。乙卯五月書。東山靖院。」（全書卷二十一）

青主作不爲人役雜記。

雜記云：「俗物每逼面書，以爲得眞。其實對人作者，無一可觀。且先有忿懣於中，大違心手造適之妙，眞正外人那得知也！」「乙卯五月偶記。」（全書卷四十二）

夏，青主作子貢事雜記。

雜記云：「子貢一出而存魯、亂齊、強晉、破吳而霸越。士家類以爲決非子貢事，謂其類儀、秦縱横之口，非聖門所屬爲。老子以爲斷爲子貢事。」「故論古人須破門面。」「乙卯夏日，因蓮蘇讀此傳，復爲申之。」（全書卷四十二）

秋，范鄗鼎晤青主於太原。

范鄗鼎三晉詩選中收傅山題自畫蘭詩後小跋：「乙卯秋，晤先生於大鹵山廟，黄冠破衲，門外蒿草成林。言及著作，便云擱筆已久。舊有一、二，亦付之斷崖深谷中矣。歸而索諸楓仲，乃得詩章一百一十張，皆從斷崖深谷中掇出。今雖壽木，出於楓仲之手，圖藏名山，非傳海内也。余恐來世無傳，僅採其可解者以見大略。附識。」（三晉詩選卷九）又，先子類紀云：范鄗鼎

「乙卯，五十歲」，「如太原再晤傅公它先生講學。」（據白謙慎補正）

中秋，青主同王瑨、王璟、胡庭、兒眉、孫蓮蘇遊寧鄉柏窊，作詩三首。

青主乙卯中秋同王瑨王璟胡庭兒眉孫蓮蘇遊寧鄉柏窊詩云：「物外三四人，帶情聊煙霞。」「彪炳此畏友，總勝奴文人。」（全書卷四）

是年，青主曾爲欬血三少年治病。

青主黄帝内經批注（北大本）於至眞要大論卯、酉歲「陽明司天」，「欬不止而白血出者死」上眉批：「乙卯，曾經三少年欬血。」（全書卷一百九十七）

康熙十五年丙辰（一六七六年）七十歲

二月，青主作臨帖大字册頁，又作松菊梅四條屏。

青主臨帖大字册頁於「蒴」字頁上署：「閼月，七十歲翁傅山臨於空門方丈。」（墨蹟藏山西博物院）

青主於四條屏之「菊」屏中題：「七十歲傅山於空門方丈。」又於「松」屏中題：「閼月，七十歲翁傅山於空門方丈。」見山西人民出版社二〇〇七年版傅山遺珍）可知以上兩件書畫作品均於此時作於寺廟中。

三月，容城杜樾遊太原，訪青主，贈詩一首。

杜樾寄呈青翁先生兼博郢和：「論交白首幾津梁，天半霞紅古晉陽。」「閒氣古今誰目我，傳家露布是文章。」自注：「丙辰三月。」（全書附録三）尹案：杜樾字君異，直隸容城人。家貧，教授生徒，束脩一無所授。

三月，青主友文玄錫八十一歲生日，青主作天泉舞柏圖以贈，並書一帖。

青主題自畫天泉舞柏圖：「玄道兄以此紙責畫，寘靖中一年餘矣。老病不能舉筆。丙辰三月爲道兄八十一歲生日，草成一樹爲壽。」（全書卷二十二）

青主與玄錫書：「道丈所屬畫，紙滯一年矣，今始勉作一樹爲壽，曰天泉舞柏。」（全書卷三十）

尹案：天泉舞柏圖的受贈人爲文玄錫，采姚國瑾先生說，見傅山天泉舞柏圖贈與人考。載傅山全書補編附錄七。

五月，作行書古詩十九首冊頁。

北京故宮博物院藏墨蹟書後云：「丙辰夏五，病中不待動履，打掐蜀葵葉子，少憩簷底，手不能閒，旋旋寫此，復能終之。」「今七十歲，翻不能誦，要寫須得按本抄之。」（全書卷二十一）

康熙十六年丁巳（一六七七年）七十一歲

是年，青主遊平定，寓石艾。遊壽陽，寓郝德新家。作石河、題書自笑八韻等。

仙儒外紀卷十：「商明月墓在平定城南」「丁巳先生（尹案：指青主）寓石艾，囑子興立石，使後之知公者。興之立石也，青主親酹其墓。」

青主石河：「郝鑑盤六十壽，同人徵詞勸觴，率爾爲石河篇。」「遡往涒灘，避地載過，溫溫恭人，春風分酤。三十餘年，此意不諼。」劉霦注：「鑑盤郝姓，名德新，字舊甫，壽陽石河村人。」「甲申之變，先生負母寓其家。」（全書卷二）尹案：青主言三十餘年未還石河，當與去平定石艾同時，故係於此。

青主題書自笑八韻劉霦注：「先生經罕山墮驢，止舊甫家。」「余得手跡，摹勒於五峯山。」青主後記：「郝舊甫持綾子索書，書已自顧，逕似正一家治鬼符一張，不覺失笑，遂有此作。」

（全書卷十三）

六月八日，青主臨蘭亭紙本，作書後。

青主題自臨蘭亭紙本後：「丁巳六月八日，佛陶頗靜，忽復書此一過。」（全書卷二十二）

秋，傅眉作丁巳秋興詩（全書附錄一傅眉集卷一）

九月初一日，青主作天澤碑。

碑文云：「律師天澤潤公，陝之蒲城人，出家蒲之佛田寺，得戒五台之蘊眞和尚。崇禎十三年，遊太原。既傳戒於太原城南之淨業庵。」「欲道人書此碑，及其生也一見之。」「丁巳菊月吉日，松僑老人傅山。」（全書卷二十五）

九月初九日前，青主作高閣飛泉圖，爲好友戴廷栻祝壽。

青主題自畫高閣飛泉圖：「楓仲仁丈六十壽，題畫瑱介。」（全書卷二十二）

冬，青主在土堂村，作丁巳弟山看水仙、覽巖逕詩卽事迴復連犿一百韻示眉並兩孫、極知等詩。

青主丁巳弟山看水仙：「根柢河流落，風塵來土堂。主人不輭美，得無黯江鄉。」「爲我亦著花，癃鼻領微芳。」（全書卷六）水仙著花，知爲丁巳之冬。

青主覽巖逕詩卽事迴復連犿一百韻示眉並兩孫：「昨年吾七十，五十汝今年。倚薄同衰老，陶情絕管絃。」「竈觚垂畏避，薪膽待因緣。吐鳳聊庭過，雕蟲愧祖先。」「恥不殤於國，囚瀕死向圜。申公低耳屬，徐庶絕心懸。豈復期相見，從拚不兩全。良朋爲道地，耄母待終天。」（全書卷十三）

青主極知：「七十好奇計，落魄防疽生。流覽頷詹子，神傷不自勝。」（全書卷六）尹案：此首、前首與丁巳弟山看水仙在同一傅青主自書詩稿中，且字體大小、書寫格式均相同，故係於是年冬。

十一月，清源知縣儲方慶寄書青主，求爲友。青主至清源訪儲方慶。儲贈青主詩一首。

魏象樞文林郎清源縣知縣儲公遯庵墓誌銘：「公諱方慶，字廣期，號遯庵。康熙丙午解元，丁未進士，授山西清源縣知縣，封文林郎。」「門下士牛兆捷善師遯庵。」（寒松堂集卷八）尹案：

儲方慶爲江蘇宜興人。

儲方慶與傅青主書：「僕之渡河入晉也，未嘗一日忘天下之高人偉士。」「繼於人牆戶間，見先生書法，深歎其精妙，即詢先生之爲人，俱云先生隱君子也，通六書，曉算數，善醫藥，官於并州者莫不知先生之名，先生夷然不屑也。又有云先生自革運以來，絕意於功名，淡然無求者三十年於茲矣。僕誠有嚮往之意而形不相接。」「僕之詩數章亦可以見僕之志也，先生試覽之。」

後跋：「門人牛兆捷曰：丁巳冬十一月，捷奉師命走陽曲，訪傅先生。先生居荒村敗屋中，初擁瓦爐作頹老狀，授書畢，輾然曰：『此海内駿才也。』一啓封決矣。因侍先生入清源署，縱談三日夜乃辭去。」（全書附錄三）

青主書牛調均先生行實後小引：「初月三，以其鄉舉房師梗陽令儲君書來，淡淡乎其言，刮刮老眼，覺非常人。」（全書卷二十一）

儲方慶贈傅青主：「瞻彼千尺松，浩氣薄雨間。」（全書附錄三）

是年，王餘佑致書孔翼憲，請其在任官忻州期間拜訪青主。

王餘佑簡孔公翔：「東枝分袂，暑雨連綿，遂疏音問。臘初旬，遣力馳候興居，始知足下之任定襄矣。未遑祖道，悵望如何。定襄高士傅君青主，嚴灘、渭水間人也，足下爲我物色之。此人可就見，不可召見。即持弟手書示之，或不河漢耳。昔劉抑爲功曹時，時攜酒造陶淵明飲，淵明亦樂就之，當不相遠耶！忻州人秦有爲工冶鐵，舊在雙峯與弟熟識，今回籍，特作字令知叩謁。他日書報可使通致，亦便郵也。兼冀給之路，引往來關隘，庶不阻耳。青主翰墨追鍾王。得其一字卽比兼金也。謹囑。」（王餘佑五公山人集卷十二）忻州志卷三職官：「孔翼憲，保定監生，康熙十六年任。」王餘佑，字申之，號五公山人，直隸新城人，孫奇逢弟子。（據白謙慎補正）

康熙十七年戊午（一六七八年）七十二歲

春，青主欲之秦訪李顒，儲方慶捎書求友。然因事未能成行。

儲方慶與李處士書：「僕入晉三年，始得識傅青主，一見如故交。因縱論天下人物，於秦中則推足下。」「今青主嗣君來秦，故附一言以道意。」（遯菴文集卷一）尹案：儲方慶於是年夏離晉，故此書當作於是年春。

三月，在儲方慶署中作書神宗御書後。

青主書神宗御書後：「臣山過梗陽，獲觀於儲令署中。言之於邑，不勝凌誶。時戊午後之又戊午三月也。」（見儲方慶遯庵文集卷二。據白謙慎補正）

春夏，青主作書法于今雜記。

雜記云：「書法于今，此道甚難。吾書於古人一毫不似，而又多爲牽率人事之書，那能少有合處？」「徒壞絹素作樂耳。七十二歲老人傅山記。」（全書卷四十五）

夏，詔舉博學宏詞，給事中李宗孔、劉沛先以青主薦。青主辭不就。儲方慶應徵，過太原別青主。

青主忽病重，作病極待死詩一首。

郭鋐徵君傅先生傳：「康熙戊午年間，詔舉博學鴻詞，當事六科李宗孔、劉佩先諸公。以青主

名薦，奉旨徵聘。青主辭不就，督撫遣吏迫就道。」（全書附録四）

儲方慶別傳青主：「一春風雨話連牀，三伏驅車下太行。」「獨羨高蹤閉巖壑，不隨羣彥到明光。」（全書附録三）

青主病極待死：「生既須篤摯，死也要精神。」「誓以此願力，而不壞此身。」注：「戊午六月。」（全書卷五）

七月，陽曲縣知縣戴夢熊親備驢車，力爲勸駕。青主不得已勉強上路。道稱股病，肩輿舁入都。行前與戴夢熊詩一首、長箋一帖，稱衰老不復能把握。途中作入涼暫爾醒快、不如、笑慰兒孫、旅次燈下屬孫蓮蘇信手限廿四字倡令髯眉和等詩。

戴夢熊傅徵君傳：「康熙戊午，舉博學宏詞，屢辭弗獲。」「當其懇辭徵辟，余具藍輿欵段，力爲勸駕。」「余憶應召之後，以長箋見寄，累累數百言，慮其衰老不復能把握也。惓惓之意，溢於言表。」（全書附録四）

鈕琇人觚：「康熙己未，詔求博學鴻儒，當事競爲推薦，青主以老病辭。強之再三，乃令其子執鞭，乘一驢車，至崇文門外，稱疾荒寺。」（全書附録四）

嵇曾筠明生員傅先生山傳：「康熙戊午，詔舉博學宏詞，廷臣交章薦山。山以老病辭。當事者立迫就道，道稱股病不能行，肩輿舁入都。」（全書附録四）

儲方慶我詩集原序：「予爲晉吏三年，心折者惟青主一人。青主與余同被徵，老不能行，有司逼載以木板，兩孫舁之，壽毛掖以行，幾死道中。」（全書附録五）

傅蓮蘇戊午園菊三章：「十七年七月上京，十八年從陝西，九月旋里。」（全書附録二傅蓮蘇集卷一）

青主與某令君：「知屬仁人不自由，病軀豈敢少淹留？」「此行若得生還里，汾水西巖老首邱。」（全書卷十二）

青主入涼暫爾醒快：「秋陽朝便熱，病軀已不任。閉目壓驢背，筋骨自覺沈。」「性命知無益，忍死欲披襟。人生多憂患，情事復交侵。」「何必勞喘息，促迫逆旅尋。」注作於戊午。（全書卷五）

青主不如：「一兒五十歲，兩孫近弱冠。都是好身手，不能解憂患。促壓無所展，坐歎復坐歎。惟有心裏淚，儘多背上汗。」注作於戊午。（全書卷五）

青主笑慰兒孫：「此死心舒極，兒孫切莫哀。」「八九知天命，遷延愧自裁。人間書絕筆，箕尾五雲開。」（全書卷十）尹案：此詩作於七十二歲，當在是年。

青主旅次燈下屬孫蓮甦信手限廿四字倡令髯眉和：「生死卽旦暮，男兒無故鄉。」注：「戊午秋。」（全書卷四）

青主至京師城外，稱疾荒寺（城南崇文門外圓教寺與城西阜成門外慈明菴），拒不入城。公卿履滿其門，青主堅臥不起。

鈕琇人觚：「至崇文門外，稱疾荒寺。八旗自王侯以下，及漢大臣之在朝者，履滿其門，堅臥不起。」（全書附錄四）

嵇曾筠明生員傅先生山傳：「肩輿舁入都，臥旅邸不赴試。滿漢王公九卿賢士大夫下逮馬醫夏畦市井細民莫不重山行義，就見者羅溢其門，子眉送迎常不及。山但敧倚榻上，言衰老不可爲禮，諸貴人益以此重山，弗之怪也。」（全書附錄四）

瞿源洙傅壽毛先生傳：「至平子門，偃息僧寺。是時海內名士雲集，高徵君名，進謁者駢填戶外。徵君臥床蓐不起，先生出應客，遍以情告。」（全書附錄四）平子門卽阜成門。

青主嘲薦舉詩：「客冬臥病慈明菴，聞亦春園有嘲薦舉會集者云：『從此長安傳盛事，杯盤狼藉醉巢由。』口雖僕毒，然實不中。博學宏詞者，原不曾以巢由自命。」（全書卷四十二）慈明菴在城西阜成門外。

傅眉平安家報：「若來時，十萬勞于平子門外半箭地路西慈明庵内尋我。」「眉于報國寺順便，十月初四日寄起。」（全書附錄一傅眉集卷十）

秋冬，馮溥作奉贈徵君傅青主先生二首，葉奕苞作戊午暮秋呈徵君傅老先生一首，吴雯作秋日同葉九來徐勝力馮圃芝訪傅青主先生一首，王方穀作謁傅青主先生，儲方慶作柬傅青主等。（全書附錄三）

戴廷栻赴京看望青主，儲方慶賦詩記之。

儲方慶作太原傅先生病臥燕京其友戴君不遠千里來視之余高戴君之義亦知先生能擇友也賦詩紀其事，見全書附錄三。

秋冬，青主在崇文門外圓教寺讀杜詩，作詩一首。

青主枯木堂讀杜詩自注：「直隸崇文門外圓教寺。」（全書卷五）此詩未署寫作時間，據自注，當作於是時。

冬，河北學者陳僖在京拜訪青主，並數數與青主盤桓。

陳僖與傅青主先生書：「戊午冬，晤先生荒寺。先生備述敝鄉楊猶龍所稱許。僕身愧蛾眉，敢云見妒？而二十年來，頗抱墨翟素絲之悲。猶龍先生爲燕趙賢者，實未謀面，乃獎借過當，聞之有道之前，何其幸也！復蒙先生別具青眼，遇之流俗之外，以光明俊偉相加。昔人云：人生在世，顯晦皆不足言，惟見知於大賢乃可貴耳，無乃是歟！」又陳僖寄顧寧人先生書云：「此番羈都下，每同青主、山史兩先生盤桓，復深悉先生所學所立。」（燕山草堂集卷一）陳僖，字藹公，號餘菴，又號想園，直隸清苑人，著有燕山草堂集。（據白謙慎補正）

冬，青主在京就易經請教王弘撰，並請王弘撰爲題一手卷引首。王弘撰亦請青主作眞草書法數紙。

王弘撰答傅青主先生：「昨小兒歸，承先生問易中義，弟固不知易，小兒語又不甚詳，今據其詞以復，不知竟合否？」「昨承委，即書四大字於卷首，此眞所謂著糞佛頭者，未必有當於相國意也。今往數紙，求暇中揮灑眞草，大小唯興所到。」（王弘撰北行日札，康熙刊本）王弘撰，字山史，號待菴，陝西華陰人，爲清初著名遺民，康熙戊午亦被徵博學鴻詞。著有砥齋集等。王弘撰此札中提到的相國，當是文華殿大學士馮溥。馮溥好士，喜延結逸民野老，頗得士心。康熙戊午博學鴻詞期間，與被徵者交往甚密。戊午十二月五日，爲馮溥七十壽辰，不少被徵士子作詩文相賀。傅山請王弘撰所題卷子，似亦與爲馮溥祝壽有關。王弘撰就曾撰賀相國易齋馮公七秩壽序，序載北行日札。（據白謙慎補正）尹案：馮溥有奉贈徵君傅青主先生二首，又有奉送徵君傅青主先生還里二首，似馮溥曾親自去荒寺看望過青主，甚至不止一次。

康熙十八年己未（一六七九年）七十三歲

春，應徵者陸續拜謁青主，李大春作賦贈青主先生三首，李瑞徵作己未二月初謁青翁先生一首。（全書附錄三）

三月一日，博學鴻詞科試。魏象樞以青主老病上聞，詔免試放還。

清聖祖實錄卷八十：「三月丙申朔，試内外諸臣薦舉博學鴻儒一百四十三人，於體仁閣賜宴，試題璿璣玉衡賦、省耕賦、五言排律二十韻。」「甲子（尹案：三月二十九日），諭吏部薦舉到文學人員，已經親試」，「俱著纂修明史。其見任、候補及已仕未仕各員，作何分别，授以職銜。其餘見任者乃歸原任，候補者仍令候補。未仕者俱著回藉，内有年老者作何量給職銜，以示恩榮，爾部一並詳議具奏。告病者不必補試。」

福格己未宏詞科徵士題名：「傅山，山西太原人，布衣，臨試告病。」（聽雨叢談卷四）

戴夢熊傅徵君傳：「抵都門，復以老病懇辭，未就試乃歸。」（全書附録四）

康熙陽曲縣志卷十二隱逸：「康熙戊午舉博學宏詞，以老病辭，未就試遂歸。」（全書附録四）

郭鋐徵君傅先生傳：「至都中，上欲授職，青主七日不食，復佯癲將絶，都諫魏象樞拜疏代懇，賜骸骨歸。」（全書附録四）

紐琇人觚：青主「堅卧不起，朝廷遂聽其還鄉。」（全書附録四）

傅蓮蘇傅徵君事實：「抵都門復以老病，具呈吏部懇辭，總憲魏公，蔚州人，諱象樞。代題吏部驗病免試。」（全書附録四）

施潤章送孫豹人歸揚州序：「時杜（尹案：指杜樾）年八十四，傅七十三，皆未與試先歸矣。」（愚山先生文集卷八）

葉奕苞己未暮春再酬徵君傅老先生自注：「時部議上，皇上許公同杜公樾引疾。」（全書附録三）

魏象樞輓青主傅徵君兼悼壽毛處士二律：「勉報徵書未受官，籃輿歸去病將殘。」自注：「余曾疏其老病狀，上聞焚草。」（全書附録三）

瞿源洙傅壽毛先生傳：「蔚州魏敏果公知不可屈，爲言之朝，遂得免歸。」（全書附録四）

春，青主準備離京。臨行前，遣子傅眉向陳僖等人告别。

陳僖與傅青主先生書：「己未春，先生西歸，不及走別，嗣君壽髦過寓，述先生致意，此後當尺素代面，源源而來。」（燕山草堂集卷一。據白謙慎補正）

三月，青主乘驢車離京歸里。公卿送至都門外，杜樾作奉贈青翁先生兼博郢和二首，馮溥作奉送徵君傅青主先生還里二首，葉奕苞作己未暮春再酬徵君傅老先生一首，孫川作送傅青主先生歸里一首等。（均見全書附録三）

馮溥詩云：「驢背春風歸去穩，外臣箕潁拜恩時。」知青主離京在三月。

孫川詩序：「先生晉陽人也，聲譽著海内，與余家有世好。戊午，六科李宗孔、劉沛先諸公薦舉博學宏詞，召入都，稱病不應試。旋歸里，余送至都門外。臨別執手哽咽，有『此去脱然無累矣』之語，余亦愴然不忍言別，賦此誌感。」詩云：「春色皇都盛，蕭然物外身。難禁雙眼淚，不染一絲塵。」尹案：此詩與他詩均證青主三月離京無疑。

青主歸里，老友文玄錫攜酒菜上門慶賀。青主作扶病歸里五言古詩一首。詩題爲：「扶病歸里，喜老友玄錫攜口腹數種惠顧，即目亂拈三韻。」注：「己未。」當作於此時。

五月，朝廷授青主等人内閣中書舍人。陽曲縣知縣戴夢熊奉部文，與懸「鳳閣蒲輪」匾，青主卻之。

清聖祖實録卷八十一：「五月甲午朔」。「庚戌，授薦舉博學宏詞邵吳遠爲侍讀。湯斌、李來泰、施潤章、吳元龍爲侍講。」「李因篤、朱彝尊、潘耒、尤侗、毛奇齡等人爲檢討。」

施潤章送孫豹人歸揚州序：「聖天子詔視諸布衣處士有文學素著、老不任職者，其授京銜以寵其行。於是及格者七人，豹人與焉。初擬司經局正字，天子薄其官，遂與杜君樾、傅君山等同授内閣中書舍人。時杜年八十四，傅七十三，皆未與試先歸矣。」（愚山先生文集卷八）尹案：福格聽雨叢談卷四己未宏詞科徵士題名録載已試未中、年老，特賜内閣中書銜者七人，爲王嗣槐、申維翰、王方穀、朱鍾仁、孫枝蔚（字豹人）、鄧漢儀、王吳。知孫豹人爲「已試未中、年老，特賜内閣中書銜」者，而杜樾與青主則爲未與試而特賜内閣中書銜者。

戴夢熊傅徵君傳：「復以老病懇辭，未就試乃歸，後授中書職銜。」（全書附録四）「後授」説明當時未授，是後來補授的，與孫豹人等不是一回事。

康熙陽曲縣志卷十二隱逸：傅山「未就試遂歸，後授中書職銜。」（全書附録四）

傅蓮蘇傅徵君事實：「比歸，奉旨：傅某文學素著，念其年邁，特授内閣中書，著懸匾優獎。」自注：「陽曲令到西村，奉部文懸匾『鳳閣蒲輪』四字，留而不懸起。」（全書附録四）

可知是青主歸里後才「特授内閣中書」的。

尹案：丁譜云：「益都密請以先生與杜徵君紫峯雖皆未豫試，然人望也，於是亦特加中書舍人以寵之。益都強先生入謝，先生不可。益都令其賓客百輩説之，遂稱疾篤，乃使人舁以入。望見午門，淚涔涔下，益都強掖之使謝，則僕於地。蔚州進曰：『止止，是即謝矣。』次日遽歸。」其依據爲劉紹攽傅青主先生傳與全祖望陽曲傅先生事略。而實際上，劉傳僅云「例不授官，然上雅重先生，命賜秩。部擬正字，上薄之，特予内閣中書以歸」，並無午門謝恩事。至全傳始有此説。未知全氏所據何本。考青主離京在三月，康熙帝於三月二十七日方諭吏部擬官，

五月庚戌（十七日）授官，青主早已至西村。謝恩之事，恐非實有。

五月十五日，儲方慶爲傅眉我詩集作序。（全書附録五）

七月二十日，書十六字格言以教兩孫。（全書卷三十一）

八月，青主遊西秦，孫蓮蘇侍。富平知縣郭九芝迎青主至署。青主爲九芝題四以碣後。訪李顒、李天生，爲李顒作種薤引。在富平作絳帖說。又作美源、老眼等詩。九月經祁縣旋里。

傅蓮蘇無題詩：「十五春曾登岱嶽，廿三秋到西秦。」（全書附錄二傅蓮蘇集卷五）蓮蘇二十三歲爲是年。

傅蓮蘇戊午園菊三章：「十七年七月上京，十八年從陝西，九月旋里。」（全書附錄二傅蓮蘇集卷一）

青主題四以碣後：「九芝郭丈令頻陽，葺斗室讀書，顏曰『慎廬』，爲此『四以』之言，矢諸外內。爲予歷訴生平艱難苦毒，至於二人終天飲泣，舌卷不可忍聽。」「予爲之悲其志而書之。其在頻陽，最愛敬二曲李子，爲西京師表，尤服膺乎！其謦欬之微，卽爲官可知矣。」劉霦注：「九芝宰富平，嘗迎先生與顧亭林、李二曲於署中。李天生賦詩美之。」（全書卷二十二）尹案：郭傳芳字九芝，大同威遠人。

李天生陳情歸賦雲中曲呈郭明府兼感夙懷：「前秋是日杯相屬，左有東吳右二曲。今此二妙蹟稍遠，太原徵君聲光續。」自注：「東吳謂亭林先生，二曲謂中孚家兄，時迎青主傅先生至。」（受祺堂集卷二十二）

青主美源詩：「眞虧黑李才，詩文好氣魄。」自注：「天生，鄉人謂之黑子。」又詩云：「雨中約老夫，共促九芝膝。九芝瞿瞿言，今夕夢奇特。」（全書卷六）

青主老眼：「客秋到頻陽，流寓聞一士。自居王佐才，自許不可世。」（全書卷四）尹案：此士當指李顒。

青主種薤引：「傳稱李孚種薤，欲以成計，一根不予人，亦不自食。時人謂能行意。」（全書卷

三）

吳懷清二曲先生年譜：「先生名顒，字中孚，嘗自號慚夫，別署二曲土室病夫，學者因稱之爲二曲先生。世居盩厔。」

青主絳帖說：「今來頻陽，長源出此卷，視之不知爲何處本，而妙處大類吾所藏絳帖。其中數帖，句字皆與他帖迥異，眞可寶也。」（全書卷三十二）

青主頻陽夢雪峰雜記：「吾在頻陽淹月餘，霪災不略斷。至九月九日，忽夢見雪峯笑而來。」「及過祁，見楓仲，云雪峯言九月定南也。而二十七日抵村僑，雪峯已來雙塔。」（全書卷四十三）

是年，青主臨王羲之草書帖（全書卷二十一），書題戴本孝山水畫冊（中華書局一九一九年九月影印本、全書卷六）。

青主題戴本孝山水畫冊末自跋云：「舊作憶書，不復計戴晉人之笑我。七十三歲病夫傅山。」知題畫詩均爲此前舊作，今回憶再書而已。

青主致曹秋岳書（全書卷三十）。

丁譜羅振玉案：「先生此書之末，有『枯木堂力疾草』。此語先生集中有枯木堂讀杜詩一首，注『直隸崇文門外圓教寺』。疑先生在都卽寓此寺，則此書爲未出都時作。而書中又有『今幸放免，復臥板舁歸』及『見山生歸』語，則又似作於返里後，已不免矛盾。而書首又有『以七十四歲老病將死之人，謬充博學之薦』語，考膺薦之年爲戊午，先生年七十二。次年入都，年七十三。而證以先生他詩文自記年歲無一相合者，此帖殆僞作。全氏作先生事略，言先生膺大科之薦年七十四，則又沿此札而譌。今姑係此劄於是年之末，而辨正之，俾來者無惑焉。」

是年，傅眉爲王弘撰書金剛經。

王弘撰與傅壽髦：「承許金剛經，專價來領，知不食言也。黄庭内景以書法重耳。弟嘗看聖教序，亦復如是。」（北行日札。據白謙慎補正）

康熙十九年庚申（一六八〇年）七十四歲

正月初五日，夢入一廟堂。（全書卷四十六）

七月，作庚申六七月之間卽目一首，眞實記錄了山西旱災，顆粒無收，百姓逃荒的悲慘景象，並表現出青主對貧富不均的憤慨。

詩云：「一年無好雨，臨了復秋旱。一覽非吾土，不收何憤惋？不收我亦饑，我飽亦何幹？父母生我來，豈使但吃飯？四郊紛流人，乞活瞎奔竄。」「紛聞下河南，不下十來萬。沿道陸續死，嗟蹴苟暮旦。」「豪奴習腥羶，日夜饕烹爨。益令崩迫者，訟天不均看。」（全書卷六）

七月，書藥師經、金光明經，作書後。

青主書藥師經後：「庚申七月□日夜，夢一人要寫藥師經。」「次日，從崇善寺借本一書，花眼僵腕，勉勞卒業。」「於今諦觀，亦有不如此是病，如此是藥；我病如此，人病不如此；我病不如此，人病如此，不知誰病誰不病也。」（全書卷二十一）

青主書金光明經後：「庚申七月二十三日之夜，夢至一小梵。」「比丘但眞眞說『金光明經』四字。」（全書卷二十一）

十二月二十六日，在峪園爲高玠書小楷孝經全文（手稿藏南京博物院）。

書後云：「僑峪園，無中用筆，扭捏兌付，爲念東兄。庚申十二月二十六日書完，時年七十有五。濁翁山。」（全書卷二十一）尹案：青主該年應爲七十四歲，爲何自署「時年七十有五」，一時難以確解，謹錄此備考。峪園，當爲平定石艾村張元培家的峪里花園。高珩，字念東，晚號紫霞道人。山東淄川人。崇禎十六年進士，選庶吉士。甲申後仕清，官至刑部左侍郎。康熙博學鴻詞考試時，高珩在京，青主與其相識當在此時。（參閱白謙慎補正）

是年，青主書西村漫吟十二條屏。

條屏現藏趙棣生先生家。末署：「七十四歲老人傅山書。」

是年，青主寫荷竹圖寄王士禎，王士禎答詩一首。

王士禎傳青主徵君寫荷竹見寄奉答兼懷戴楓仲：「煙墨淋漓元氣足，老筆縱橫破邊幅。臥遊眞對兩詩翁，晉祠水流如碧玉。」（全書附錄三）

是年，范鄗鼎寄書青主，與之論學。

先子類紀：范鄗鼎「庚申，五十五歲，寄書傅公它先生講學。」（白謙慎補正）

榆次縣知縣劉星晤青主。

仙儒外紀卷六：「劉星蘇文忠墨刻跋：『庚申宰榆石，晤傅青主先生，見墨刻精妙，皆太原段君雙鈎。』星，清苑人，父連雲與青主友。星延叔玉刻隨喜帖，列前明四十三人，青主、壽髦、連雲殿。」

是年，青主作補鐫寶賢堂帖跋。

跋云：「遲至汝翁（尹案，指戴夢熊）令君來，烹鮮之暇，流覽感慨，於兵征催科鞅掌之間，興及銀鈎鐵畫，乃延晉水段生綷鈎補鐫勒五十三塊，而頗欲還其舊觀。」「老來諸緣牽率一切皆斷，惟水墨積習未能頓除。」「七十五歲老人傅山跋。」（全書卷二十二）白謙慎案：尹譜（第一稿）將此繫於康熙二十年辛酉（一六八一年），根據是傅山書此時是七十五歲。考寶賢堂帖共有三跋作於康熙年間：戴夢熊跋、傅山跋及劉梅跋。戴、劉兩跋皆作於康熙十九年，傅山跋似也應作於同年。傅山書於同年十二月的小楷孝經冊中，也寫明「時年七十有五」。這種情況，在傅山晚年的作品中，不止一次出現。至於發生這樣署款是筆誤或別有用意，有待進一步研究。（見補正）尹案：青主此跋中也提到了戴夢熊，應與戴跋同時，白謙慎先生的分析是有道理的。但青主這幾年署款誇大年齡的做法，應該不是筆誤，而是故意所爲。

康熙二十年辛酉（一六八一年）七十五歲

正月初遇虎，作詩紀之。

青主遇虎有作：「辛酉寅月初，三日黃風吼。」「轟傳吾遇虎，訊問勞朋友。」「攫搏亦自雄，吾終以爲狗。」（全書卷五）

正月，錄杜甫雜詩七首。

手稿藏蘇州市博物館。末署：「辛酉寅月，錄工部雜詩。眞山。」

約是年三月，青主作書牛調均先生行實後小引。

文云：「牛兆捷初月三，以其鄉舉房師梗陽令儲君書來。」「又三、四年月三，以其翁調均先生行實來屬。」「爲草草數字。」（全書卷二十一）此文未署年份，但知牛兆捷第一次爲儲方慶來見青主，是康熙十六年丁巳（一六七七年）冬十一月，「又三、四年」，當在此前後。

夏四月，青主重過沁州，作題尺木禪師影堂壁韻依秦天章辛酉首夏之吉一首。

詩云：「重過沁土一瞻依，莫扣阿師臆可思。尺木焉支天半傾，寸才安駕地全攲？東西落魄忘家狗，南北章皇失類麋。」（全書卷十三）

初秋，戴廷栻作傅仲壽元小傳（全書附錄四）。

秋，臨王羲之伏想清和帖草書軸。末云：「辛酉秋日。傅山臨。」書軸藏太原市晉祠博物館。

秋末，青主爲好友戴廷栻半可集作跋。跋文云：「辛酉秋盡，方外老友傅眞山書於松莊殊亭。」（全書卷二十二）

是年，青主作不爲大常住勗哉之碑（全書卷二十五）、平遙惠濟橋碑記（全書卷二十四），書行草李商隱華州周大夫詩軸與晉祠二首之一詩軸，再書李然周五言律詩。行草李商隱華州周大夫詩軸現藏山西博物院，末署：「七十五翁傅山書。」七絕晉祠二首之一「郡齋」詩軸，現藏山西博物院。末署：「七十五翁傅山書。」清道光年間張廷鑑、張廷銓兄弟編抄霜紅龕集拾遺，在李然周詩末署：「七十五歲翁傅山書。」（全書卷八）

冬，青主至平定，寓張氏峪里花園。青主辛酉冬寓石艾張植元培兄峪里花園壬戌三月旋里書扇謝之：「黄冠累月住，綠酒不時存。」（全書卷十）

冬，得黄上珍書。青主家訓：「六十年來，曾見休寧黄朝聘上珍書札子扇頭，極大雅。」「辛酉冬，復接得一函，有七言長歌一章，皆不似今詞場中瞎倒鬼也。」（全書卷三十一）

是年，畢振姬（亮四）卒，青主作七律輓畢亮四。詩云：「鸞鳩斥鷃欲誰何，水擊三千笑則那？帶血銅華丹嶂合，揮毫風雨黑雲多。山川明晦隨融結，西北交章任砥呵。始啓王侯安足道，才名十倍大名過。」（全書卷十二）白謙慎案：傅

山此詩並未紀年，畢振姬卒於本年，權繫之。（補正）

傳眉代青主作祝敬持翁一首。

詩云：「太原令君孫北海，敬持北海之丈人。」「敬持今年八十歲，道人今年七十五。」（全書附錄一傳眉集卷二）

康熙二十一年壬戌（一六八二年）七十六歲

正月立春日，青主作迎春花一首（全書卷七）。

三月，由平定旋里（見全書卷十辛酉冬寓石艾張植元培兄峪里花園壬戌三月旋里書扇謝之詩）。

夏秋，爲尤侗作鶴棲堂圖，並作産鶴三詠詩寄贈。

丁譜：「文獻徵存錄：『尤侗字同人，又字展成，號晦庵，一號艮齋，長洲人，晚號西堂老人。』」青主自跋云：「康熙己未，西堂先生自武林攜歸雙鶴。每植春夏之會，鶴必交，與凡鳥無異。壬戌四月十有七日，忽生二卵，就地結巢，雄雌遞相抱送。五月廿又四日，先後兩雛出。先生作詩紀其事，同時詩人俱爲題贈。余作鶴棲堂圖，並題産鶴三詠贈之。青竹道人傅山。」尤侗跋云：「寒窗岑寂，百感横生，適友人傅青主寄贈鶴棲草堂圖，卽爲余雙鶴而作。因伸紙作詩，聊借攄懷。至賦物之工，余謝不敏也。時壬戌十月之望。」（全書卷十七）一九九三至一九九八年出版的中國書畫全集第十三冊陸心源的穰梨館過眼錄中，收録了青主的鶴棲堂圖自跋和産鶴三詠詩，並尤侗跋文。

是年，作行書題贊血寫法華經。

中國歷史博物館藏青主題贊血寫法華經，署款爲：「七十六歲濁翁山。」（白謙慎補正）

是年，青主作重修惠明寺舍利塔碑記（全書卷二十五）、朋友之難雜記（全書卷四十六），以及多種書法作品。

青主書小楷妙法蓮華經觀世音普門品（見霜紅龕墨寶，一九三六年山西書局影印本）。書李商隱贈孫綺新及第草書軸，末署：「七十六翁傅山書。」（立軸藏太原晉祠博物館）書太原段帖，於亨集末署：「七十六歲翁傅山書。」（手稿藏山西博物院）臨王羲之諸懷帖，末署：「七十六翁傅山臨。」（傅山書翰精選，嶺南美術出版社一九九五年版）又書隋楊素山齋獨坐贈薛内史詩句，末署：「七十六歲老人傅山書於小園柳下。」（立軸藏北京故宮博物院）

是年，青主作七言絶句立軸示蓮寶。

立軸詩云：「糠覈男兒嚼也甘，殘編枵腹不嫌貪。春秋左氏爲胎息，書種于今尔輩權。」末署：「蓮寶讀左氏傳已再過。此書及班史，吾家世業也。」「七十六翁公它眞山。」（全書卷十六）

是年二月十五日，青主好友顧炎武歿於曲沃。（張穆顧亭林先生年譜）

康熙二十二年癸亥（一六八三年）七十七歲

春，王鳦始受學於青主。段綍始作太原段帖。

王鳦太原段帖序：「歲癸亥，以假館魏榆，始受學於先生。」（全書附録五）

段綍太原段帖俚言自序：「癸亥春，丁艱家居，思鐫石，力未逮。親友義助，二載告成。」（全書附録五）

十二月初旬，青主硃筆書太上三元保命經一本，裝褫送玄通觀，並作書後。（全書卷二十一。手稿藏山西博物院）

是年，青主臨李邕書（見全書卷四十五臨北海書）。

傅眉病臥牀，十二月作癸亥季冬謝劉東軒令君送牛二十韻（全書附錄一傅眉集卷五）。

青主哭子詩後記：「五十六歲鬱鬱不得志，以積勞憂恨成病。病臥牀且革，尚有詩數十首，代山題冊子詩十餘首。」（全書卷十七）

是年，作草書白居易和裴令公南莊絕句詩軸。

詩末署：「七十七歲老人傅山書。」（見傅山書翰精選，嶺南美術出版社一九九五年版。詩軸藏廣州市美術館）

康熙二十三年甲子（一六八四年）七十八歲

是年，青主作題杜樾手書爲杭孺人殉葬輓詩後七言絕句二首。

詩末署：「太原傅山題。時七十八歲。」（全書卷十五）

春，李因篤作春懷八首，第一首懷青主。（受祺堂集卷二十六）

二月初九日，青主子眉卒，終年五十七歲。卒前作臨終口號二首。青主哭子慟甚，作哭子詩十四章。

傅眉臨終口號二首：「父子艱難六十年，天恩未報復何言？」「西方不往不生天，願在吾翁雙膝前。」（全書附錄一傅眉集卷七）

戴廷栻高士傅壽毛行狀：「壽毛敦行好古，負經世之才，悒悒不得志以終，甲子二月九日也。逆數戊辰正月，年五十有七。」（全書附錄四）

青主哭子詩：「父哭子常事，柰茲八十身！吾猶遲浸假，爾遂反其眞。」「吾行八十矣，哭泣早晚休。老骨本恃爾，爾乃不及收。」「法本法無法，吾家文所來。法家謂之野，不野胡爲哉！相禪不同形，惟其情與才。爾每論天機，不知所自偕。」「一掃書袋陋，大刀闊斧裁。號令自我發，文章自我開。」「爾爲吾惠施，吾以爲莊蒙。一朝失所質，邱蓋歸深松。絕命飲乳篇，讀之不能終。老淚落篇上，非血而焦紅。」「架上之載籍，多爾細批點。取捨不隨波，各各具手眼。往往破儒障，深處獨能淺。」「璽法寄八分，漢碑斤戲研。小篆初茂美，嫌其太熟圓。石鼓及嶧山，領略醜中研。」（全書卷十七）

四月，青主作增一阿含雜記。

手稿末署：「甲子四月傅山記，時年七十九歲。」（全書卷四十三）青主是年應爲七十八歲，爲何署「七十九歲」，待考。

五月，青主作西村廟梁題記。

題記共三十四字，用古文、篆文和小楷三體書寫。題記云：「閼逢困敦，皋日。」（全書卷二十二）據張頷先生考證，「皋日」指五月吉日。（見傅山全書補編附錄一）「閼逢困敦」爲甲子年，不像青主十八歲時的作品，故繫於此。

是年，青主書村居雜詩之五大草立軸，贈學亭弱丈。

詩末署：「七十八翁傅山。」（見山內觀編傅山的書法圖版，日本二玄社一九九八年版。全書卷十五）

春夏，青主作晉公千古一快雜記四條屏（全書卷四十二）、甲子夏書示蓮蘇兩孫（全書卷三十一）。

青主遺書魏象樞、李振藻、孫長公、戴夢熊，以兩孫爲託。（均見全書卷三十）

青主遺魏環溪：「愚父子學莊列，而一旦決癰潰疽矣。兩孫孱少，內外眷屬無可緩急者。羅叉外侮，寔繁有徒。特遺此書，求加護持。人心險毒，轉眼莫必。環翁知我爲我，使此兩兩孱少得安畎畝間。隔世拜惠，乃莊子所謂『死生同貫』者也。三十年前手書曾子問一卷，賚奉爲贄。弟山頓首。」尹案：他書略同。
丁譜羅襄案：「李約齋名振藻，字天葩。其先十世祖自孝義遷蔚州。從魏果敏公象樞講學，官刑部山西司郎中。卒於康熙三十四年。見陳廷敬李公墓誌銘。」孫長公當指孫茂蘭之子孫某，或其孫孫川。

青主作辭世帖。

帖云：「終年負贅懸疣，今乃決癰潰疽，眞返自然。禮不我設，一切俗事謝絕不行，此吾家莊列教也，不訃不弔。」（全書卷三十）

六月十二日，青主卒。

李因篤乙丑年作存殁口號一百二首：「通籍深知阮仲客，哭兒兼折鄭司農。」自注：「傅處士眉，青主先生子。眉卒，先生哭之慟，亦亡。」（受祺堂詩集卷二十七）

道光陽曲縣志卷十五載徵君事實：「康熙二十三年六月十二日卒。」

瞿源洙傅壽毛先生傳：傅眉卒，「徵君哭之慟，作詩數十首哀之。未幾，徵君亦卒。」（全書附錄四）

四方會葬者數千百人，葬西山。魏象樞等人作祭傅青主先生文，郭鉉作祭傅青主先生文，釋圓壁作輓青翁先生偕子壽毛居士，高拱宿作哭青主先生，魏象樞又作輓青主傅徵君兼悼壽毛處士二律，魏一鰲作輓石道人一首，陳禧作輓石道人二首，甄昭作輓公佗先生一首，管有度作哭青翁先生一首，王贄作哭青主先生一首。（均見全書附錄三）

嵇曾筠明生員傅先生山傳：「又六年卒，遠近會葬者數千百人。」（全書附錄四）

看。」

傅蓮蘇傅徵君事實：「既歿，朝野悲悼，各贈誄言輓章，私諡文貞。」（全書附録四）

魏象樞輓青主傅徵君兼悼壽毛處士二律：「勉報徵書未受官，籃輿歸去病將殘。消磨歲月詩千首，寄託身名藥一丸。學術竟埋眞太史，銘旌還寫老儒冠。少微星隕今無憾，疏草模糊不忍看。」

道光陽曲縣志卷二輿地圖：「國朝徵君傅山墓在西山。」

丁譜羅振玉案：「先生年歲及卒之年月，諸家所記異同不一。劉紹攽所撰傳作八十餘。郭鋐撰傳作卒年八十。嵇曾筠撰傳大科後又六年卒，則謂卒於乙丑。李果霜紅龕集敍作年七十八。將化詩後劉霏附記引李又絳撰傳、蔡璜撰傳作七十九，而均不記卒之月日。惟陽曲志卷十四文徵及張譜引先生五世孫履巽所編事實作『康熙二十三年六月十二日卒，享年七十九。』（尹案：余所見徵君事實爲傅蓮蘇筆，且無此句。未知陽曲志與張譜所據何本。）將化詩後劉霏引傅氏宗圖載先生忌辰爲六月十二日，而不著卒於何年。考陽曲志傅壽毛先生傳（尹案：瞿源洙撰），言眉卒未幾，徵君亦卒。又李天生受祺堂集存歿口號詩一百二首之第六十二云：『哭兒兼折鄭司農。』注：『傅處士眉，青主先生子。眉卒，先生哭之慟，亦亡。』與陽曲志壽毛傳正合。李詩作於『旃蒙赤奮若』，乃先生卒之後一年。當時所記，定可徵信。則徵君事實云康熙二十三年六月十二日卒爲得其實。年齡則以李果序言七十八者爲得。徵君事實作七十九者，蓋沿生於萬曆丙午之僞，故先一年也。又霜紅龕集拾遺有先生上谷詩冊，前後有甲子十二月、乙丑正月兩題記，劉霏疑爲後人臨摹，妄增年月，予謂此冊中諸詩亦淺俚，不類先生作。其前題作上元甲子十二月二十日記於保定撫署。考幾輔通志康熙二十三年保定巡撫爲阿哈達，二十四年爲崔澄。偏觀全集，似與二公了無夙好。乃喪明之痛方新，填海之悲未已，於午門則不肯折腰，垂死乃遽遊軍府。揆之事實，誣妄可知。此冊殆全出僞造，非僅妄填年月已也。又劉刻本集拾遺有拙庵冊序，有『乙丑春暮晤雪公於會城鎮遠門北郭護國蘭若』語，考魏、陳諸公祭文，大書康熙二十四年乙丑三月辛酉朔，乃諸公致奠之日正先生遇雪公之時，天下甯有是理？又文中稱傅道翁先生，使果出先生手，不應自稱如此。種種謬誤，僞造無疑。劉霦疑上谷詩冊爲妄增年月，而不知集中尚存此僞敍亦署以乙丑也。爲辨正於此，以解後人之惑。」

康熙四十一年壬午（一七〇二年）

五峯山建景賢祠，祀郭靜中、傅山、傅眉。（仙儒外紀卷四）

康熙五十年辛卯（一七一一年）

是年，青主孫傅蓮寶卒。

傅蓮蘇癸巳仲秋有感詩云：「前年舍弟贈悲痛。」（全書附錄二傅蓮蘇集卷二）前年爲辛卯，康熙五十年，一九一一年。

康熙五十九年庚子（一七二〇年）

傅蓮蘇官靈石縣訓導。（道光陽曲縣志卷五選舉表）

乾隆十二年丁卯（一七四七年）前

青主從祀三立祠。（乾隆十二年忻州志卷四人物）

學憲高某傅徵君入鄉賢三立批：「前賢碩果，聖世逸民。至性深情，既無虧於孝弟；驚才絶學，復擅譽於文章。非坐部之遺絃，秘餘音而不鼓；詎立仗之選駿，伏舊櫪以長休。子龍未是，傭人早棲。梁碭表聖獨饒，野態終古王官。杳爾虛舟，溯東流之河海；子然條肄，留西土之榛苓。癖泉石而傲煙霞，人識路旁之屨；下巢由而上堯舜，天迴輪底之蒲。溯梗概則雪冷雲孤，挹風流則川長嶽峻。可謂晉中一個，無慙閣上諸賢。如詳行學，置主送祠。」（仙儒外紀卷八）丁譜羅振玉案：先生入祀三立祠亦不知在何年。提學高亦不著其名。考康熙二十四年山西提學高龍光，四十八年提學爲高其倬，不知果爲誰也。」

道光二十三年癸卯（一八四三年）前

青主入祀陽曲縣學宮鄉賢祠。（道光二十三年陽曲縣志卷三建置圖）丁譜案：「先生祀鄉賢不知在何年。」

尹協理　二〇一五年九月十八日修訂